국제무역실무론

이 무 원 · 박 수 홍 공저

도서출판 두남

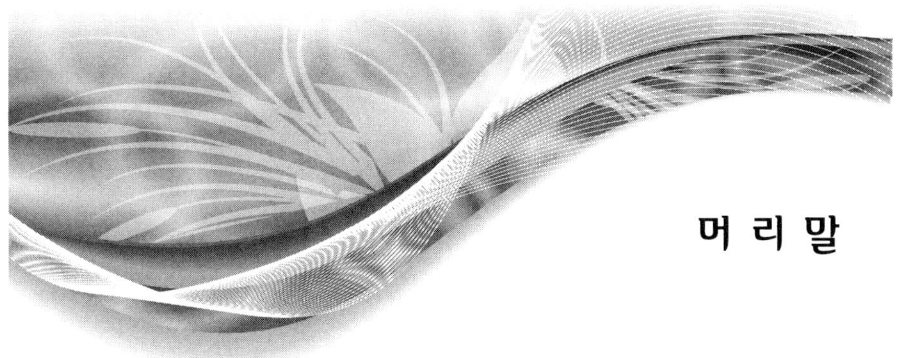

머 리 말

글로벌경제시대에 있어 국제무역은 국경 없는 국제통상의 패러다임을 새롭게 변화시키고 있다. 특히 무역의 대외의존도가 매우 높은 한국은 새로운 국제무역의 변화에 적응하고 대비하기 위한 무역인을 양성하는 데 더욱 주력해야만 할 것이다.

이 책은 무역학을 공부하는 사람들의 이해도를 높이기 위하여 그 동안 강의현장에서 실무적인 자료와 지식을 바탕으로 국제무역의 전반적인 개념들을 쉽게 이해할 수 있도록 하고자 집필하였다. 따라서 무역학을 처음 접하는 초보자들이 국제무역에 쉽게 접근할 수 있도록 핵심적 내용 위주로 체계적으로 정리하였으나 내용 중 여러 부분의 미흡한 점이 있을 것으로 생각되며, 앞으로 더욱 연구에 정진하여 수정·보완할 것을 약속드린다.

본서가 출판되기까지 많은 도움을 주신 여러 은사님들과 학계 선배님들 그리고 수업현장에서 학문의 연구자료를 제공하여 준 제자들에게 깊은 감사를 드리는 바이다.

끝으로 본서가 나오기까지 자료의 정리 및 교정과정에서 많은 도움을 주신 도서출판 두남의 전두표 사장님과 이승구 상무님께 감사의 마음을 전한다.

2013년 1월

공 저 자

차 례

제1장 무역학의 기본개념 / 15

제2장 무역과 국민경제 / 31

제3장 무역정책의 개념과 유형 / 41

제 4 장 국제무역환경의 변천 / 65

제 5 장 국제경영의 이해 / 99

제 6 장 국제수지 및 정책 / 125

제 7 장 국제금융과 외환시장 / 135

제15장 전자무역 / 359

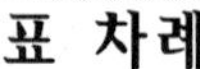

표 차례

그림 차례

제 1 장 무역학의 기본개념

제 1 절 무역의 기본개념

1. 무역의 기초

무역이란 용어는 국가와 국가간에 이뤄지는 대외거래의 개념으로 일반적으로 외국무역(foreign trade)과 내국무역(domestic trade)으로 명확한 구분 없이 사용되고 있으나 보다 광범위한 범위에서 본다면 상품을 국가와 국가사이에서 대상으로 하여 이루어지는 상거래행위라고 할 수 있다.

따라서 좁은 의미에서는 단순한 상품의 수출입을 의미하지만 넓은 의미에서는 용역(service)과 자본(capital) 기술(technical)등이 국제적으로 이동하는 것을 의미한다.

여기서 상품이란 유형재화(visible goods) 자본, 용역, 노동, 기술은 무형재화(invisible)를 의미한다.

2. 무역의 특징

무역은 국가경제와 세계경제와의 상호 밀접한 관계를 맺고 있는 상황에서 국내거래와는 여러 가지 다른 국가간의 거래로서 다음과 같은 특징을 가지고 있다.

(1) 거래교섭의 복잡성과 위험발생

무역거래는 언어, 법률, 제도 및 제반환경이 상이한 당사자간에 이루어지기 때문에 또한 장기간동안 원거리를 운송하는데 따른 물품손상의 위험, 상대방에 대한 신용상태의 불확실로 인한 수출대금의 회수불능위험, 수입업자가 수출업자에 대해 가지는 정확한 계약물품의 수취위험, 국제시장에서의 가격변동이나 통화의 환율변동 등으로 인하여 발생하는 위험이 있다. 아울러 무역계약을 체결하고 이를 이행하는 단계에서 수입국내에 전쟁, 내란, 혁명 또는 폭동과 같은 비상사태가 발생하여 정부가 외환유출을 제한 또는 지급금지의 조치를 내릴 때 수출상이 대금회수를 하지 못하는 위험 등이 발생할 가능성이 매우 높다.

이에 대한 수출입업자들의 방법으로서는 Hedging(연계매매)[1]을 사용하여 위험을 전가하고, 환율변동에 따른 위험(환위험 : Exchange Rick)은 외국환은행에 환예약을 함으로써 그 위험을 외국환은행에 전가한다.

(2) 정형화된 상관습의 적용

무역거래는 국가마다 언어가 서로 상이하고, 공간적으로 원격성이 존재할 뿐 아니라 상이한 주권국가에 속하는 당사자간에 일어나는 현상이다. 당사자들은 자신의 상관습을 중시하는 경향이 있으므로 분쟁이 발생되었을 때 준거법의 적용문제가 발생한다. 따라서 당사자들은 명시계약을 보완하기 위

1) hedging이란 상품의 가격변동에 따른 손실을 사전에 방지하기 위한 방법으로 널리 사용되고 있는 것으로, 이는 실물거래에서의 손실 혹은 이익이 청산거래에 있어서 그에 상당하는 이익 또는 손실에 상계되도록 하기 위하여 행하는 반대의 성질을 지닌 상대적거래를 말함.

하여 상관습을 정형화한 정형거래조건을 사용하고 있다.

이에 따라 국제관습상의 통일화를 위해 "국제상업회의소(international chamber of commerce : ICC)"나 "무역조건의 해석에 관한 국제규칙(Incoterms)"이나 "신용장통일규칙(UCP)" 등을 제정하여 운영하고 있다.

(3) 화물의 해상운송이 주종

무역거래는 공간적으로 격지자간의 당사자 거래이므로 국내거래와는 달리 계약내용의 이행에 있어 물품운송이 특히 중요하다. 그런데 무역거래는 옛날부터 주로 바다에서 재래선중심의 해상운송을 매개로 하여 발전되어 왔기 때문에 섬나라든 대륙국가든 간에 무역의 해상의존도가 매우 높게 나타나고 있다. 이러한 원인은 다른 원인도 있겠지만 많은 적하물을 이동시키는데 선박이 적합하고 비용면에서도 비교적 다른 운송수단보다 저렴하기 때문에 대부분의 수출입 물품들이 해상운송을 통하여 이루어지고 있다.

최근에는 항공기의 발달로 항공운송도 꾸준히 증가하고 있지만 수송능력과 비용절감을 고려하여 해상운송이 주종을 이루고 있으며 특히 육상과 항공운송은 점차 해상운송과 연계되는 복합운송의 개념으로 연결되어 더욱 더 활성화 될 것으로 볼 때 무역은 해상에 의존하는 비중이 크다 할 것이다.

(4) 다수복합계약의 체결

무역거래의 성립에는 우선 목적물에 대한 품질, 수량, 가격이 중심적인 조건이 되며, 그 다음에 물품인도를 위한 선적, 보험, 대금결제 등이 부수적인 조건이 된다. 또한 무역거래의 이행에는 수출입업자, 제조업자, 금융업자, 보험업자 등 여러 관련 당사자가 필연적으로 개재함으로, 무역거래는 매매계약을 주 계약으로 하고 운송계약, 보험계약, 신용장계약, 환계약 등을 종속계약으로 하여 다수 복합적으로 이행되게 된다.

(5) 산업관련효과의 발생

무역거래는 단순히 국가간의 물품이동만을 수반하는 것이 아니다. 즉, 국제분업을 통하여 국가간에 무역거래가 이루어지면 국제적 공급 및 수요를 충족시킬 뿐만 아니라 당사국의 국내산업을 육성·발전시켜 국민경제의 수준을 향상시켜 준다.

즉, 무역거래의 증대는 국제분업의 발달을 촉진시켜 값싸고 좋은 물품의 국제적 공급과 유통을 원활히 해 주며, 국내주요산업이 필요로 하는 원료를 자원이 풍부한 세계각국으로부터 수입공급하고, 국내에서 생산된 상품을 수출하여 외화를 획득하여 수익을 증대시켜 주며, 대량생산과 고용수준의 향상을 통하여 무역거래에 참여하는 각국의 국민경제를 발전시켜 준다.

따라서 생산조건으로 볼 때 자국에서 생산하는 것이 유리한 제품은 자체생산·수출하여 이득을 얻고, 자국에서 생산하는 것이 불리한 제품은 수입하여 자국의 수요를 충족시키는 것이 바람직하다 할 것이다.

제 2절 무역의 종류

1. 상품의 거래방식에 따른 구분

(1) 직접무역(direct trade)

양국가의 수출업자와 수입업자가 제3자 또는 중간상인의 소개 없이 직거래를 하는 방식이다.

통상적인 무역의 방식이라고 할 수 있다.

(2) 간접무역(indirect trade)

제3자 또는 제3국의 중개를 통하여 이루어지는 무역의 방식으로서 수출업자와 수입업자가 상호 정보가 없을 경우 중간상인을 통하여 이루어지는 거래방식이다.

1) **중개무역**(中介貿易)

중개무역(merchandising trade)이란 수출업자와 수입업자의 사이에 제3국의 중간상인이 개입하여 이루어지는 거래방식이다. 상품은 수출상이 수입상에게 직접 보내지지만 상품대금은 수출입당사자간에 직접이루어지고 제3국의 중간상은 수출입 당사자 양쪽으로부터 소정의 수수료를 지급받는 거래방식이다.

2) **중계무역**(中繼貿易)

중계무역(intermediary trade)이란 수출할 것을 목적으로 상품을 수입하여 가공하지 않은 상태로 제3국에 재수출하는 거래방식이다.

중계무역은 수입한 상품을 가공하지 않은 상태로 수출하는 것이 가공무역과의 차이점이며 일정한 중계수수료를 수취하는 형태이다.

3) **통과무역**

통과무역(transit trade)은 수출상품이 제3국을 경유하여 수입국에 수송되는 경우를 제3국의 입장에서 보면 자국을 단순히 경유하는 무역방식이기 때문에 통과무역이라고 하는데 중계무역과 유사한 형태의 방식이다. 제3국의 입장에서는 통과에 따른 통과세 및 통과운임, 수수료, 보험료 등을 수취하게 된다.

4) **스위치무역**

스위치무역(switch trade)은 무역계약은 수출입당사자끼리 직접계약을 하고 수출상품도 수입국으로 직접 수출되지만 대금의 결재만은 제3국의 업자를 개입시켜 간접적으로 결재하는 방식을 말한다. 외환관리나 금융수단의 편의를 위하여 주로 이용된다.

5) **우회무역**

우회무역(round-about trade)이란 어떤 국가에서 외환에 대한 통제가 심할 경우 또는 높은 관세를 부과할 경우에 외환통제를 받지 않는 제3국을 경유하여 이루어지는 무역방식이다.

2. 상품의 형태에 따른 무역

(1) **유형무역**(visible trade)

유형무역은 우리가 눈으로 볼 수도 있고 상품의 형태를 취하기 때문에, 수출입에는 반드시 통관절차를 거치고 무역수지라는 형태로 무역통계에 표시되는 수출입을 말한다. 따라서 이를 거시적인 무역이라고도 하며 협의의 무역인 상품거래만을 의미한다. 유형무역은 눈으로 보이는 유형수출(visible export)과 유형수입(visible import)으로 구분된다.

(2) **무형무역**(invisible trade)

무형무역이란 광의의 물품에 포함되는 생산요소(자본·노동)나 용역(services) 등을 수출입하는 경우이다. 이러한 물품은 물품으로서의 형태가 없고 육안으로 볼 수도 없기 때문에 세관에서의 수출입통관절차를 거치지 않고 수출입할 수 있다는 점이 특징이다. 여기에 해당되는 것은 일반적으로 화물의 운임·보험·여행이나 투자수익, 그리고 기타 용역(각종 수수료, 광고선전비 및 특허권 사용료 등) 등이다. 따라서 이를 미가시적인 무역이라고도 한다.

3. 수출입의 국가별 균형에 따른 무역

(1) **구상무역**(compensation trade)

구상무역은 수출입에 따른 물품대금을 그에 상응하는 수입 또는 수출로 상계하는 수출입을 말하며, 두 나라 사이의 수출입균형을 유지하기 위해 많이 이용되는 거래방식으로 물물교환형태의 바터무역(barter trade)인 무환구상무역과 Back-to-back L/C, Tomas L/C, Escrow L/C등과 같은 유환무상무역이 있다.

무환구상무역이란 무환방식에 의한 물물교환의 바터무역(barter trade)을 말하는데 이는 수출입국가간의 수출입액을 일정기간내에 대차의 차액을 내지 않게 완전 균형을 시켜서 상호 대금결제가 필요 없는 무역거래 방식을 의미한다. 다시 말해 선수입에 상응하는 물품대금을 외화로 결제하지 않고 선수입 물품에 상당하는 금액의 물품을 후수출하거나 혹은 선수출에 상당하는 금액의 물품을 후수입하는 거래방식이다.

또 유환구상무역이란 수출입국가간의 수출입대금 결제시 선수출 혹은 선수입에 상응하는 물품대금을 외화로 수취 또는 지급하고 후수입 또는 후수출에 따른 물품대금을 외화로 지급 또는 수취하는 거래방식이다. 이 경우 특정물품의 수출·수입에는 특정물품의 수입·수출의 이행을 조건으로 하는 것으로서, 주요물자를 상호 확보하기 위한 수단으로도 이용되고 수출입국가간의 무역협정 등에서 교환상품의 가격과 품목을 정하여 일정기간 내에 실행되는 경우가 많다.

(2) **삼각무역**(triangular trade)

삼각무역이란 두 나라 사이에 수출 또는 수입이 불균형을 이루어 편무역이 되었을 경우에 반대관계나 또는 특수관계에 있는 제 3국을 개입시켜 3국간의 협정에 의하여 이루어지는 무역형태 말하며, 3국간의 국제수지균형을 도모하는 무역형태이다. 예를 들면 A국과 B국이 상호 편무역상태에 있을 때 C국을 개입시켜 A국은 B국에 수출하고 B국은 C국에, C국은 A국에 동액을 각각 수출하면 무역불균형이 해소된다.

4. 물품의 수위탁판매방식에 의한 무역

위탁판매수출(consignment sale trade)은 물품을 무환으로 외국에 있는 거래상대방에게 수출하여 당해 물품이 판매된 범위안에서 일정의 판매수수료를 지급하고 물품대금을 결제 받는 수출을 말한다. 즉, 위탁자(consignor)가 물품을 무환으로 수출하여 당해 물품이 판매된 범위내에서 수탁자(consignee)가 대금을 결제하고 판매 잔량을 수출국으로 송부하는 방식의 수출을 말한다. 위탁판매수출과 유사한 거래형태는 다음과 같은 것이 있다.

수탁판매수입(import on consignment)은 수탁자가 해외에서 위탁자로부터 위탁을 받아 그 위탁자의 비용과 위험 하에 물품을 무환으로 수입하여 자국 내에서 판매하고 그 대금을 결제하는 형태이다. 이 거래방식은 위탁자로부터 일정의 수수료를 수취하는 것이 목적이다.

5. 물품의 위탁가공무역방식에 의한 무역

가공무역(processing trade, improvement trade)은 가득액을 가득하기 위하여 원료의 일부 또는 전부를 외국에서 수입하여 이를 가공하여 다시 외국에 수출하는 거래를 말하는데, 여기에는 위탁가공무역과 수탁가공무역이 있다. 그러나 이 두 가지 거래는 동일한 형태의 반대개념이다.

수탁가공수입은 가득액을 영수하기 위하여 원자재의 전부 또는 일부를 거래 상대방의 위탁에 의하여 수입한 후 이를 가공한 후 위탁자 또는 그가 지정하는 제3자에게 가공물품을 수출하는 수출입을 말한다. 즉, 가득액을 가득하기 위하여 거래상대방의 위탁에 따라 원자재를 수입하여 이를 가공한 후 위탁자 또는 그가 지정하는 제3자에게 가공물품을 수출하는 방식을 말한다.

위탁가공수출은 가공임을 지급하는 조건으로 외국에서 가공(제조・조립・재생・개조를 포함)할 원자재의 전부 또는 일부를 거래상대방에게 수출하거나 외국에서 조달하여 이를 가공한 후 가공물품을 수입하는 수출입을 말한다.

6. 무역정책에 따른 분류

(1) 자유무역(free trade)

자유무역은 국가가 무역업자의 수출입행위에 대하여 일체의 간섭을 하지 않고 무역업자의 자유에 맡겨두는 무역정책기조의 무역을 말한다. 그러나 지구상에서는 현재 완전한 형태의 자유무역정책을 취하는 나라는 하나도 없고 어떠한 형태로든 간섭 내지 통제하고 있다.

(2) **보호무역**(protective trade)

보호무역은 자유무역과는 달리 국가가 자국의 유치산업과 성숙산업의 보호, dumping방지, 국제수지의 개선이나 군사 및 외교상의 이유로 관세 등을 이유로 외국물품의 수입에 제한을 가함으로써 무역행위를 국가가 보호하는 무역을 말한다.

국가가 산업 등을 보호하는 방법으로는 과거에는 주로 관세부과에 의존하였으나 최근에는 주로 수입할당, 환율조정, 통상법 발동 등의 비관세 수단을 채택하고 있으며, 대부분의 국가도 정도의 차이는 있지만 보호무역을 채택하고 있으며, 현재도 전반적인 자유무역의 대세속에서도 신보호무역주의의 이름으로 보호하고 있다.

(3) **관리무역**(controlled trade)

관리무역은 국가가 무역의 전체 또는 일부에 대하여 그 총액, 내용, 품목, 상대국, 결제시기나 방법 등을 규제하고, 민간무역업자의 자유거래를 허가하지 않고 국가 또는 그 대행기관의 관리하에 두는 것을 말한다. 관리무역은 수출입허가제, 수입할당제, 결제방식의 지정 등 물량과 결제방법에 제한을 두는 형태이다.

(4) **협정무역**(trade by agreement)

협정무역은 두 나라 또는 다수국 간에 상호간에 무역을 증진시키거나 또는 무역의 균형을 유지하기 위하여 무역거래에 관한 협정을 체결하고 이 협정에 따른 거래방식을 말한다.

이러한 협정의 방식에는 ① 수출입물품의 수량이나 종류를 협정하는 무역협정(trade agreement), ② 수출입결제방식을 협정하는 지급협정(payment agreement), ③ 상호간에 관세율의 혜택을 주는 상호통상협정(reciprocal trade agreement), ④ 주요한 국제적인 상품의 공급과 수요 국가의 상호간의 관계를 원활히 하기 위한 국제상품협정(international commodity agreement) 등이 있다.

7. 상품의 생산단계에 따른 무역

(1) **수평무역**(horizontal trade)

수평무역이란 국가간의 생산단계가 같거나 유사한 상품간의 무역을 말한다. 예컨대 공산품 상호간의 무역 또는 1차 상품 상호간의 무역형태로서, 오늘날 수평무역이라 하면 주로 선진국 상호간의 무역거래를 말하며, 이를 경쟁적 무역 또는 수평적 국제분업이라고도 한다.

(2) **수직무역**(vertical trade)

수직무역이란 원래 생산단계가 서로 상이한 상품, 즉 공산품과 1차 상품간의 무역형태를 말하였으나 오늘날은 공산품과 1차 상품간만을 국한하지 않고 경제발전 단계상 산업구조 차이에서 발생한 국가간의 무역거래형태는 모두 포괄적으로 수직무역이라고 한다. 따라서 이를 가리켜 보완적 무역, 수직적 국제분업이라고도 한다.

8. 수송경로 및 운송방법에 따른 무역

(1) **육상무역**(overland trade)

육상무역은 철도 및 자동차를 수송수단으로 하여 운송되는 무역형태로서, 수출입지점이 육상으로 연결된 내륙국가간에 주로 이루어지는데 유럽제국이 대표적인 육상무역국가이다. 육상무역은 최근에 와서 해상 및 항공운송과 연계되어 일괄운송제도인 국제복합운송으로 발전하고 있다.

(2) **해양무역**(ocean trade, maritime trade)

해양무역은 선박을 수송수단으로 하여 운송되는 무역형태로서, 역사적으로 가장 오래 전부터 존재하였다. 또한 동시에 대량으로 수송할 수 있다는 장점으로 인하여 육상 및 항공운송의 급격한 발달에도 불구하고 오늘날에도 그 중요성이 여전히 높다. 해양무역의 발달은 해상운송분야 및 해상보험분야와 밀접한 관련을 가지고 있다.

(3) 항공무역

항공무역은 비행기에 의하여 무역품이 운송되는 경우의 무역을 말하는데, 항공운송 단일수단만으로 이루어지는 무역거래는 거의 존재하지 않고 일반적으로는 육상이나 해상과 병행하여 운송된다.

9. 관광무역

관광무역은 외국에서 관광객을 유치하여 외화를 획득하는 것을 의미하며 관광수출(tourist income)이라고도 한다. 관광무역에서 관광수출국의 입장에서는 국제수지와 직접 관련된 외화획득은 무역에 의한 수입과 동등하게 취급되므로 무형수출이라고도 부르기도 하며, 공해가 수반되지 않는다고 하여 '굴뚝없는 공장'이라고도 한다. 이는 외화획득률이 매우 높기 때문에 우리나라 뿐만 아니라 세계 각국은 이를 적극적으로 장려하고 있다.

10. 임대차방식의 무역

임대방식 수출은 임대(사용임대를 포함)계약에 의하여 물품을 수출하여 일정기간 후 다시 수입하거나 그 기간이 만료 전 또는 만료 후 당해 물품의 소유권을 이전하는 수출을 말한다.

임차방식 수입은 임차(사용임차를 포함) 계약에 의하여 물품을 수입하여 일정기간 후 다시 수출하거나 그 기간의 만료 전 또는 만료 후 당해 물품의 소유권을 이전하는 수입을 말한다.

이 방식은 주로 자본규모가 영세한 중소기업이나 외자도입업체가 추가 생산시설을 수입할 때 이용하고 있으며 임차한 시설을 사용하여 생산한 제품을 임대인에게 수출하는 조건으로 거래하는 경우가 많다.

11. 기타 무역의 형태

(1) 플랜트 수출

플랜트(plant)수출이란 공장설비, 선박, 철도, 차량 등의 자본재수출을 의미하는데 여기서 plant수출이라 함은 선박, 철도, 차량 등이 포함되기 때문에 단지 공장(plant)만을 수출한다는 의미로는 사용하지 않는다.

plant수출의 대표적인 예로서 플랜트의 설계에서부터 시작하여 기계의 제조, 장치, 시운전에 이르기까지 현지의 제반업무를 계약자가 전체적으로 이행하는 계약형태를 말하는데 이를 보통 턴키계약(turnkey contract)이라고도 한다. 이러한 턴키계약에 의한 수출은 기계, 설비 등의 시설재만 수출하는 것이 아니라 부수적으로 기술인력과 용역까지 포함하여 수출이 형성됨으로써 일국의 대외경제협력 및 외화가득률면에서도 상당한 이점이 있다 할 것이다.

(2) 기술수출

기술수출이란 선진공업국이 외국의 각나라에 소유하고 있는 공업소유권(특허권, 상표권)의 양도, 공업소유권에 대한 사용권의 설정, 제조기술, 경영기술과 같은 기술 이전계약을 체결하고 일정액의 로얄티(Royalty)를 수취하는 것을 의미한다.

(3) 기업수출

오늘날의 기업수출은 급속히 발전하는 산업구조의 고도화, 정보통신기술의 발달, 기업의 국제화시대에 부응하여 기업의 다국적화 과정을 추진함에 따라 해외직접투자를 실시하여 해외에 현지자회사를 설치함으로써 시장지향 및 자원지향형으로 발전을 거듭하고 있는 추세이다.

(4) 링크제무역

링크제무역(link system)이란 수출입링크제라고도 한다. 즉 수출과 수입을 연계하여 일정한 수출(수입)과 교환할 것을 조건으로 하는 수입(수출)을 허용하는 제도이다. 다시 말해 국제수지 균형과 수출확대를 목적으로 외국상품의 수입허가를 자국상품을 수출하여 외화를 취득함으로써 허가할 수 있도록 하는 무역형태를 의미한다.

(5) 각서무역

각서무역이란 양국의 국교가 정상화되지 않은 나라사이의 준정부베이스의 무역으로서 1962년 11월 중공의 리오승지와 일본의 다카사키 사이에 중공・일본 종합무역에 관한 각서를 교환한 것에서 출발되었다. 처음에는 리오승지의 영문자 L자와 다카사키의 T자를 따서 LT무역이라 칭하였으나, 1968년 3월부터는 중・일 각서무역이라는 명칭을 변경하여 지금은 통상 각서무역이라 사용되고 있다.

(6) 동서무역

동서무역이란 유럽을 기준으로 볼 때 동쪽의 공산권제국과 서쪽의 자유진영제국으로 구분하여 크게는 자본주의 제국과 사회주의 제국의 교역을 의미한다.

(7) 남북무역

남북무역이란 지구의 북쪽에 미국, 유럽 등의 선진공업국이 위치하고 있고, 남쪽에 아시아, 아프리카 및 라틴 아메리카 등의 농업후진국 및 개도국이 위치하고 있다고 하는 점에 착안하여 만들어진 용어로써 선진국과 후진국의 교역 및 경제적인 제반문제를 의미한다.

(8) OEM방식의 수출

OEM(Original Equipment Manufacture)방식의 수출이란 상대방 상표에 의한 수출방식을 의미하며 통상적으로 "주문자상표부착방식수출"이라고도 한다. 즉 수입상으로부터 제품의 생산을 주문받아 생산된 제품에 수입자의 상표를 부착하여 수출하는 방식이다.

OEM방식에 의한 수출은 수출국의 입장에서 본다면 수출확대와 기술축적의 기회가 되며, 현지에서 제품판매에 따른 제반경비 및 위험부담에서 벗어날 수 있으며, 현지국의 상표를 부착하여 현지국 소비자에게 판매하기 때문에 현지인의 거부반응을 피할 수 있는 장점이 있다.

(9) 녹다운방식의 수출

녹다운(Knock-down)방식의 수출이란 완제품으로 수출하는 것이 아니라 부품 또는 반제품을 상대국에 수출하여 수입국의 현지에서 완제품으로 완성하여 판매하는 방식으로서 현지조립방식의 수출을 말한다.

▌표 1-1▐ 무역의 종류

<table>
<tr><td rowspan="12">무
역</td><td>물품의 이동방향에 따라</td><td colspan="2">수출무역
수입무역</td></tr>
<tr><td rowspan="2">물품의 매매가 직접이냐 간접이냐에 따라</td><td colspan="2">직접무역</td></tr>
<tr><td>간
접
무
역</td><td>중계무역
통과무역
중개무역
스위치무역
우회무역</td></tr>
<tr><td>물품의 형태에 따라</td><td colspan="2">유형무역
무형무역</td></tr>
<tr><td>수출입의 균형을 유지하는 방법에 따라</td><td colspan="2">구상무역
삼각무역</td></tr>
<tr><td>수출과 수입을 연계시키는 방식에 따라</td><td colspan="2">대응구매
바터무역
제품환매
상계무역</td></tr>
<tr><td>무역의 주체에 따라</td><td colspan="2">민간무역
공 무 역
국영무역
정부무역</td></tr>
<tr><td>무역에 대한 정부의 간섭여부에 따라</td><td colspan="2">자유무역
보호무역
관리무역
협정무역</td></tr>
<tr><td>물품의 수위탁여부에 따라</td><td colspan="2">위탁판매무역
수탁판매무역</td></tr>
<tr><td>물품의 가공방식에 따라</td><td colspan="2">일반가공무역
수탁가공무역</td></tr>
<tr><td>물품의 수송경로에 따라</td><td colspan="2">육상무역
해양무역
연안무역
하천무역</td></tr>
</table>

	무역의 상대국에 따라	외국무역 식민지무역
	기타의 무역	플랜트수출 기술수출 쌍무무역 관광무역 각서무역(LT무역) OEM방식수출 녹다운방식수출

*자료 : 신동수 · 김행권, 무역학개론, 법경사.

제2장 무역과 국민경제

오늘날 한 나라의 국민경제는 선진국이든 개발도상국이든 다른 나라의 국민경제와 관계를 맺지 않고는 존속해 나갈 수 없는 글로벌 경제시대에 살고 있다. 특히 무역의존도가 높은 국민경제는 무역의 최대 활성화가 그 나라 국민경제의 존폐를 좌우하는 중요한 요인이 되고 있다. 따라서 무역은 한 나라의 경제발전을 촉진시키는 기본적인 전략이 되는 동시에 국민경제 발전에 막대한 영향을 준다고 할 수 있다. 특히 무역의존도가 높은 우리나라의 국민경제는 무역의 건전한 발전여부가 그 나라 국민경제에 중요한 요인이 되고 있다. 즉, 무역을 통한 경제개발전략은 국가에 따라 정도의 차이가 있지만, 수출이 신장되고 필요한 원자재 등의 수입이 증가되면 이에 따라 국민경제가 성장하기 마련이다.

제 1 절 수출과 국민경제

수출은 한국가의 국민경제 유지·발전에 필요한 외화획득 수단이며, 국제수지의 안정적 균형을 달성하기 위한 효과적인 방안이다. 또한 수출품이 생산에서 선적에 이르기까지 관련산업 전반에 걸쳐 광범위한 파급효과를 유발함으로서, 수출이 해당국가의 경제성장, 고용창출, 소득증대, 생산유발, 기술축적이라는 국제수지 증대에 기여한다고 할 수 있다.

1. 외화공급의 원천기능

국민경제에서 수출은 경제력의 확대에 필요한 원자재 및 기계시설 등의 수입을 위한 외화를 획득함으로써 경제성장을 측면에서 지원하는 역할을 하고 있다. 일반적으로 경제성장은 생산증가로 인한 노동투입량의 증가나 유휴설비의 가동화 등에 의해 진행되기도 하지만, 장기적으로는 시설투자의 공급능력의 확대를 통해서 이루어진다. 시설투자는 생산증가로 이어지며 한편으로 자본투입의 증가로 소득증가를 의미하며, 공급측면에서는 경제성장을 가능케 하는 동시에 다른 한편으로는 유효수요의 일부를 구성하여 수요면에서 성장을 지탱하는 것이다. 이 때문에 활발한 투자는 그 수요효과를 통해 투자를 유발하고 수요·공급효과 결합하여 경제를 누적적으로 확대시켜 나가는 것이다.

한 나라 국민경제에서 수출의 역할은 원자재 및 자본재 등의 수입을 위한 외화를 획득함으로서 경제성장을 측면에서 지원하고 있다.

일반석으로 경제성장은 생산요소의 공급증가와 기술발달 등에 의해 진행되지만, 장기적으로는 시설투자의 공급능력의 확대를 통해서 이루어지는 것이다. 즉 시설투자는 자본축적의 증가로서 생산력의 증가를 의미하며 공급측면에서는 경제성장을 활성하게 하는 동시에 또 다른 면에서는 유효수요의 일부분을 구성하여 수요면에서 성장을 보전하는 것이라 할 수 있다.

이와 같이 수출은 경제발전의 원동력이 되는 시설투자에 필요한 외화를 공급해 주는 외화공급의 원천으로서의 역할을 하고 있다.

2. 고용증대의 효과기능

수출의 증가는 관련산업의 생산활동을 직·간접으로 증대시켜서 고용을 창출하게 된다.

즉 이러한 고용창출의 효과는 노동이나 자본집약도에 따라 해당국가의 산업의 성격이 크게 달라진다고 할 수 있다.

즉, 일국의 산업구조가 고도화되어 노동생산성이 향상되면 1단위 수출상품을 생산하는 데 필요한 노동의 비율, 즉 노동계수가 낮아져 고용유발의 효과는 감소되고 그 반대의 경우는 증가하게 된다.

3. 생산유발의 효과기능

수출은 해당 수출산업의 수출품 생산을 유발하고 또한 수출품 생산과 관련되는 모든 산업의 생산을 연쇄적으로 유발함으로서 산업전반에 걸쳐 생산을 증대시키게 된다. 예를 들어 수출의 생산유발과정은 일정액의 선박을 수출하는 경우, 이는 직접적으로 동액의 선박생산을 가져오는 동시에 간접적으로는 선박생산에 필요한 각종 기기·강판·페인트 등 중간재의 생산을 유발시키며(1차 후방파급효과), 이는 다시 강괴·철강석 등 관련산업의 생산을 불러일으켜(2·3차 후방파급효과), 총체적으로는 처음 수출액의 몇 배에 달하는 생산을 유발하게 된다.

4. 경기조절의 기능

수출은 국내경기가 부진할 경우는 위축된 국내시장을 보완하여 생산수준의 저하와 실업의 증가를 방지하는 안전장치의 기능을 한다. 이와 같이 수출의 경기조절기능은 국내생산과 국내소비간의 불균형을 조절해 주는 역할을 한다. 즉, 내수가 급격히 증가할 경우에는 수출이 어느 정도 둔화되고, 내수가 매우 부진할 경우에는 수출이 상대적으로 활발해져 이를 상계(상쇄)하는 것이다.

5. 산업구조의 고도화 기능

수출은 외화공급원으로서의 역할뿐만 아니라 생산활동 및 소득을 증대시키고 대량생산에 의한 규모의 경제를 실현케 하는 방대한 해외시장을 제공함으로서 산업구조의 고도화에 기여한다.

「수출증대 ⇨ 생산증대 ⇨ 규모의 경제 실현 ⇨ 경쟁력강화 ⇨ 수출증대」로 이어지는 선순환이 계속되며, 대량생산에 의한 경쟁력의 강화효과를 유발한다.

따라서 수출이라고 하는 해외수요에 의해 산업구조의 중화학공업화가 추진되는데, 수출확대는 성장산업인 중화학공업부분에서의 대량생산과 고용증대 등의 합리화를 가능하게 하여 경쟁력을 강화하고 이로 인해 더욱 경제성장을 가속시킴으로서 누적적인 발전효과를 가져오게 한다.

6. 소득유발 효과기능

수출은 그 상품의 생산활동과 관련된 여러 산업의 생산을 유발시켜 투입된 노동, 자본, 토지 등의 생산요소에 대해 소득을 실현시켜 준다. 따라서 수출의 소득유발액은 수출산업은 물론이고 수출과 관련된 산업들의 생산과정에서 발생한 부가가치의 합계로 산출된다. 다시 말해서 일국의 수출이 유발하는 소득액은 각 수출산업별 생산유발액에 각 산업별 부가가치율을 곱해서 구할 수 있다. 이는 또한 수출품생산에 따른 직접·간접의 수입유발액을 공제해서 산출한 외화가득액으로 대신할 수 있다.

제 2절 수입과 국민경제

일반적으로 경제성장에 대한 무역의 기능은 선진공업국과 후진국에서 다르게 작용한다. 선진공업국에서는 무역의 경제성장기능이 주로 수출을 통해 이루어지는데, 이와는 달리 후진국에서는 수입을 통해 이루어진다. 즉, 후진국의 경우 경제발전을 하려면 다량의 자본재가 필요한데 그 대부분은 국내생산이 불가능하게 때문에 수입이 되어야만 한다.

수출은 유효수요의 증대를 통하여 소득과 고용창출효과를 가져오게 되고 반대로 수입은 수출요인으로서 유효수요 감소, 소득과 고용의 감소적 효과를 표출하기 때문에 표면적으로 본다면 국제수지를 악화시키는 요인이라 생각할 수 있다.

그러나 수입품이 국내의 생산품과 경쟁재가 아니고 국내에서 생산할 수 없는 선진 자본재와 원자재의 수입은 국내투자를 증대시켜 경제발전을 촉진시키고 국민소득증대의 효과를 거둘 수 있다는 것을 잊어서는 안될 것이다.

1. 비경쟁원자재의 공급원

한 나라가 경제발전을 도모하기 위해서는 공업화과정을 거치게 되는데, 공업화를 추진하는 대부분의 국가는 수입을 선별적으로 억제하는 경향이 있다. 특히 완제품수입을 제한함으로서 수출과 내수를 중심으로 하는 국내산업의 공업화를 진행하고 있다. 이러한 과정에서 수입은 공업화에 필수불가결하고 국내에서 생산이 불가능한 원자재의 공급원으로서 중요한 역할을 하고 있다.

예컨대, 비경쟁자본재가 수입되면 선진국의 국내투자가 증대되어 경제성장을 촉진하게 되고, 비경쟁원료의 수입은 국내원료의 투입기회를 창조하는 등 국내원료와 보완적으로 결합되어 생산설비의 가동을 촉진시킨다. 더욱이 그 생산품이 여타산업의 중간재로 사용될 경우 투입・산출관계에 의한 연쇄적인 생산 및 고용효과를 낳게 되는 수입승수(import multiplier)효과를 갖는다.

그리고 비경쟁적인 생산기술 및 경쟁기술의 도입은 자본재・반제품 또는 원료와 함께 하나의 묶음(package)으로 수입되어 경제성장에 도움을 준다. 특히 부존자원이 거의 없는 우리나라로서는 공업화에 필수적인 원면・원모・원목・철광석・기타 금속광물 등의 원재료수입이 불가피하며, 더욱이 공업의 동맥이라 할 수 있는 에너지자원, 즉 원유 등은 전적으로 수입에 의존하고 있는 형편이기 때문에 수입은 공업화에 필요한 원자재의 공급원이 되고 있다.

한편, 경쟁수입은 동종의 국내산업과 건전한 경쟁을 함으로써 특정산업의 독점화를 견제하는 간접적인 효과를 나타낼 수도 있다.

2. 시설확대와 합리화의 추진기능

경제의 공급력 확대를 위해서는 시설확충, 기술혁신, 생산의 근대화를 위한 합리적투자가 활발하게 진행됨으로서 시설재에 대한 수요가 왕성해 진다고 할 수 있다. 따라서 수요는 선진자본재의 수입으로 충당되고, 선진자본재의 수입은 시설의 확대와 합리화를 확대하여, 급변하는 세계무역환경 변화에 적응해 나갈 수 있도록 지속적이고 안정적이며 경쟁력 있는 경제성장을 유도해 나가야 한다.

3. 경제능률과 소비자 후생증대 기능

수입을 억제하는 보호정책은 소비자의 희생으로 생산자를 보호하는 결과를 가져온다. 특히 독과점품목들의 경우는 더욱 그러하다. 그러나 수입이 이루어짐으로써 단기적으로는 국내시장의 가격구조가 국제화되어 물품의 가격인하 효과를 얻을 수가 있고, 장기적으로는 국내산업의 체질이 강화되고 기술수준이 제고됨으로써 우수한 제품을 생산할 수 있는 이익을 얻게 된다. 즉, 수입은 국내생산자로 하여금 외국기업과의 경쟁을 유도시켜 기술개발을 통한 품질의 고급화, 생산성향상을 통한 원가절감 등 기업경영의 합리화를 도모하게 하여 경제능률이 증대된다.

한편, 소비자 입장에서는 수입이 개방됨으로써 보다 싼 외국제품의 사용에 의한 후생증가는 물론 국내상품의 품질 및 가격조선이 개선됨으로써 소비자의 후생이 증대되는 효과를 기대할 수 있다.

제3절 무역의 경제지표

1. 무역의존도

무역의존도(dependence on foreign trade)란 세계 대부분의 국가들은 규모나 비중에 있어서 다소의 차이는 있지만, 무역에 의존하는 국민경제생활을 영위해 가고 있다. 즉 국민경제생활에서 무역이 차지하는 비중을 무역의존도라고 한다.

즉, 한 나라의 국민경제가 어느 정도 무역에 의존하고 있는가를 표시하는 지표를 무역의존도라 하는데, 이는 일반적으로 국민총생산에 대한 수출입 총액의 비율로서 계산된다. 수출입 총액을 수출액과 수입액으로 구분하여 각각을 국민총생산과 대비하여 수출의존도와 수입의존도를 각각 계산할 수도 있다.

무역의존도는 한 국가에서 무역의 중요도가 어떻게 변화하고 국가간의 무역의 중요도가 어떤 차이가 있는가를 상대적으로 비교할 경우에 중요한 자료가 된다. 즉 무역의존도가 높을수록 한 나라의 경제가 외국경제와의 상호의존성이 높다는 것을 의미하며 이는 국제경제의 변화가 국민경제에 직접적으로 미치게 된다.

▌표 2-1▐ 무역의존도의 계산방법

- $\text{무역의존도} = \dfrac{\text{1년간의 무역총액(수출액+수입액)}}{\text{1년간의 국민총생산액(또는 국민총소득액)}} \times 100$
- $\text{수출의존도} = \dfrac{\text{1년간의 수출총액}}{\text{1년간의 국민총생산액(또는 국민총소득액)}} \times 100$
- $\text{수입의존도} = \dfrac{\text{1년간의 수입총액}}{\text{1년간의 국민총생산액(또는 국민총소득액)}} \times 100$

반면에 무역의존도가 낮을수록 외국경제와의 상호의존성이 낮아 국제경제 변화가 국민경제에 미치는 효과가 적다.

예를 들면 미국과 같이 무역액은 다른 국가에 비해 상대적으로 크지만, 대외무역 비중은 낮다. 그것은 국토가 넓고, 천연자원이 풍부하며, 높은 수준의 기술력으로 인해 모든 분야에서 자급자족도가 높기 때문이다.

그러나 우리나라와 같이 국토가 협소하고 부존자원이 거의 없는 국가의 경우 무역액은 선진국들보다 상대적으로 적지만 대외무역비중(무역의존도)은 높다.

따라서 일국의 무역의존도가 높다는 것은 그 나라 경제가 외국경제와 밀접한 관계를 맺고 있으며, 세계경제에 의존하는 비율이 상대적으로 크다는 것을 의미한다. 즉 무역은 세계무역환경의 경기변동과 세계각국의 경제상황에 따라 크게 달라질 수 있기 때문에 일국의 무역의존도가 높다는 것은 그 나라의 경제상황이 그만큼 불안하다는 것을 의미한다고도 볼 수 있다.

2. 수입자유화율

수입자유화율이란 일국의 총수입물품중에 해당정부의 승인을 취득하지 않고 수입할 수 있는 물품의 비율이 얼마인지를 나타내는 지표를 의미한다.

$$\text{수입자유화} = \frac{\text{총수입상품수} - \text{수입승인상품수}}{\text{총수입상품수}} \times 100$$

3. 외화가득률

외화가득률이란 일국이 수출을 통하여 얼마만큼 외화를 취득할 수 있는가를 측정하는 지표를 의미한다. 즉 수출을 통해서 얼마만큼 외화를 취득할 수 있는가를 파악하기 위해서는 수출상품의 수출액에서 이 수출상품을 생산하면서 이용한 수입원자재금액을 공제해야 한다.

이때 수출액에서 수입원자재금액을 공제한 부분을 "외화가득률"이라 한다.

$$\text{외화가득률} = \frac{\text{수출액(FOB가격} - \text{수입원자재총액(CIF가격)}}{\text{수출액(FOB가격)}} \times 100$$

무역정책의 개념과 유형

제1절 무역정책의 개념

1. 무역정책의 정의와 특성

무역정책(foreign trade policy)이란 한나라의 무역에 관한 경제정책의 일환으로서, 국민경제의 균형적 발전과 국민복지 향상을 도모하기 위하여 정부가 실시하는 정책이라 할 수 있다.

즉 무역정책은 수출을 확대한다거나 수입을 규제하여 국제수지를 개선하는 것만 목적이 있는 것이 아니라 다른 경제정책과 함께 국민경제를 발전시키기 위한 대외경제활동을 반영하고 있기 때문에 일반적으로 다음과 같은 특성을 지니고 있다.

첫째, 무역정책의 효과와 영향은 국내경제 뿐만 아니라 대외경제에 영향을 미치게 된다. 한나라가 자국산업을 보호할 목적으로 외국으로부터의 수입을 규제하는 정책을 실시하게 되면 최초로 무역정책을 실시했던 국가도 피해를 입을 수 있으므로, 무역정책을 실시할 경우 그 정책이 자국은 물론 상대국에 미치는 영향까지도 고려하여 무역정책을 실시해야 한다.

▮ 표 3-1 ▮ 무역정책의 형태

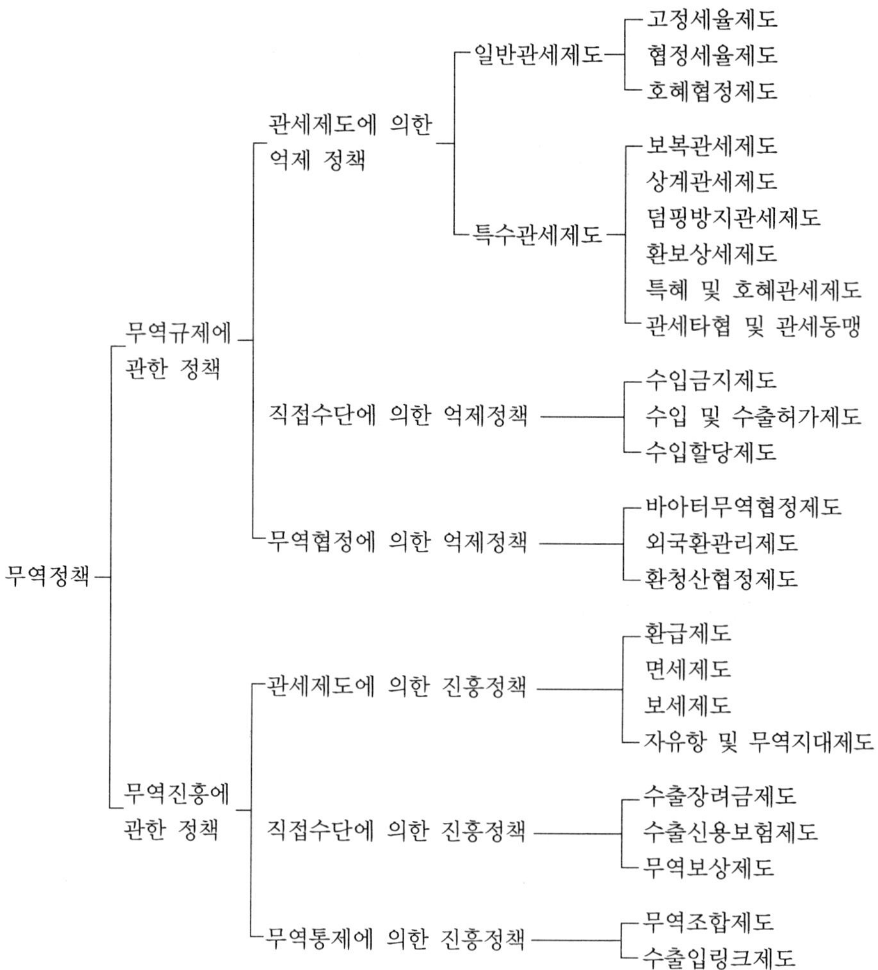

둘째, 무역정책은 국내산업보호를 비롯하여 자원의 효율적 배분, 고용의 증대, 물가안정 등과 깊은 관련이 있음으로 모든 국내경제정책을 반영하는 종합적인 성격을 지니고 있어야 한다. 특히 개방경제하에서는 경제현상에서

각부문마다 상호연관성이 크게 작용하기 때문에 어떤 특정부문을 위한 정책을 수립할 수 없다.

2. 무역정책의 목표

무역정책은 일국이 개방경제체제하에서 국제분업에 참가하여 자원의 최적배분을 달성하고 무역이익의 극대화를 추구하기 위해 실시하는 정책이다. 무역정책의 목표는 국내산업보호를 비롯하여 국제수지의 개선, 자원의 효율적 배분, 완전고용, 물가안정, 경제성장 및 사회적 후생증대로 나타낼 수 있다.

(1) 국내산업보호

각국은 자국의 유치산업을 보호하기 위하여 관세 및 비관세장벽을 설치하여 외국의 물품수입을 적극적으로 규제하고 있다. 이에 각국이 물품수입 규제를 위해 행하는 일반적인 조치로는 관세, 수입할당(수량제한), 수입과징금, 수입예치금 등의 여러 가지 방법이 있다.

이러한 각종규제를 취하는 이유로는 품질이 우수한 외국의 상품이 국내로 유입됨으로써 가격 및 품질경쟁에서 불리하여 국내산업의 생산 감소와 실업의 증가를 초래하여 국민의 소득수준은 전반적으로 감소하게 된다.

따라서 모든 국가들은 국내산업보호라는 정책을 우선적으로 설정하고 있으며 그 수단으로 관세장벽과 비관세장벽을 통하여 외국의 물품수입을 직·간접적으로 규제하고 있는 것이다.

(2) 국제수지개선

각국이 국제수지개선에 중요한 정책목표를 설정하는 이유는 국민경제의 대외경제활동과 경제력을 표출하기 때문에 자국 상품의 대외 경쟁력을 향상시켜 수출을 증대하고 수입은 감소시켜 국내의 물가가 안정하게 되면 결국 국제수지 향상이라는 목표를 달성하게 되는 것이다.

따라서 세계각국이 국제수지개선에 총력을 기울이며 적극적인 경제정책을 실시하는 가장 근본적인 이유는 외환시세를 안정화하기 위해서이다.

이 외환시세는 일국의 경제력의 지표이며, 그 파급효과는 국민경제와 개별경제에 막대한 영향을 미치기 때문에 세계각국은 외환시세의 안정화를 통해 국민경제의 균형적 발전을 도모하려고 집중적인 노력을 경주하고 있다.

(3) 국내물가안정

각국의 경제정책 중에 가장 중요한 부분을 차지하고 비중이 높은 것이 물가안정이다. 그러나 물가의 상승은 국민경제의 침체를 가져오고 경제성장의 발목을 잡는 가장 큰 문제점으로 지적되고 있다. 그러므로 물가안정은 각국의 무역정책에 있어 중요한 목표라 할 수 있다.

오늘날의 각국은 모든 국민경제가 글로벌화, 개방화되어가는 추세이기 때문에 물가상승의 요인들이 국내보다 국외에 더 비중이 높다 할 것이다. 우리나라와 같이 부존자원이 빈약한 국가의 경우는 원유가격 상승, 수입원자재가격 상승, 국제금리 인상, 세계금융시장의 동향, 환율인상, 세계경제불안 등으로 인하여 상당히 많은 부분에 인상요인이 결부되어 국내물가상승을 주도할 수 있기 때문이다.

따라서 국내물가의 안정은 국내의 경제정책의 수단만으로는 미흡하기 때문에 효율적인 무역정책을 통하여 극복해야 할 것이다.

(4) 국내고용증대

국내고용수준의 향상을 위해서는 국내산업이 육성, 발전하여 완전고용을 이루는 것인데 이 고용문제가 사회적, 정치적, 경제적으로 국가 경제정책에 큰 의미를 가지고 있기 때문이다.

한 나라가 완전고용을 이루지 못할 경우에는 생산자원을 효율적으로 이용하지 못하게 되고, 사회적으로 실업의 문제가 야기되어, 노동자를 퇴화시켜 국가적으로 손실을 유발시키기 때문에, 완전고용은 국가의 무역정책에 아주 중요한 목표가 되는 것이다.

따라서 무역정책면에서 일국의 완전고용을 실현하는 방법은 수출을 증대하고, 수입을 억제함으로써 국내산업을 발전시키려고 하는 것이다.

(5) 효율적인 경제성장

각국에 있어 경제성장은 한 나라의 가장 중요한 경제정책 중의 하나이다.

경제성장은 일국의 자본축적 혹은 기술발전으로 인하여 국내산업의 생산량이 증대되고 그로인해 국민의 실질소득이 증가하는 것을 의미한다.

각국은 경제성장을 이루기 위해 대내적으로 재정, 금융정책을 통하여 국내투자를 유지, 발전시키고 산업의 생산량을 증가시키며 기술혁신을 통하여 국내산업의 세계 경쟁력을 향상시키는 동시에 대외적으로 효과적인 무역정책을 통해 수출·입 관리 철저에 만전을 기하여야 할 것이다.

제2절 무역정책의 유형

1. 무역정책의 의의

국가의 대외 경제활동에서 생기는 모순을 극복하기위해 정부가 직간접적으로 수출입행위를 조절하는 수단으로 자유무역정책과 보호무역정책으로 나눈다.

2. 자유무역론

(1) 국제분업론

자유무역을 통하여 자국에서 생산하는 것보다 싼 상품은 수입하고 외국보다 자국에서 생산하는 것이 유리한 상품은 생산하여 양국이 자유롭게 무역을 하면 서로에게 이득이 있다는 주장.

(2) 자유경쟁론

국내의 경영환경은 외국과의 무역에서도 자유경쟁을 하는 것이 유리하다는 주장.

(3) 소비자 이익론

모든 생산은 소비될 것을 목적으로 하기 때문에 소비자의 이익이 우선되어야한다는 주장.

▌그림 3-1 ▌ 경제통합의 유형(FTA)

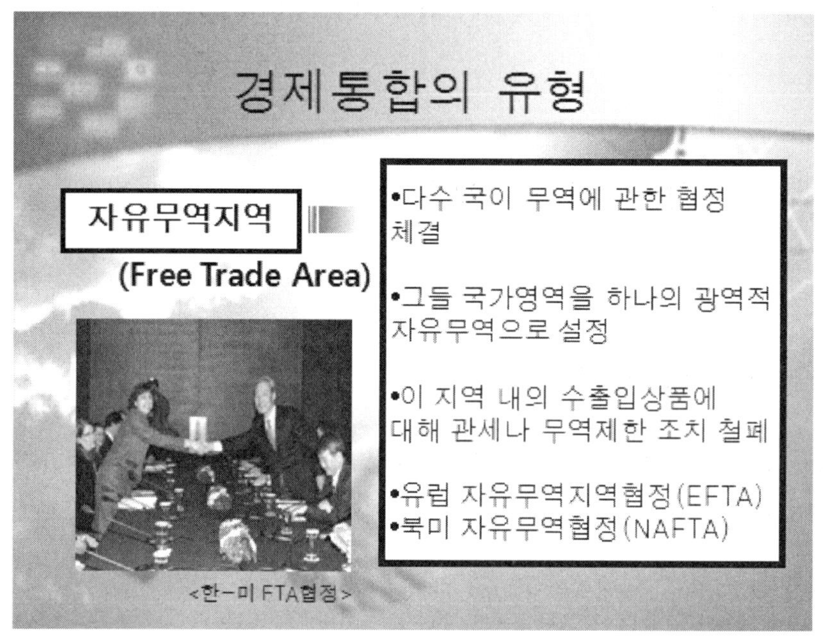

3. 자유무역의 장단점

(1) 장점

1) 각국의 사회후생 극대화
2) 관세인하로 인한 싼 물건의 다량공급

3) 규모의 경제를 실현

4) 경쟁의 촉진

5) 정치적 이해관계로의 독립

(2) 단점

후진국에게 불리한 결과를 초래

4. 보호무역정책

보호주의 정책이란 "국가가 상품 및 서비스의 국가간 무역을 포함한 국내 산업이나 국내고용 등에 대하여 인위적인 간섭을 해야 한다는 경제사상"을 의미한다.

(1) 해밀턴(A.Hamilton)의 공업보호론

공업화가 이루어지면

1) 분업촉진

2) 생산량증가

3) 고용기회창출

4) 노동력부족해결

5) 전문 분야 인재양성

6) 사업범위확대

7) 농수산물 수요확대

그러므로 공업진흥과 보호관세정책을 실시하고 보호대상품목을 지정해야 한다는 이론.

(2) 리스트(F.List)의 유치산업 보호론

농업과 공업의 균형적 발전을 통하여 유치산업을 보호해야한다는 이론으로 유치산업의 선정기준은 보호기간 이후 손실보상가능과, 자립가능성 등을 통해 정하는데 문제점으로는 보호기간의 부적절 가능성, 자생력 상실 가능성, 관세부과 악용 가능성 등이 있다.

(3) 보호무역정책의 목적

1) 유치산업보호
2) 국민경제 자립추구
3) 소득분배달성
4) 국제수지개선
5) 교역조건개선

(4) 보호무역정책의 단점

1) 보호산업의 독점적 지위 남용 가능성 있음
2) 생산특화 억제- 생산자원 비능률적 배분
3) 국내산업 자유경쟁 억제
4) 수입품의 경쟁력 상실
5) 교역상대국 경제위축

5. 신 보호무역정책

신 보호무역주의란 세계각국의 자국산업이나 무역에 관한 국가의 보호조치가 전통적인 보호무역주의보다 더욱 강력한 새로운 형태의 보호무역주의를 의미한다. 이러한 신 보호무역주의의 등장배경에는 선진국 주도의 무역체계와 지적산업분야의 시장개방요구가 거세짐에 따른 선진국과 후진국과의 국제통상 마찰이 심화되면서 소위 자국산업의 보호를 강화하는 추세에 이르게 되었다.

특히 1970년대부터 세계각국이 시행하고 있는 신보호무역정책은 비관세장벽을 이용하고 있는 것이 특징이라 할 수 있다. 예를 들면 수출자율규제협정, 품질규격제, 보조금지원, 반덤핑, 상계관세 등이 있다.

▮ 그림 3-2 ▮ 신보호무역주의

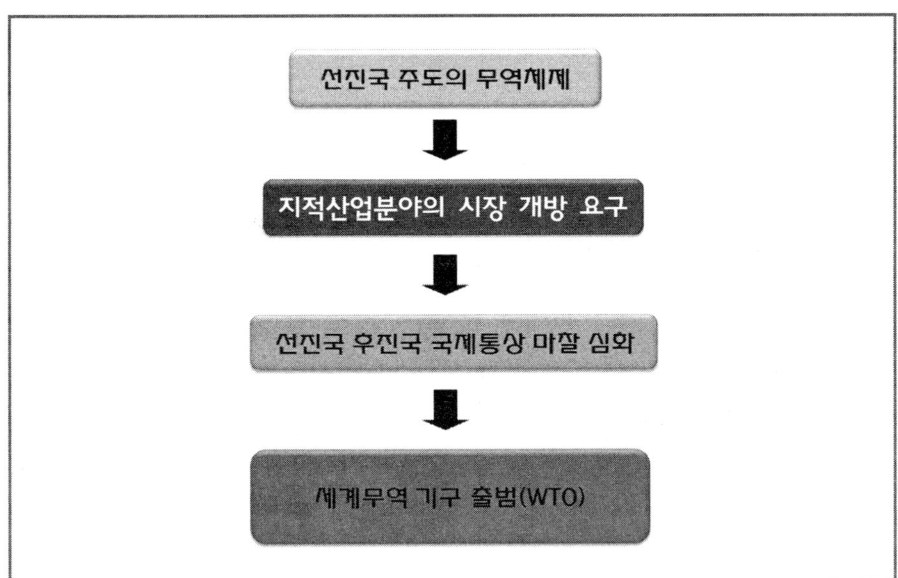

제 3절 관세정책

1. 관세의 정의

관세(customs, tariff)란 한 국가의 관세선을 통과하는 수출입 물품에 대하여 부과는 세금을 말한다. 여기서 관세선이라 할 때는 정치적인 국경선(national frontier)과는 반드시 일치하지는 않는다. 다시 말해 정치적으로는 한 나라의 영역이 된다 하더라도 관세제도상 다른 나라와 동일하게 취급하는 자유무역지역이 있고, 반면에 정치적으로 다른 나라 영역이라 할지라도 관세제도상 자국의 영토와 같은 보세구역이나 관세동맹 등이 있다.

▌그림 3-3▌ 경제통합의 유형(Customs Union)

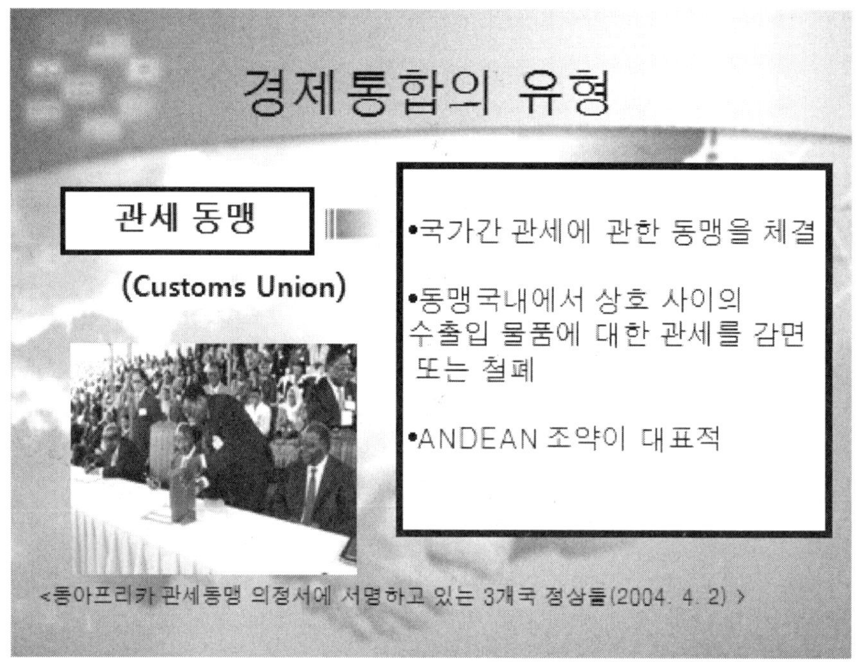

2. 관세의 성격

관세는 일반 내국세와는 다른 독특한 성격을 가지고 있는데, 이는 관세가 독자적인 징수절차를 가지고 있기 때문인데 살펴보면 다음과 같다.

(1) 관세는 수출입물품에 대해 부과

관세는 원칙적으로는 수출입 물품에 대해 관세를 부과하지만, 대부분의 국가에서는 수출세, 통과세는 이론적인 부분으로 보고 수입물품에 대한 과세라는 점에서 관세의 개념이 있다 하겠다. 따라서 어떠한 물품이든 그것이 수입물품이면 당연히 관세의 부과대상이 된다.

(2) 관세는 관세영역을 출입하는 물품에 대해 부과

어떤 물품에 관세가 부과된다고 하는 것은 그 물품이 관세가 적용되는 지역을 출입하기 때문이다. 다시 말해 관세는 자국에서 외국으로 물품이 나갈 때는 수출관세를 부과하게 된다.

자국이라 함은 한 나라의 관세영역(customs boundary)[2)]을 의미하며 관세영역중에는 자유지역과 같은 특수한 구역이 있기 때문에, 외국의 물품이 자국내로 들어와서 머물러 있는 동안에는 관세를 부과하지 않는다.

만약 그 외국물품이 경계선을 넘어 국내의 영역으로 이동된다면 관세가 부과된다. 이와 같이 관세가 부과되는 경계선을 관세선(customs line)이라 하고, 관세선으로 둘러싸인 지역을 관세영역이라 한다.

(3) 관세는 자유무역의 장벽

관세는 수입물품에 대한 간접적인 통제수단으로 자유무역을 저해하는 요인이 되고 있다. 이에 GATT에서도 관세를 인정하면서 관세율 인하를 시도하여 제6차 다자간 무역협상인 케네디 라운드 및 제7차 동경라운드를 통하여 대폭적인 관세율을 인하하기도 하였다. 따라서 자유무역주의 하에서는 관세장벽을 철폐 혹은 완화시켜 국제간의 자유로운 통상을 촉진하는 것이 최우선 과제라 할 수 있다.

3. 관세의 분류

(1) 상품의 이동방향에 따른 분류

1) 수입관세(import duties)

상품을 수입할 때 부과하는 관세로서 가장 일반적인 관세의 개념..

2) 수출관세(export duties)

상품을 외국으로 수출할 때 부과하는 관세.

---

2) 우리나라 헌법 제3조에서 "대한민국의 영토는 한반도와 그 부속도서로 한다"라고 규정하고 있어, 우리나라의 관세영역은 영토(한반도와 그 부속도서)와 그 주변의 3해리까지의 영해를 포함하는 것으로 해석·운영되고 있다.

3) 통과관세(transit duties)

무역당사국이 아닌 제3국가의 관세선을 통과할 때 부과하는 관세.

(2) 부과목적에 따른 분류

1) 재정관세(revenue duties)

정부의 수입을 확보하기위하여 수출입상품에 부과하는 관세로서 무역정책의 수단보다는 재정상의 수단이며, 내국세로 국가재정을 확보하는데 있어서 어려운 후진국이나 개발도상국에서 채택하는 관세이다.

2) 보호관세(protective duties)

상품을 수입할 때 부과하는 관세로서 국내의 유치산업을 보호, 육성하고 기존의 산업을 유지, 발전시킬 목적으로 부과하는 관세이다. 따라서 보호관세의 목적은 국내산업을 보호하는 것이기 때문에 고율의 관세가 적용됨으로써 재정수입은 감소하게 된다.

(3) 관세율의 부과방법에 따른 분류

1) 종가관세(ad valorem duties)

상품의 가격을 기준으로 부과하는 관세이다. 미국은 수출지의 가격(FOB 수출항가격)을 과세가격으로 하지만, 우리나라와 대부분의 국가들은 도착지 혹은 수입지의 가격(CIF 수입항가격)을 과세가격으로 삼는다.

2) 종량관세(specific duties)

상품의 수량을 기준으로 부과하는 관세이다. 즉 상품갯수, 중량, 길이, 용적, 면적 등을 평가하고 해당 관세율을 수입세율표에서 찾으면 된다.

3) 복합관세(combined duties)

종가관세, 종량관세 두 가지를 혼합 적용하는 관세로서 국내물품을 외국의 낮은 가격의 물품에 대응하여 특별히 보호할 필요가 있을 때 부과한다.

4) **선택관세**

종가관세, 종량관세 중 선택하여 행하는 관세.

(4) 세율의 수에 따른 분류

1) **단일관세**(single tariff)

동일한 상품에 대해서는 국가를 구분하지 않고 법률이 정한 일정률을 적용하는 관세

2) **복수관세**(multi-linear tariff)

동일한 상품에 대하여 둘 이상의 관세율이 적용되는 관세.

(5) 관세주권에 의한 분류

1) **국정관세**(national tariff)

한 나라의 법률로서 자주적으로 세율이나 과세품목을 정하고 변경할 수 있는 관세.

2) **협정관세**(conventional tariff)

외국과의 통상조약 또는 관세조약에 의하여 부과하는 관세.

(6) 관세제도에 따른 분류

1) **특혜관세**(preferential duties)

특정국가나 특정지역으로부터 수입되는 물품에 대해 할인율을 적용하여 관세상의 혜택을 부여해 주는 관세를 말한다.

2) **차별관세**(differential duties)

특정국가로부터 수입되는 물품이나 품목에 대해 다른 물품보다 낮은 세율을 적용하거나 아니면 더 높은 세율을 적용하는 것을 말한다.

3) 탄력관세(flexible duties)

국내외 경제여건을 고려해 행정부가 탄력적으로 운영하는 관세제도

4) 탄력관세의 유형

① 덤핑방지관세(anti-dumping duties) : 외국에서 수입되는 물품이 수출국의 국내시장 가격보다 저렴(정상이하 가격)하여 국내산업이 실질적인 피해를 받거나 받을 우려가 있거나 또는 국내산업이 실질적인 피해사례가 인지되었을 경우 해당 국내산업을 보호하기 위해 재정경제부령으로 그 물품과 공급자 또는 공급국을 지정하여 당해 물품에 대하여 법 제7조(세율)의 규정에 의한 관세외에 정상가격과 덤핑가격과의 차액에 상당하는 금액이하의 관세를 추가하여 부과한다.
따라서 덤핑방지관세의 목적은 덤핑물품으로 인한 국내산업의 타격, 고용기회 상실, 경제적인 혼란을 방지하기 위해 부과된다고 할 수 있다.

$$덤핑률(\%) = \frac{정상가격 - 덤핑가격}{덤핑가격} \times 100$$

② 보복관세(retaliatory duties) : 외국이 자국의 수출상품에 대해 부당한 고율의 관세를 부과한다거나 차별대우를 할 때 이에 대한 대응으로 외국으로부터 수입되는 물품에 대해 보복적으로 부과하는 관세를 말한다.

③ 긴급관세(emergency duties) : 어떤 특정물품이 급격한 수입증가에 의해 자국의 산업에 막대한 피해를 가져오거나 피해의 우려가 존재하는 경우에 이에 대응하기 위하여 특정 수입품의 관세율을 높여서 부과하는 관세를 말한다.

④ 상계관세(Compensation duties) : 수출국에서 이미 정부나 기타 기관단체로부터 장려금(bounty)이나 보조금(subsidy)을 지원 받은 물품이 수

입되는 경우에 국내산업을 보호할 수가 없기 때문에 기본관세 이외에 그 지원된 액수만큼 추가하여 관세를 부과하는 것을 상계관세라 한다.

⑤ 할당관세(tariff quota) : 어떤 특정물품에 대해 국가가 정한 일정수량까지 수입될 때는 저율의 관세를 부과하지만, 일정수량을 초과하여 수입될 때는 고율의 관세를 부과하는 제도로서 "복합세율(이중관세율)"이라고도 한다.

⑥ 편익관세(beneficial duties) : 조약에 의해 관세상의 편익(혜택)을 받지 않는 국가의 물품이 수입될 때 다른 나라와의 기존조약에 의해 부여하고 있는 관세상의 편익(혜택)범위내에서 관세상의 혜택을 부여하는 것을 말한다.

4. 관세의 경제적 효과

(1) 관세의 경제적 효과의 의미

수입품에 관세를 부과하게 되면 해당 국가의 국민경제에 여러 가지 경제적인 효과가 발생한다. 즉 관세의 부과는 생산, 소비, 사회후생, 교역조건, 관세수입, 국민소득과 고용, 국제수지 등 여러 가지 변화를 발생시킨다.

(2) 관세의 다양한 효과

1) 소비효과(consumption effect)

관세의 부과는 가장 먼저 수입물품의 가격을 상승시키고 그로인해 가격상승은 소비를 억제하는 효과가 있다(소비억제효과).

다시 말해 관세의 부과는 물품가격에 전액 전가되는 것은 아니지만, 수요탄력성의 크기에 따라 가격에 영향을 미치며, 가격의 상승은 수요량과 수입량을 감소시키게 되는 것이다.

2) 보호효과(protective effect)

관세의 보호효과는 수입물품에 대해 관세가 부과되면 수입물품의 수량이 감소되므로 수입물품과 경쟁관계에 있는 국내산업은 보호를 받게 되는데 이를 관세의 보호효과라 한다.

3) **재정수입효과**(Revenue effect)

관세의 부과로 국가의 재정수입이 증가할 때 이를 재정수입효과라 한다.

오늘날 개발도상국이나 후진국에서는 관세가 총재정수입에서 차지하는 비중이 크지만, 선진국은 산업보호나 물가 등의 무역정책수단으로 이용하기도 한다.

그러나 재정수입을 얻기 위하여 관세를 부과하는 데는 일정한 한계가 있다. 즉 지나치게 고율의 관세를 부과하게 되면, 수입이 억제되기 때문에 오히려 재정수입은 감소하는 결과를 가져온다. 따라서 관세율의 변화와 수입량의 변화간의 상관관계를 참작하여 적정한 관세율이 결정되어야 할 것이다.

4) **소득재분배효과**(Redistribution effect)

관세부과에 의해 수입품의 가격이 인상되고 국내의 수입경쟁재의 가격이 인상됨에 따라 소비자잉여의 일부분이 생산자잉여로 전환되어 실질소득이 재분배되는 것을 재분배효과라 한다.

5) **교역조건효과**(Terms of trade effect)

관세가 부과되면 관세부과국의 교역조건은 개선되고 반대로 교역상대국의 교역조건은 악화되는 것을 의미한다.

6) **국제수지효과**(International balance of payments effect)

통상적으로 관세율이 인하되면 수입이 증가하기 때문에 국제수지는 악화된다. 그러나 반대로 관세율이 인상되면 수입이 감소하게 됨으로 국제수지는 개선된다. 다시발해 수입품에 대제되는 국산품을 증산하기 위해 생산량을 확대하면 결국 고용의 증가를 가져오게 되고, 또 수입이 억제되면 그만큼 외화사용이 감소하게 되므로 국제수지가 개선된다는 것이다.

7) 수입대체효과(Import substitution effect)

국내에서도 생산이 가능하면서도 수입가격이 월등히 낮아 외국으로부터 물품을 수입하는 경우가 있을 경우에 관세를 부과하게 되면, 수입가격이 국내가격보다 높게 되어 그 결과 수입은 억제되고 억제된 수입량만큼 국내에서 더 많은 생산을 하게 되는데 이것을 수입대체효과라 한다.

8) 경쟁효과(competitive effect)

자급자족의 경제체제(autarky)하에서는 독점을 형성하게 되는데, 관세에 의해 외국산업과의 경쟁이 둔화되면 해당 국내산업은 독점을 누리며 일시적인 발전을 가져올 수 있다.

하지만 장기적으로는 경쟁심이 둔화되고 침체와 정체상태에 빠지게 될 것이다. 따라서 관세의 경쟁효과는 어떤 부분으로는 반경쟁효과 라고도 할 수 있다. 왜냐하면 관세장벽을 완화함으로써 외국산업과의 당당한 경쟁관계를 촉진하여 오히려 국내산업 발전에 긍정적인 경쟁력을 가져올 수 있기 때문이다.

제 4절 비관세정책

1. 비관세정책의 개념

비관세장벽(Non-tariff barriers : NTB)은 보호무역정책수단으로서 무역에 직접 또는 간접적으로 영향을 주는 관세이외의 모든 조치를 말하는 개념으로 비관세장벽이 각국에 의해 본격적으로 채택된 것은 1930년대 세계대공황의 시기였다고 볼 수 있다. 그 당시 비관세장벽이 각국에 널리 파급될 수 있었던 것은 그러한 조치가 관세율의 변경보다는 행정적으로 보다 더 신속하게 실행되었다는 점과 최혜국조약을 체결하고 있던 여러국가에 대한 최혜국의무를 피할 수 있는 방법을 제공해 주었던 것에 기인한다고 본다.

따라서 비관세장벽은 최근에 등장된 것이 아니라 과거부터 체제상의 모순을 해결하고 자국내의 산업을 보호하기 위한 수단으로 사용되어 왔던 것이다.

즉 비관세장벽은 그 종류가 다양하고, 관세를 국가산업의 보호무역 정책수단으로 이용할 때 보다 파급효과가 크며 무역당사국에 미치는 영향도 심각하다고 볼 수 있다. 따라서 현대의 국제무역환경으로 보면 통상적으로 선진국이 비관세장벽을 실시하는 국가가 되어 있고 반대로 개도국은 비관세장벽의 대상국이 되어 있기 때문에, 선진국에 거의 대부분의 물품들을 수출하여 국내경제를 이어가는 개도국의 입장에서는 비관세장벽이 커다란 수출장애요인으로 부각되고 있다.

2. 비관세장벽의 특징

(1) 차별성

비관세장벽은 WTO의 무차별원칙과 최혜국대우의 기본원칙에 위배되지만 수출국에 대해 수입규제효과가 직접적이기 때문에 선진국보다는 개도국에 차별적으로 적용되고 있다.

(2) 복잡성

통상적으로 비관세장벽은 그 종류가 다양하고 성격 또한 다르다. 따라서 선진국에 있어서 비관세장벽의 적용이나 운영은 매우 복잡하다. 이러한 이유로 선진국에서는 국내산업의 보호를 위해 여러 가지 논란과 엄중한 조사를 회피하려고 비관세장벽을 채택하는 경향이 있다.

(3) 불확실성

비관세장벽은 지식 및 정보의 부족, 변칙적인 제도의 운영으로 인해 수출업자는 수입국에서 어떤 상태로 수출제한을 받게 될 것인지 미리 정확하게 판단하기 어렵기 때문에 안심하고 수출할 수 없는 부담이 있다.

(4) 협상의 곤란성

비관세장벽은 양국간의 일정한 기준이 없기 때문에 완화나 철폐하는 데는 어려움이 있다. WTO체제하에서도 비관세장벽의 완화를 추진하고 있으나, 각국마다 무역정책의 효과가 각기 분명치 않기 때문에 문제점으로 지적되고 있다.

3. 비관세장벽의 유형

(1) 수입할당제도

수입할당제(import quota system)는 수입상품의 수량을 직접적으로 규제하여 수입을 제한하는 것으로, 일정기간 동안 수입수량 혹은 금액을 한정하는 것이라 할 수 있다. 각국이 수입할당제를 시행하는 목적은 외국으로부터 수입되는 물품에 대해 차별적으로 제한하여 국내산업을 보호하고 그 결과 국제수지를 개선함과 동시에 환율 및 국내물가를 안정시키는데 있다.

수입할당제에는 자주적할당제(unilateral import quota system)와 협정할당제(bilateral quota system)가 있다.

먼저 자주적할당제는 수입국이 자주적으로 수입하는 특정상품의 수량을 정해놓고 그 이상의 수입은 금지하는 제도이다.

여기에는 일괄할당제와 배정할당제로 분류된다.

1) 일괄할당제(global quota)

이 제도는 수입할당수량만을 정하고 수출상대국은 지정하지 않는데 그 이유는 최혜국조약에 의하여 협정국간에는 차별대우를 하지 않기로 했기 때문에 국가적인 차별을 없애기 위해서이다. 이런 경우에는 국가간에 경쟁이 유발되어 원거리에 있는 국가나, 개도국이나 후진국가에게는 불리하다.

2) 배정할당제(allocated quota)

이 제도는 수입허가총량을 특정한 수출상대국에 미리 배정하는 제도인데, 이는 최혜국조약이 없는 국가간에 고의적으로 특정국에 대해서 차별하려는 목적으로 이용되기도 한다.

그리고 협정할당은 수출입 양국의 정부, 무역업자, 산업단체, 상공회의소 등이 상대국 관계자와 사전에 협의하여 국제협정을 체결하는 것을 말한다.

▮ 그림 3-4 ▮ 쿼타와 관세의 차이점

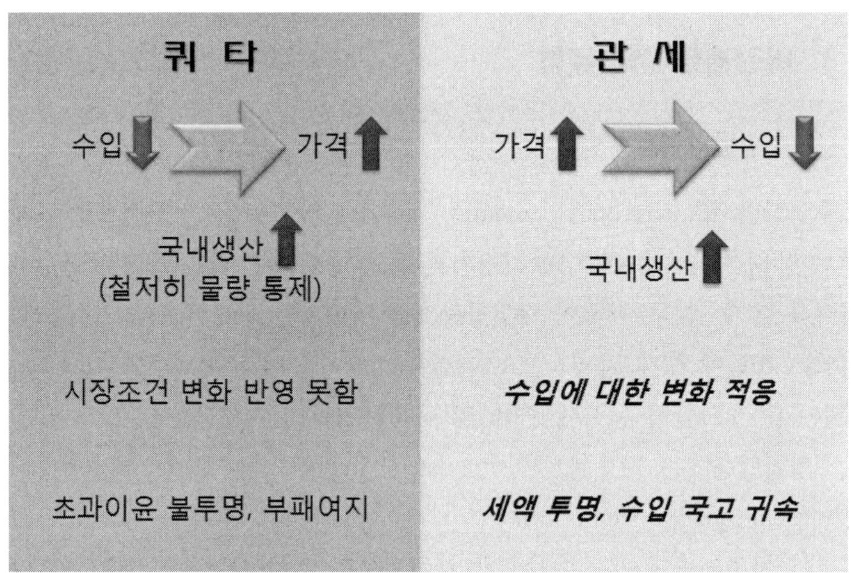

2) 수입과징금제도

수입과징금(import surtax)은 국내산업보호, 국제수지개선, 수입억제 등을 위하여 수입물품에 부과되는 일종의 조세를 의미한다. 즉 수입물품에 수입과징금을 부과하여 수입품의 가격을 인상시켜서 수입량을 감소시키는 것이다.

수입과징금의 수입억제효과는 수입수요의 가격탄력성, 수입과징금의 세율, 외국수출입업자의 반응 등에 따라 달라질 수 있다. 따라서 외국의 수입물품에 대한 가격탄력성이 크면 수입과징금 부과로 인한 수입억제효과는 크게 나타난다고 할 수 있다.

(3) 수입예치금제도

수입예치금(advance deposit requirements)제도는 국내의 수입업체가 외국의 물품을 수입하려고 할 경우에, 수입액 중 일정율의 금액을 미리 해당금융기관에 예치하도록 하는 제도이다.

이러한 수입예치금 제도는 수입금액의 일정자금을 은행에 예치 동결함으로써, 이자지급 또는 자금의 기회비용만큼 수입비용 상승을 야기 시키므로 수입량이 감소하게 되는 것이다.

(4) 수출자율규제

수출자율규제(export voluntary restraints)는 외국의 특정 수입물품이 자국의 동종산업에 막대한 피해를 줄 경우, 수출국에게 해당 물품의 수출을 자제하도록 권장하는 규제방법을 말한다.

이 규제제도는 수입국이 일방적으로 수출국에게 무역제한조치를 감행했을 때는 수출국의 무역보복조치를 행할 가능성이 크기 때문에 사전에 수출국과 협의하여 시행하여야 한다.

수출자율규제의 효과는 수입할당과 유사하지만, 수량할당과는 다른 수량제한의 이득이 수입국의 수입업자나 정부에 귀속되지 않고 수출국에 귀속된다는 점이 상이하다.

(5) 수출보조금제도

수출보조금(export subsidy)제도는 수출하는 물품의 해외경쟁력을 높이기 위하여 특정 수출물품에 대해 시행하는 보조금 또는 장려금(bountry)을 말한다.

따라서 이 제도를 실행하게 되면 수출국의 입장에서 본다면, 해외에서 상품의 경쟁력이 높아 무역증대의 효과를 볼 수 있지만, 수입국의 입장에서는 수출물품의 가격이 낮게 책정되어 반입되기 때문에, 자국산업에 피해를 주므로 덤핑으로 간주될 수가 있다.

또한 수출물품에 대해 보조금이 지급되면 수출확대의 효과가 발생하지만 장기적으로 볼 때 보조금지원을 받은 산업은 해외경쟁력이 약화되어, 자원의 합리적 운영을 저해시키면서 결국은 양국간의 정상적인 무역을 왜곡시킬 수 있다.

(6) 관세할당제도

관세할당제도(tariff quota)는 특정 수입물품의 일정량에 대해서는 낮은 관세율을 적용하고, 이를 초과한 량에 대해서는 높은 고율의 관세를 부과하는 것을 말한다.

이 제도는 원래 보통관세보다 낮은 관세율을 부과함으로써 한정된 소량의 무역을 장려하기 위하여 출발하였으나 나중에는 점차 적극적인 수입제한 정책의 한 수단이 되었다.

(7) 수출입링크제도

수출입링크제도(export-import link system)란 수출확대 및 수출입균형정책이라 할 수 있는데 이는 수출과 수입을 연계시켜서 일정한 수출(혹은 수입)과 교환할 것을 조건으로 수입(혹은 수출)을 하는 제도이다.

여기에는 두 가지 방식이 있는데 수출의무제와 수입권리제이다. 수출의무제는 먼저 원자재를 수입허가하고 일정기간내에 그 원자재를 사용해서 만든 물품의 수출을 의무화하는 방식이고, 수입권리제는 물품수출실적에 따라 수입할 수 있는 권리를 부여하는 방식이다.

(8) 반덤핑관세

G. Harberler는 덤핑(dumping)을 "동일상품의 동일시기, 동일한 제조건하에서 국내의 가격보다 저렴한 가격으로 외국에 판매하는 것"이라고 정의하였다. 이러한 덤핑이 성립되려면 국내시장에서 독점적인 위치를 확보하고

수요의 가격탄력성이 국내시장보다 국제시장이 커야 한다는 것이다.

킨들버거(C. P. Kindleberger)는 덤핑을 3가지로 구분하고 있는데 구체적으로 살펴보면 다음과 같다.

첫째, 산발적덤핑으로서 이는 국내시장을 교란시키지 않으면서 과잉재고를 처분하기 위하여 해외시장에 산발적으로 투매하는 것을 말한다.

둘째, 약탈적덤핑으로서 이는 시장의 확보 및 경쟁자를 배제하기 위하여 단기적으로 손해를 보면서 해외시장에서 투매하는 것을 말한다. 이는 일단 시장을 확보하거나 경쟁자를 물리친 후에는 가격을 인상시키고 시장을 독점하려는 의도가 있는 것이 보통이다.

따라서 반덤핑관세(anti-dumping duties)는 수입국의 정부는 수출국의 수출업자가 덤핑을 하였다는 증거를 확보하고, 국내의 동종산업이 수출업자의 덤핑물품으로 인하여 실질적인 피해를 입었거나, 아니면 차후 입을 우려가 명백히 있을 거라고 판단되는 경우에는, 국내산업을 보호하고 국제간의 공정한 거래질서를 유지하기 위해, 덤핑차액 이하에 해당하는 관세를 부과하는 것을 말한다.

따라서 반덤핑관세는 수출업자의 불공정한 덤핑행위가 원인이기 때문에 책임은 수출국에 전가되지만, 수출업자의 물품에 대해 선별적으로 부과된다는 점에서 관세와는 차이가 있다.

제4장 국제무역환경의 변천

제1절 국제무역환경의 성립배경

제1차 세계대전 이후 세계경제의 형태는 실로 복잡하고 무질서한 혼돈의 시기였다. 세계각국은 1929년 세계대공황을 계기로 보호무역주의를 내세워 높은 관세를 부과하며, 수입제한정책을 강화하면서 이른바 인근궁핍화정책(beggarthy-neighbour policy)을 취하였다.

또한 세계2차대전이 끝난 후 1930년대 국제적인 협조 상실로 인해 세계각국간의 경제위기를 초래한 반성이 국가마다 일어나 세계경제체제의 질서를 바로 잡고 상품과 자본의 자유로운 이동과 흐름을 구상하는 자유경제체제의 확립을 주요과제로 삼았다.

따라서 세계 각국은 세계경제질서회복을 위하여 성장과 안정만이 근본치유가 된다는 것을 인식하고, 국가의 경제번영은 무역확대에 있다는 신념아래 무역증대를 이룰 수 있는 협력기구의 창설에 동의하게 되었다. 이러한 시대적인 배경으로 인하여 1947년 관세 및 무역에 관한 일반협정(GATT :

General Agreement on Trade Tariff)이 탄생하게 되었다.

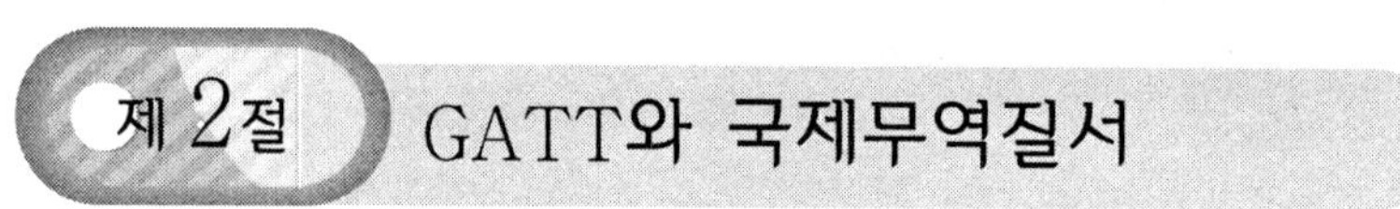

1. GATT의 설립목적

1946년 무역의 자유화이념을 표방하는 "관세 및 무역에 관한 일반협정(General Agreement on Tariff and Trade : GATT)"이 출범하게 되었다.

▌그림 4-1 ▌ GATT체제의 성립배경(1)

GATT체제의 성립배경(1)

UR의 출범 요인

1929	대공황
1940	관세전쟁과 강대국을 중심으로 블럭경제 형성
1944	브레튼우즈회담, IMF, IBRD창설 국제무역기구(ITO)설립 합의
1946	'관세 및 무역에 관한 일반협정 (GATT)' 출범
1948	GATT 협정문의 발효
	WTO에 부속

GATT는 국제무역의 확대를 통해 세계각국의 경제발전을 궁극적인 목표로 삼고, 각국의 경제번영을 위해 무차별원칙에 입각한 자유무역의 실현에 중점을 두고 있다. 즉 협정문 전문의 이념을 보면 생활수준 향상, 완전고용 실현, 실질소득과 유효수요의 증대, 세계자원의 완전이용, 상품생산과 교역 확대라는 목적을 달성하기 위해 자유무역주의, 무차별주의, 다자주의, 관세 및 비관세장벽완화 등을 선언하고 있다.

▌그림 4-2 ▌ GATT체제의 성립배경(2)

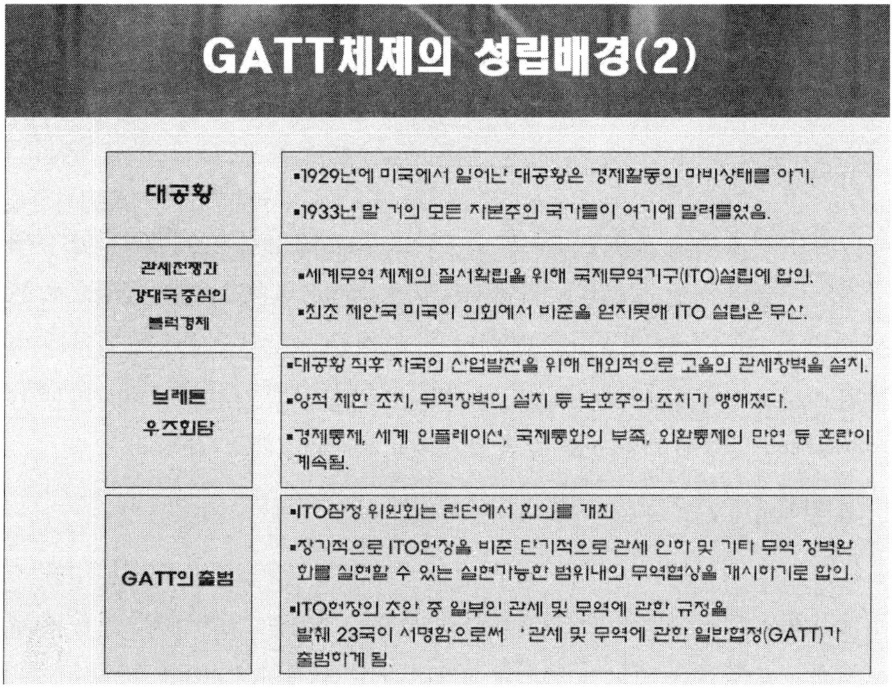

GATT체제의 성립배경(2)

대공황	▪1929년에 미국에서 일어난 대공황은 경제활동의 마비상태를 야기. ▪1933년 말 거의 모든 자본주의 국가들이 여기에 말려들었음.
관세전쟁과 강대국 중심의 블럭경제	▪세계무역 체제의 질서확립을 위해 국제무역기구(ITO)설립에 합의. ▪최초 제안국 미국이 의회에서 비준을 얻지못해 ITO 설립은 무산.
브레튼 우즈회담	▪대공황 직후 자국의 산업발전을 위해 대외적으로 고율의 관세장벽을 설치. ▪양적 제한 조치, 무역장벽의 설치 등 보호주의 조치가 행해졌다. ▪경제통제, 세계 인플레이션, 국제통화의 부족, 외환통제의 만연 등 혼란이 계속됨.
GATT의 출범	▪ITO잠정 위원회는 런던에서 회의를 개최 ▪장기적으로 ITO헌장을 비준 단기적으로 관세 인하 및 기타 무역 장벽완화를 실현할 수 있는 실현가능한 범위내의 무역협상을 개시하기로 합의. ▪ITO헌장의 초안 중 일부인 관세 및 무역에 관한 규정을 발췌 23국이 서명함으로써 '관세 및 무역에 관한 일반협정(GATT)가 출범하게 됨.

2. GATT의 기본원칙

GATT는 국제무역에서 무역장벽의 완화 혹은 철폐 그리고 무차별적인 국제무역체제를 확립함으로써 국제경제의 건전한 발전을 추구하는데 목적을 두고 있다. 따라서 GATT의 기본정신은 관세율의 인하 및 수량제한의 철폐,

가맹국간의 최혜국대우의 실현 등의 기본원칙 하에서 운영되고 있다.

(1) 기본원칙

1) 관세인하

각국은 관세를 통해 외국과의 무역제한조치를 규제하여 왔다. 따라서 GATT는 관세인하에 관하여 다음과 같은 원칙을 가지고 있는데

첫째 양국간의 무역교역에 의해 관세율을 최대한으로 인하하고, 다른 모든 GATT의 가맹국에게도 무차별적으로 적용할 것 둘째로는 호혜주의에 입각하여 관세상의 차별대우를 하지 않을 것 등의 기본원칙을 설정하고 있다.

이를 위해 GATT는 양국간의 관세교섭에 의해 모든 가맹국에게 확대・적용하여 무역자유화는 상당한 발전이 있었다.

2) 수량제한의 철폐

관세가 간접적인 보호무역주의의 수단이라면, 수량제한은 직접적인 무역규제의 수단이라 할 수 있다. 이에 GATT는 국내산업의 보호를 목적으로 관세는 어느 일정부분 인정하고 있지만, 수량제한은 무역당사국에 미치는 영향이 실로 심각하기 때문에 수입 및 수출에 대한 수량제한(quantitative restriction ; QR)에 대해서는 완전 철폐할 것을 규정하고 있다.

3) 최혜국대우

GATT의 기본원칙은 양국간의 무역은 무차별원칙을 고수하고 있다. 즉 가맹국간의 관세교섭에 의해 상호간의 관세율을 최대한 인하하고, 기타 가맹국에게도 동일한 관세상의 혜택을 부여하도록 규정하고 있다.

4) 내국민대우의 원칙

내국민대우의 원칙이란 수입물품에 대하여 적용되는 내국세나, 국제법규에 의하여 동종의 국내산업에 대하여 주는 대우보다 불리하지 않는 대우를 해 주어야 한다는 원칙인데 다시 말해 수입품과 국내상품을 차별하지 않고 무차별로 취급해야 한다는 것을 의미한다. 따라서 GATT는 내국세나 국내규

칙에 대하여 수입국내에서의 국내상품과 수입품과의 사이에 경쟁조건의 균등을 보장함으로써 무역장벽을 제거하고자 하였다.

3. GATT의 조직체계

총회	GATT 최고의사결정기관
각료회의	수시로 회의를 개최하여 중요 문제 토의
이사회	총회와 총회와의 회기사이의 위원회로써 이사회를 두고 있음
분과위원회	GATT현안들을 분야별로 전문적으로 검토하기 위해 설치하여 운용
GATT사무국	GATT 제회의의 준비사무와 조사업무 담당

4. GATT체제의 규정

(1) 규정구성(전문과 본문 4부 38조로 구성)

1) 1부(제1조-2조) 최혜국 우대 및 관세에 관한 규정
2) 2부(제3조-23조) 주로 수입제한의 철폐에 관한 규정
3) 3부(제24조-35조) 가입 및 탈퇴 등의 행정절차
4) 4부(제36조-38조) 1965년에 추가된 개도국의 무역확대에 관한 규정

5. GATT의 한계

첫째, GATT는 기구로서의 형식을 갖추었지만 하나의 일반협정에 불과하

며 체계적인 국제기구로서의 형태를 갖추지 못하였다. 둘째, 선진국간의 무역문제를 취급하는 데는 적절한 기구였지만, 1차산업의 제반협정이나 개도국의 무역문제를 취급하는 데는 적당치 못한 부분이 있었다.

6. GATT의 주요협상

(1) 케네디라운드

케네디라운드(Kennedy Round)는 미국 대통령의 케네디의 주도로 이루어진 제6차 GATT의 관세인하협상을 의미한다. 케네디라운드의 협상 특징은 첫째, 종래의 국별, 품목별 방식이 아니라 일괄인하 방식을 채용했고 둘째, 인하폭이 5년간에 50%라는 대폭적 인하를 목표로 하였고 셋째, 저개발국의 수출에 대한 장애를 경감하기위해 노력하였으며 넷째, 저개발국에 대해서는 호혜가 아닌 특혜를 준다는 것과 다섯째, 단순한 관세협상의 영역을 벗어난 무역협상이며 여섯째, 관세뿐만 아니라 그 밖의 무역장벽(비관세장벽)도 협상에 포함시켰다. 협상의 성과로는 첫째, 참가국수가 GATT창설 후 최대규모인 46개국이 참가했으며 둘째, 관세인하율이 평균35% 이루어졌으며 셋째, 1968년7월1일부터 덤핑방지규약을 발효할 수 있게 했으며 넷째, GATT6조 덤핑방지규정의 해설 및 적용규칙이 제정되었다.

(2) 동경라운드

동경라운드(Tokyo Round)는 70년대 들어와서 세계 Oil Shock로 인하여 선진국가들은 보호무역주의를 강화하고 비관세장벽을 높임으로써, 개도국을 중심으로 한 국제경제질서의 재편성을 강하게 요구하게 되었다. 따라서 동경라운드는 1973년부터 1979년까지 6년간 교섭하여 GATT 각료회의 99개국 대표가 동경선언에 서명하여 탄생한 것이 다자간무역협상(multilateral trade negotiation : MTN)이 공식출범한 것을 동경라운드라 한다.

이 다자간무역협상은 세계무역의 확대와 자유화를 촉진시키며, 무역장벽을 철폐 및 완화하며 개도국의 수출확대와 실질적인 무역환경을 개선한다는

데 목적을 두고 출발하였다.

특히 동경라운드에서는 비관세장벽의 철폐와 완화를 중요한 과제로 취급하여 각국으로부터 약 850여건의 비관세장벽을 통보받아 관세협정시에 많은 분야에 타결을 본 점이 상당한 효과가 있었다 할 것이다. 또한 주요 합의내용을 보면 관세인하협정, 보조금 및 상계관세협정, 수입허가협정, 정부조달협정,기술장벽협정, 관세평가협정, 무역구조개선협정 등으로 GATT 회원국과 비회원국, 선진국과 개도국 등 동구 6개국이 참가한 대규모의 관세협상이었다. 이 협상에서는 GATT에서 처음으로 개도국 문제가 중요한 위치로 부각되어, 선진국이 개발도상국에 대해 무역에서 특별우대조치를 할수 있도록 하였는데 이것이 일반특혜관세제도(Generalized System of Preferences : GSP)에 합법성을 부여한 점이다.

▌그림 4-3 ▌ 6차 케네디라운드

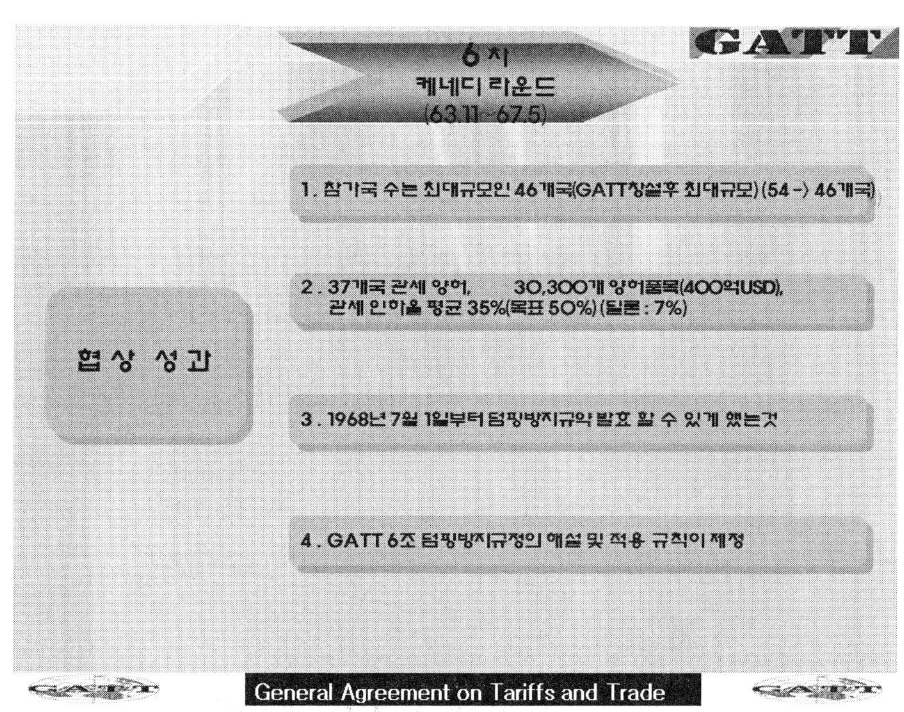

▌그림 4-4 ▌ 7차 도쿄라운드

표 4-1 GATT 주요관세협상

라운드 명칭	회의기간	개최지명	참가국수	주요내용
1차 제네바라운드	1947년	스위스 제네바	23개국	• 45,000개 공산품 관세양허
2차 아네시라운드	1949년	프랑스 아네시	29개국	• 5,000개 공산품 추가 관세양허
3차 토케이라운드	1950-51년	영국 토케이	22개국	• 8,700개 공산품 관세양허
4차 제네바라운드	1956년	스위스 제네바	33개국	• 3,700개 공산품 관세양허
5차 딜론라운드	1961-62년	스위스 제네바	23개국	• 4,400개 공산품 7% 관세 인하
6차 케네디라운드	1964-67년	스위스 제네바	62개국	• 30,000개 관세율 평균 5%인하(일률인하방식)
7차 토쿄라운드	1973-79년	일본 동경	99개국	• 33,000개 품목 평균 33%인하(조화인하방식)
8차 우루과이라운드	1986-1993.12	우루과이 푼타델에스테	117개국	• 253,735개 품목인하(평균33% 인하) • WTO 창설합의
9차 도하라운드	2001-2006.7.26	카타르 도하	180개국	• ① 추가적인시장개방 농업, 서비스, 공산품) ② WTO규범관련협상(반덤핑, 보조금, 지역협정, DSU규정, TRIPS 등) ③ 싱가포르의제(환경, 투자, 경쟁정책, 정부조달투명성, 무역원활화)

제 3절 UNCTAD와 남북문제

1. 남북문제의 개념

남북문제(north-south problems)란 미국 등 일반적으로 적도 이북에 위치한 선진국과 아시아, 아프리카, 라틴아메리카 등 적도 이남에 위치한 개발도상국과의 경제적인 문제를 의미하는 것으로서 1950년 개도국 측에서 국제적 문제로 제기하여 1964년 제1차 UNCTAD총회에서 세계적인 문제로 확대되었다. 남북문제의 해결을 주도한 국제기구는 UNCTACD였으며 그에 대한 해결방안은 특혜관세라고 할 수 있겠다. 개도국의 입장에서는 자국의 경제개발을 위해 선진국에 원조나 차관보다는 수출을 하여 무역신장을 해야겠다는 절박함에도 불구하고, 선진국이 개도국의 시장을 겨냥하고 투자하여 전통적인 1차상품이나 다국적기업의 자회사가 생산한 소수의 상품과 이윤을 가져감으로서 개도국은 더욱 가난해질 수밖에 없고 선진국은 부를 더욱 축적하게 되었다. 따라서 남북간의 경제격차는 점점 커지게 되어 국제적인 협력이 상호간에 필요하게 되었다.

▮ 그림 4-5 ▮ 남북문제의 해결대안

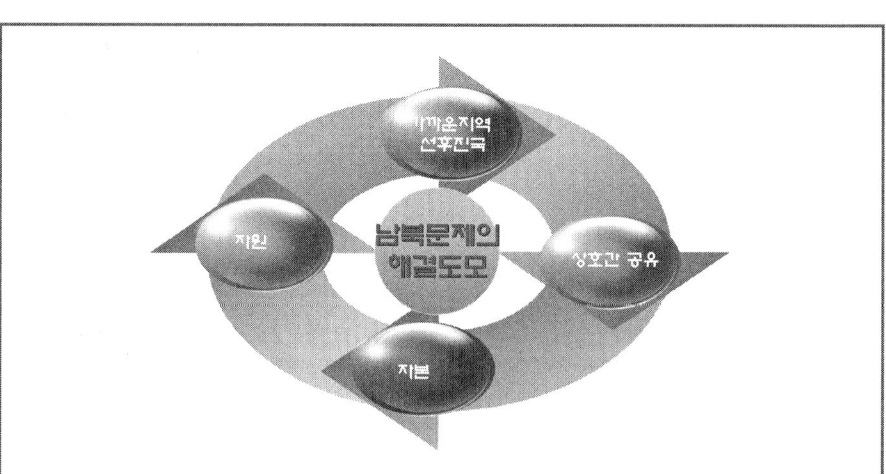

2. UNCTAD

남북간의 경제적 격차가 증대됨에 따라 개도국에서는 GATT의 무용론을 내세우며 남북문제를 UN에 제기하기로 하였다. 이에 UN총회에서는 1961년 개도국의 무역과 개발에 관한 문제를 정식 상정하여 1962년 카이로선언을 통해 국제무역회의를 개최하였다. 이러한 과정을 통하여 1964년 3월 120여 개국의 대표가 참가한 가운데 제네바에서 제1차 국제연합무역개발회의(United Nations Conference for Trade and Development : UNCTAD)가 개최되었다.(한국은 1965년 1월 8일 가입)

▌그림 4-6▐ UNCTAD 기구도

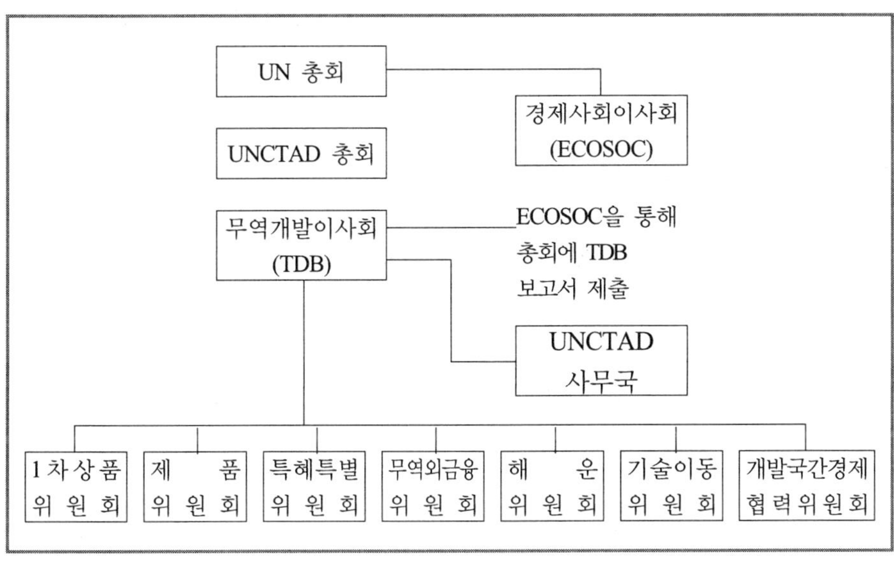

제 4절 UR과 WTO체제의 출범

1. 우루과이라운드(Uruguay Round)의 개념

세계주요선진국들은 70년말부터 80년대에 들어와 세계 제2차 Oil Shock로 인한 국제경기침체, 실업률증가, 외채부담 및 악성인플레 등으로 새로운 무역협상의 新라운드(New Round)의 탄생을 적극 바라고 있었던 차에 그동안 뉴라운드라고 논의된 다자간 무역협상을 우루과이라운드라 명명하고 정식으로 출범하게 되었다.

1994년 4월 15일 종료된 모로코의 마라케시 각료회담에서 세계 113개국이 UR최종의정서에 서명함에 따라 UR시대가 열리게 된 것이다.

여기서 UR의 타결일지 및 분야별 타결내용과 마라케시 각료회의에서 채택된 내용은 다음과 같다.

▮ 표 4-2 ▮ 우루과이 라운드(UR)의 타결일지

연 월 일	내 용
1983년 6월	미국 윌리암스버그에서 열린 경제정상회담에서 새로운 다국간 무역자유화협상의 필요성 천명
1983년11월	美·日정상회담에서 미국과 일본이 새로운 무역협상에 앞장설 것을 합의(나까소네 선언)
1984년 4월	서울 통상장관회담에서 개도국의 새로운 라운드 참여 필요성을 공감하고 GATT에 통보
1984년11월	GATT총회에서 새로운 라운드의 준비위원회 구성키로 결정
1986년 9월20일	우루과이의 푼타 델 에스테에서 각료회담을 열고 우루과이 라운드(UR)협상 출범, 90년 말까지 타결하기로 결의
1987년 2월	15개 협상그룹 구성
1990년12월	브뤼셀에서 각료급 무역협상위원회(TNC)를 개최했으나 타결실패
1991년 2월	TNC회의에서 협상시한을 연장키로 결정

1991년 4월	협상그룹을 15개에서 7개로 개편
1991년12월	둔켈 GATT 사무총장이 최종의정서 초안(둔켈초안)을 제시
1992년 1월	협상그룹을 4개 분야로 재조정
1992년 7월	독일 뮌헨에서 열린 G7정상회담서 막후교섭을 벌였으나 합의 실패
1992년11월20일	미국·EC농산물분야의 쟁점타결의 기본원칙에 합의(블레어하우스 협정)
1993년 5월14일	미국, EC, 일본, 캐나다 등 4개국 통상장관이 캐나다 토론토에서 회담을 갖고 UR협상 교착상태를 타개할 것을 결의
1993년 6월 30일	미국 상원, 무역협상신속처리권 12월 15일까지 연장키로 결정
1993년 7월7~9일	일본 도쿄에서 열린 G7 정상회담에서 연내 타결의지 밝힘
1993년 7월28일	TNC에서 12월 15일까지 UR협상을 완료하기로 합의
1993년 9월13일	다구간 양자간 협상을 본격 재개
1993년11월17일	북미자유무역협정(NAFTA) 美하원 통과
1993년12월 1일	정부, 대외협력위 열고 협상단 파견 결정
1993년12월2~3일	미·EC UR협상, 시청각상품분야 제외한 포괄적 타협안 마련
1993년12월 3일	韓·美 농림장관회담
1993년12월 9일	金泳三 대통령,「UR협상과 관련한 담화」쌀시장개방에 따른 대국민사과
1993년12월13일	韓·美 농림장관회의, 한국측 농산물 일괄타결
1993년12월14일	다자차원의 TNC회의개최, UR회담 사실상 종결
1993년12월 5일	TNC회의에서 전원합의로 UR타결
1994년 4월12일	모로코에서 각료급 회의 개최, 최종협정문 서명

* 자료 : 신동수, 관세법, 법경사.

▮ 표 4-3 ▮ UR의 분야별 타결내용

분야별	타 결 내 용
공산품 관세인하	· 각국의 관세율을 1986년 9월 대비 3분의 1이상 인하 · 일부 공산품의 관세철폐(무세화) 하향평준화
농산물 시장접근	· 예외없는 관세화*(모든 비관세장벽의 관세 전환) · 관세상당치(TE)의 단계적 감축 · 최소시장접근(총수입의 3%에서 5%로 단계 확대) · 국내보조금 20% 감축(허용보조금은 예외) · 수출보조 : 정부보조금 36% 감축, 물량 21% 감축
서비스 시장	· 모든 회원국에 최혜국대우(MFN)의무 규정 · 서비스의 자유로운 국경거래외에 외국인직접투자의 인력이동 등 광범위한 분야를 협상대상에 포함 · 자유화 추진방식은 국가간 협상을 통해 점진적 추진
반덤핑	· 반덤핑과세는 원칙적으로 5년내 부과 종료 · 단순조립통한 우회덤핑, 제3국통한 우회덤핑, 제3국에서의 기존설비에 의한 수출증대 등도 규제
보조금 상계관세	· 직접적 수출입을 왜곡하는 금지보조금은 3년내 철폐 · 상계가능보조금은 피해 발생시 보복조치 허용 · 허용보조금은 3년마다 목록제시 검토
긴급 수입제한	· 선별적용 원칙적 불인정 · 수출자율규제 시장질서유지협정 등 회색조치 철폐 · 발동 후 최초 3년간은 보복 면제
섬유협정	· 다자간섬유협정(MFA)상 규제는 10년동안 GATT로 복귀 · 규제 계속 중인 품목은 빠른 속도로 쿼타 증대
지적 재산권	· 컴퓨터 프로그램 데이터 베이스 반도체칩배치설계권 영업비밀 등 새로운 분야도 보호범위에 포함 · 지적재산권 침해물품의 수출입 금지절차 규정
다자간 무역기구 및 분쟁 해결절차	· 현재 계약성격이 짙은 GATT체제를 대신하여 자유무역질서를 위배하는 행위를 감시하는 분쟁해결규칙 및 절차에 관한 양해(DSU)를 채택 - 법적 구속력있는 권한을 행사하며 다수결 방식으로 의사결정 · 분쟁해결절차를 WTO산하기구의 DSU로 일원화하고, 상소제를 도입함

*자료 : 신동수, 무역학개론, 법경사.

▌표 4-4▐ UR의 마라케시 각료선언 요지

1. UR협상타결에 경의
2. 관세 40% 인하와 시장개방확대 환영
3. 농업, 섬유, 의류부문의 다자간 무역규정 강화와 서비스교역과 지적재산권보호에 다자간 체제확립 경영
4. WTO 창설에 동의
5. 보호무역주의 압력에 강력히 대처할 것을 결의
6. UR협상 결과를 훼손하는 무역조치는 취하지 않을것에 동의
7. 개도국의 적극적인 역할 수행에 찬사
8. WTO가 1995년 1월부터 효력을 발생할 수 있도록 필요조치에 동의

*자료 : 신동수, 무역학개론, 법경사.

▌그림 4-7▐ DDA

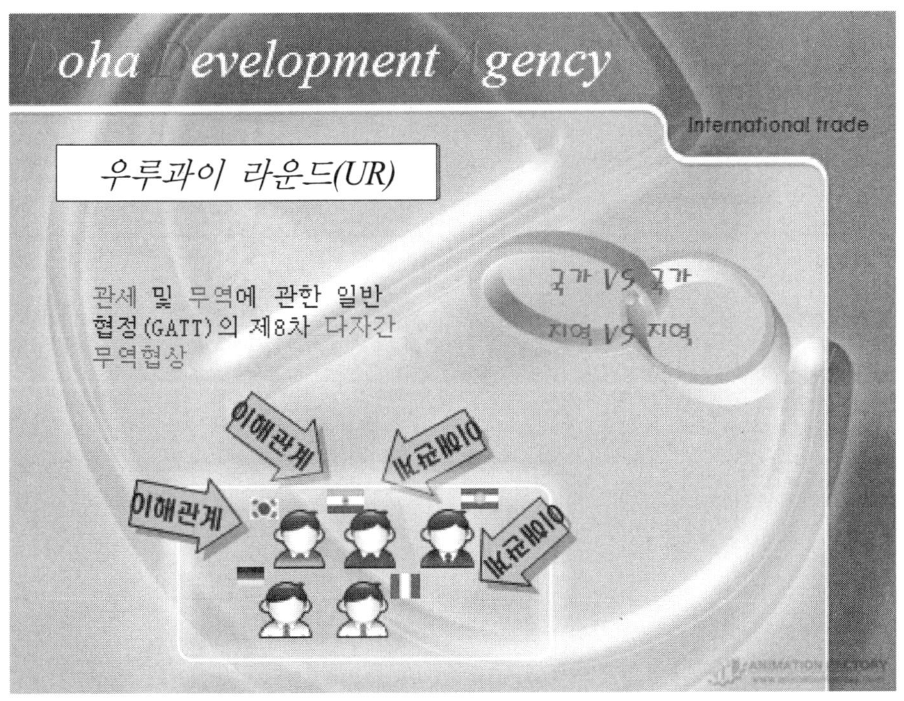

2. WTO체제의 공식출범

(1) WTO의 출범과정

1948년에 출범한 GATT가 몇 차례의 다자간 통상협정을 거치면서 발전하여 GATT체제의 문제점 해결과 다자간 무역기구로의 발전을 위해 1986년 UR협상을 시작하여 1994년 4월 모로코의 마라케시에서 개최한 UR각료회의에서 마라케시선언을 채택함으로서 WTO(World Trade Organization)를 신설하기로 합의하였다.

■ 그림 4-8 ■ UR의 마라케시 각료선언 요지

(2) WTO의 성격 및 설립목적

▮ 그림 4-9 ▮ WTO조직도

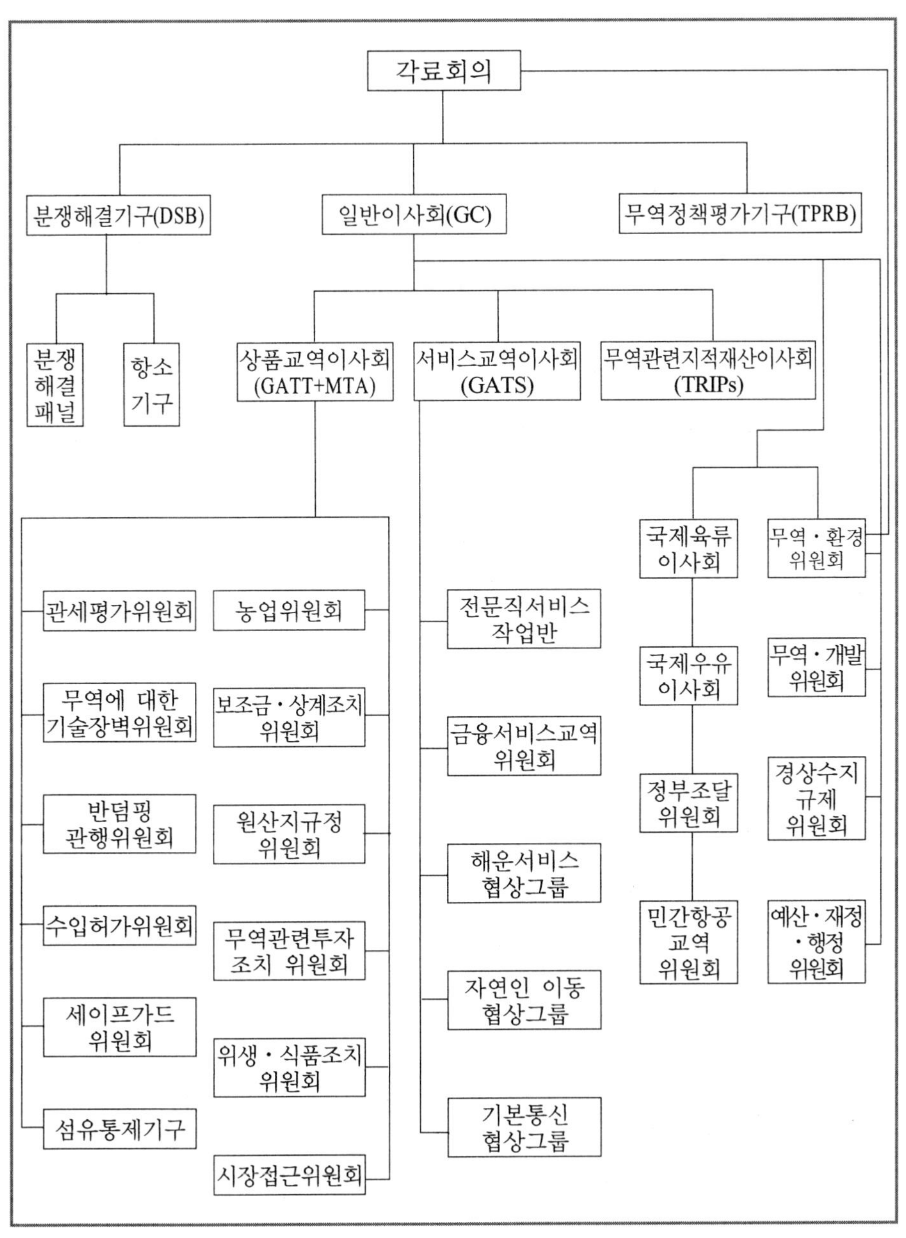

WTO는 GATT체제의 여러 가지 모순점과 한계를 극복하고, 자유무역확대를 시작으로 WTO회원국간의 다자간 무역협상을 통해 상호조정을 원칙으로 하고 자유무역질서에 위배되는 행위를 효과적으로 차단하고 감시하는 것을 목적으로 하고 있다.

따라서 WTO체제는 다음과 같은 GATT의 기능 첫째, 국제무역에 관한 다자간 규범의 제정 둘째, 다자간 무역협상의 무대, 셋째, 회원국간 무역분쟁의 해결을 위한 국제재판소 등을 강화하고, 서비스·지적재산권 등 새로운 교역과제를 포함하고, 회원국의 무역관련 법·제도·관행 등의 명료성을 제고시킴으로써 세계교역을 증진시키려고 노력하였다.

(3) WTO체제의 협정내용

WTO는 UR협정을 이행하는 기구이기 때문에 UR협상의 배경이나 포괄범위, 협상결과 등의 주요내용을 모두 관할한다. 그 내용은 다음과 같다.[3]

1) 공산품의 관세인하와 시장개방의 확대
2) 농산물교역에 대한 다자간 협정의 채택
3) GATT규범의 명료화, 강화 및 무역거래의 공정성 제고
4) 서비스교역에 대한 새로운 다자간 규범도입
5) 지적재산권 보호의 무역체제로의 편입

따라서 WTO체제는 GATT의 기능에 있어 첫째, 국제무역에 관한 다자간 규범의 제정 둘째, 다자간 무역협상의 무대 셋째, 회원국간 무역분쟁의 해결을 위한 국제재판소 강화하고 향후 서비스, 지적재산권, 회원국의 무역관련 법, 제도, 관행 등을 명료화시킴으로서 세계교역을 확대 증대시키려고 노력하였다.

(4) WTO체제의 특징

WTO체제는 GATT와는 다음과 같은 차이점이 있다.

3) 대외경제정책연구원, WTO출범과 신교역질서, 1994, p.24.

1) GATT는 법적구속력제한과 국내법을 우선 적용하나 WTO는 국가간 경제분쟁에 대한 판결권과 강제집행권이 있으며 규범에 따라 분쟁이나 마찰을 조정한다.
2) GATT는 강대국의 불 공정행위 및 자의적 행위의 효율적 규제가 부적절하였으나 WTO는 세계무역분쟁조정, 관세인하요구, 반덤핑규제 등 준사법적 권한과 구속력을 행사한다.
3) GATT는 상품분야에 치중하였으나 WTO는 서비스, 지적재산권 등 새로운 교역과제를 포괄적으로 다룬다.
4) GATT는 만장일치 방식을 채택하였으나 WTO는 다수결 원칙을 도입하였다.

표 4-5 GATT체제와 WTO체제의 비교

	GATT 체제	WTO 체제
관장분야	상품(주로 공산품) 교역	상품, 농산물, 서비스, 지적재산권, 무역정책검토제도, 복수국간 무역협정, 무역관련 투자 등 국제무역관련 전분야
법적권한	GATT체제하에서 결정된 사항은 권유사항이었음. 국제법상 구속력이 없었음	WTO체제는 법인격을 보유하여 그 기능과 역할을 수행하고 필요한 경우 사법적 기능을 가짐
분쟁해결	GATT는 가맹국간의 무역분쟁을 해결할 수 있는 권한과 능력이 미약했음	WTO는 우루과이 라운드 최종협정 중 '분쟁해결규칙 및 질서에 관한 협정'에 따라 무역분쟁을 해결할 수 있는 권한과 능력을 가지고 있음. WTO는 분쟁해결기구를 두고 있음
기구성격	GATT체제는 체계성이 미비한 불완전한 국제경제기구였음	WTO체제는 체계성을 갖춘 완전한 세계경제기구임. WTO는 모든 다자간협정 관련사항의 최고의사결정기구인 가맹국의 각료회의를 두고

		있음. 그 산하에 각료회의의 결정사항을 집행하고 또한 산하의 각종 전문이사회, 전문위원회, 기구와 사무국을 관리·조정하는 일반이사회가 있음
시장개방능력	· 관세인하에 주력 · 비관세장벽은 동경 라운드에서 철폐 노력, 그러나 선언적인 규정정립 수준으로 실효성이 미흡	· 관세인하는 물론 특정 분야에 대한 무관세 도입으로 관세율의 하향평준화 달성 · 비관세장벽의 철폐를 강화(모든 회색조치를 4년 내 폐지)함
신분야협정	없 음	· 서비스교역에 대한 협정의 제정 · 지적재산권 보호를 위한 규범의 제정 · 무역관련 투자조치에 대한 협정을 도입함
규범강화	· 보조금에 관한 정의 등이 불명료 · 반덤핑조치의 남용 등 자의적으로 운용	· 보조금 정의의 명료화 및 규율 강화(금지, 상계가능, 허용보조금 등의 구분) · 반덤핑 조치의 발동기준 및 부과절차의 명료화로 남용을 방지함 · 세이프가드 협정, 원산지규정, 선적전 검사 협정 등을 새롭게 도입

*자료 : 대외경제정책연구원, WTO출범과 신교역질서, 1994, p.24 참조.

▮ 그림 4-10 ▮ 제4차 각료회의

(5) WTO협정의 기본원칙

1) 최혜국대우(most-favored nation Treatment)원칙

특정회원국에게 부여하는 최상의 혜택을 다른 모든 회원국에게도 차별 없이 동등하게 부여해야한다는 원칙으로 비차별성과 횡적균형을 추구한다.

2) 내국민대우(National Treatment)원칙

수입상품은 당해 수입국에서 생산되는 동조상품과 동등한 조건으로 취급되어야한다는 원칙으로 수입품과 국산품의 종적균형을 추구한다.

3) 수량제한의 폐지원칙

대부분의 국가가 무역장벽으로 사용하던 수입물량할당이나 수입금지 조치를 점진적으로 철폐해 나가 자유무역의 길을 연다는 원칙이다.

▌그림 4-11▐ WTO 협정문의 구성

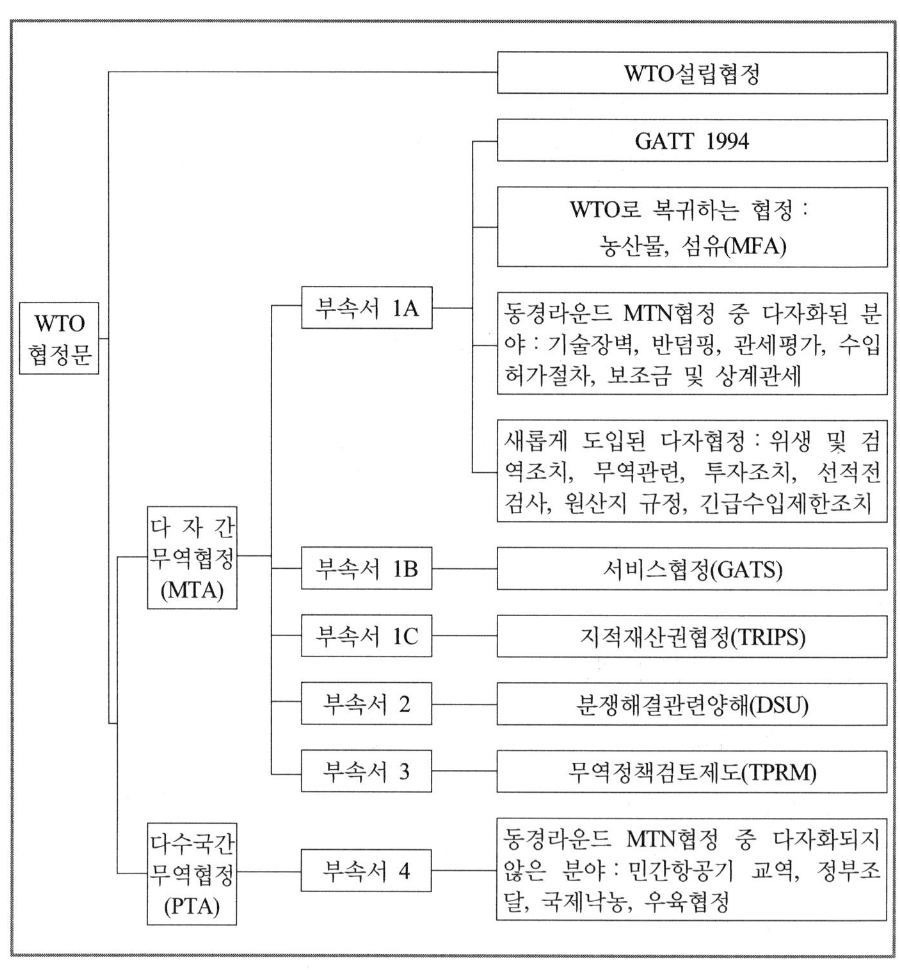

제 5절 경제통합이론과 지역무역

1. 경제통합의 개념

경제통합(Economic integration duty)이란 국가와 국가사이의 경제적협정체결로 하나의 자유시장을 형성하여 상품, 생산요소의 자유로운 이동을 통하여 경제의 조화적, 지속적, 균형적 발전을 추구하는 개념이다.

2. 경제통합의 형태

(1) **자유무역지역**(free trade area)

다수 국이 무역에 관한 협정을 체결하여 그들 국가영역을 하나의 광역적 자유무역으로 설정함으로서 이 지역 내의 수출입 상품에 대해 관세나 무역

▮ 그림 4-12 ▮ ANDEAN 조약

ANDEAN 조약

<the Special Meeting of the Andean Presidential Council on Tuesday 13 of June 2006 at Quito, Ecuador.>

- 설립년도: 1969년
- 설립목적: 좁은 국내시장의 불리를 극복하기 위해
- 가입국가: 페루, 콜롬비아, 에콰도르, 볼리비아 칠레
- 본부 소재지: 페루 리마

제한 조치를 철폐하는 초기적인 경제통합의 단계로서 북미자유무역협정(NAFTA), 유럽자유무역연합(EFTA) 등이 있다.

(2) 관세동맹(customs union)

국가간 관세에 관한 동맹을 체결하여 동맹국 내에서 상호사이의 수출입 물품에 대한 관세를 감면 또는 철폐하는 동맹으로서 ANDEAN조약이 대표적이다.

(3) 공동시장(common market)

공동시장은 무역 및 외환에 관한 협정으로서 역내 국가사이의 상품, 자본, 기술 등 생산요소의 자유로운 이동을 보장하는 형태의 경제통합이다. 유럽연합을 제외하고는 아직도 공동시장의 단계에 이른 지역경제통합은 이루어지지 않고 있다.

(4) 경제연합(economic union)

산업, 재정, 금융, 통화, 무역, 외환 등에 관한 경제협정 체결을 함으로서 각 부문의 경제정책을 상호 조정하여 경제적 마찰을 방지하는 형태의 연합으로 경제연합을 전체적으로 통괄할 수 있는 행정부가 필요하며 각 국은 자신의 주권을 어느 정도 포기해야 한다.

3. 경제통합의 효과

관세동맹에 의하여 회원국간에 관세가 철폐되고 또 비회원국간에는 차별적인 관세가 부과된다면 그에 따른 여러 가지 경제효과가 발생되는데 경제통합에 의한 발생하는 경제적효과를 바이너(J. Viner)는 크게 2가지로 분류하였다.[4)]

4) Ingo Walter, International Economics, New York, 1968, p.538.

(1) 정태적효과

1) 무역창출효과

관세동맹에 의해 역내관세가 철폐되면 기존의 관세부과에 의해 보호를 받아온 역내국의 고생산비 생산자는 배제되고, 역내 타국의 저생산비 생산자로부터 수입이 창출되는 효과를 말한다.5)

2) 무역전환효과

역내국가간의 관세부과 철폐로 인하여 증가하는 무역창출효과와 역외국에 대한 공동의 관세장벽이 설정됨으로써, 역내국가 상품의 절대가격이 역외국가의 가격보다 높다 하더라도 관세효과가 이를 상회할 경우에, 역내로부터 상품을 수입하게 되는 경우를 말한다.

(2) 동태적효과

관세동맹에 의한 경제통합이 이루어지면 시장규모가 확대되고 제품의 생산, 유통에 있어 규모의 경제가 발생된다. 즉 관세부과에 의해서 보호를 받

▮ 표 4-6 ▮ 경제통합의 단계

특성 / 단계	수입제한 철폐	공동의 대외관세	생산요소 이동제한 철폐	경제정책 조정/통합
Free Trade Area	○	×	×	×
Customs Union (관세 동맹)	○	○	×	×
Common Market (공동 시장)	○	○	○	×
Economic Union (경제 연합)	○	○	○	○

5) 신현종 · 전창원, 무역학연습, 법문사, 1991, p.298.

던 각국의 기업들이 새로운 경쟁에 도전받게 되어 지역경제 전체로 보아 효율성이 증가하게 된다는 것이다. 또한 대량생산의 효율성이 증대되어 국민소득이 증가하며 역외기업에 의한 직접투자가 활성화되어, 경제성장이 촉진되어 국가의 대외경쟁력을 높일 수 있는 긍정적인 효과가 있다 할 것이다.

4. 세계의 주요 경제통합 실례

(1) 유럽연합(EU)

유럽연합(EU)의 탄생 배경은 제2차 세계대전이후 미국과 소련의 강대국 대립에 부응하고자 자본주의 서유럽의 결속과 안보문제를 해결하고 독일의 정치 및 경제적 재부상에 대한 중화장치를 마련코져 공감대를 형성하여 1952년 유럽석탄공동체, 1958년 유럽경제공동체(EES), 1967년 유럽공동체(EC)의 통합과정을 거쳐 마침내 유럽연합(EU)이 탄생되었다.

▌그림 4-13 ▌ 유럽경제공동체(EU)

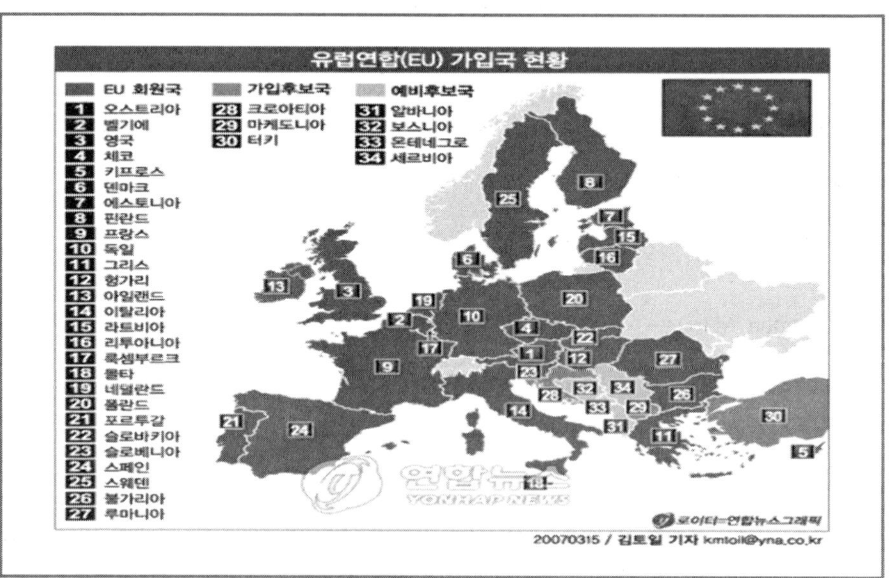

▌그림 4-14 ▌ 유럽통합의 추진경위도

(2) **북미자유무역협정**(NAFTA)

북미자유무역협정의 탄생 배경은 미국의 입장은 세계적으로 EEA와 일본의 급부상으로 미국의 위기의식이 NAFTA의 결정적인 배경이며 캐나다는 북미경제통합의 이익확보와 중남미시장에 대한 진출을 도모하고 멕시코는 해외시장에 대한 접근과 외국인투자 유치를 위하고 현실적으로는 미국이외에는 대안이 없다는 이해관계가 맞아 떨어졌다. NAFTA는 풍부한 미국의 경제력 즉 자본과 기술, 캐나다의 풍부한 부존자원, 멕시코의 풍부한 노동력으로 인한 낮은 임금을 각국의 경제적 특화를 상호 보완하고 결합하여, 고용창출과 경제성장 가속화를 목적으로 결성한 무역 및 투자에 관한 자유무역협정이다.

▮ 표 4-7 ▮ 세계의 주요 경제통합

지역	명 칭	설립년도 및 통합형태	주요 참가국
유럽	EU(유럽연합)	1958년 1968년 관세동맹 1993년 단일시장	독일, 프랑스, 네덜란드, 벨기에, 룩셈부르크, 이탈리아, 영국, 덴마크, 아일랜드, 그리스, 스페인, 스웨덴, 오스트리아, 필란드, 포르투갈(15개국)
	EFTA(유럽 자유무역연합)	1960년 자유무역 협정	오스트리아, 핀란드, 아이슬란드, 노르웨이, 스웨덴, 스위스, 리히텐슈타인(7개국)
북미	NAFTA(북미 자유무역협정)	1994년 자유무역 협정	미국, 캐나다, 멕시코(3개국)
아시아	AFTA(ASEAN 자유무역권)	1993년 자유무역 협정	인도네시아, 말레이시아, 싱가폴, 필리핀, 타이, 브루나이(6개국)
중남미	LAIA (중남미통합연합)	1981년 자유무역 협정	멕시코, 파라과이, 콜롬비아, 아르헨티나, 볼리비아, 에콰도르, 브라질, 우루과이, 페루, 베네주엘라, 칠레(11개국)
	ANCOM (안데스공동시장)	1991년 공동시장	볼리비아, 콜롬비아, 에콰도르, 페루, 베네주엘라, 파나마(6개국)
아프리카	ECOWAS (서아프리카제국 공동체)	1975년 관세동맹	나이지리아, 가나, 기니아, 잠비아, 아이보리코스트, 라이베리아, 세네갈 등(16개국)
중동	ACM (아랍공동시장)	1974년 공동시장	이라크, 리비아, 요르단, 시리아, 이집트, 예멘, 모리타니(7개국)

*자료 : 김희철 · 이신규, 국제무역의 이해, 2001, p.143

(3) 아시아, 태평양 경제협력체(APEC)

아시아, 태평양 경제협력체(APEC : Asia Pacific Economic Cooper- ation)는 아시아, 태평양지역의 지속적인 경제성장과 공동의 번영을 위한 협의체로 출범하여 북미지역의 지역주의 심화에 대응하고 냉전체제의 종식으로 인한 범 세계주의를 촉진 하기위해 1989년 11월 한국, 미국, 캐나다, 일본, 오스트레일리아, 뉴질랜드, ASEAN 6개국(동남아시아 국가연합 : Association of Southeast Asian Nations : 인도네시아, 말레이시아, 필리핀, 태국, 싱가포르, 브루나이 ; 현재는 베트남, 미얀마, 라오스, 캄보디아의 추가 가입으로 10개국으로 경제협력 중심의 포괄적 지역협력기구이다) 등 12개국이 참가하여 발족하였다.

그 후 1991년에 중국, 대만, 홍콩, 1993년에 멕시코와 파푸아뉴기니아, 1994년에는 칠레, 1998년에 러시아, 페루가 추가됨으로써 현재 21개의 회원국으로 구성되어 있다.

▮ 그림 4-15 ▮ APEC의 조직도

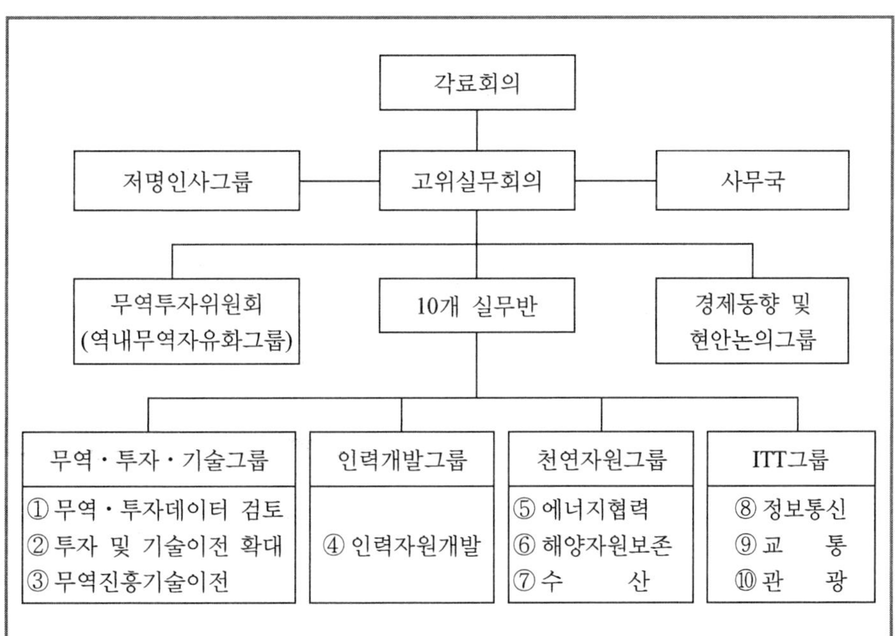

1) APEC의 설립배경

아시아, 태평양지역은 지리적으로 넓고 경제구조와 경제발전단계가 서로 다르며 역내 국가간에도 인종, 문화, 역사적으로 다양성을 지니고 있다. 이런 이질적인 요소가 많음에도 불구하고 일본, 신흥공업국, 중국, ASEAN국가들이 급속한 경제성장으로 인하여 1970년대에 들어와서 세계경제의 중심축이 태평양권으로 이전됨에 따라, 이들 지역이 장기적이고 지속적인 성장을 위해 역내국가간의 경제협력체의 필요성이 대두되게 된 것이다.

2) APEC의 목적

① 회원국 간 경제불 균형을 해소

② 역내 경제, 사회적 복지 개선

③ 지속적인 성장과 균형된 발전을 도모

▌그림 4-16 ▌ APEC회원국

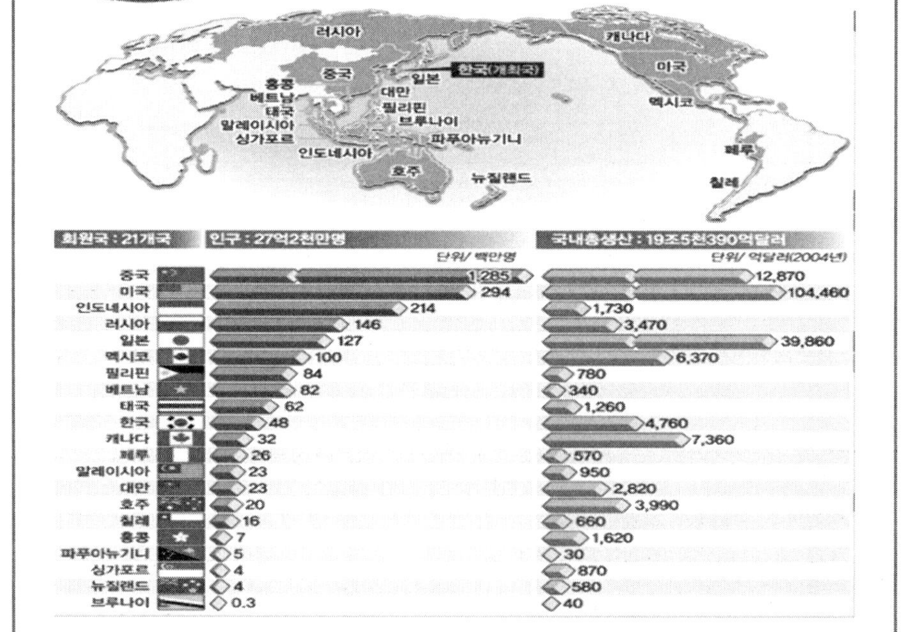

그러나 회원국 간의 경제격차로 인한 입장차이가 상존하는 상황에서 선진국은 무역, 투자의 자유화 촉진을 통한 시장개방을 요구하고 개발도상국은 경제기술협력 확대로 실질적혜택을 요구하고 있어 이해관계가 상충되고 있다.

(4) 남미공동시장(MERCOSUR)

남아메리카 지역의 자유무역과 관세동맹을 목표로 결성되어 1995년 1월 1일 정식 발효가 되었으며 정치적 민주화에 따라 상호 신뢰구축과 경제협력의 강화 분위기 속에서 협력의식을 고취하고 있다.

(5) 동남아시아 국가연합(ASEAN)

동남아시아 국가연합(ASEAN : Association of Southeast Asian Nations)은 필리핀, 인도네시아, 태국, 싱가포르, 말레이시아, 베트남 등 동남아 6개국이 지역

▌그림 4-17 ▌ 남미공동시장회원국

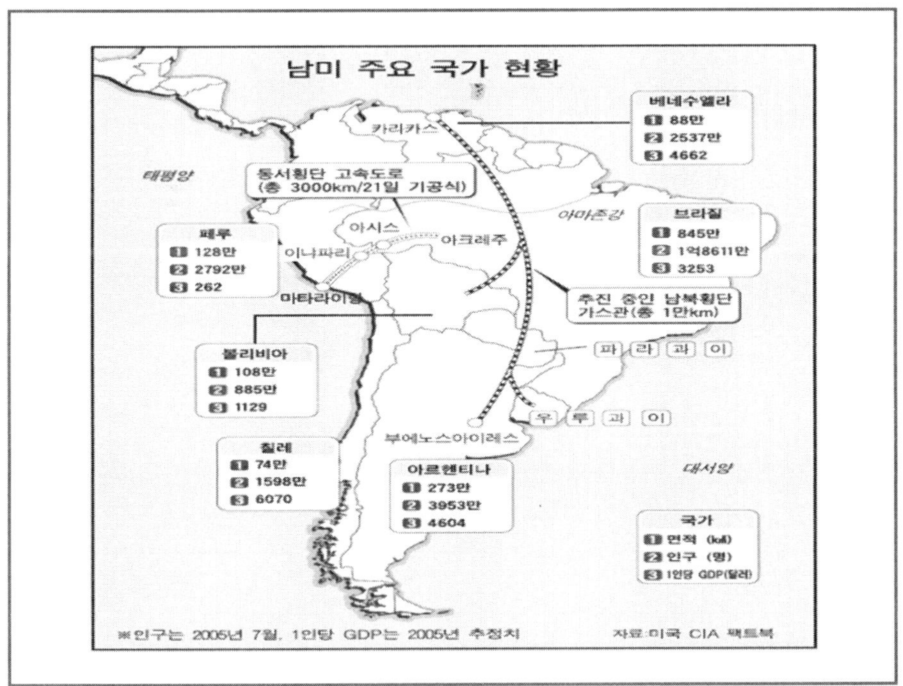

협력을 통해 ① 경제발전, 사회진보, 문화발전, 기술, 과학, 행정 등 각분야에 걸쳐 상호원조 ② 역내부존자원의 이용강화 ③ 무역, 통신분야의 공동문제연구 등을 목적으로 1967년 9월에 발족한 동남아 국가들의 지역협력기구이다.

(6) 중미공동시장(CACM)

중미공동시장(CACM : Central American Common Market)은 저개발국가들의 경제통합으로서 중남미의 과테말라, 엘살바도르, 온두라스, 니카라구아 등의 4개국간에 1960년 12월 경제통합에 관한 협정체결을 거쳐 1962년 코스타리카가 가입한 후 1963년 9월에 발족하였다. CACM의 주요 목표로는 ① 역내무역자유화 ② 역내관세통일화 ③ 산업통합에 따른 공동시장 형성 등을 포함하고 있다.

▌그림 4-18 ▌ ASEAN국가간 무역증가

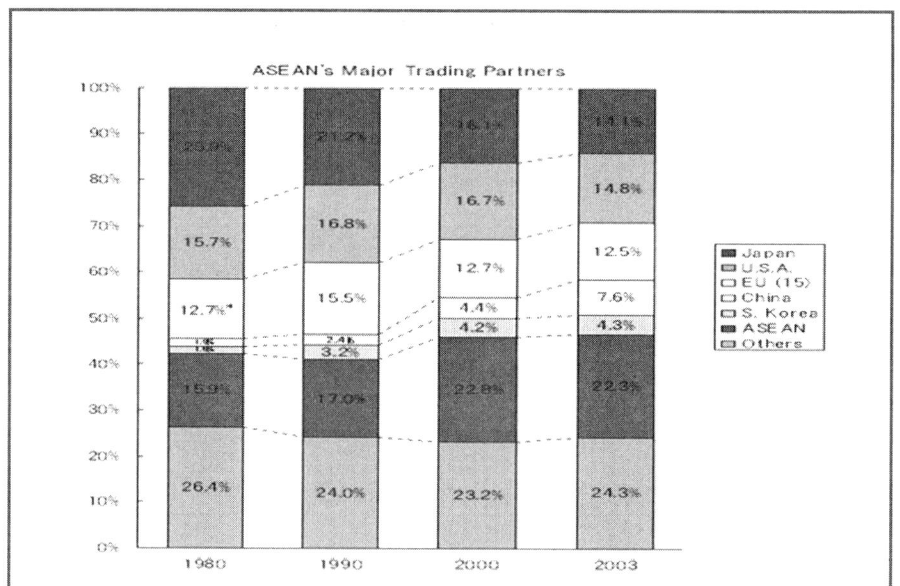

(7) 라틴아메리카 자유무역연합(LAFTA)

라틴아메리카 자유무역연합(Latin American Free Trade Association)은 1961년 2월 아르헨티나, 브라질, 칠레, 멕시코, 페루, 우루과이, 파라과이 등 중남미 7개국에 의해 조인되어, 1961년 6월에 라틴아메리카 자유무역연합이 발족하게 되었다. 그 후 콜롬비아, 에콰도르, 볼리비아, 베네수엘라가 가입하여 LAFTA는 11개국의 회원국이 있다.

LAFTA는 역내무역장벽을 철폐하여 역내 선, 후진국간의 경제적 격차가 통합에 지장을 준다는 점을 인식하여, 회원국을 경제발전단계에 따라 상응하는 특혜공여 및 의무조항을 차등 부과하고 있다.

(8) COMECON(Council for Mutual Economic Assistance : 동구상호원조회)

COMECON은 제2차 세계대전후 미국의 대공산권 무역통제에 따른 서구경제통합(1947년 Marshall Plan 및 1948년 OEEC결성)에 대항하기 위해 소련, 알바니아, 불가리아, 체코슬로바키아, 동독, 헝가리, 폴란드, 루마니아 등이 조직한 경제통합기구이다.

(9) 미주기구(OAS)

미주기구(OAS : Organization of American States)는 1898년 워싱턴에서 개최된 제1회 범미회의(Pan-American Conference)에서 미주연합이 설립된 후 1948년 범미회의에서 미주기구헌장이 조인됨에 따라 미주연합을 대신하여 발족된 기구이다. 이 기구의 목적은 미주지역의 평화와 안전을 강화하고 분쟁시는 평화적해결, 각국가간의 상호이해를 촉진하고 경제, 사회, 문화적 발전을 기하는데 있다.

제5장 국제경영의 이해

제1절 국제경영의 개념

오늘날 우리는 국경이 의미가 없는 세계경제의 글로벌화시대에 살고 있다고 할 수 있다. 즉 세계경제가 기존의 국가단위의 시장에서 국경에 의한 시장구분이 사라지고 세계 거대 단일시장으로 통합되는 과정을 의미한다고 볼 수 있다.

이에 K. Ohmae는 "오늘날 세계경제는 국경이 사라졌다고 주장하고 전세계에는 정보, 자본, 기술혁신이 초고속으로 전파되고 있으며, 이는 기술의 발전에 의해서 가능하게 되었고 그에 따라 소비자들이 가장 저렴한 최고의 제품을 소비하고자 하는 갈망에 의해서 가속화되었다"고 주장하였다.

이러한 부분을 고려하면서 국제경영에 대한 학자들의 정의를 살펴보면 R. Robinson은 "국제경영이란 한 나라, 한 영토 또는 한 식민지 이상의 사람 또는 기관에 영향을 미치는 공적·사적 경영활동을 그 대상으로 하는 연구 및 실무분야"라고 정의하였고, 또 S. H. Robock은 "국경을 초월하여 이루어지는 사업활동을 교육 및 연구대상으로 하는 학문분야"라고 정의하였다.

이와 같이 국제경영(international business)은 2개국 이상에서 이루어지는 경영관리활동 혹은 국경을 초월하는 재화, 서비스, 자본, 노동, 기술 등과 관련되는 경영활동으로 볼 수 있다.

즉 국경선을 넘어 2개국 이상에서 동시적으로 발생하는 경영활동이라 할 수 있다. 그러나 통상적인 의미로는 국제경영이란 국제기업경영을 의미하기 때문에, 기업의 국제화 발전과정에서 진전된 경영관리의 새로운 형태라 볼 수 있다.

따라서 국제경영은 국내경영에서는 필요 없는 관세, 비관세장벽, 수출입허가 등의 요건을 충족해야 하기 때문에 상품, 서비스, 노동과 자본이 국경선을 넘어 이동하고자 할 때는 반드시 변화하는 경제제도에 적응하여야 한다.

▌그림 5-1▐ 국제경영

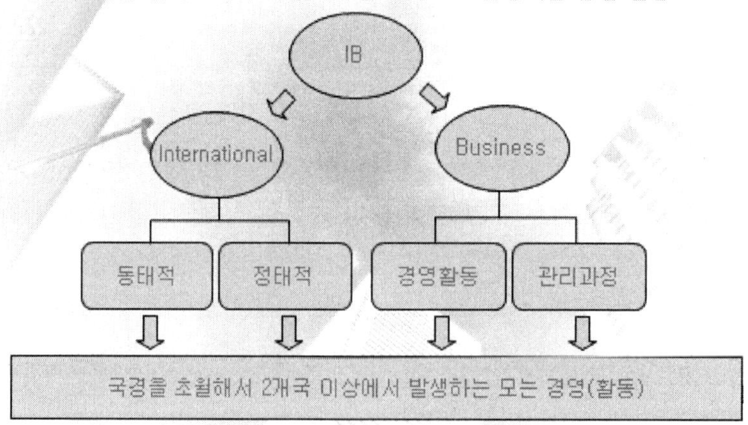

제2절 국제경영의 성격 및 특성

흔히 국제경영이란 용어로 오늘날에는 글로벌시대, 무한경쟁시대, 세계화시대 등의 다양한 말들로 대체되고 있다. 즉 국제경영은 글로벌환경이라는 광범위한 영역에서 이루어지는 활동이기 때문에 각국의 역사, 문화, 경제, 지리적여건, 정치 등을 포함하여 종합적인 분야의 영향을 의식하지 않으면 안 된다. 이와 같이 이질적이고 상이한 문화적 환경이 존재하는바, 국제경영이 갖는 특성을 살펴보면 다음과 같다.[6]

첫째, 국제경영은 국제성 및 세계성이다. 경영활동이 세계시장을 대상으로 하는 만큼, 그 관리의 내용이 효과적으로 추진되기 위해서는 범세계시장의 동향을 면밀히 파악하여 관리활동을 전개하여야 한다.

둘째, 국제경영은 사전에 치밀한 계획성을 지닌다. 해외진출 대상국의 수입규제나 관세 및 환율의 변동 혹은 국제분쟁 등의 경영성과에 영향을 미치는 환경의 변화가 다양하게 발생하므로, 이러한 변동요인을 정확히 파악하여 국제경영활동을 수행해야 한다.

셋째, 국제경영은 급변하는 국제환경에 대처하기 위해서는 기동성이 필요하다. 즉 자국과 지리적으로 격지자간에 위치해 있으므로, 현지 사정에 능동적으로 대처하기 위해서는 탄력적인 기동성이 요망된다.

넷째, 국제경영은 능동성을 가진다. 국제경영활동을 수행하는 기업은 해외사업기회를 포착함에 있어 진취적이고 능동적이어야 한다.

다섯째, 국제경영은 적응성을 지닌다. 급격한 경영환경의 변화는 통제가 어려운 만큼 국제기업은 이러한 변화에 창조적이고 과감한 도전성이 필요하다.

이상과 같이 국제경영에는 고유한 위험과 변화하는 기회가 있기 때문에 국제적인 사고와 감각 그리고 탁월한 국제경영능력이 필요하다.

---

6) 반병길, 국제경영론, 박영사, 1992(제3판), p.24.

▮ 그림 5-2 ▮ 국제경영의 성격 및 특성

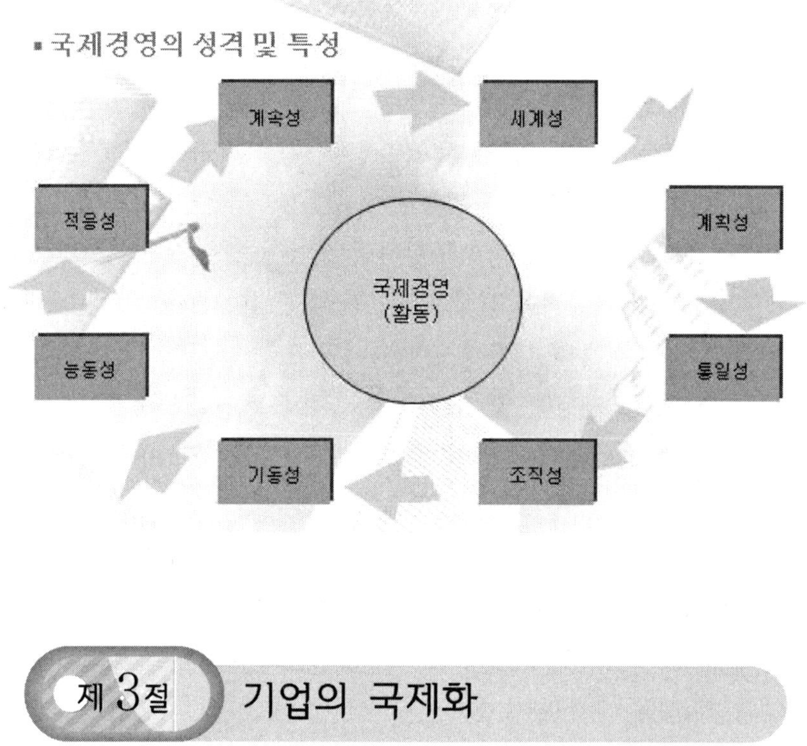

제 3절 기업의 국제화

1. 기업의 국제화 동기

기업의 국제화란 폐쇄시스템으로서의 기업이 아니라 기업이 하나의 개방시스템화하여 세계시장속으로 경영활동을 전개해 나가는 것이라 할 수 있다.[7] 즉 기업의 국제화란 경영system이 국제적으로 확대되는 것이며, 이것은 기업이 보유하고 있는 경영사원을 합리적인 계획하에 해외시장에 이전함으로써 국외시장에서의 영업활동을 증대시켜가는 기업성장의 과정이라 할 수 있다.[8]

7) 박효식, 국제경영론, 박영사, 1993, pp.19-20.

자코비(N.H.Jacoby)[9]의 견해를 살펴보면

1) 무역장벽의 회피수단이다.
2) 수요의 특성이 다른 현지시장에 급속히 적응하기 위한 수단이다.
3) 지역공동시장의 형성으로 대규모 자유무역이 형성되면 진출하여 규모의 경제를 실현하기 위한 수단이다.
4) 급속한 시장확대와 외국투자자유화 정책을 이익적으로 활용하기 위한 수단이다.
5) 자국내의 반트러스트법, 경쟁의 극심화, 이익률의 저하 등과 같은 요인이 해외진출의 동기가 된다.
6) 경영관리, 교통시설의 급속한 발전이 기업의 광역화, 세계화를 가능케 한다.
7) 기업의 국제화를 통하여 특수한 우위성을 확보할 수 있다.

따라서 이러한 기업의 국제화는 여러 가지 동기에 의해 이루어지고 있는데 공통적인 특징을 살펴보면 다음과 같다.[10]

첫째, 기업은 시장진출을 위해 국제화를 시도한다. 즉 기업은 더 높은 수익을 올리고자 해외시장에 진출하며, 특히 국내시장만 상대해서는 자사의 성장목표를 달성할 수 없다고 판단되면 국제화를 적극 시도한다.

둘째, 해외시장에서 판매량 증가로 인한 규모의 경제효과를 통해 단위당 생산원가를 감소시켜, 국내외 시장에서 경쟁력을 증대시킬 목적으로 국제화를 시도한다.

셋째, 국내시장에서 독과점적 경쟁상태를 유지하고 있는 기업들은 그들의 경쟁업체가 해외시장으로 진출함에 자극을 받아 해외시장으로 진출을 시도하며, 더 나아가서는 국내시장으로 침투해오는 외국경쟁업체들에 대한 역대응 전략적 차원에서 국제화를 시도한다.

---

8) 방호열, 국제경영학, 법문사, 1993, p.32.
9) Neil H. Jacoby, The center Magazine, Vol.Ⅲ, No.1(center of study of Democratic Industries, Santa Barbara, Calf, May 1970), pp.26-28.
10) 권영철, 국제경영관리론, 무역경영사.

넷째, 광고, 정보, 서비스, 엔지니어링, 보험 등과 관련된 서비스 업체들은 자사의 주요 고객인 제조업체가 해외시장으로 진출함에 따라 이들 고객사들에 대한 지속적인 서비스를 제공하고자 해외진출을 시도한다.

▮ 표 5-1 ▮ 기업국제화의 동기

구 분	기업국제화 동기
공격적 경영전략으로서의 국제화동기	· 자본 및 설비, 인적자원, 노하우 등의 적극적인 활용을 통한 수익성 제고 · 각종 생산자원의 확보 및 새로운 시장 개척 · 국내의 시장기반을 유지하기 위한 안정적 공급선 구축 · 대외적 팽창욕구에 의한 공략
방어적 경영전략으로서의 국제화동기	· 관세 및 비관세장벽, 수입규제, 독점금지, 각종 규제조치에 대한 효율적 대응 · 해외시장의 보호유지 · 외국의 신기술 및 노하우에 대한 조기 확보 · 경기변동에 따른 위험의 지역적 분산 · 정치적 안정지역에서의 신생산기지 확보
기타 국제화동기	· 진출대상국가의 금융, 세제지원 등 유리한 투자환경의 이용 · 동종업종 경쟁사의 자극

*자료 : 추헌, 현대경영학원론, 형설출판사.

2. 기업의 국제화단계

기업이 해외시장에 진출하거나 국제시장과 사업적 관계를 맺는 국제화의 길은 일차적으로 수출단계를 통하여 이루어진다고 할 수 있다. 즉 기업이 처음으로 해외시장에 진출할 때 가장 초보적인 단계가 바로 상품의 수출이며, 그 중에서도 간접수출이 그 출발이 된다.

다시 말해 국제화하는 기업이 단지 간접적이며 수동적인 국제거래만을 수

행하는 단계라 하겠다.[11]

또한 기업의 국제화는 기업의 활동이 해외지향, 현지지향, 세계지향으로 그 방향을 점진적으로 증가시키고 계속적으로 전개해 나가는 과정이라 할 수 있다.[12]

이와 같이 기업의 국제화는 경제규모가 확대됨에 따라 기업의 해외진출이 어쩔 수 없는 상황에서 한국기업의 국제화 단계를 4단계 살펴보면 다음과 같다.[13]

(1) 제1단계 : 국내지향기업

기업이 설립될 때 처음부터 해외시장을 목표로 생산하고 영업활동을 하는 기업들도 있지만, 대부분의 기업들은 국내시장을 목표로 영업을 시작하는 것이 일반적이다.

그러므로 대다수의 기업들은 생산설비의 가동률을 극대화하여, 국내시장의 점유율을 높임으로써 수익을 최상화하는 것이 정책적 목표가 된다.

일명 본국지향형기업이라고도 하며 기업이 전략적 계획을 수립하고 실행하는데 있어서 본사의 가치와 이익을 중시하는 전략적 성향을 말한다.

본국지향주의적 성향을 가진 기업은 1차적인 목표를 이익극대화에 두고 해외자회사를 본국에서와 마찬가지로 운영한다. 이 단계에서는 모든 중요한 의사결정이 본국을 중심으로 형성되고, 해외자회사는 본사의 영영활동에 있어서 단순히 부수적인 것으로 간주되기 때문에 큰 의미도 없고 재량권도 갖지 못한다. 또 해외자회사에 대한 통제도 중앙집권적으로 이루어지고 현지자회사의 중요 보직은 대부분 본사에서 파견된다.

---

11) 반병길, 앞책, pp.239-240.
12) 곽무섭, 기업의 국제화과정에 있어서 수출직전 활동의 특성, 경성대학교 논문집, 1985, 제6집, pp.365-366.
13) 남금식외 2명, 최신무역개론, 명경사, 2001, pp.291-294.
강태구, 국제경영, 박영사, 2002, pp.30-32.

(2) 제2단계 : 해외지향기업

한정된 국내시장의 돌파구로서 기업들은 해외시장에 진출하게 된다. 즉 기업들은 자체의 존속내지는 성장을 위하여 한정된 국내시장을 벗어나 국경선을 넘어 광활한 세계시장으로 진출할 수밖에 없다.

이러한 해외지향기업들의 특징으로는 해외시장에서 경쟁력을 유지할 수 있는 생산요소가 국내에 잔존하기 때문에 가능하다는 것이다. 즉 제조업의 저임금과 고생산성을 겸비한 국내의 노동력이 상대적으로 외국에 비하여 저렴하기 때문이다.

또한 해외지향기업 단계에서는 수출활동을 지원하기 위하여 기존의 기능별 또는 제품별 조직의 하부구조인 마케팅부서가 국내부와 수출부로 이원화되고, 수출부의 주도아래 수출활동이 이루어지게 된다.

그리고 중요한 수출시장에는 지사 혹은 현지법인이 설치되고, 국내경영자 중 해외에 경험 있는 인재가 파견되어 현지시장과의 연락관계를 긴밀하게 유지시킨다.

(3) 제3단계 : 현지지향기업

정부의 수출지향주의 정책에 편승하여 급속도록 성장한 한국내의 수출지향기업은 1973년 오일쇼크에 충격을 받은 세계시장수요의 상대적 감퇴와 선진국의 자국노동자 보수를 위한 수입규제라는 외적인 여건에 봉착하였다.

그러므로 TV제조업, 섬유, 신발 등의 업계에서는 현지투자에 의한 수출시장 내부에서의 생산활동 혹은 생산원가가 유리한 제3국에서의 생산에 의한 선진제국 시장침투와 같은 전략을 채택하기에 이르렀다. 따라서 이 단계에서의 기업들은 무역규제를 피하기 위해 혹은 유리한 입지조건을 선점하기 위해 현지국에 직접 생산시설을 투자하게 되는 단계이다.

또한 현지지향형기업의 사명은 기업이 현지에 잘 수용되고 융화되도록 하는 것이다. 따라서 각 해외자회사는 현지의 요구에 기초하여 자사가 추구하고자 하는 목표를 설정하고 현지에서 취득한 이윤을 현지 자회사의 확장과 성장발전에 투입하게 된다. 이 단계에서는 재무나 기술개발 등과 같은 중요한 사항에 대해서만 본사가 의사결정권을 갖고, 그 이외의 일상적인 업무에 대한 권한은 자회사에게 이양하여 분권화하게 된다.

(4) 제4단계 : 세계지향기업

한 기업이 국제화하는 마지막 단계는 본국의 본사의 차원을 벗어난 범세계적기업(global company)으로 발전하는 것이다. 이 단계의 국제기업으로 성장하면 본사의 존재와 역할 및 기능이 새로운 차원에서 경영관리를 해야 하는 단계이다. 결국 동시에 해외시장에서의 국별, 지역별로 구분하여 다수의 해외운영회사들을 운영하여 경영하게 되는 단계라 할 수 있다.[14)]

▮ 표 5-2 ▮ 기업국제화의 각 단계별 특징

구분 \ 단계	제1기	제2기	제3기	제4기
기업형태	국내지향기업	해외지향기업(수출기업)	현지지향기업(다국적기업)	세계지향기업(세계기업)
전략	국내시장 점유율증대	해외시장개척에 의한 국내생산규모의 경제단위화	현지생산에 의한 수입통제 국가의 시장확보	다각적 생산판매의 네트워크를 통한 경영의 적정화
조직	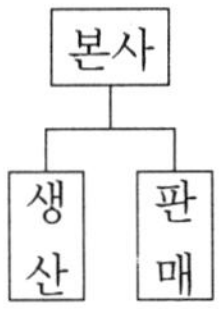 본사 생산 판매	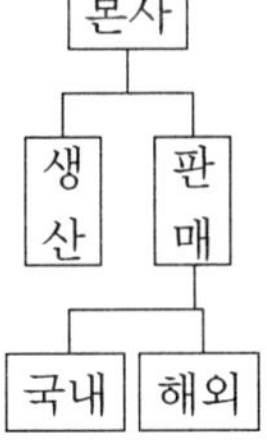 본사 생산 판매 국내 해외	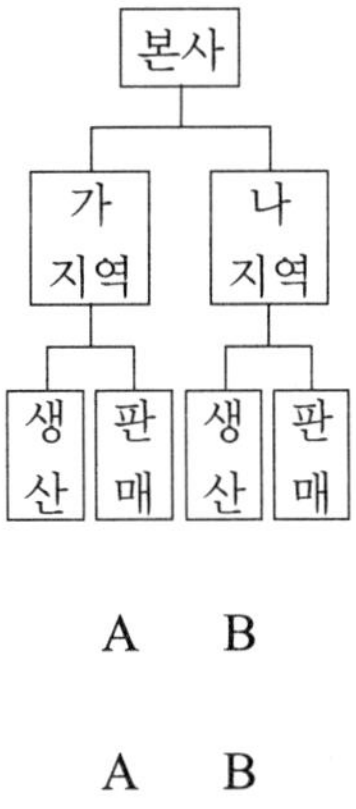 본사 가지역 나지역 생산 판매 생산 판매 A B A B	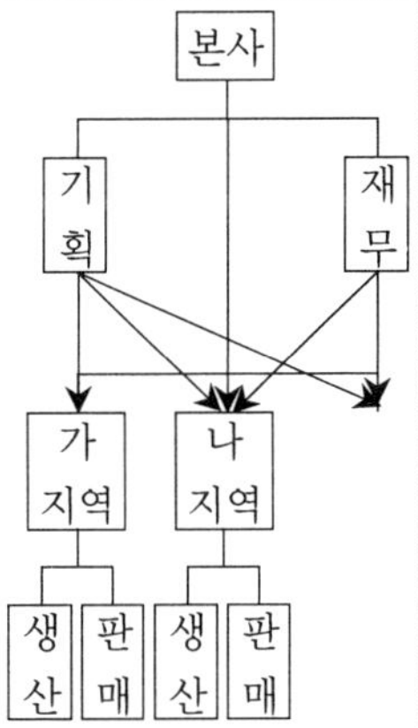 본사 기획 재무 가지역 나지역 생산 판매 생산 판매

14) 범세계적인 기업 네슬레(Nethles), 총매출액의 98%는 스위스 외부에서 형성, 세계 61개국에 482개 공장, 종업원 22만명(1992)"포춘誌"가 선정한 세계500대 기업중 23위의 global company이다.

인사		본국 경영자의 해외파견	현지경영자의 활용	第3국 경영자의 등장
재무	자본의 국내조달	자본의 국내조달 또는 정부지원	해외자본시장의 활용	금융회사의 독립
예(국내)	대부분의 중소기업과 하청기업	종합무역상사, 일반무역회사 및 직접수출을 하는 소수 제조회사	해외생산시설투자, 해외자원 개발투자 등을 시도하는 소수기업	
예(국외)	미국 대부분의 기업	일본의 종합무역상사, 서구의 trading house	도요다, 소니, 다우케미칼 등	네슬리, 로얄더취 쉘, 유니레버, 포드 등

*자료 : 조동성, 국제경영학, 경문사.

또한 세계지향형기업은 국가주의적 편견에서 탈피하여 상호의존적관계를 가지고 있는 본사와 해외 자회사가 유기적으로 결합하여 범세계적 관점에서 사업활동을 수행하게 된다. 따라서 본사와 해외자회사간에 정책결정에 관한 의사소통이 자유롭게 이루어지며, 기업이 system내부에 가지고 있는 모든 경영자원과 기업이 직면하고 있는 모든 환경요인을 최적으로 혼합하여 기업목표를 달성하게 된다.

제 4절 다국적기업

1. 다국적기업의 개념

다국적기업(multinational Corporation, multinational enterprise)이란 용어가 보편적으로 사용되고 그 내용이 통일적인 견해와 학문적 체계가 확립된 시기는 1960년대를 전후한 시기라 볼수 있다. 그러나 최근에 이르기까지 다양한 용어로 사용되고 있지만, 아직까지 통일된 정확한 정의를 내리지 못하고 있다. 다국적기업은 학자들의 연구방법과 방향에 따라 다양하게 정의되고 있는데 대체로 "2개국 이상에서 국제경영활동을 수행하는 기업"이라고 정의된다.

버논과 웰즈(R. Vernon & L. T. Wells)는 다국적기업이란 해외 여러나라에 수많은 자회사를 거느리고 국제사업활동을 수행하는 기업으로서, 비록 이들 자회사들이 서로 각기 다른나라에 위치하고 있을지라도 공동소유관계로 연결되어 있고, 자금이나 신용, 정보, system, 특허권 등의 경영자원을 공동으로 활용하며 공동전략에 따라 움직이는 기업 군이라고 정의하고 있다.

그리고 유엔(UN)은 다국적기업을 "자산, 판매, 생산, 고용 또는 이익 등의 활동에 참여하고 있는 하나 혹은 그 이상의 지점이나 자회사를 소유하고 있는 기업"이라고 정의하였다.

버논(R. Vernon)에 의하면 다국적기업을 다음과 같이 표현하고 있다.[15)]

1) 제조업 혹은 광업분야에서의 거대기업
2) 수개국에서 판매 혹은 기술의 특허사용을 계약한 기업
3) 해외사업활동의 비중이 커서 자산, 종업원・부가가치의 해외부분이 일정비율을 초과하는 기업으로 정의하고 있고, 로빈슨(R. D. Robinson)은 다국적기업을 4단계로 구분하고 있다.[16)]

제1단계는 국제기업(international firm)단계이며, 국제적인 경영은 각사업부문별로 이루어지며 회사의 경영정책으로서 해외진출을 중점으로 하고 있다.

제2단계는 다국적기업(multinational firm)단계이며, 구조적으로 국내와 국외사업을 구별하지 않고 국경을 무시하며 그 회사에 가장 유리한 자금배분을 하는 것을 경영전략으로 하고 있다.

제3단계는 준초국가기업(transnational firm) 단계이며 국적을 달리하는 사

15) Raymond Vernon, Sovereignty at Bay, New York, 1971, pp.4-18.
16) 반병길, 다국적기업론, 박영사, 1974, pp.68-71.

람들에 의해서 관리 혹은 소유되며 회사의 경영이 특정한 나라의 영향을 받지 않는다.

제4단계는 초국가기업(super-national firm)단계이며 법률적으로 국적도 없으며 등기, 과세 등에 대해서도 특정국만으로서 정할수 없다.

2. 다국적기업의 특성

다국적기업은 다음과 같은 다양한 특성을 지니고 있다.[17]

(1) 기업소유권의 다국적성

기업의 주식이 국적이 다른 여러 국민에게 소유된다는 의미이다.

(2) 세계지향적 경영활동

다국적기업이란 대부분이 직접투자에 의해 해외에 사업장을 설치하고, 경영활동을 수행하고 있으므로 그 목표가 세계지향적이라 할 수 있다.

(3) 인적구성의 다국적성

다국적기업의 인적구성은 기업자체가 해외진출로서 가능하기 때문에 다양한 국적의 소유자로서 구성된다.

(4) 기업조직구조의 분권화

다국적기업의 규모가 증대하고 활동내용이 복잡하게 됨에 따라 경영자들은 효율적인 경영활동을 하기 위해 조직구조를 세계를 지향하는 분권화에 중점을 두게 된다.

(5) 이윤의 재투자

다국적기업이 해외자회사의 운영결과로서 발생한 배당과 로얄티는 해외

17) 신동수외 1명, 앞책, pp.356-357.

자회사에 재투자하는 것이 일반적이다.

(6) 국제협력체제의 모색

다국적기업은 본질적으로 저개발국의 경제개발에 기여하므로 세계경제의 균형된 발전이 이루어지는 것을 기본이념으로 한다.

(7) 다종다양한 기업형태

다국적기업은 당초에는 제조업을 주업종으로 하는 대기업에만 국한되었으나, 오늘날에는 기업의 규모나 업종에 관계없이 다종다양하게 이루어지고 있다.

▌그림 5-3 ▌ 다국적기업의 특성과 유형

3. 다국적기업의 해외진출 동기

기업의 해외진출이 어떤 특정한 요인에 의해서 이루어지는 것보다 통상적으로 해외에서 이윤극대화를 추구하려는 의도에서 진출한다는 것이 더 합당하다. 즉 기업의 해외진출은 다음과 같은 여러 가지 복합적인 요인이 작용한다.[18]

(1) 시장의 확보 및 확대

다국적기업은 현지국의 시장 잠재력이 있고 그 규모가 클때 해외시장을 확대시키고 그 시장을 확보하기 위해 해외로 진출한다.

(2) 무역장벽의 회피

대부분의 현지국들이 표면상으로는 자유무역정책을 실시한다 하더라도 실질적으로는 자국산업을 보호하기 위해 다양한 무역제한조치를 실시하기 때문에 이러한 현지국의 무역규제를 회피하기 위해 현지국에서의 생산활동이 필요하다.

(3) 생산요소의 저비용이용

현지국에서 자본과 노동의 생산요소의 비용이 낮다면 다국적기업은 이를 이용하기 위하여 진출하여 제품비용의 압박으로부터 벗어나 해당 제품의 비교우위를 가지게 되어 국제경쟁력을 갖게 되는 것이다.

(4) 현지국의 낮은 경제발전수준

다국적기업은 각국간의 경제발전 수준의 격차를 이용한 이윤을 극대화시키기 위하여 해외로 진출한다. 일반적으로 자본의 한계생산력은 경제발전단계가 높은 나라에 비하여 낮은 나라에서 큰 경우가 있다. 따라서 다국적기업이 개도국으로 진출하면 이윤의 극대화를 추구할 수 있다.

---

18) 登田智・小宮隆太郎・渡邊康, "다국적기업의 실태", 동경, 1974, Ⅱ부 Chap.1, pp.45-57.
신동수외 1명, 앞책, pp.357-358.

(5) 현지국 정부의 장려정책

개도국이나 후진국들은 자원부족, 낙후된 기술수준 등으로 경제개발을 자립적으로 할 수 없는 경우에는 현지 정부는 자국에 진출하는 다국적기업들에게 조세나 법제상의 많은 혜택을 주어 그 기업에 의해서 국가의 경제개발을 추진하려는 경향이 있다.

4. 다국적기업의 영향

다국적기업은 현지국의 경제발전에 여러 가지 이익을 줄 수도 있지만 반대로 부정적인도 측면도 배제할 수 없다. 그러므로 현지국의 입장에서는 현지국의 경제발전에 대한 다국적기업의 공헌을 극대화시키고 그 폐해를 극소화시켜야 하며, 반면에 다국적기업의 입장에서는 현지국에서 지속적인 경영활동을 통해 이윤을 확보하려면 건전하고 선량한 기업이미지 확립에 노력해야 할 것이다. 이에 다국적기업이 현지국에 미치는 경제적 영향을 살펴보면 다음과 같다.[19)]

(1) 긍정적인 영향

1) 경제성장효과

다국적기업은 현지국에 신기술이전, 생산확대, 현지민고용증대, 국제수지개선, 경영능력개선, 사회간접자본확충 등을 수반하게 되어 생산량 확대를 가져오게 된다.

다시 말해 외국자본이 유입되어 현지국(피투자국)에 투자가 증대되면 생산요소의 자본 stock이 증대되어 그에 따라 경제성장이 증대되고, 외국기업의 기술과 경영관리기법이 도입되면 생산성이 향상될 것이다.

그러나 다국적기업의 진출로 오히려 현지국의 산업이 상대적으로 위축되는 경우도 있다. 엄밀히 말하면 단기적으로는 경제성장에 도움이 되겠지만

---

19) 남금식외 2명, 앞책, pp.307-311 참조.
강태구, 앞책, pp.396-398.

장기적으로는 투자자원의 분배를 평준화함으로써 기술이나 제품의 시장독점과 현지국의 산업전반을 지배하게 될 것이다.

2) 기술습득효과

다국적기업은 그 본질상 우수한 제조기술 및 관리·조직적 기술을 가지고 들어오기 때문에 피투자국(현지국)은 이러한 기술을 습득할 수 있다. 오늘날 대부분의 신기술은 기술자원 및 자본, 그리고 위험부담능력을 가지고 있는 다국적기업을 통해 이루어지고 있으며, 이들 기업의 연구개발에 대한 투자는 실로 엄청난 규모라 할 수 있다. 실례로 J. Delorme에 의하면 기술이전의 약 80%가 다국적기업의 해외직접투자를 통해 이루어지고 있는 것으로 분석되고 있다.

3) 국제수지 개선효과

다국적기업은 대부분 수출산업에 특화하여 제품을 수출함으로써 외화를 벌어들인다면 현지국의 국제수지는 개선된다. 또한 그 제품은 수입대체 효과도 있기 때문에 대외지급 준비자산의 지출억제에 의하여 국제수지가 개선되는 효과가 발생한다.

또한 다국적기업의 현지국 진출은 다량의 자본을 투입하게 되므로 자본수지에 긍정적인 영향을 미친다고 볼 수 있다. 이럴 경우 수출비율은 높고 원자재나 부품의 수입의존도가 낮을수록 무역수지의 개선효과는 상승할 것이다.

그러나 다국적기업이 현지국에 진출하여 수출증대가 미흡하다거나, 투자본국으로의 과실송금이 최초 투자금액을 상회하거나, 현지국에서 취득한 엄청난 이윤을 재투자하지 않고 투자본국으로 집중시키게 되면 현지국의 국제수지는 타격을 입게 될 것이다.

4) 고용창출효과

다국적기업이 해외에 진출하면 현지국의 국민을 고용할 뿐만 아니라 기업경영에도 직접 참가시키기 때문에 고용기회가 확대되는 경향이 있다.

즉 다국적기업이 해외에서 고용하고 있는 인력이 수백만명에 달하고 있다는 사실은 다국적기업의 해외직접투자에 따른 고용창출효과를 증명해 보이는 것이라 할 수 있다.

예를 들어 스위스의 대표적인 세계최대의 다국적식품회사인 네슬레(Nestlé)는 23만명의 직원을 거느리면서 전세계 77개국 522개의 공장에서 8,500가지의 제품을 생산하고 있는 글로벌기업인데 전세계적으로 고용하고 있는 약 23만명의 직원 대부분이 현지국의 외국인으로 채워져 있고, 스위스 본사에 근무하고 있는 최고경영자의 절반 이상이 비스위스인으로 구성되어 있다.

5) 지역사회 개발효과

다국적기업이 현지국에 진출하면 미개발된 지역개발의 확대와 고용기회가 창출되어 현지국의 지역사회에 유리한 영향을 주게 된다.

▮ 그림 5-4 ▮ 국제협력에 공헌

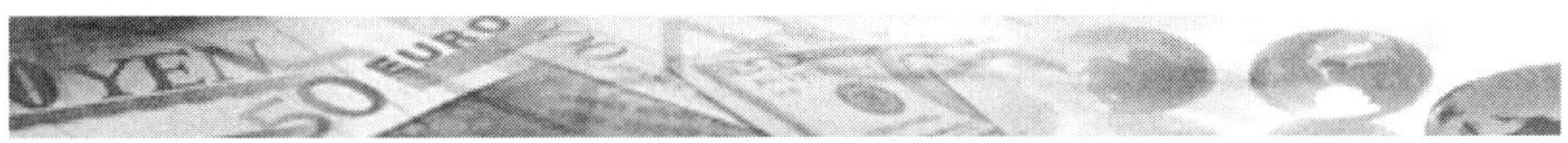

5. 다국적 기업의 긍정적 효과와 예

❖ 국제협력에 공헌

• 다국적 기업은 기술제휴 등을 통한 무역의 상호이익효과에 따라 국제협력에 증진하는 계기 마련

6) 자원분배에 미치는 효과

다국적기업의 해외진출이 이루어지면 현지국에 신기술이 급속히 파급되어 현지국의 기술혁신이나 자원유통구조에 기여하게 된다. 특히 자원배분의 경우에는 다국적기업은 현지국의 낙후된 기업생산물의 독점시장을 경쟁시장으로 전환시키는 효과를 가져온다.

(2) 부정적인 영향

다국적기업의 세계 경영활동은 개도국에 대해 경제개발효과를 가져올 수 있는 반면에 여러 가지 부정적인 영향을 줄 수도 있다.[20]

1) 다국적기업이 개도국에 진출함으로써 양국간에 분쟁발생 소지가 있고 투자이권을 중심으로 복잡한 이해관계 등으로 국제관계가 긴장되어 정치적 압박이나 경제적 침략을 받을 우려가 있다.
2) 투자수익의 불공평한 분배, 국제수지상의 부담, 시장분해, 수출제한, 공장폐쇄, 노동문제 등의 폐해가 일어날 소지가 있다.
3) 다국적기업의 현지국 진출에 의해 현지국의 산업이 도산될 경우가 있다. 주지하다시피 다국적기업은 세계를 연결하는 경영관리조직, 거대한 생산기반시설, 엄청난 판매망, 풍부한 자본 등을 배경으로 경영활동을 하기 때문에 현지국의 기업은 그 막강한 경쟁에 부딪쳐 도산되지 않을 수 없을 것이다.
4) 선진국은 자연환경보호를 위해 공해산업을 해외로 진출시킨다. 현지국의 공해산업이 갈수록 증가되어 심각한 문제거리로 대두되고 있다.
5) 다국적기업이 현지에서 벌어들인 이윤을 재투자하지 않고 모국의 본부로 송금한다면 현지국의 국제수지는 악화된다.
6) 다국적기업이 현지국의 자원채취산업에 집중적으로 투입된다면 자연히 현지국의 부존자원은 고갈될 우려가 있다.
7) 다국석기업의 우수한 기술과 막강한 자본력이 현지국의 산업에 투입되기 때문에 현지국은 다국적기업의 경쟁력에 자주성을 잃게 되어 결국 외국기업의 의존도가 심화될 소지가 있다.

20) 정도영, 국제경제, 박영사.

8) 다국적기업의 탁월한 기술력으로 인해 생산된 제품이 현지국의 소비자들에게 강력하게 어필(appeal)되어 소비가 증대되기 때문에 건전한 소비문화 왜곡과 국내저축의 감소 등 국내산업에도 심각한 영향을 미치게 될 것이다.

9) 현지국들은 어느 국가를 막론하고 독립적인 주권을 가진 국가로서 자국의 산업발전, 실업문제, 국제수지개선, 환율, 수출증대 등 주요한 사안에 대해 자주권과 통제권을 현지국에 진출한 다국적기업에게 행사할 수 있다. 그러나 현지국에 진출한 외국인 투자기업(다국적기업)들은 간혹 영업활동, 납세, 로얄티의 본국송금문제 등으로 인하여 현지국의 정부와 마찰을 빚기도 한다.

▮ 그림 5-5 ▮ 월마트의 투자 실패사례

월마트의 투자 실패사례

10) 현지국에 진출한 다국적 기업들은 정치적, 문화적, 사회적으로도 상당한 영향을 미친다. 정치적으로는 현지국의 국내정치에 관여하여 영향

력을 행사하기도 하고, 문화적으로는 자국의 가치관과 문화를 현지국의 국민들에게 전파하여 현지국의 전통적인 문화유산을 훼손시키기도 하며, 법률적으로는 자국의 법률과 정책을 현지국의 자회사까지 연장·적용함으로써 법의 영토외 적용문제를 유발하기도 한다.

제 5절 해외직접투자

1. 해외직접투자의 개념

해외직접투자(foreign direct investment : FDI)[21]란 투자기업이 외국의 투자대상기업에 대한 경영지배 혹은 경영참여를 목적으로, 유형의 경영자원인 자본뿐만 아니라 무형의 경영자원인 기술, 특허, 상표권, 경영 또는 마케팅 노하우 등 기업의 제반 경영자원을 패키지 형태로 해외에 이전시키는 방식을 의미한다.

즉 해외직접투자는 주식이나 채권 등에 투자하여 배당금이나 이자수익을 목적으로 하는 해외간접투자와 비교하여 기업이 경영에 직접 참여함을 목적으로 투자하는 경우를 말하며, 여기에서 경영에 직접 참여한다는 의미는 기업의 경영자들이 의사결정과정에서 영향을 미칠 수 있는 통제권을 발휘하게 되는 개념으로 파악할 수 있다.[22]

결론적으로 FDI를 종합적으로 살펴보면 투자기업이 해당투자기업의 경영에 직접 참가함을 목적으로 자본, 경영능력, 기술, 인력 등의 경영자원에 대한 포괄적인 국제적 이전을 수행하는 기업활동이라 할 수 있다.

21) 김희철외 1명, 국제무역의 이해, 2001, p.204.
22) 김원경외 1명, "국제경영학 총론", 무역경영사.

2. 해외직접투자의 동기와 목적

해외직접투자의 동기나 목적은 투자국의 대내외 경제사정과 투자기업의 경영전략 및 현지국의 투자환경 등의 여러 가지 복합적인 요인에 따라 달라질 수 있다. 대체적으로 학자들의 견해를 종합해 보면 해외직접투자의 동기는 ① 현존시장의 유지 ② 경영다각화와 위험분산 ③ 이윤추구 ④ 인건비절감 및 자원확보 등으로 분류할 수 있고, 목적으로는 수익성의 추구와 시장의 확대라고 볼 수 있다.

표 5-3 해외직접투자의 동기

1. 피투자국의 시장요인	· 피투자국의 시장규모 · 피투자국의 시장성장률 · 직접투자가 훨씬 더 효과적인 현지시장 서비스방식인 경우 · 현지의 요구에 보다 효율적으로 부응하기 위해서	· 시장점유율 유지 및 확대 · 수입규제를 포함한 현지의 무역장벽 회피 · 피투자국을 수출기지로 활용하기 위해서 · 시장을 방어하기 위해서
2. 비용관련 요인	· 저렴한 노동력 · 숙련노동을 포함한 노동의 이용 가능성 · 보다 이익적인 사업경영 · 저렴한 투입비용	· 저렴한 운송비용 · 현지정부의 금융상의 유인책 · 낮은 인플레이션 · 기술에 대한 접근 · 낮은 세금
3. 수직적 통합	· 원료의 이용 가능성 · 보다 저렴한 재료 투입물	· 투입물의 안정적인 공급확보의 필요성
4. 투자여건	· 정치적 안정성 · 본국과의 문화적 유사성 · 경제하부구조의 설비	· 세금체계 · 일반적인 환경
5. 외부적 요청에 대한 대응	· 현지정부로부터의 요청 · 현지의 대리점, 유통업자, 라이센시로부터의 요청	· 고객으로부터의 요청 · 공급업자로부터의 요청 · 경쟁기업으로부터의 요청

6. 본국과 관련한 푸쉬(push) 요인	· 불완전하게 이용되고 있는 여유자원 · 본국에서의 사업의 어려움 · 위험다변화 · 다른 방식에 의한 해외시장 공급의 어려움	· 자사의 우위요소를 해외에서 이용하고자 할 때 · 위협의 교환 · 본국에서 직면하고 있는 문제점에 대한 대비책

*자료 : M. Z. Brooke and P. J. Buckley, Handbook of International Trade(London, Macmillan Publishers Ltd., 1988), p.205.

3. 해외직접투자의 유형

해외직접투자의 유형은 분류기준에 따라 여러 가지로 구분되지만 대략 4가지 형태로 구분된다.[23)]

(1) 자연자원지향형 해외직접투자

자연자원지향형(natural resource-oriented) 해외직접투자는 광업, 임업, 수산업부문의 FDI로서 국내에서 생산이 불가능하거나, 아니면 가능하다 할지라도 타국산업에 비해 비교우위에 있을 경우, 물량이나 가격면에서 원자재와 저렴한 노동력을 얻기 위해서 투자하는 경우를 말한다.

(2) 생산요소지향형 해외직접투자

생산요소 중에서 자본은 국제적으로 이동성이 비교적 원활한 편이지만, 노동력의 국제간 이동은 제한이 따르고 또한 토지의 이동성은 전혀 발생하지 않는다. 따라서 투자기업들은 제한되는 노동이나 토지 등의 생산요소의 가격이 자국보다 상대적으로 저렴한 외국의 현지생산을 통해서 제품의 국제경쟁력을 확대하기 위해 해외직접투자를 모색하게 되는데 이러한 형태의

23) 신동수외 1명, 앞책, pp.346-348.
D.K. Eiteman and A.I. Stonehill, Multinational Business Finance, 3rd, ed, Addison - wesley Publishing co. 1982, pp.245-270.

FID를 생산요소지향형 (production factors-oriented)이라 한다.

(3) 시장지향형 해외직접투자

시장지향형(market-oriented) 해외직접투자는 수입국의 무역장벽을 회피하기 위하여 기존의 수출시장을 계속 유지하기 위한 목적으로 현지국에서 생산 및 마케팅 활동을 전개하는 형태를 말한다.

여기에는 2가지의 유형으로 구분할 수 있다.

첫째, 수출대체형 FDI유형은 수출대상국이 방어한 수입장벽으로 인하여 수출량이 억제 또는 감소되는 것을 극복하기 위하여 FDI를 통해 현지에서 생산·판매함으로써 기존의 제품보다 더 좋은 제품을 공급할 수 있는 능력을 보유하게 되는 것을 말한다.

둘째, 미국이나 유럽의 거대 다국적기업들이 행하는 FDI의 전형적인 형태인 과점적 FDI의 유형은 독점적 우위를 지닌 기업들이 현지국의 시장에서 발생하는 무역장벽을 회피할 목적으로 서로 경쟁적으로 행하는 해외진출형태를 말한다.

(4) 지식지향형 해외직접투자

지식지향형(knowledge-oriented) 해외직접투자는 투자지역의 고도화된 최첨단 생산기술과 마케팅기술, 경영관리기술 등을 습득하기 위하여 투자하는 형태를 말한다.

예를 들면 유럽이나 일본의 기업들이 미국의 기업들을 인수하는 경우에서 볼 수 있고, 한편 최근에는 우리나라 기업들이 미국이나 유럽을 중심으로 FDI를 하고 있는 것은 첨단산업의 기술습득을 하기 위한 지식지향형 FDI의 대표적인 예라 할 수 있다.

▌그림 5-6▐ 해외시장진입방법의 일반적 유형

유형분류기준		유형	구체적 예
본국 혹은 제3국 생산 후 완제품 수출		수출(export)	• 간접수출(indirect export) • 직접수출(direct export)
생산요소 이전 後 현지생산	생산요소 일부 이전	계약방식	• 라이센싱 • 프랜파이징 • 계약생산 • 턴키계약 • BOT방식 • 기타
	생산요소 복합이전	해외직접투자	• 단독투자와 합작투자 • 신설과 인수/합병

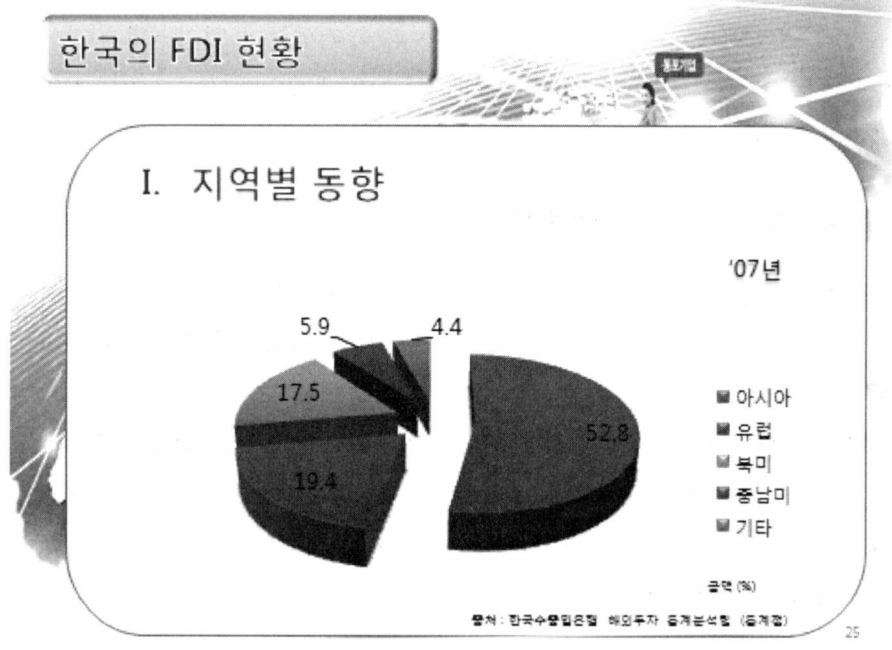

*주 : 1980년 수치는 1968~80년까지의 실적임.
*자료 : 한국수출입은행

한국의 FDI 현황

II. 업종별 동향

'06년

업종	금액 (%)
제조업	41.4
광업	20.7
서비스업	9.6
도소매업	8.2
부동산업	6.5
건설업	6.4
기타	7.2

26

출처 : 기획재정부 경제협력국 국제경제과 (중계점)

국제수지 및 정책

제 1 절 국제수지의 개념과 구성요소

1. 국제수지의 개념

국제수지(balance of payment)란 일정기간 동안 한나라의 거주자와 외국의 거주자사이에서 발생한 모든 경제적거래를 체계적으로 분류하여 기록한 것을 말한다.

이를 구체적으로 살펴보면 다음과 같다. 여기서 일정기간이라 함은 대체적으로 1년을 기준으로 하는 단위를 기록하는 플로우(flow)의 개념이다. 또 거주자라함은 자국내에 주소를 둔 자연인과 자국내에 주사무소를 둔 법인을 말한다.

비거주자란 거주자 이외의 자연인과 법인을 말하고 외교관, 관광객, 주둔 외국군의 관계자, 국제기관과 그 직원 등은 비거주자로 취급된다. 즉 정치상의 치외법권자는 비거주자로 간주한다.

2. 국제수지표의 구성

국제수지표(statement of the balance of international payments)란 한나라의 국제수지를 집계하여 표로 작성한 것을 말한다. 즉 자국과 해당교역국 사이에서 발생한 모든 국제경제거래를 일정기간 걸쳐 체계적으로 기록하는 통계표라 할 수 있다.

IMF는 국제수지표를 다음과 같이 정의하고 있다. 국제수지표는 어떤 일정기간에 여러 가지 거래를 체계적으로 기록한 제반계정의 체계이다.

① 한나라의 국내경제와 해외경제 사이에 본원적 생산요소인 실물자산의 흐름과 용역의 흐름

② 경제변동

③ 무상으로 해외에 공여하거나 혹은 해외로부터 수취한 실물자산과 금융적 채권에 관한 이전수지 등의 체계적인 기록을 의미한다.

▮ 표 6-1 ▮ 국제수지 구성표

	차변(지출)	대변(수입)
(Ⅰ)	- 상품의 수입	- 상품의 수출
(Ⅱ)	- 서비스의 수입 (해외에 대한 이자·배당금 지급)	- 서비스의 수출 (해외로부터의 이자·배당금의 수입)
(Ⅲ)	- 해외에 대한 경상이전지출	- 해외로부터 경상이전수입
(Ⅳ)	- 자본유출	- 자본유입
(Ⅴ)	- 준비자산의 증가	- 준비자산의 감소

(1) 경상수지

경상수지(balancc of current account)란 경상거래 결과 자국에 유입된 돈(대체로 US＄)과 국외로 유출된 돈과의 차이를 말한다. 여기서 경상거래란 재화나 서비스를 외국에 사고파는 거래를 의미한다. 따라서 경상수지는 거래내용에 따라 상품수지, 서비스수지, 소득수지, 경상이전수지로 구성된다.

1) 상품수지(product balance)

대외무역거래에서 가장 기본적인 거래로서 상품의 수출과 수입의 차이를 의미한다. 또 상품수지는 국제수지표를 작성할 때 단순히 세관을 통과한 물품만을 수출입으로 보는 것이 아니라, 소유권이 이전되어야 수출입으로 본다는 것이다. 이때 수출이 수입보다 많은 경우는 상품수지의 흑자, 반대의 경우는 상품수지의 적자라 한다.

2) 서비스수지(service balance)

서비스수지는 외국과의 서비스거래 결과 국내로 유입된 돈과 국외로 유출된 돈과의 수지차를 말하는데 이는 크게 2가지로 분류된다.

① **서비스 수입** : 외국과의 서비스거래 결과 국내로 유입된 돈(일반적으로 US$)을 말한다. 예를 들면, 우리나라의 선박이나 항공기 등의 운송수단이 외국으로 물품을 수송하고 받은 운임료, 외국관광객이 쓰고 간 외화, 해외투자에 따른 이자수입, 등이 있다.

② **서비스 지출** : 외국과의 서비스거래 결과 국외로 유출된 돈(일반적으로 US$)을 말한다. 예를 들면 외국에 지급한 선박과 항공기의 운항경비, 국내거주자의 해외여행경비, 외채이자, 기술용역대가 등이 있다.

3) 소득수지(income balance)

소득수지는 급료, 임금, 투자소득을 기록한 것을 의미한다.

4) 경상이전수지(current account transfer balance)

경상이전수지는 거주자와 비거주자사이에 무상으로 주고받은 거래의 수지차를 의미한다. 예를 들면 해외에 거주하는 교포로부터 보내오는 송금, 자선단체의 기부금, 구호물자, 정부간의 무상원조 등이 있다.

(2) 자본수지

자본수지(balance of capital account)는 외국으로부터 자금을 차입하거나 대출해 주는 경우에 자본거래에 따라 국내로 유입된 외화와 유출된 외화와의 차이를 의미한다. 이 경우에는 크게 2가지로 분류된다.

1) **투자수지**(investment balance)

통화당국의 준비자산 증감을 제외한 민간기업, 금융기관 혹은 부채의 소유권 변동과 관련된 거래상황을 의미한다. 예를 들면 직접투자, 포토폴리오투자, 등이 있다.

2) **기타자본수지**(other capital account balance)

기타자본수지에는 해외이주비, 투자보조금 지급 등 고정자산 취득과 관련한 현금이전인 자본이전과 특허권, 저작권, 상표권 등이 있다.

(3) 준비자산 증감항목

▮ 표 6-2 ▮ 개편 전·후의 국제수지표 비교

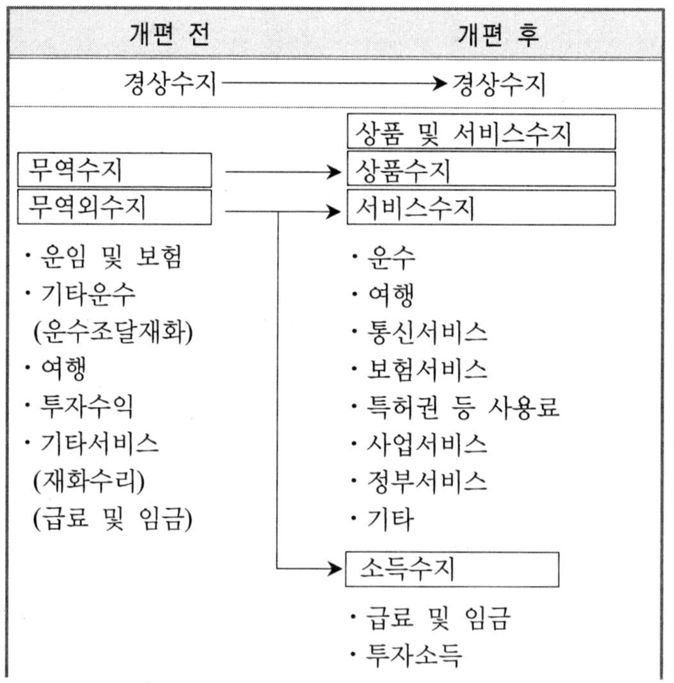

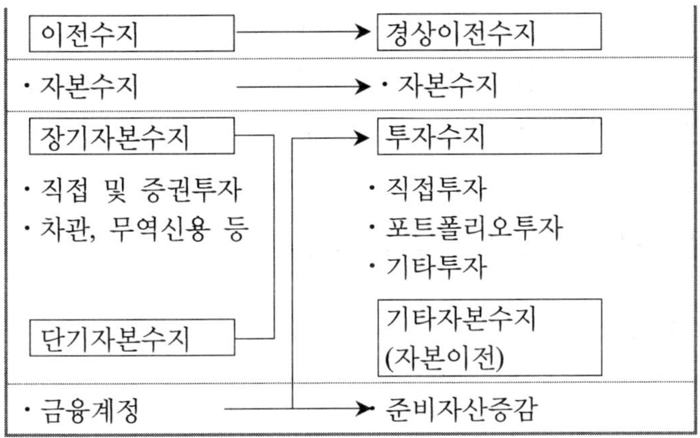

*자료 : 이장로 · 문희철, 무역개론, 무역경영사.

준비자산 증감항목은 중앙은행의 준비자산 변화만을 기록한 것으로 통화당국이 국제수지불균형을 직접 보전하거나 혹은 외환시장 개입을 통해 국제수지불균형을 간접적으로 조정하기 위해 이용할 수 있는 SDR, IMF 리저브 포지션, 외환자산 등의 대외자산 증감을 의미한다.

(4) 오차 및 누락

오차 및 누락항목은 경상수지와 자본수지를 작성하는 과정에서 발생한 통계적 불일치를 조정해주는 항목을 의미한다.

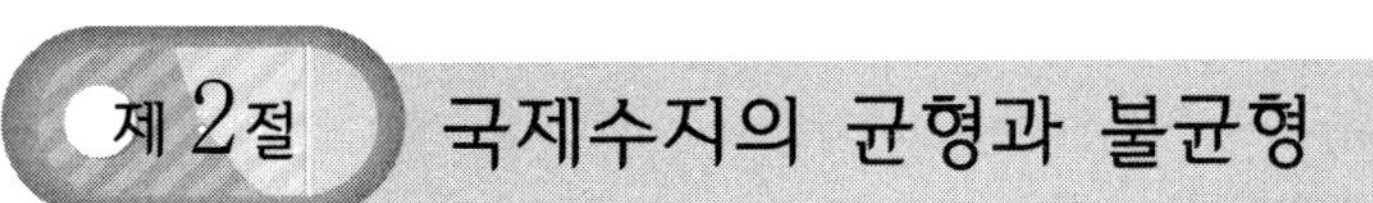

제 2절 국제수지의 균형과 불균형

1. 국제수지의 균형과 국민경제

한나라의 국가경제는 외화의 수입과 지출은 균형을 유지하는 것이 가장 정상적인 형태이다. 그러나 외화의 지출이 수입보다 지속적으로 많을 경우에는 해당 국가는 외환보유고가 고갈되어 결국 국가경제가 파탄에 이르게 될 것이다. 반대로 특정국가로부터 외화의 수입이 지출보다 많은 경우에는 양국간의 통상마찰이 발생할 소지가 있다.

2. 국제수지의 불균형과 국민경제

국제수지의 불균형이란 수취 또는 지급초과가 발생하여 조정항목에 의해 조정할 필요한 있는 상태를 의미한다. 즉 국제수지의 일반적인 불균형요인을 살펴보면 다음과 같다.[24)]

첫째, 교역상대국의 구매력의 변화이다. 이는 수입국의 구매력이 감소하면 그 국가에 수출하던 국가의 국제수지는 악화되고, 수입국 또한 상대국의 소득감소에 의한 구매력의 감퇴로 수출이 감소함으로써 결국 양국 모두가 국제수지 불균형에 빠지게 될 것이다.

둘째, 국가간의 자본이동이다. 이는 국내기업이 해외진출확대로 인해 금리차이를 취득하기 위한 자본이동은 국제수지의 변동을 초래하여 국제수지 불균형을 초래할 수 있다.

셋째, 국가간의 물가수준의 차이이다. 이는 한나라의 물가수준이 타국보다 낮을 경우 해당국가의 제품의 국제경쟁력은 강화되어 수출은 증가되고 수입은 감소되어 국제수지가 흑자가 되지만, 그 반대의 경우에는 적자를 기록함으로써 국제수지의 불균형을 야기할 수 있다.

제 3절 국제수지 조정정책

국제수지불균형의 조종이란 한 국가의 대외지급과 대외수취를 균형상태

24) 신동수외 1명, 앞책, pp.207-208.

로 조정하는 것을 의미한다. 불균형의 차액이 수취초과인 경우에는 화폐용금이나 외화보유액 등의 대외자산이 증가하고, 지급초과일 경우에는 대외부채가 증가하게 될 것이다.

따라서 국제수지조정을 위한 지급과 수취의 변화는 한나라의 국제수지와 밀접한 관계가 있는 환율, 물품가격, 소득수준, 이자율, 정부규제 등의 경제변수들을 변화시킴으로써 국제수지의 불균형상태를 조정할 수 있다.

다시 말해 일국의 정부는 국제수지 불균형을 해소하기 위해 자동기구에 의존하지 않고 대부분 조정정책을 사용하고 있다. 즉 정부당국은 국제수지에 영향을 줄 수 있는 부문에 직접 통제나 규제를 하거나 아니면 간접적인 통제관리정책을 취할 수 있다.

직접적인 조정정책은 국제수지조정 속도는 빠르지만 그 기회비용은 상당히 크다. 이에 비해 간접적인 조정정책은 속도는 느리지만 그 기회비용이 직접적인 조정정책에 비해 적은 편이다.

그 예로서 직접적인 조정정책으로는 수출입물량통제, 관세율변경, 환율의 인위적인 조작, 외환통제, 해외투자의 규제 및 제한 등이 있으며, 간접적인 조정적책은 교역조건의 변동을 가져오게 하는 가격변동정책, 소득정책, 재정정책, 통화공급정책 등이 있다.

결국 한나라의 국제수지 조정정책은 국제수지 불균형에 대해 시장원리에 따른 자율조정보다는 다음과 같은 정부의 통제정책을 통해서 조정되는 것을 의미한다.[25)]

1. 재정 · 금융정책

재정 · 금융정책이란 환율은 현 상태로 유지하며 유효수요의 관리를 통해서 국제수지 불균형을 조정하는 정책이다. 다시 말해 정부의 재정지출이나 통화정책의 조정을 통하여 국제수지의 불균형을 조절하려는 것이다.

---

25) 김희철외 1명, 앞책, pp.109-111.
신동수외 1명, 앞책, pp.210-211.

재정정책이란 한나라의 총수요수준에 그 기초를 두는 것으로 정부의 재정지출을 통하여 국내의 총수요수준을 변화시킴으로써 국제수지의 균형을 유지하려는 정책이다.

여기에는 크게 2가지로 분류하여 살펴보면, 먼저 완전고용상태에서 국제수지가 적자일 경우는 재정지출이나 조세정책을 사용하여 지출을 감소시키면 수입에 지출하던 민간부문의 총수요가 감소하게 되어 경상수지는 이러한 변화만큼 개선된다. 반대로 국제수지가 흑자일 경우에는 재정지출을 증가시켜 조정한다.

다음에는 불완전고용하에서 국제수지가 흑자일 경우 재정정책으로 수요확대를 유도하면 총수요가 증가하여 수입이 증가함으로써 국제수지를 균형시킬 수 있다. 이러한 모든 정부지출의 확대가 승수효과를 통해 소비를 자극함으로써 국제수지 흑자는 조정될 수 있다. 그리고 국제수지가 적자일 경우에도 그 반대의 과정을 통해 국제수지는 균형시킬 수 있다.

금융정책이라 함은 통화당국이나 정부가 화폐공급을 통제시킴으로써 국가정책 목표를 달성하고자 하는 것을 말한다. 즉 이자율, 지급준비율 조정 등의 통화조정정책을 통하여 국제수지의 균형을 도모하려는 정책을 의미한다. 구체적으로 살펴보면 정부가 국내의 상황변화에 따라 국제수지가 흑자일 경우는 확장적 금융정책(예를 들면 금리인하, 지급준비율인하)을 사용하고, 국제수지가 적자일 경우에는 축소적 금융정책(예를 들면 금리인상, 지급준비율인상)을 사용하여 국제수지의 균형을 유지하려는 정책을 의미한다.

2. 외환정책

외환정책이란 환율의 조정을 통해 국제수지의 불균형을 조정하는 정책으로서 환율을 조정하면 수출입가격에 영향을 미치게 되고 이에 따라 수출입물량이 변동되어 국제수지가 조정되는 것이다.

예를 들어 국제수지가 적자일때 환율을 인상(평가절하)하게 되면 수출채산성이 호조되어 수출은 증가하고, 수입은 감소하여 국제수지가 개선된다.

또 국제수지가 흑자인 경우는 반대의 정책수단으로 조정가능하다.

3. 폴리시 믹스

폴리시 믹스(policy mix)란 2개 이상의 정책목표를 동시에 달성하기 위해 2개 이상의 정책수단을 동시에 결합시켜 적용하는 정책을 의미한다. 국제수지조정에 사용되는 폴리스 믹스는 대외균형(국제수지균형)과 대내균형(완전고용, 물가안정)을 동시에 달성하기 위하여 대내균형을 위해서는 재정정책, 대외균형을 위해서는 금융정책을 병행해서 실시하는 것을 의미한다.

이와 같이 금융정책을 대외균형용으로, 재정정책은 국내균형용으로 활용하는 이유를 다음 두 가지로 분류하여 살펴보면,

첫째, 하나의 정책이 대내외 균형을 동시에 이루기는 어렵다는 것이다. 예를 들면 국제수지가 적자일 경우는 금리인상을 통해 대외균형을 달성할 수 있지만, 국내경제는 금리인상에 따른 투자감소로 인하여 실업증가, 소득감소의 현상이 발생하여 대내균형은 이룰 수가 없다.

둘째, 국제단기자본의 이자율에 대한 탄력성과 이동의 자유성이라는 police mix의 가정 때문이다. 즉 세계각국이 자국의 무역확대를 달성하고 자본부족을 막기 위하여 자본자유화 조치를 실시함에 따라, 국제간의 자본이동이 자유로워져 이동하는 자본들은 대개 각국의 이자율에 민감한 반응을 보이게 된다. 따라서 이러한 상황하에서 국제수지에 대한 정책효과가 금융정책이 더 크게 되며, 반면 대내균형에 미치는 효과는 금융정책과 재정정책이 거의 비슷하기 때문에 금융정책을 대외균형정책으로 또한 재정정책을 대내균형정책으로 사용하는 policy mix가 성립되는 것이다.

제7장 국제금융과 외환시장

제1절 외국환의 개념

1. 외국환의 정의

국제간의 무역거래가 있으면 반드시 결제가 이루어지는데 이 결제에는 금, 현금통화, 외국환이 그 수단으로서 사용되고 있다. 그러나 금은 가치를 지니고 있는 가장 확실한 결제수단이기는 하지만 보관과 수송이 복잡하여 오늘날 화폐용 금으로 결제되는 경우는 드물고, 또 현금통화로 결제되는 경우에도 비용과 위험이 수반되기 때문에 일부 한정된 결제에만 사용되고 있다. 이와 같이 금과 현금통화는 여러 가지 이유로 사용되지 못하고 오늘날에는 국가간의 거래를 원활하게 수행하기 위해 외국환이 사용된다.

외환에 대한 정의를 다시 요약해 보면 크게 2가지로 분류할 수 있다. 첫째는 다른 나라에서 통용되고 있는 화폐인 외화와 자국에 통용되는 교환매체인 화폐간의 교환을 뜻하는 추상적인 의미를 말하며, 둘째는 국제간 경제거래에서 발생되는 채권·채무에 대해 지급수단의 하나인 외화와 환어음을 포함하는 신용수단의 의미로 사용되고 있다.

즉 외환은 국제결제수단으로 이용되는 외국통화나 외국통화로 표시된 모든 금융증서나 금융자산을 포괄한다고 볼 수 있다.

이러한 내용을 종합해 보면, 외환(Foreign exchange)이란 국가간의 채권·채무관계를 해결하기 위해 현금을 직접 수송하지 않고 주로 은행을 통해 지급위탁의 방법으로 결제하는 수단을 말한다.

2. 외국환의 특징

(1) 환거래의 발생원인이 다르다.

내국환(자국화폐)은 거래자체가 자국 안에서 발생하므로 그 거래형태도 당해 국가의 법률 적용을 받게 된다. 그러나 외국환은 채권자와 채무자가 격지자간이기 때문에 상관습, 법률, 문화, 사회적요소 등의 차이로 거래자체의 형태가 다르다고 할 수 있다.

(2) 이종통화간의 교환비율이 다르다.

내국환거래는 단일통화(자국통화)에 의해 결제되지만 외국환거래는 국경을 달리하는 이종통화를 사용하여 국가간의 대차관계를 결제한다. 이 경우는 이종통화로 결제함으로써 환율의 문제가 발생한다. 결국 환율의 변동으로 인해 환위험(exchange risk)이 수반됨으로 국제수지에 영향을 주게 된다.

(3) 자금결제방법이 복잡하다.

국내거래는 내국환을 이용하여 자국의 은행을 통해 결제하지만, 국제거래는 외국환을 통해 결제하는 데는 국제금융시장의 기능이 제약되어 있고, 각국의 국내여건 변화에 따라 외환관리가 실시되고 있기 때문에 결제기구는 복잡하다.

▮ 그림 7-1 ▮ 외국환거래

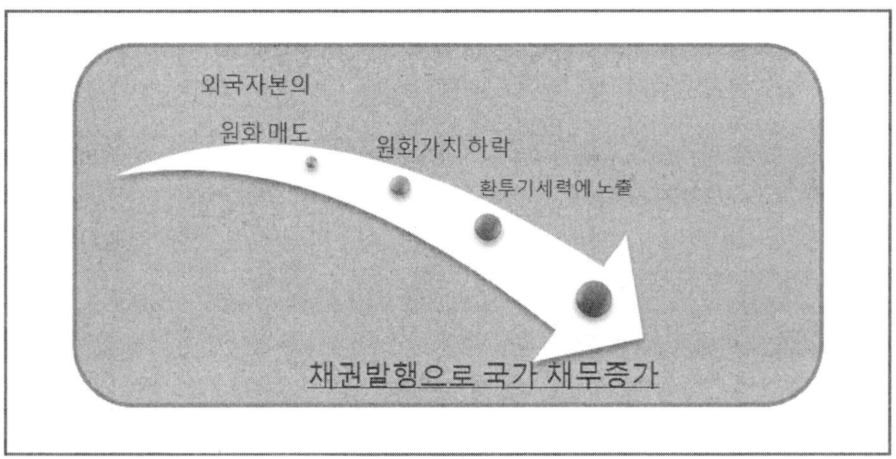

(4) 외환거래는 국제수지에 영향을 미친다.

내국환은 동일국가간의 환거래이기 때문에 국제수지에는 영향을 미치지 않지만, 외환거래는 수취(receipt)가 지급(payment)보다 크면 국제수지가 흑자가 되고 그 반대가 되면 국제수지가 적자가 된다.

3. 환율의 개념 및 성격

(1) 환율의 정의

환율(exchange rate)이란 한나라의 화폐가치를 다른 나라의 화폐로 표시한 것은 말한다. 즉 우리돈과 외국돈의 교환비율 혹은 외국돈과 비교한 우리돈의 값어치를 의미한다.(예를 들면 1＄=980원)

다시 말해 환율은 기본적으로는 외환시장에서 외환의 수요와 공급에 의해서 결정되지만 해당국가의 물가상승률, 금리차, 경제성장률, 정치・사회의 안정성 여부 등의 복합적인 요인에 의해 영향을 받는다고 볼 수 있다.

따라서 환율의 이동은 해당국가의 상품의 수출입, 자본의 이동 결과까지

반영하는 종합수지와 밀접한 관계가 있다.

▌그림 7-2▐ 환율과 환율제도

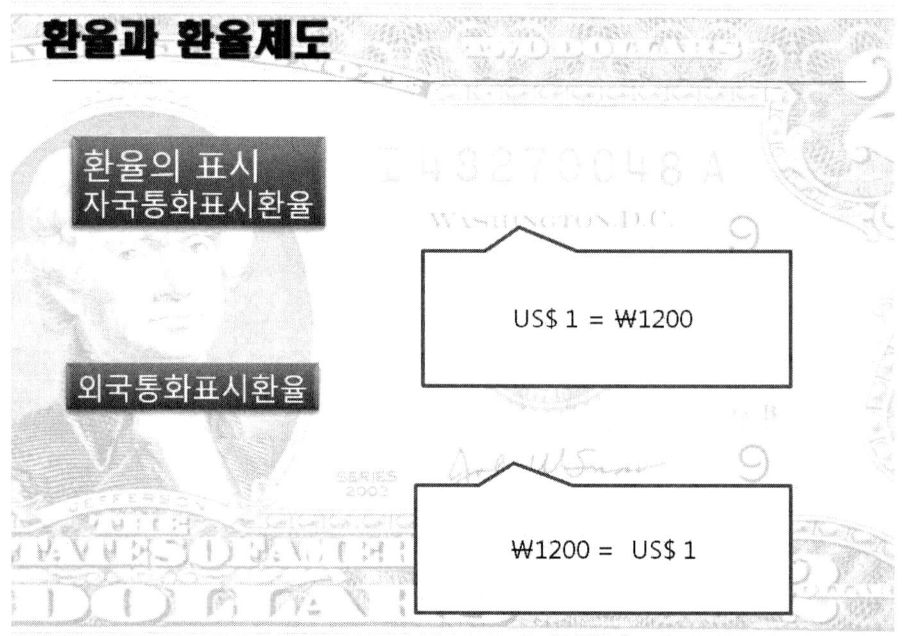

(2) 환율의 변동이 국가경제에 미치는 영향

1) 환율하락(depreciation)

환율이 하락하면 원화절상(revaluation : 원화가치상승)으로 이어지는데, 이 경우는 종합수지가 흑자로 돌아선다.(외환공급>외환수요)

즉 환율하락은 외환시장에서 달러를 사려는 사람보다 달러를 팔려는 사람이 많기 때문에 환율은 내리게 되는 것이다.

① 수출부문(수출채산성 악화 : 수출감소) : 만약, 한국의 S전자가 미국의 L.A시장에 US＄300짜리 MP3를 환율 1,200원(1US＄=1,200원)일때

36,000에 판매하였다고 가정하자. 그러나 며칠 후에 환율이 1,100원(1US$=1,100원)으로 하락하였다면 33,000에 판매하게 될 것이다. 이때 제품의 원가가 34,000이라면 한국의 S전자는 원가보다 10,000 적자를 보면서 판매하게 된다는 것이다.

이를 경우 기업들은 계속적으로 적자를 보면서 판매할 수 없기에 제품의 가격인상을 하게 됨으로써 두 가지의 문제점이 노출되게 된다. 첫째, 가격인상으로 인해 소비자의 수요가 감소하여 수출주문량이 감소하게 되고, 둘째로는 수출업자가 가격경쟁력을 위해 가격인상을 하지 않더라도 원화의 절상폭이 크면 클수록 수출기업의 채산성이 악화되어 수출업자는 수출감소를 하지 않을 수 없을 것이다.

② **수입부문**(수입증가) : 환율하락으로 인해 외국으로부터 수입되는 상품의 가격인하로 소비자들의 수요가 급증하여 국가경제에 부정적인 측면이 있다.

③ **국내물가부문**(수입원자재가격하락 : 물가안정) : 환율하락으로 인해 외국으로부터 수입되는 원자재 가격이 하락함으로써 외국으로부터 원료를 수입하여 생산하는 상품의 제조원가를 하락시킴으로, 결과적으로 국내물가가 하락하여 국가경제에 긍정적인 측면이 있다.

④ **외자도입부문**(외채감소) : 정부나 기관 및 기업에서 외국의 정부나 금융권으로부터 외자를 차관한 경우, 환율이 하락하면 외국에 빚을 지고 있는 업체로서는 그만큼 이자 및 원금상환부담이 감소하여, 결국 원가를 절감하여 소비자에게 저렴한 가격으로 제품을 제공할 수 있다는 것이다.

2) 환율상승(appreciation)

환율이 상승하면 원화절하(devaluation : 원화가치하락)로 이어지고 이 경우는 종합수지가 적자로 돌아선다.(외환수요>외환공급) 즉 환율상승은 외환시장에서 달러를 팔려는 사람보다 달러를 사려는 사람이 많기 때문에 환율은 오르게 되는 것이다.

① 수출부문(수출채산성호조 : 수출증가) : 만약 한국의 L전자가 미국의 N.Y시장에 US＄300짜리 DVD를 환율 1,100원(1US＄=1,100원)일때 33,000에 판매하였다고 가정하자. 그러나 며칠 후에 환율이 1,200원(1US＄=1,200원)으로 상승하였다면 36,000에 판매하게 될 것이다. 이때 제품의 원가가 31,000이라면 한국의 L전자는 원가보다 50,000 흑자를 보면서 판매하게 된다는 것이다.

이를 경우 업체에서는 두 가지의 문제에 봉착하게 된다.

첫째, 기업들은 더 많은 제품을 판매하기 위해 가격인하를 단행하여 주문량을 대폭적으로 증대시키는 방법이며, 둘째는 가격인하를 하지 않더라도 원화의 절하폭이 크면 클수록 기업의 채산성은 더욱 더 호조되어 수출에 따른 이익을 극대화할 수 있다는 것이다.

② 수입부문(수입감소) : 환율상승으로 인해 외국으로부터 수입되는 상품의 가격인상으로 소비자들의 수요가 감소하여 국가경제에 긍정적인 측면이 있다.

③ 국내물가부문(수입원자재가격상승 : 물가상승) : 환율상승으로 인해 외국으로부터 수입되는 원자재가격이 상승함으로써 외국으로부터 원료를 수입하여 생산하는 상품의 제조원가를 상승시키게 되므로 결과적으로 국내물가가 상승하여 국가경제에 부정적인 측면이 있다.

④ 외자도입부문(외채증가) : 정부나 기관 및 기업에서 외국의 정부나 금융권으로부터 외자를 차관한 경우, 환율이 상승하면 외국에 빚을 지고 있는 업체로서는 그만큼 이자 및 원금상환부담이 증가하여 결국 원가를 상승시켜 소비자에게 높은 가격으로 제품을 제공할 수 있다는 것이다.

제 2 절 외환시장의 개념

1. 외환시장의 정의

외환시장(foreign exchange market)이란 외환거래가 이루어지는 시장조직, 외환의 매매거래가 지속적·반복적으로 이루어지는 총체적인 거래 메카니즘, 외환이 매매되는 구체적인 장소를 의미한다. 원래 시장(market)이라 함은 글자 그대로 상품을 팔고자 하는 사람과 사고자 하는 사람이 만나는 장소로서 그 거래가 집단적·단체적으로 이루어질 때 시장이라 한다.

초기의 외국환시장의 의미는 외환의 수요자와 공급자가 만나는 장소였지만 경제가 발달하고 거래의 내용과 규모, 거래방법이 복잡 다양해짐에 따라 오늘날에 와서는 추상적인 개념으로 변모해가고 있다.

따라서 현대의 외환시장은 거래상대방을 볼 수 없는 시장(No face to face market)이며, 전화나 텔렉스로 거래가 형성되는 시장(telephone market), 거래대상인 외환도 현물통화는 거의 볼 수 없이 은행간 계정이체거래(inter-bank account transfer transaction)로 이루어져 있다.

이와 같이 외환시장은 기업, 정부, 금융기관 등 경제주체간의 외화자금 수급을 균형 시켜 주는 역할을 하며 중앙은행의 외환매매조작 경로가 되기도 한다. 또한 국제간의 자본이동이 증대되고 환율변동폭이 커지면서 외환거래의 증가속도는 빠르게 변모해 감으로써, 국제외환시장은 국제경제의 상호관계가 심화되고 전자통신기술의 발달로 인하여 24시간 전 세계를 연결하는 국제결제기구의 역할을 하고 있다.

다시 말해 외환시장에서의 이종통화간의 매매는 기본적으로 상품과 용역, 금융자산의 매매거래에 수반되어 발생하기 때문에 이러한 외환거래는 지급메카니즘의 한 과정이라고 볼 수 있다. 따라서 각국의 금융시장에서 발생하는 이종통화표시 금융거래는 외환시장의 거래와 연계하여 이루어진다.

오늘날의 국제금융시장은 세계 주요 외환시장의 거래를 24시간 접속시키면서 하나의 범세계 시장으로서의 기능을 수행하면서 국제금융거래의 활성화를 촉진하고 있다.

2. 외환시장의 당사자.

외환시장을 구성하고 있는 당사자로는 외국환은행, 고객, 외환중개인, 중앙은행 등이 있다.

(1) 외국환은행(foreign exchange bank)

고객의 요구에 따라 외국환을 사기도 하고 팔기도 한다. 그 결과 발생한 외환포지션(foreign exchange position;외국환의 매매차익)을 조정하기 위해 은행간 외환거래를 수동적으로 하기도 하고, 또한 능동적으로 이윤을 추구하기 위하여 환재정거래(동일재화를 가격이 낮은 시장에서 매입해서 가격이 높은 시장에 매출함으로써 이익을 얻으려는 경제행위), 이자재정거래(이자율의 국제간에 차이를 이용하여 이율을 얻으려는 경제행위), 환투기거래를 행하는 외환시장의 제1참가자라 할 수 있다.

(2) 고객(customer)

외환거래에 참여하는 자로서 외환의 수요자와 공급자를 말한다. 예를 들면 수출입업자, 해외여행자, 해외투자자 등이 있으며, 실수요자인 고객과 외국환은행간의 외국환거래가 이루어지는 외환시장을 대고객시장(customer market)이라고 한다.

고객의 외환거래의 목적은 실수거래와 투기거래로 대별된다. 실수거래란 실제거래상의 목직 또는 장래 환리스크 방지의 목적에 의한 거래를 의미하며, 투기거래란 외환의 가격변동으로부터 환차익을 얻기 위한 거래를 말한다.

본래 기업은 이윤추구를 위하여 외환거래를 환리스크 헷지(exchange risk hedge) 목적으로만 사용할 뿐 환차익을 취득하려는 것이 아니었지만, 국제거래에 따른 환리스크의 증대에 따라 기업의 외환거래의 중요성은 크게 부각됨으로써 종래의 방어적인 입장에서 탈피하여 최근에는 금리재정거래, 강세통화 채무의 조기상환, 약세통화에 의한 기채 등과 같이 적극적으로 외환시장을 활용하고 있다.

(3) 외환중개인(foreign exchange broker)

외환시장에서 주로 외국환은행간의 외화거래나 고객간의 거래를 중개하고 그 대가로 수수료를 받는 자이다.

이는 1970년대 후반 국제적 브로커의 등장으로 국제외환시장은 크게 변하게 되었다. 브로커의 조직과 기능은 다수의 직원과 최첨단 국제정보통신망을 이용하여 세계적인 규모로 중개업무를 수행하는 조직으로서, 전용 정보통신망을 통해 일시에 다수의 외국환은행과 접촉할 수 있으므로 외국환은행이 특정가격에 의한 외환거래를 원하거나 대량의 외환거래를 성사시키고자 할 때는 개별적으로 다른 은행과 접촉하는 것보다 훨씬 신속하고 저렴한 비용으로 거래를 성사시킬 수 있는 장점이 있다.

기본적으로 브로커는 중개업무만 하지 자신의 계산과 위험으로 환포지션을 보유하지 않는 경우가 일반적이지만 예외적으로 본인도 외환거래의 당사자가 되는 경우도 있다.

(4) 중앙은행(통화당국)

각국의 중앙은행들은 외환시장의 불안을 막고 환율변동에 영향을 줄 필요가 있을 때 또는 환율안정을 위해 능동적으로 외환시장에 개입한다.

특히 오늘날에는 완전한 자유변동환율제도를 행하고 있는 국가는 거의 없으며 각국의 중앙은행들은 방법과 정도만 다를 뿐 환율변동에 영향력을 행사하기 위해 모두 외환시장에 개입하고 있다.

또한 각국의 중앙은행들은 외환시장의 정보를 얻기 위하여 정기적으로 외환은행과 접촉하기도 하고 외환시장개입과 무관하게 때때로 외환매매를 행하기도 한다. 이러한 외환거래를 통해 거래상대방의 관리상황이나 거래형태를 파악하여 지급지시가 정확히 이루어지고 있는지 등에 관한 정보를 사전에 탐지하여, 자국의 금융계 전체에 충격과 파장을 가져올 수 있는 사태를 미연에 방지하고자 하는 것이다.

3. 외환시장의 특징

(1) 외환시장은 범세계적 시장이다

세계 각국의 외환거래 규제가 완화되고 세계경제가 발달하면서 거래량이 증가되어, 자본이동이 자유화되고, 외환거래기법의 발달로 시장정보와 가격결정 Mechanism이 동시에 조화되어 가는 범세계적시장(global market)으로 변모해 가고 있다.

(2) 외환시장은 24시간의 시장기능

외환시장은 세계적인 Network로 연결되어 지구상의 어떤 장소나 어떤 시간에서도 외환을 거래할 수 있다. 이는 세계 각국이 시차가 다르기 때문에 시시각각으로 변동되는 외환시세와 정보를 합리적으로 운영할 수 있는 개방시장(open market)의 성격을 띠고 있다.

(3) 외환시장은 점두시장이다.

외환거래는 대부분 점두시장(店頭市場 : over the counter market)에서 거래가 이루어진다. 다시 말해 외환거래가 대부분 특정장소에서 거래되는 것이 아니라 은행과 딜러, 외환중개인에 의해서, 전화 · 텔렉스 및 computer 단말기를 이용하여 은행간거래와 대고객거래를 하는 거래형태이다.

(4) 외환거래의 대부분은 은행간 거래이다.

은행간거래의 대부분은 대고객거래에서 발생한 환 포지션을 조정하기 위한 것이다.

다시 말해 은행간 거래시장은 일반적으로 일정한 거래성립이 확실시 된다. 비록 제시받은 매입-매도가격이 마음에 들지 않더라도 거래를 성립시키고자 한다면 정상적인 거래규모까지는 거래가 가능하다.

이 시장을 통하여 상대방의 거래요청에 응하게 되는 경우에는 자신의 포지션(position)여하에 따라 제시가격을 적절하게 이동시키기도 하고, 자신이 원하는 방향과는 반대방향으로 포지션(position)을 증가시킬 위험도 내포하고 있다.

결국 은행간 거래는 상호주의 바탕위에 보다 긴밀한 업무 협조관계를 얻을 수 있는 계기가 된다고 할 수 있다.

(5) 외환거래의 대부분은 미달러 거래이다.

외환시장에서는 미달러(US$)가 은행간통화(inter-Bank money)로 통한다.

▌그림 7-3▐ 외환시장의 구조

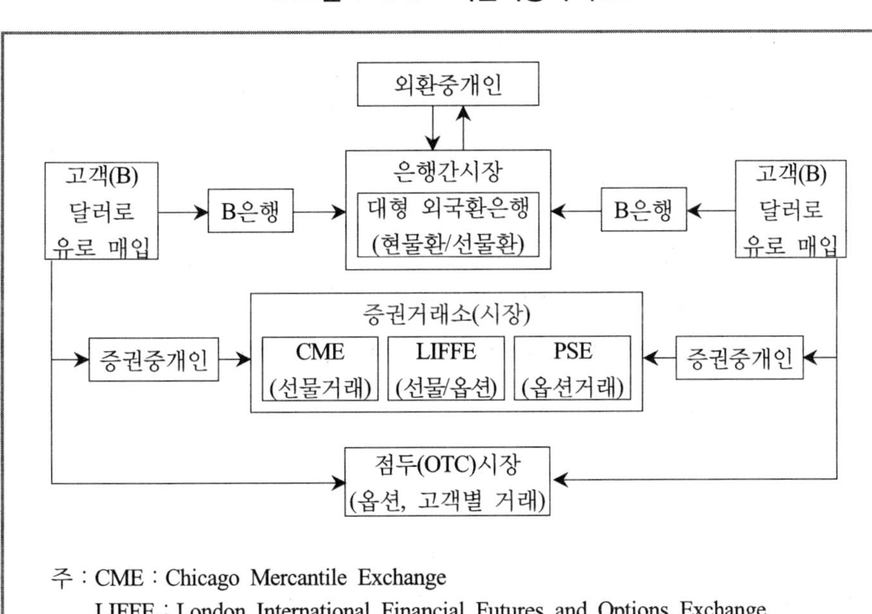

주 : CME : Chicago Mercantile Exchange
LIFFE : London International Financial Futures and Options Exchange
PSE : Pacific (Stock) Exchange

자료 : J. D. Daniels and L. H. Radebauge, International Business, 8th ed. (Reading, Mass., Addison-Wesley, 1998), p.387.

예를 들면 ￥을 Deutche Mark와 교환하려면, 먼저 ￥을 달러로 교환한 다음, 다시 달러를 DM과 교환하는 방법을 이용한다. 그 이유는 달러의 교환 시장 규모가 크고 거래비용이 저렴하기 때문이다.

4. 외환거래의 형태 및 분류

외환거래의 형태에는 현물환거래, 선물환거래, 스왑거래 등이 있다.

(1) 현물환거래

현물환거래(spot exchange transaction)는 외환거래의 가장 기본이 되는 거래로서, 계약 즉시 외환의 인도가 이루어지는 것을 의미한다. 그러나 국가나 지역에 따라서 약간의 시차는 존재하며 은행간 거래의 경우에도 계약일로부터 둘째 영업일 이내에 외환의 인도가 이루어진다.

(2) 선물환거래

선물환거래(forward exchange transaction)는 미래의 지정된 일자에 통화들을 매매하겠다는 계약을 의미한다. 즉 약정된 계약일까지 매매쌍방의 현물결제가 유보된다는 점에서 현물환거래와 다르다.

다시 말해 선물환거래는 외환거래 당사자간에 장래의 외환결제에 적용할 환율을 거래시점에 미리 약정함으로써 외환거래일로부터 결제일 사이의 환율변동으로 야기되는 위험을 회피할 수 있다. 이에 대해 두 가지의 예를 들어 살펴보면 다음과 같다.

첫째, 새 아파트를 분양받는 경우인데, 계약 당시 일정한 가격으로 약속을 하고 일정한 기간이 지나 입주할 때 그때는 아파트 시세와는 관계없이 당초 약속한 금액만 주고 입주하는 것이 선물환거래와 동일한 원리이다.

따라서 신규분양은 받은 후에 아파트 시세가 올랐더라도 계약자는 분양이라는 계약을 통해 당초 약속한 가격으로 구입하기 때문에 가격상승에 대한 예방효과를 가지게 되는 것이다.

둘째로는 밭떼기의 선물환거래인데, 김치공장사장이 3천평 규모의 배추를 재배하는 농부와 계약한 후 3개월 후 현재 약정한 일정금액으로 거두어가겠다는 밭떼기 계약도 선물환거래의 원리이다.

즉 3개월 후 배추값이 많이 오른다하더라도 김치공장사장은 당초 약정한 금액으로 배추를 구입할 수 있고, 반대로 배추값이 폭락한다하더라도 농부도 마찬가지로 당초 계약한 금액을 받을 수 있을 것이다. 따라서 선물환거래는 미래거래에 대한 사전약정으로써 양자 모두에게 필요한 계약이라 할 수 있다.

(3) 스왑거래

스왑거래(swap transaction)는 현물환거래와 선물환거래가 동시에 함께 이루어지는 경우, 만기가 서로 다른 동액의 외환을 동시에 매매하는 거래이며 외환의 인도시기가 서로 다른 거래로서 환율변동에 따른 환위험을 회피하기 위해 널리 이용되는 외환거래이다.

구체적으로는 특정통화의 환매 또는 재매입(repurchase)을 조건으로 하는 매매거래를 의미한다. 즉 동일 당사자간에 특정통화의 일정금액을 현물환 또는 선물환으로 매각함과 동시에 결제일을 달리하는 동일금액의 선물환을 재매입하기로 미리 약정한 거래로서 현물환거래와 선물환거래를 병행한 외환거래기법이다.

제 3절 환율결정이론 및 환율제도

1. 환율결정이론

환율이 어느 시점에서 어떤 요인에 의해 변동되는가를 밝힌 것이 환율결정이론인데 이의 대표적인 학설로는 다음과 같다[26)]

(1) 국제대차설

국제대차설(theory of international indebtedness)은 1755년 깡띠용(R. Cantilion)이 처음으로 주장하였고 그 후 고센(George J. Goschen)에 의해 체계화된 이론이다.

고센에 의하면 환율은 외환의 매매가격이므로 외환시장에서 외환의 수요와 공급에 따라 결정되므로 외환수급의 변화는 국제간의 대차관계(채권, 채무관계)에 의해서 결정된다는 것이다.

즉 한나라의 채무가 채권보다 많으면 외환의 수요가 공급을 초과하게 되므로 환율은 상승할 것이고, 채권이 채무보다 많으면 외환의 공급이 수요를 초과하게 되므로 환율은 하락하게 될 것이며,

채권과 채무가 같다면 외환의 수요와 공급이 동일하므로 환율변동은 발생하지 않는다는 결론이다. 따라서 이 이론은 금본위제를 기초로 하였기에 관리통화제도에서는 환율변동을 설명할 수 없는 문제점이 있다.

(2) 구매력평가설

구매력평가설은(theory of purchasing power parity)은 카셀(G. Cassel)에 의해 주창된 이론으로서 환율변동의 요인을 양국화폐의 구매력에서 찾는 이론

26) 신동수, 앞책,
남금식외 2명, 앞책,

이다.

즉 카셀에 의하면 환율이란 자국화폐와 타국화폐의 교환비율이기 때문에 두 국가의 화폐가 지닌 구매력의 비율을 의미한다. 구체적으로 설명하면 외화가 일정한 시세를 보유하고 있는 이유는 그 외화가 해당 국가에서 구매력이 있기 때문이며, 또한 외국화폐에 대한 자국화폐의 가치도 자국화폐가 자국에서 구매력을 갖고 있기 때문이다.

그러므로 양국화폐가 양국에서 가지고 있는 구매력의 비율이 양국간의 환율의 근본적인 결정요인이 된다는 것이다.

다시 말해 이 이론은 자국의 화폐는 자국의 상품·서비스에 대한 구매력을 가지고, 외국의 화폐는 외국의 상품·서비스에 대한 구매력을 가지고 있는 것에 착안하여, 예를 들면 1달러는 1달러의 구매력을, 1원은 1원의 구매력을 가진다. 따라서 1달러=1,300원의 환율이 성립한다고 하면, 1달러의 구매력=1,300×1원의 구매력이라는 형식이 성립된다.

이에 따라 자국의 환율(자국화표시)은 다음과 같이 나타낼 수 있다.

$$1{,}300 = \frac{\text{1달러의 구매력}}{\text{1원의 구매력}}$$

이때 이 식의 우변에 있는 양국 통화의 구매력의 비율을 구매력평가라 하며, 환율이 구매력평가와 동등하다는 것을 표시하고 있는 것이다.

(3) 환심리설

환심리설(psychological theory of exchange)은 프랑스의 아프타리옹(A. Aftalion)에 의해 주장된 이론으로서 국제대차설과 구매력평가설을 비판하면서 등장하였다.

즉 이 이론은 환율은 외환의 수요와 공급에 의해 결정되지만 그 외환의 수급은 외국화폐에 대한 인간의 심리적 요인 즉 개인적 평가에 의해서 결정된다는 것이다.

아프타리옹에 의하면 외환시세는 개인적 평가를 변동시키는 요인들을 양적요인과 질적요인으로 구분하였다. 양적요인으로는 외환의 수급량을, 질적요인으로는 채무지급능력으로서의 외환에 대한 수요, 대외구매력으로서의 외환에 대한 수요, 재정상태의 변화, 조세정책 등을 의미한다.

구체적으로 살펴보면 환율변동은 구매력평가설과 같이 물가에 의해 영향을 받는 것이 아니라 어떠한 원인에 의해서 환율이 변동되고 그 결과로서 국내물가가 영향을 받는다는 것이다.

또 여기서 "어떠한 원인"을 인간의 심리적인 근거에서 찾으려고 하였으며, 이 심리적 근거는 막연한 신인(confidence), 추측, 예측, 투기 등이 아니라 한계효용가치설에 입각하여 화폐가치에 대한 장래의 예견에서 생기는 심리적 요소를 의미하였다.

결론적으로 국제대차설은 환율결정의 양적요인을, 구매력평가설은 질적요인만을 강조하고 있는 것에 비해 이 환심리설은 양측면 모두를 포함해야 한다고 주장한 이론이다.

2. 우리나라 환율제도의 변천사

우리나라 환율제도는 정부수립직후 1945년 미군정에 의해 실시된 후 현재까지 변화되어 왔다. 그동안 실시해 온 환율제도를 크게 분류하여 살펴보면 다음과 같다.27)

(1) 고정환율제도

고정환율제도(fixed exchange rate system : 1945~1964)는 정부가 환율을 특정국가의 통화가치에 고정시켜서 환율의 안정을 도모하려는 환율제도를 말한다.

우리나라에 최초로 환율제도가 도입된 것은 1945년 10월 미군정이 공정환율을 실시할 무렵이다. 그 당시 원화와 대미 달러화간의 공정환율은 1달러

27) 지호준, 국제재무관리, 참조요약.

당 15원(현재 원화기준으로 보면 0.015원)이었다. 그때 우리나라는 대외무역이나 자본거래가 전무한 상태이며 경제상황도 시장기능이 제대로 형성되지 못하여 통화의 대외가치를 결정할 수가 없었다.

따라서 공정환율을 중심으로 하는 환율제도는 고정환율제도로서 거래내용을 보면 거의 UN군을 대상으로 하는 서비스거래가 주종을 이루었다. 이와 같은 상황에서 환율이 누적적인 인플레이션의 압박을 견디지 못해 결국 평가절하를 단행하게 되었다.(1951년 5월, 1962년 6월) 이러한 문제점 노출로 인해 정부는 고정환율제도를 폐지하고 단일변동환율제도를 채택하게 되었다.

▮ 그림 7-4 ▮ 고정환율제도

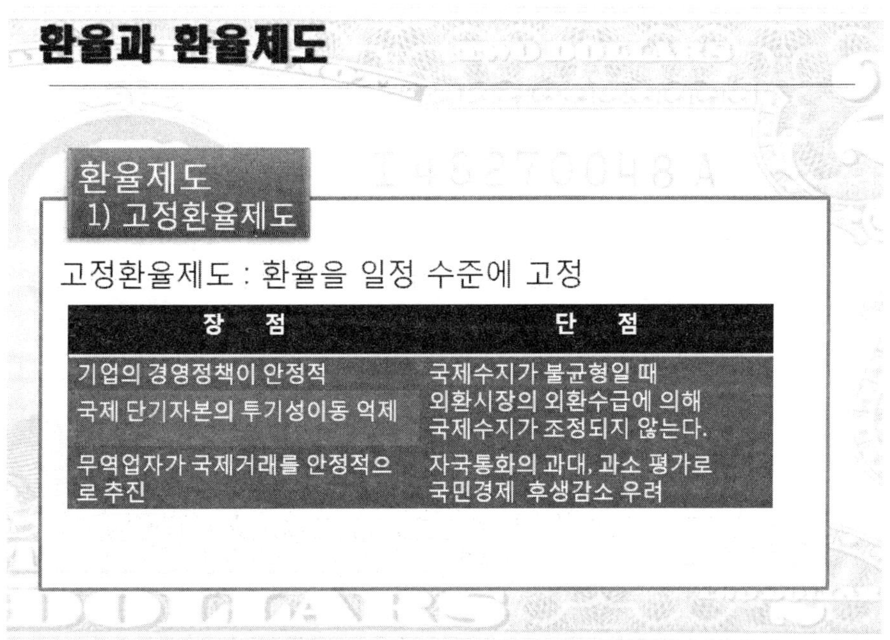

장 점	단 점
기업의 경영정책이 안정적 국제 단기자본의 투기성이동 억제	국제수지가 불균형일 때 외환시장의 외환수급에 의해 국제수지가 조정되지 않는다.
무역업자가 국제거래를 안정적으로 추진	자국통화의 과대, 과소 평가로 국민경제 후생감소 우려

(2) 단일변동환율제도

단일변동환율제도(flexible exchange Rate system; 1964~1980)하에서는 정

부가 1964년 5월 종전의 공정환율기준 1＄당 130원의 고정환율제도를 폐지하고 달러당 255원을 하한으로 하는 단일변동환율제도를 채택하였다.

그러나 이 제도 역시 변동환율제도라 하지만 두 차례의 oil shock로 인하여(1973년과 1979년) 정부가 외환시장에 개입함으로써(1974년 12월~1980년 2월) 실제로는 고정환율제도로 운영되었다. 그 예로서 1973년 10월 1차 oil shock로 인해 국제원자재가격의 상승으로 원화가치가 고평가되면서 국제수지의 적자가 크게 확대되었다.

이에 정부는 1974년 12월 기준환율을 1＄당 225에서 480원으로 인상하고, 2차 oil shock때에도 국내경제 불안으로 경기가 침체하자 1980년 1월 1＄당 484원에서 580원으로 19.8%나 평가절하를 단행하였다. 결국 환율이 인플레이션과 적절하게 연동되지 못하고 실세가 제대로 반영되지 못하자 1980년 2월 정부는 환율제도를 개편하게 되었다.

▮ 그림 7-5 ▮ 변동환율제도

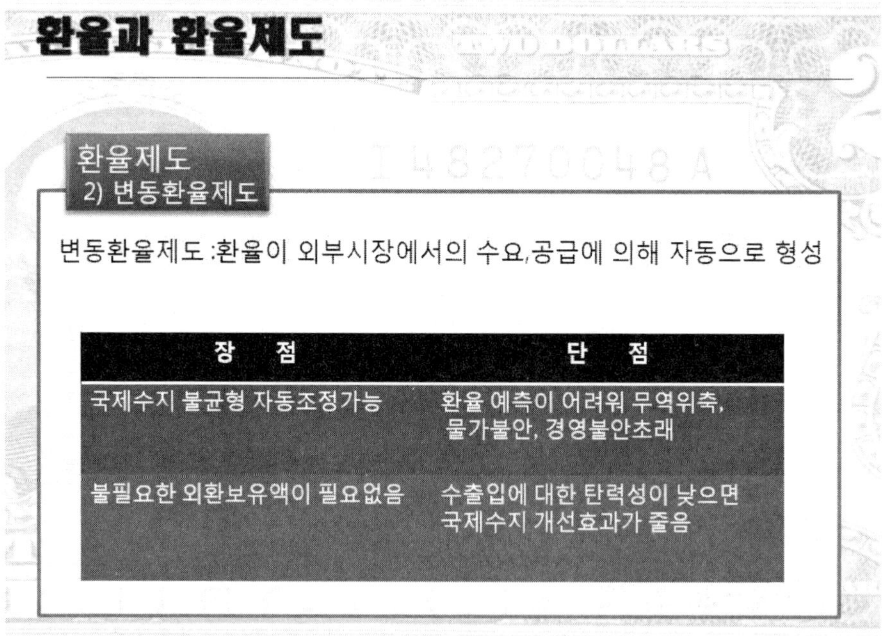

(3) 복수통화바스켓제도

복수통화바스켓(composite currency basket system; 1980～1990)제도는 환율변동의 안정과 교역상대국과의 경쟁력 강화를 위해 채택된 제도이다. 즉 복수통화바스켓제도는 SDR(special drawing rights; 국제유동성을 증강시키기 위해 1970년부터 IMF에서 창출된 신준비자산)바스켓에 의한 원화의 대미달러화 환율과 독자바스켓에 의한 원화의 미달러화 환율을 산출한 후 이 두 개의 환율을 기준으로 한국은행 총재가 내외금리차, 내외물가상승률차, 외환시장전망 등을 고려하여 당일의 한국은행 집중기준율을 결정 고시하는 제도를 말한다. 이러한 환율결정 공식은 다음과 같다.[28)]

ERt = β × SDR basket 환율 + β' × 독자basket 환율+αt

여기서 ERt는 t기의 원화의 미달러화 환율을, β와 β'는 각각 SDR basket과 독자 basket의 가중치로서 β+β'=1이 된다. αt는 t기의 실세반영장치(물가상승률, 금리차, 국제수지 동향)를 나타내는 변수를 의미한다.

기본적으로 복수통화basket제도는 페그(peg)통화가 다양하여 환율의 안정적 변동을 기대하고 교역국과의 경쟁력을 반영함으로써, 적절한 환율운용을 할 수 있는 반면에 실세반영장치가 미흡하고, 급격한 환율변동으로 환위험이 발생할 소지가 있으며, 우리나라 국제수지가 흑자로 전환되면서 미국을 비롯한 여러 선진국의 통상마찰과 원화의 평가절상압력으로 새로운 환율제도를 도입해야 한다는 인식에서 1990년 3월 환율제도를 개편하게 되었다.

(4) 시장평균환율제도

시장평균환율제도(market average exchange rate system; 1990～1997)란 전

28) SDR basket은 런던외환시장에서 전일12시에 거래되는 5개국(미국, 일본, 독일, 영국, 프랑스)통화시세를 기준으로 산출한 SDR 환율가중치가 적용되었다. 독자 basket은 전일 뉴욕외환시장에서 거래되는 5개국(미국, 일본, 독일, 영국, 캐나다)통화와 우리나라 대외무역비중을 고려하여 결정.

일 은행간 시장에서 거래된 현물환율을 금융결제원을 거쳐 은행간 외환거래량으로 가중평균하여 산출하는 원화의 대미 달러화 환율을 말한다. 즉 은행간에 거래되는 환율의 일일변동허용폭은 시장평균환율의 상하 2.25%이내에서 거래당사자인 은행이 자율적으로 결정하도록 하는 제도이다. 그러나 이 제도 역시 1997년말 급격한 외환유동성 부족으로 인해 IMF구제금융을 받으면서 금융글로벌시대에 대처하고 외환시장의 불안정을 위해 여타 선진국에서 도입하여 실행하고 있는 자유변동환율제도를 도입하게 되었다.

(5) 자유변동환율제도

자유변동환율제도(free floating exchange rate system; 1997~현재)는 1997년 12월 16일 기점으로 채택되었는데, 이 제도는 환율변동폭에 제한을 두지 않고 시장의 수요와 공급 즉 시장의 원리에 따라 달러환율이 결정되는 것을 말한다.

결국 이 제도는 IMF의 자금지원 대가로 자유변동환율제도가 도입되면서 달러화의 시세는 당일의 수요와 공급에 따라 아무런 제한 없이 등락하는 것이다. 그러나 이 제도에도 장·단점이 있는데 먼저 장점을 살펴보면 환율변동규제를 철폐하여 시장의 원리에 따르면 국제사회에 신뢰감을 주게 되어 국제금융자본이 국내에 유입될 수 있는 기반이 되며 단점으로는 첫째, 환율변동규제 철폐로 인해 국제투자자금(hot money)의 유출입에 무방비로 노출되기 때문에 자국의 경제에 불안적 요소가 있다. 둘째로는 환율의 불확실성으로 인해 국제무역을 하는 수출입업자들의 수출입환경이 어려워지는 점을 들 수 있다.

제 4절 국제통화제도

1. 국제통화제도의 개념 및 변천사

(1) 국제통화제도의 개념

국제통화제도(international currency)란 국제간의 상품, 서비스 및 자본이동에 따르는 대차관계를 결제하기 위한 자본수단으로서 범세계적으로 자유롭게 통용되고 있는 통화를 말한다.

따라서 국제통화제도는 국제적으로 적용되는 통화가 선정되어야 하고, 통화발행의 기관이 결정되어야 하며, 국제통화의 공급량이 정해져야 하며, 국제통화에 대한 신인이 유지되어야 하므로 국제통화의 안정을 위해 적절한 제도적인 장치가 마련되어야 한다.

이와 같이 국제통화제도는 기본목표를 달성하기 위해서는 첫째, 국제유동성의 적절한 공급을 통한 국제거래의 원활한 결제수단을 제공하고, 둘째, 국제거래에서 발생하는 국제수지의 불균형을 신속하게 대내외경제에 충격을 완화하면서 조정할 수 있어야 한다.

2. 국제통화제도의 변천사

국제통화제도의 발전을 보면 금본위제부터 2차 대전 이후 IMF체제에 이르기까지 다양하게 변천되어온 과정을 살펴보면 다음과 같다.[29)]

---

29) 지호준, 앞책,
신동수외 1명, 앞책, 참조요약.
이효구, 새외환론,

(1) 금본위제도(1870~1914)

금본위제도(gold standard system)란 통화의 가치가 금의 일정량에 의해 정해진다는 제도이다. 이 제도는 19세기 중엽까지 영국에서 운영되어 왔으며 1870년대 이후부터 대부분의 국가들이 금본위제도를 채택하게 되어 제1차 세계대전이 발발한 1914년까지 유지되었다.

금본위제도하에서는 각국의 화폐가 금에 고정된 비율로 자유롭게 전환되었다. 즉 영국에서는 금1온스에 4.5 파운드로 고정되었고, 미국에서는 1파운당7($=\frac{27}{4.5}$)달러로 교환비율이 고정되었다.

또 금본위제도하에서는 금의 수출입이 자유로웠기 때문에 각국의 중앙은행이나 통화당국은 금준비고를 보유해서 지폐와 금의 교환요구를 항시 보장해 주어야 했다. 따라서 금본위제도를 실시하는 기간 동안 각국은 금으로 자국통화의 가치를 고정시킴에 따라 통화간 환율도 고정되었다.

1) 금본위제도의 특징

① **금의 자유로운 수출입** : 금본위제도하에서는 각국은 금의 수출과 수입에 대해 제한을 해제해야 한다.

② **금의 자유태환(兌換)** : 금본위제도하에서는 각국의 중앙은행이 고정된 가격으로 금을 무제한 사고파는 것을 보증하여야 한다.

③ **금의 자유주조** : 금본위제도하에서는 금의 소지자가 주조소에서 금괴를 돈으로 만들 수 있어야 한다.

④ **금의 자유용해** : 금본위제도하에서는 누구든지 자유롭게 여러 가지 목적을 위해 금을 용해할 수 있어야 한다.

2) 금본위제도의 이론적 근거

금본위제도는 고전학파의 화폐수량설(quantity theory of money)에 기초를 하고 있으며 ① 경제는 항상 완전경쟁상태에 있다. ② 경제는 항상 완전고용상태에 있다. ③ 통화공급량과 중앙은행의 금준비간에는 일정한 비율을 유지한다. ④ 물가는 통화공급량에 비례하여 변동되는 것을 전제로 한다.

3) 금본위제도하의 국제수지 자동조정 Mechanism

① 국내물가상승 → 수입증가, 수출감소 → 국제수지적자 → 금유출 → 통화공급량감소 → 국내물가하락 → 수입감소, 수출증가 → 국제수지 균형

② 국내물가하락 → 수입감소, 수출증가 → 국제수지흑자 → 금유입 → 통화공급량증대 → 국내물가상승 → 수입증가, 수출감소 → 국제수지 균형

4) 금본위제도의 한계

금본위제도는 20세기 들어오면서 각국의 대내적인 문제가 발생하고, 금본위제도를 유지하기 위한 국제적인 협조체제가 무너지면서 그 한계점이 노출되기 시작하였다.

이와 같이 금본위제도는 세계경제와 국제무역의 확대에 상응하여 금의 생산량이 절대적으로 증가하지 않았고, 1914년 세계 제1차 대전의 발발로 금태환이 불가능해지고, 미국의 국제수지 흑자지속으로 금의 편재현상이 가속화됨에 따라 이 제도는 붕괴일로를 걷게 되었다.

(2) 금환본위제도(1925~1931)

금환(金換 : gold exchange)이란 금본위국으로부터 금태환이 가능한 금본위국 통화로 표시된 환어음, 예금 등의 채권을 의미하는데, 제1차 세계대전 후 1922년 제노아회의(Genoa conference : 이탈리아 북서부의 항구도시)에서 금의 절약을 목적으로 하는 금본위제도가 성립하게 되었다.

1) 금환본위제도의 특징

① 금본위국에 있어서는 자국의 보유금을 준비로 하여 자국의 통화를 발행하기 때문에 금의 부족문제를 해결할 수 있지만, 금환본위국가는 금환을 준비로 하여 통화를 발행하기 때문에 통화가 팽창함으로써 국제유동성도 팽창하게 되어 세계적인 inflation을 일으킬 요인을 지니고 있다.

또 금환본위제도하에서 비금본위국이 흑자를 나타내게 되면 흑자분만큼의 통화가 증가하여 물가가 상승하지만, 금본위국에서는 국내통화가 태환성을 유지하는 이상 금과의 일정비율을 유지할 것이며, 따라서 적자분만큼 반드시 통화가 감소되지는 않는다.

이러한 문제점이 바로 금환본위제의 장점이자 약점이다. 왜냐하면 금본위국의 통화절제가 통제되지 않고 남발하게 되면 통화의 금태환성이 정지될 수 있으므로 해서 금환본위제의 전체기능이 붕괴될 위험성을 내포하고 있기 때문이다.

② 금본위제도하에서는 국제수지의 자동조정 메카니즘이 작용하여 국제수지가 조정되지만, 금환본위제도하에서는 금환이 국제거래의 결제수단으로 사용되기 때문에 금본위제도에서와 같이 국제수지조정 메카니즘(Mechanism)이 작용하지 않는다.

다시 말해 금환이 금환본위국에 예금 즉 단기채권의 형태로 보유되는 한, 금환본위국의 통화량은 변동되지 않기 때문에 금본위제도하에서와 같은 국제수지적자 → 금유출 → 국내통화량 감소와 같은 자동조정작용이 약화될 소지가 있다.

2) 금환본위제의 붕괴요인

① 1929년 세계공황을 계기로 국제수지 자동조절기능이 약화되고 통화팽창 가능성이 유발되어 각국의 생산, 물가, 무역의 손실로 실업이 증대되었다.

② 미국의 금의 편재와 단기자본이동으로 인한 환율안정성을 상실함으로써, 각국간의 평가절하의 격하와 외환관리, 무역통제 등 단기자본유출을 초래하여 세계무역은 격감되고 국제결제제도와 국제통화질서는 완전히 파괴되었다.

(3) IMF체제의 성립

1) Bretton Woods체제

세계대공황의 파급으로 인해 국제금본위제도가 붕괴된 후에 세계경제는 무역제한조치 확대, 평가절하경쟁, 전쟁으로 인한 통제경제, 세계적 인플레이션, 국제유동성 부족, 외환통제, 통화혼란 등의 여러 가지 난관에 봉착하면서 표류하고 있었다.

이러한 상황에서도 세계 각국의 지속적인 경제성장과 국제통화질서를 회복하기 위한 수단으로 새로운 국제통화제도를 수립해야 한다는 논의가 활발하게 논의되고 있었다.

그리하여 1944년 7월1일 미국의 뉴햄프셔주 Bretton Woods 市에서 연합국 44국이 모여 국제통화금융회의를 개최하여 IMF(Internation Monetary Fund : 국제통화기금)와 IBRD(International Bank for Reconstruction and Development : 국제부흥개발은행)가 설립하게 되었다.

이로써 전후의 세계경제를 운영하는 지주 역할을 하는 IMF체제의 근간이 형성된 것이다. 그 후 IBRD는 1946년 6월 25일부터 IMF는 1947년 4월 1일부터 각각 업무를 개시함으로써 Bretton Woods체제가 성립하게 되었다.

2) IMF의 설립목적

① 항구적 시설을 통한 국제통화협력을 촉진한다.

② 국제무역의 확대·균형을 촉진함으로써 가맹국의 고용 및 실질소득을 향상한다.

③ 환시세의 안정을 촉진하고 가맹국간의 환협약 유지 및 경쟁적 평가절하를 방지한다.

④ 다각적인 결제방식을 확립하고 환통제를 배제한다.

⑤ 각 가맹국의 국내적 혹은 국제적 번영을 저해하는 수단에 호소하지 않고 국제수지 불균형을 시정할 수 있도록 유동성을 공급한다.

⑥ 가맹국의 국제수지 불균형의 기간단축 및 의무를 경감한다.

⑦ 통화의 교환성을 보장한다.

3) Bretton Woods체제의 기본성격

Bretton Woods체제는 금환본위제, 조정가능고정환율제, 기금 인출제를 근간으로 하고 있는데 그 내용을 살펴보면 다음과 같다.[30)]

① **금환본위제도** : 기축통화국인 미국이 달러화를 금의 일정량에 고정시키고 다른 국가는 자국의 통화가치를 미 달러화에 고정시켰다. 즉 각국의 통화는 미 달러화와 연결됨으로써 간접적으로 금과 그 가치가 연계될 수 있었다.

이와 같이 금환본위제도하에서는 미국의 경제력과 미 달러화에 대한 신인도를 바탕으로 미국은 달러화를 국제유동성으로 공급하고, 나머지 각국은 국제수지 적자에 대비하여 어느 정도의 금준비와 대외준비자산을 보유하도록 하였다.

② **조정가능고정환율제도** : 환율의 안정을 최우선으로 하고 있는 브레튼우즈체제는 각국 통화의 가치기준을 금 또는 달러화에 고정시키고, 각국의 자국통화환율을 외환시장에서 평가의 상하 1% 범위 내에서 유지하도록 하는 고정환율제도의 성격을 지니고 있었다.

이와 같이 브레튼우즈체제는 기본적으로 가맹국이 평가유지의 의무를 위해 고정환율제도를 유지하면서, 국제수지가 불균형상태에 놓이게 되면 평가변경을 통해 조정할 수 있도록 하는 제도를 의미한다.

③ **기금인출제도** : 브레튼우즈체제는 가맹국이 일시적인 국제수지 적자로 인해 대외준비자산이 부족한 경우에 기금(IMF는 유동성 문제를 해결하기 위해 1970년 1월 SDR을 창출)으로부터 자동인출한도내에서 필요한 통화를 인출하거나, 신용인출 한도내에서 지원 받을 수 있도록 하였다.

원래 IMF는 가맹국이 일시적인 국제수지 불균형에 처할 때 당사국의 요청에 따라 필요한 외국통화를 차입할 수 있도록 일반인출권(General Drawing Rights)제도를 두었다. 그러나 무제한적으로 차입은 할 수 없고 해당국의 GNP, 교역량 등을 기준으로 하는 할당액에 따

30) 이대호, 앞책,

라 차입금액이 결정된다.

4) Bretton Woods체제의 한계 및 붕괴요인

1960년대에 들어서면서 유럽제국의 경제성장이 급성장하면서 국제유동성의 부족문제가 대두되고, Bretton Woods 체제가 전제하고 있는 미국의 경제가 흔들리게 됨으로써 다음과 같은 모순이 지적되었다.

그 첫째가 Bretton Woods체제하에서의 국제유동성 공급은 산금량과 미국의 경제성장, 금의 지역적 편재, 공업용이나 민간수요 금의 급증, 화폐용 금의 공급이 절대적으로 부족하면서 문제가 유발되었다.

둘째, 환율은 이미 설정된 평가에 고정시켜(美 1달러 = 순금 0.888671g) 매우 경직적으로 운용되어 국제수지 불균형시에는 국제수지 조정이 불가능하였다.

셋째, 미국과 영국의 국제수지가 악화되어 특히 1971년 8월 15일 닉슨 미대통령이 달러화의 금태환을 정지시킴으로써 금·달러 본위제의 근간이 흔들리게 되었다.

▌표 7-1▌ SDR(특별인출권) 구성내용

구 성 통 화	가중치(%)						통화단위 수
	1974	1981	1986	1990	1996	2001	2001
미국달러	33.0	42.0	42.0	40.0	40.0	45.0	0.5770 U$
독일 마르크	12.5	19.0	19.0	21.0	21.0	29.0*	0.4260 Euro
프랑스 프랑	7.5	13.0	12.0	11.0	11.0		
일본 엔	7.5	13.0	15.0	17.0	17.0	15.0	21.0000 ¥
영국 파운드	9.0	13.0	12.0	11.0	11.0	11.0	0.0984 £
그밖의 11개국 통화	30.5	-	-	-	-	-	
계	100.0	100.0	100.0	100.0	100.0	100.0	

*주 : 1999년 1월 1일부터 독일 마르크와 프랑스 프랑은 동액의 Euro화로 대체되었음.

이와 같이 여러 가지 문제로 인해 지난 20년 동안 세계무역의 신장과 경제발전에 공헌하였지만, 국제유동성 문제를 적절하게 극복하지 못하고 결국 Bretton Woods체제는 붕괴되고 말았다.

(4) 스미소니언(Smithsonian)체제 성립

달러와의 금태환정지로 인한 Bretton Woods체제가 붕괴된 후 국제금융체제가 혼란에 빠지자 이를 수습하기 위하여 선진 10개국(Group of Ten)의 재무장관과 중앙은행 총재가 1971년 12월 17일~18일 양일간 워싱턴의 스미소니언 박물관에 모여 협정을 체결하였다.

이 협정의 내용을 살펴보면 ① 환율체제는 고정환율제도를 유지하고, 기존의 금 혹은 미달러 대신에 보다 신축성 있는 기준율(central rate)제도를 도입한다. ② 미달러의 금에 대한 평가를 7.895% 절하한다.(금 1온스=35달러에서 38달러) ③ 환율변동폭을 기존의 ±1%에서 기준율의 ±2.25%로 하는 Winder Band Margin 제도를 도입한다.

이와 같은 내용을 주골격으로 하여 새로운 국제통화제도를 만들려는 이 스미소니언체제는 Bretton Woods체제의 근본적인 모순을 제거하는 것이 아니라, 통화불안을 일시적으로 진정시키기 위한 하나의 과도기적인 성격을 띤 국제통화제도라 할 수 있다.

결국 스미소니언체제가 발족한지 불과 6개월만에 영국은 파운드의 파동이 일어나 1972년 6월 변동환율제도를 채택하였고 뒤를 이어 프랑스, 벨기에, 이탈리아 등도 이중환율제도를 선택함에 따라 체제 자체가 와해되고 말았다.

(5) 킹스턴(Kingston)체제 성립

킹스턴체제는 1972년 9월 IMF 연차총회에서 국제통화제도의 정기적이며 근본적인 개편을 위하여 20개국의 위원회를 발족하면서 출발하였다.

1976년 1월7일부터 8일까지 양일간 자메이카의 수도 킹스턴에서 개최된 회의에서는 금문제, 환율문제, IMF의 신용제도의 개선문제 등에 관한 현안

문제를 일괄 타결하였다.

즉 킹스턴 합의는 모든 IMF 가맹국에 대해 자국의 환율제도를 자유롭게 선택할 수 있는 재량권을 부여하고 동시에 국제적인 환율제도의 질서유지와 안정을 위해 IMF 및 타 가맹국과 협조해야 할 일반적인 의무를 부과함으로써 관리변동환율제도를 지향하고 있다.

따라서 킹스턴체제하에서는 각국이 자국의 경제여건에 따라 다양한 환율제도를 채택할 수 있게 됨으로써 국제적으로 공식화된 환율제도는 사실상 존재하지 않게 되었다.

제 5절 국제금융시장

1. 국제금융시장의 개념

국제금융시장(international financial market)이란 국제금융이 이루어지는 장소, 장·단기의 금융거래가 국제적으로 이루어지는 추상적인 기구를 말한다. 즉 국제적으로 자금을 빌려주고 빌리는 거래를 포함한 국가간의 자금이동이 이루어지는 장소를 의미한다.

국제금융시장은 국내거주자간에 자금의 대차거래가 이루어지는 국내금융시장과는 차별된다. 그러나 최근에는 금융거래를 중개해 주는 정보통신기술의 급격한 발달과 각국의 금융자유화의 추세로 금융시장의 글로벌화, 자유화 및 동조화 현상이 두드러지면서, 국내금융시장과 국제금융시장간의 구분이 어려워지면서 장소를 초월하여 거래가 형성되는 국내외시장이 통합화되는 현실을 보이고 있다.

따라서 국제금융시장은 국제무역, 해외투자, 자금의 대차거래에 수반하여 금융자산의 거래가 국제적 차원에서 지속적으로 이루어지는 장소로서 단순히 공간적 또는 지리적 장소를 의미하는 것이 아니라, 국가간의 장·단기 자금의 거래가 지속적으로 이루어지면서 자금의 수급이 국제적 차원에서 효율적으로 연계되는 거래메카니즘을 총칭하는 것이다.

2. 국제금융시장의 성립조건

한 국가나 특정지역에서 자금의 조달, 운영, 결제기능을 원활히 수행하기 위해서는 다음과 같은 조건들을 갖추고 있어야 한다.[31]

(1) 국제금융중심지로서의 적합성여부

① 정치적 안정성(political stability)
② 금융하부구조(financial infrastructure)의 확충
③ 규제의 형식과 내용(regulatory framework)
④ 전문적인 금융지식과 경험((financial expertise)
⑤ 지리적여건(geographical conditions)
⑥ 경제력, 성장잠재력(economical, power, growth potential)
⑦ 국내통화의 국제화정도
⑧ 정부기술(IT)
⑨ 거래비용, 제반요인

(2) 국제금융시장의 기본조건

① 해당국의 통화가 국제교환성을 갖는 국제통화로서의 기능을 수행해야 한다.

31) 이대호, 앞책, 참조 요약.

▮ 표 7-2 ▮ 국제통화의 기능

기능 \ 보유주체	공적부문	민간부문
교환수단	개입통화 (intervention currency)	거래통화 (transaction currency)
가치보전	국내준비통화 (reserve currency)	투자통화 (investment currency)

*자료 : 이무원, 국제무역환경론, 2008

② 해당국의 장·단기 금융시장과 외환시장이 고도로 발달되어 있어야 한다. 예를 들어 다양한 금융수단의 이용이 가능해야 하고, 자유로운 외환거래가 보장되어야 하고, 제도적으로 규제요소가 최소화되어야 하며, 조세우대 및 자본의 유출입이 최대한 보장되어야 한다.

③ 세계적 차원에서 시장정보를 입수하려면 신속하고 저렴해야 하며 정보처리기술이나 통신시설이 발달되어 있어야 한다.

④ 국제금융시장은 세계적인 상품 및 서비스거래의 중심지로서 요건을 구비해야 한다. 즉 국제간거래에 있어서 원활한 결제를 위해 해운, 보험, 금융서비스 등의 제반시설의 하부구조를 갖추고 있어야 한다.

3. 국제금융시장의 특징

(1) 정보통신기술의 발달

정보통신기술의 발달로 금융규제완화(deregulation), 자본자유화(liberalization), 범세계적통합화(global integration)의 현상이 가속화되고 있다.

(2) 금융의 범세계화, 겸업화현상의 발달

1980년대 이후 선진각국에서 금융의 효율성제고를 위한 금융규제의 완화 및 철폐가 지속적으로 추진되는 가운데 금융의 국제화가 진전되고, 정보통신기술이 발달함에 따라 각국의 금융시장이 하나의 시장으로 통합되는 금융의 범세계화가 진행되고 있다. 또한 금융의 범세계화가 진행됨에 따라 국제금융의 일체화 현상이 가속화됨에 따라, 각국의 금융기관들은 국경을 초월하는 무한경쟁시대에 돌입하게 되었다.

(3) 국제금융기관의 대형화

최근 국제금융시장에서 나타나고 있는 또 하나의 특징은 M&A를 통한 대형화가 활발하게 추진되고 있다. 즉 국제적인 영업망을 확보하여 대고객서비스를 제공하거나 비교우위, 단위비용 절감 등 규모의 경제를 실현하기 위해 대형화를 추진하고 있다.

(4) 금융의 전자화, 정보화

최근 국제금융시장은 통신 및 정보처리기술의 발달로 시장의 다양한 정보를 신속하고 정확하게 전달할 수 있는 system을 개발하여 거래비용을 대폭 경감시키고, 고도의 정보통신망을 이용하여 세계의 금융거래자들은 금융정보를 화상을 통하여 수집, 관리하여 방대한 정보데이타 처리와 신속한 자산가치의 평가가 가능하게 되었다.

4. 국제금융시장의 기능

(1) 국제대차의 결제기능

국제금융시장은 국가간의 상품 및 서비스 그리고 자본거래의 결과, 발생한 채권·채무관계를 원활하게 수행하기 위하여 이종통화간의 교환을 위한 외환시장이 함께 발달해야 한다.

(2) 국제거래의 촉진기능

국제무역거래와 해외투자 등의 국제거래에 수반되는 금융을 원활하게 지원함으로써 국제거래 자체를 촉진시키고 국제경제에 부와 효용을 증대시키는 역할을 한다.

(3) 효율적인 자금관리기능

최근에는 세계 각국의 금융환경이 국제화, 개방화, 글로벌화로 급속히 진전되면서 개인 및 기업이나 금융기관이 자금의 조달이나 운용에 있어 환위험의 노출에 직면하고 있다. 이를 전 세계적인 관점에서 종합적으로 관리·분석·조정할 필요성이 대두되어 이에 국제금융시장은 이러한 국제자금관리에 필요한 여러 가지 금융수단과 기법을 제공하고 있다.

5. 국제금융 center

국제금융시장의 요건을 갖추고 세계적 금융기관들이 지점 또는 현지법인의 형태로 영업망을 집중시킴으로써 국제금융거래가 지속적으로 이루어지고 있는데 기능에 따라 다음과 같이 분류할 수 있다.[32)]

(1) 전통적 금융center

상대적으로 우월한 경제규모와 자국통화의 국제통용력이 막강하여 고도로 발달된 국내금융시장을 바탕으로 국제자본의 유출입거래를 위하여 자연발생적으로 형성된 런던이나 뉴욕 같은 국제금융시장을 의미한다.

1) 런던금융center

세계에서 가장 오래된 국제금융center로서 외환시장, 유로자금시장, 국제금융거래의 중심지일 뿐만 아니라 국제보험업에 있어서도 선도적인 역할을 수행하고 있다.

런던이 국제금융center로서의 발전배경에는 미국의 지급준비금예치의무, 금리상환규제 등 통화당국의 규제를 회피하기 위한 수단으로 유로달러시장이 런던을 중심으로 발전되었고, 더 큰 이유는 1986년 10월 증권거래제도의 대개혁(big bang)으로 금융시장규제가 완화되어 유럽국가들의 금융활동을

32) 이대호, 앞책, 참조 및 요약.

런던으로 흡수할 수 있었기 때문이라고 볼 수 있다.

또한 런던금융시장은 다수의 금융기관이 집결하여 다양한 형태의 금융거래가 취급됨으로써 시장유동성이 풍부하므로 거래비용이 저렴하다는 이점도 있다. 특히 시간대면에서도 오전에는 동경, 오후에는 뉴욕과 영업시간대가 일치함에 따라 전 세계 금융시장과 당일에 거래가 가능하다는 지리적인 장점까지 포함하고 있기 때문에 세계 금융시장의 핵심이 되고 있는 것이다.

2) 뉴욕금융center

20세기 이후 미국이 세계경제의 주도적 역할을 수행하면서 고도화된 국내금융시장을 배경으로 세계2위의 국제금융center로 성장하였다.

즉, 뉴욕이 국제금융의 중심시장으로 성장하게 된 배경으로는 첫째, 미국은 세계대전으로 막대한 자본축적과 국제수지의 흑자로 달러화가 전 세계 기축통화(基軸通貨)(Key currency)로서 인정을 받았고 둘째, 미국의 경제력 향상으로 국제금융시장으로서의 기능을 다하였고 셋째, 1931년 연방준비제도이사회(Board of Federal Reserve system)을 창설함으로써 대규모 은행인수어음시장이 설립되었다. 이와 같이 미국은 2차 대전 후 미달러화가 국제기축통화로서 민간부문은 물론 중앙은행의 대외준비자산(reserve currency)으로서 가장 중요한 기능을 수행하고 있다고 할 수 있다.

3) 동경금융center

일본경제의 고도성장에 따른 대외개방의 필요성과 해외로부터의 국내금융시장의 개방압력에 대응하여 일본은 1980년대 이후 엔화 국제화를 장기간에 걸쳐 단계적으로 추진하면서 국제금융center로 발전하기 시작하였다.

(2) 역외금융center

역외금융(offershore financial)center란 비거주자로부터 자금을 조달하여 비거주자를 대상으로 운영하는 금융중개시장으로서 조세 및 금융특혜를 부여하여 인위적으로 창설한 금융center로서 싱가포르, 홍콩, 바레인, 룩셈부르크, 등의 금융center를 말한다.

역외금융시장의 특징으로서는 거래통화가 소재국의 통화가 아니기 때문에 금융거래자체가 소재국의 금융제도나 통화정책과는 관련이 없다는 것이며, 또한 소재국 정부의 조세의무와 외환관리를 면제 받음으로써, 역외금융시장은 규모의 경제를 발휘할 수 있는 기능을 보유하여 해당 금융시장의 성장을 촉진시키는 핵심적인 요인이라 할 수 있다.

이와 같이 역외금융시장의 발달로 인하여 정치적인 안정이 확보되고, 기존의 국제금융시장과 영업시간이 중복되는 지역에 교통, 통신 및 보안시설을 비롯하여 각종 편의시설을 완비하여 많은 금융기관을 밀집시킴으로써 정보교환 및 자금의 배분이 원활하게 될 수 있다.

즉 각국이 자국내에 유치할 수 없는 금융center를 일정한 요지에 밀집시킴으로써 금융기법의 개발과 인적·물적자원의 교류와 협조가 가능하게 되어 금융발전을 통한 실물경제의 성장을 범세계적으로 추진할 수 있다.

▮ 그림 7-6 ▮ 국제금융의 유형

경영참여 기준	직접 투자, 간접투자
대출자 기준	상업차관, 은행차관, 공공차관
투자기간 기준	국제장기자본이동, 국제단기자금이동
자본이동 기준	자본수출, 자본수입

제8장 국제무역거래의 개념

제1절 국제무역거래의 범위

무역실무는 거래주체가 거래상대방과의 재화 및 서비스의 국제간 거래를 행함으로써 경제적 가치와 이익을 창출하는 국제거래방식과 절차를 이해하고 습득하는 실증적이고 실천적인 분야이다.

무역자체가 국내거래와는 달리 제도와 상관습이 상이한 지역과 국가에서 행해지는 특이성을 지니고 있기 때문에 무역을 실제로 수행하는데 있어서는 폭넓은 국제감각과 국제거래방식에 대한 전문적인 지식을 필요로 하고 있다. 무역전문가가 되기 위한 주요 전문지식 분야를 살펴보면 다음과 같다.

첫째, 거래상대방을 선별하고 적절한 대상을 확보하기 위한 무역상담 및 협상기술을 갖추어야 하고 시장조사, 판단 및 분석능력이 있어야 한다.

둘째, 국제적으로 통용되고 있는 상관습이나 무역규범, 운송, 보험, 결제 및 상사중재 관련 국제규칙이나 법리 등을 인지해야 한다.

셋째, 교역상대국의 관습이나 문화, 법제 및 경제정책 등이 포함된 지역연구를 해야 한다.

넷째, 무역거래를 위한 국제금융관리기법 등을 인지하여 환위험관리 및 국제금융거래방향을 예측할 수 있어야 한다.

다섯째, 무역사기 및 상사분쟁 발생을 사전에 예방하거나 사후에 원만히 해결할 수 있는 요건과 능력이 있어야 한다.

여섯째, 거래대상품의 물류관리를 가장 효과적이고 경제적으로 할 수 있도록 물류비용절감 마인드가 있어야 한다.

▌그림 8-1▐ 무역실무의 범위

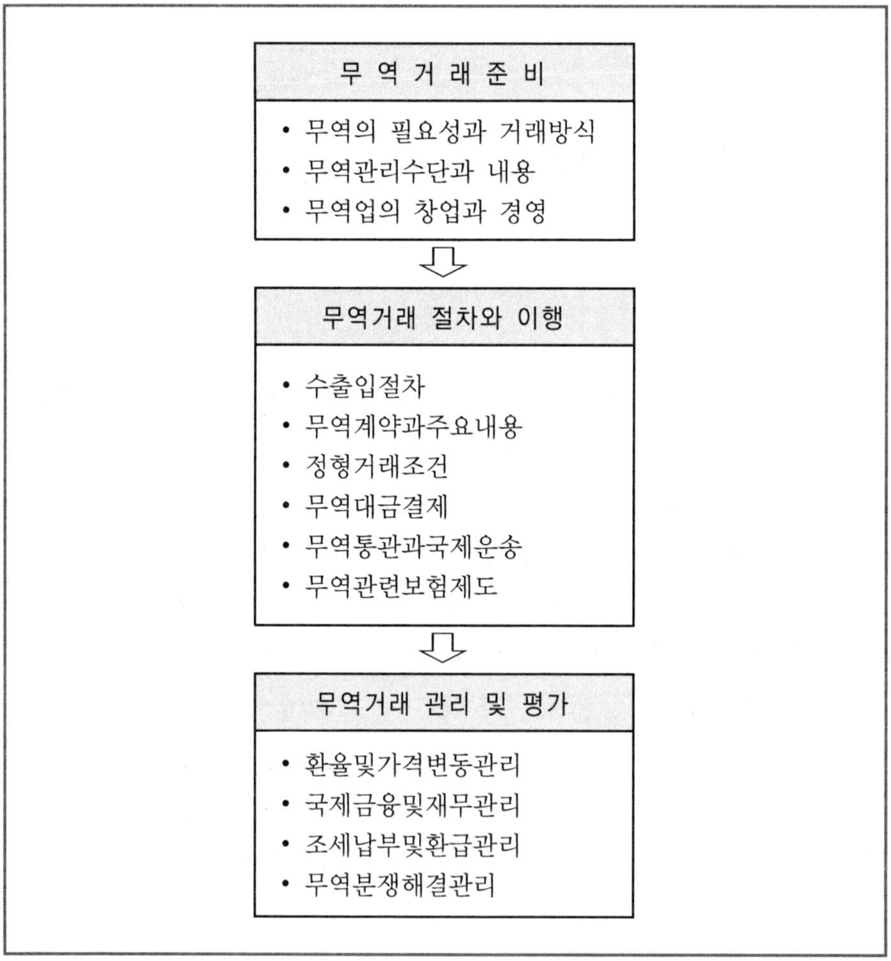

무 역 거 래 준 비

- 무역의 필요성과 거래방식
- 무역관리수단과 내용
- 무역업의 창업과 경영

⇩

무역거래 절차와 이행

- 수출입절차
- 무역계약과주요내용
- 정형거래조건
- 무역대금결제
- 무역통관과국제운송
- 무역관련보험제도

⇩

무역거래 관리 및 평가

- 환율및가격변동관리
- 국제금융및재무관리
- 조세납부및환급관리
- 무역분쟁해결관리

일곱째, 무역거래방식의 변화에 신속히 대응할 수 있도록 정보기술을 활용할 수 있는 지식과 능력이 필요하다.

제 2 절 국제무역거래의 위험

국제거래가 지니고 있는 여러 가지 특성으로 인하여 무역거래는 거래당사자 이해관계의 상반되는 현상이 발생하게 된다. 무엇보다도 중요한 것은 매도인(수출상)의 입장에서는 물품대금을 적정한 시기에 안전하게 회수하는 것이고, 반면에 매수인(수입상)의 입장에서는 약정된 계약물품을 약속한 시일 내에 정확하게 인수하는 것이다.

그러나 거래당사자가 서로 상이한 국가에 멀리 떨어져 있고, 계약체결에서 종료까지 시간적 차이가 발생하기 때문에 국제거래에서는 다양한 위험이 초래되고 있다. 따라서 무역거래당사자는 무역거래에서 발생할 수 있는 위험의 종류와 그 위험을 최소화할 수 있는 방법을 인지함으로써 거래의 비효율적인 낭비를 줄이면서 거래를 원활히 수행할 수 있을 것이다. 국제무역거래에서 발생하는 위험의 유형을 살펴보면 다음과 같다.

1. 신용위험(Credit Risk)

수출상이 수입상으로부터 수출대금을 확실하게 회수할 수 없는 위험을 신용위험이라고 한다. 계약체결 후 수입상이 소재하고 있는 국가 내에서 시장상황의 변동에 의해서 계약물품의 가격이 하락하여 시장성이 없다고 판단되거나, 수입상이 부도가 발생하여 대금지급능력을 상실할 수 있는 위험이다. 그리고 때로는 수입상이 고의적으로 사기행각을 염두에 두고 물품을 먼저 수령한 후에 물품대금을 지불하지 않고 잠적하는 사례도 발생하고 있다. 이러한 위험은 주로 수출상이 부담하는 위험으로 수출상이 먼저 수입상에게 상품을 선적하고 물품대금은 수입상이 상품을 수령한 후에 수출상에게 송금하는 사후송금방식(Later Remittance after Shipment)의 거래에서 발생한다.

2. 상업위험(Mercantile Risk)

수입상이 수출상으로부터 약정된 선적기일 내에 계약 물품을 인수할 수 있는지의 여부에 대한 위험을 상업위험이라 한다.

수입상이 무역대금의 전액을 상품 선적 전에 외국화폐, 수표 등으로 수출상에게 미리 송금하여 지급하고 수출상은 일정기일 이내에 약정상품을 선적하는 사전송금방식(Advance Remittance before Shipment)의 거래에서 주로 발생될 수 있다. 수출상이 소재하고 있는 국가에서 계약상품의 국내시세나 국제시세가 급등하였을 경우에 상품의 선적을 지연시키거나 또는 선적을 하지 않는 경우, 그리고 품질이 불량하거나 규격이 상이하고 조잡한 상품으로 선적하는 경우에 수입상은 위험을 부담하게 된다.

이상에서 설명한 신용위험과 상업위험을 최소화하기 위하여 수출업자와 수입업자는 쌍방에 대하여 신용조사를 철저하게 살펴본 후에 국제무역거래를 이행하여야 할 것이다.

3. 환위험(Exchange Risk)

국제무역거래에서는 매매계약시기, 선적과 인수시기, 대금결제시기 등에 있어서 시간의 차이가 존재하기 때문에 시차동안에 발생하는 환율변동으로 인하여 상당한 환위험에 노출되어 있다. 무역거래의 양 당사자는 환위험을 회피하기 위하여 선물환을 비롯한 파생금융상품을 활용하고 있다. 예를 들어 미래에 외화표시 결제대금을 수령할 수출업자는 그 외화의 수령시기에 맞추어 현재의 시점에서 환율을 확정시켜 선물환 매도계약을 체결하여 환위험을 회피하고 있으며, 수입업자는 향후 도래하는 대금결제시기인 만기일에 외화표시 지급자금을 매매계약 체결시 미리 일정한 환율에 그 가격을 확정

▌그림 8-2▐ 환변동보험의 기본계약

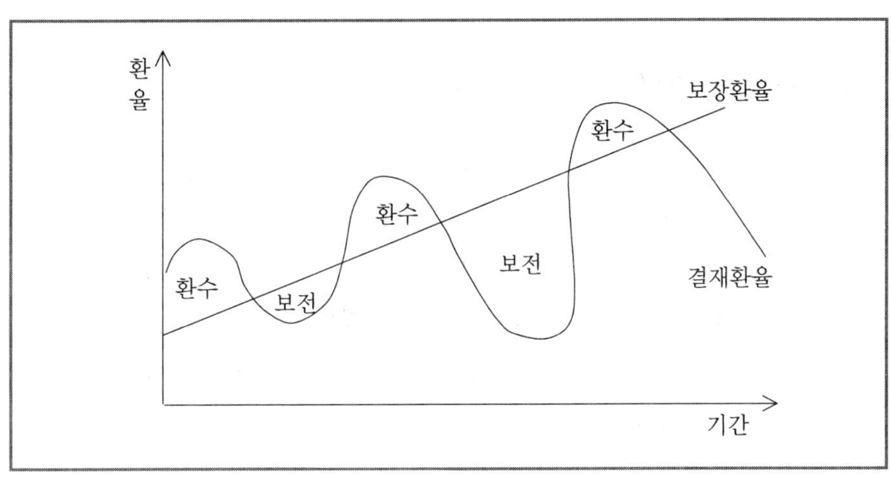

하는 선물환매입계약을 체결하여 환위험 회피수단으로 이용하고 있는 것이다.

실제로 2003년에 들어서면서 원화가치 급등(환율급락)으로 우리나라 수출기업이 환차손과 채산성 악화로 수출상품 국제경쟁력이 떨어져 수출을 많이 해도 이윤을 얻을 수 없는 어려움에 있음을 알 수 있다.

최근에 들어 수출기업들이 환위험 회피수단으로 널리 사용하고 있는 것이 수출보험공사가 실시하는 환변동보험제도이다. 환변동보험은 2000년에 새로 도입된 신종보험제도로서 수출거래시 입찰시점에서 수출보험공사가 제공하는 환율과 실제 결제시점의 환율을 비교하여 그 차액을 보상 또는 환수하는 제도이다. 이는 보다 적극적인 수출활동이 가능하도록 정부가 수출기업에게 제공하는 환위험 회피 제도로서 영리추구가 아닌 환율안정을 통한 수출지원이라는 정책적 목표를 우선 추구하며 금융기관의 선물환거래와 유사하나 보험계약 형식으로 운영된다. 환변동보험의 기본계약은 보장환율[33]이 결제환율[34]보다 클 때는 수출보험공사가 그 차액을 보전하는 반면, 보장

33) 보장환율이란 보험증권에 기재된 수출보험공사가 보험계약자에게 보장하는 환율로서 보장금액산정에 기준이 되는 환율을 말한다.

34) 결제환율이란 결제신청일의 익5영업일(환율적용기준일)에 수출보험공사가 지정하는 외국환은행이 최초로 고시하는 매매기준환율을 말한다.

환율이 결제환율보다 작을 경우에는 수출보험공사가 차액을 환수하는 것이다.

4. 가격변동위험(Market Risk)

국제무역거래는 무역의 계약시점과 상품의 인도시점 간에 시차뿐만 아니라 상품의 국제시세가 급변하게 되는 경우에는 가격변동위험이 존재하게 된다. 상품의 가격변동으로 수출업자나 수입업자가 손실을 당하게 된다면 무역계약을 이행하지 않을 수도 있기 때문에 가격변동위험은 무역계약 불이행위험의 요인으로 될 수 있다. 이러한 상품가격 변동위험은 상품선물거래소를 이용하여 관리할 수 있다.

제9장 대외무역관리제도

제 1 절 대외무역관리의 기본개념

일반적으로 무역관리라고 하면 정부 또는 국가가 제도나 기구 또는 법규에 의하여 대외무역거래를 규제하거나 지원 또는 조정하는 것을 말한다.

현재 대외교역을 하는 모든 나라들은 어느 정도의 차이는 있으나, 수출입거래에 대하여 어떤 형태이든 무역관리를 행하고 있다. 특히 우리나라와 같은 국민경제의 대외의존도가 높은 국가에서는 무역이 국민경제 전반에 미치는 영향이 지대함으로 정부가 수출입거래에 직·간접적으로 관여함으로써 계획적이고 균형 있는 무역이 이루어져 국민경제발전을 도모하고 있다.

무역관리의 목적은 대외무역을 진흥하고 공정한 거래질서를 확립하여 통상확대 및 발전을 촉진함으로써 국제수지의 균형과 국민경제발전에 기여하는데 있다. 이를 좀 더 구체적으로 살펴보면 다음과 같다.

첫째, 무역을 진흥하고 통상을 확대하여 국제수지의 개선을 통한 외환관리를 원활히 한다.

둘째, 국내의 유치산업을 보호한다.

셋째, 수출 진흥을 통환 유효수요 창출로 국내 산업을 성장시킨다.

넷째, 국내물자수급을 원활히 하고 소비형태의 건전화를 도모한다.

다섯째, 국내물가의 안정을 도모한다.

여섯째, 국민의 안전, 보건위생 및 미풍양속을 보존한다.

일곱째, 각종 국제경제기구와 보조를 맞추며 세계무역질서에 능동적으로 대처한다.

여덟째, 쌍무간 · 다자간 무역협상 등에 효율적으로 대처한다.

제 2 절 무역관리를 위한 법적체계

각국이 자국의 국민경제 유지를 위하여 국가권력에 기초하여 그 정도의 차이는 있으나 무역거래에 대해 적극적 혹은 소극적 규제[35]를 가하고 있다. 마찬가지로 우리나라의 경우에도 비록 무역정책의 경향이 규제완화주의로 전환되고 있지만, 대외무역에 대해서는 법률로 규제를 하고 있다.

무역거래에 대한 규제로서 작용하고 있는 국내법규는 다음과 같은 법률적 근거에 의하여 이루어지고 있다.

35) 적극적규제(positive system)란 수출입주체, 품목, 거래지역 및 거래형태에 대해서 허용부분만 공시하고, 공시되지 않은 수출입거래에 대해서는 원칙적으로 금지되도록 하는 정부의 적극적 간섭방식을 말한다. 이 방식은 국내유치산업을 보호하고 경제개발의 기틀을 강화할 목적에서 실시하고 있다.
소극적규제(negative system)란 정부가 대외무역거래에 있어서 수출입주체, 품목, 거래지역 및 거래형태에 대해 금지사항만 규제하고 그 외의 모든 수출입거래는 완전히 자유롭게 이루어질 수 있도록 최소한의 범위내에서의 규제방식을 말한다. 이 방식은 국내산업이 어느 정도 외국과 경쟁체제를 갖춘 국가에서 실시하고 있다.

첫째, ① 헌법, ② 대외무역에 관한 기본법인 대외무역법 및 동 시행령, 대외무역관리규정 등에 그 근원을 두고 있다.

둘째, ① 관세법, ② 관세환급특례법, ③ 외국환거래법, ④ 외자도입법, ⑤ 수출검사법, ⑥ 수출보험법, ⑦ 수출자유지역설치법, ⑧ 무역금융규정, ⑨ 중재법, ⑩ 전자무역촉진법 등이 있다.

셋째, 이들 외에 50여개의 특별법에 근거한 무역거래관계법들이 있다.

본서에서는 대외무역법, 외국환거래법, 관세법, 전자무역촉진법 등에 의한 무역관리수단을 중심으로 살펴보기로 한다.

▮ 표 9-1 ▮ 무역관리 법률

구 분	내 용
무역관리경제법률	대외무역법, 외국환거래법, 관세법 등
무역관리개별행정법	약사법, 양곡관리법, 자연환경보전법, 공산품품질관리법 등
무역관리형태	인가, 허가, 면허, 승인, 인정, 행정지도 등
무역관리목적	국가의 경제목표달성을 위하여 법규에 의하여 규제관리

1. 대외무역법에 의한 관리

대외무역법은 무역행정의 주무관서인 산업자원부가 무역활동을 촉진·규제하기 위한 법적인 근거이며 무역거래에 관한 기본법이 되고 있다.

대외무역법은 1986년 12월 31일 제정·공포된 이래 수차례의 개정을 거쳐 2001년 2월 3일 개정·시행되어 오늘날에 이르고 있다.

이러한 개정의 이유는 새로운 대외무역환경 및 개방체제에 대처하며, 무역관리정책의 운영도 보호와 규제위주의 정부주도형에서 무역거래자의 경쟁과 자율을 바탕으로 하는 민간주도형으로 전환하려는 의도에 부응하기 위함이었다. 또한 최근 인터넷과 정보기술의 급속한 발달로 인해 급변하는 통상환경에 대응하기 위해 2000년 12월 29일 대외무역법 제2장 내에 전자무역 촉진과 관련하여 새로운 조항을 추가하였다.

그림 9-1 대외무역관리체계

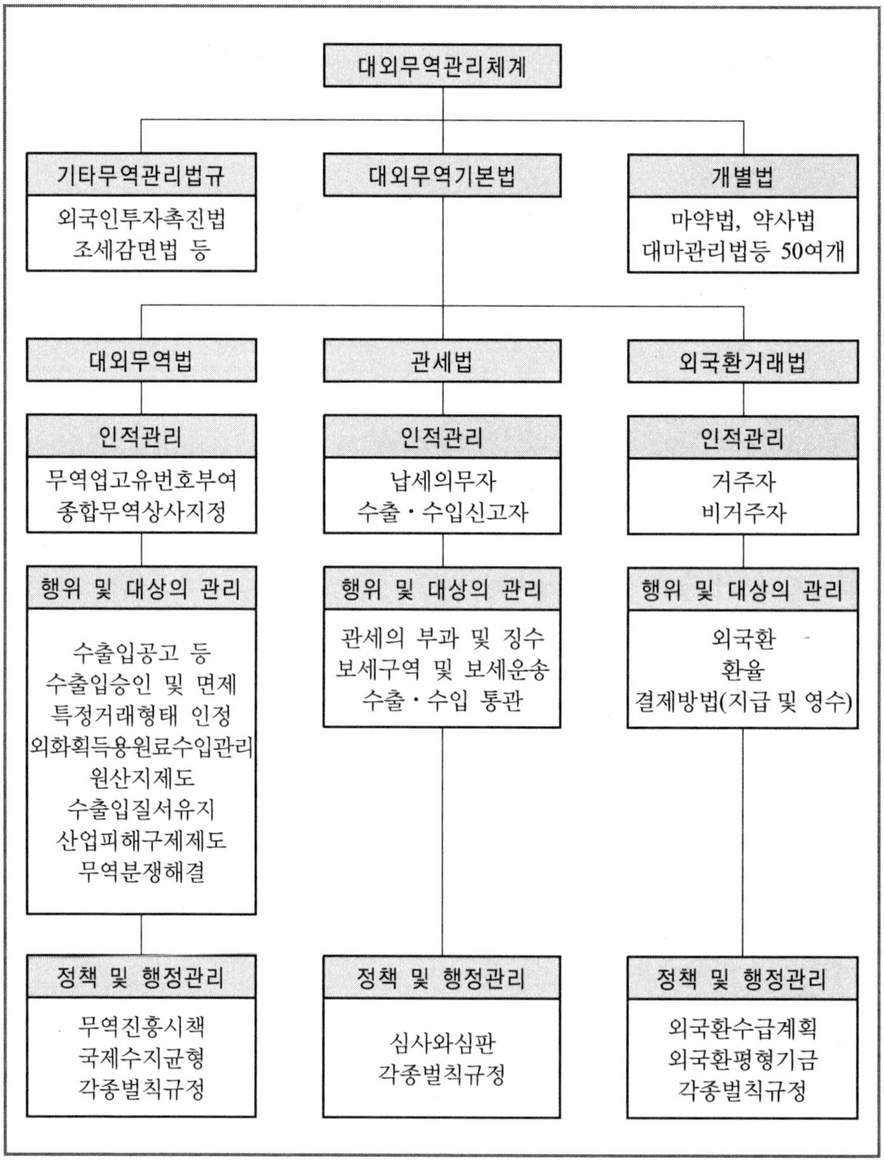

- 대외무역관리체계
  - 기타무역관리법규: 외국인투자촉진법, 조세감면법 등
  - 대외무역기본법
    - 대외무역법
      - 인적관리: 무역업고유번호부여, 종합무역상사지정
      - 행위 및 대상의 관리: 수출입공고 등, 수출입승인 및 면제, 특정거래형태 인정, 외화획득용원료수입관리, 원산지제도, 수출입질서유지, 산업피해구제제도, 무역분쟁해결
      - 정책 및 행정관리: 무역진흥시책, 국제수지균형, 각종벌칙규정
    - 관세법
      - 인적관리: 납세의무자, 수출・수입신고자
      - 행위 및 대상의 관리: 관세의 부과 및 징수, 보세구역 및 보세운송, 수출・수입 통관
      - 정책 및 행정관리: 심사와심판, 각종벌칙규정
    - 외국환거래법
      - 인적관리: 거주자, 비거주자
      - 행위 및 대상의 관리: 외국환, 환율, 결제방법(지급 및 영수)
      - 정책 및 행정관리: 외국환수급계획, 외국환평형기금, 각종벌칙규정
  - 개별법: 마약법, 약사법, 대마관리법등 50여개

대외무역법은 "대외무역을 진흥하고 공정한 거래질서를 확립하며 국제수지의 균형과 통상의 확대를 도모함으로써 국민경제의 발전에 이바지 함"을 목적으로 한다. 종전의 무역거래법이 "수출을 진흥하고 수입을 조정하여 대외무역의 건전한 발전을 촉진한다"고 하여 수출우선위주의 성격이 있으나 대외무역법은 수출과 수입을 동등하게 진흥하여 무역확대에 의한 경제발전을 추진하되 공정한 거래질서를 확립하여 국제무역질서에 상응하는 무역국가가 될 것임을 밝히고, 통상의 확대를 목적으로 하여 외국과의 통상교섭을 적극 추진하는데 대외무역법이 활용되고 있다.

2. 외국환거래법에 의한 관리

외국환관리란 국가간의 외국환거래에 대하여 국가가 직접적으로 규제·조정하는 것을 말한다. 국민경제가 국내적으로나 대외적으로 균형을 유지하기 위하여 일반적인 재정금융정책 등 간접통제방식만으로는 불충분하므로 부득이 직접적인 방법에 의하여 대외거래를 규제·관리하게 된다.

현행 외국환거래법은 1961년 12월31일 법률 제933호로 제정되어 여러 차례의 개정이 이루어졌던 외환관리법이 폐지됨에 따라, 1998년 9월 16일에 제정되었으며, 200년 10월 23일 개정되어 총 6장 제32조로 구성되어 있다.

외국환거래법은 외국환거래 및 기타 대외거래의 자유를 보장하고 시장기능을 활성화하여 대외거래의 원활화 및 국제수지의 균형과 통화가치의 안정을 도모함으로써 국민경제의 건전한 발전에 이바지함을 그 목적으로 하고 있다.

또한 동법은 외국환업무, 환전상의 등록제, 대외지급에 있어서도 종전의 신고제와 허가제의 병행에서 신고제를 폐지하고, 제한적인 허가제를 통해 국민과 기업의 외국환거래 편의제공 및 은행의 업무 경감을 유도하였으며, 외국환 거래자료를 중계, 집중, 교환하는 기관을 지정하여 운영할 수 있는 근거를 마련하였다.

3. 관세법에 의한 관리

관세법이란 외국에서 수입되고 외국으로 수출되는 물품, 즉 관세선(customs-line)을 통과하는 물품에 대해 규제하는 법이다.

우리나라 관세법은 1967년 11월 29일에 법률 제1976호로 제정 공포된 이후 2000년 12월 관세법 개정 법률안에 따라 전면적인 개정이 이루어지게 되었으며, 전문13장, 제329조 및 부칙으로 구성되었다. 이러한 2000년 12월 개정법안의 제안이유는 복잡하게 되어 있는 관세법의 체계를 보다 알기 쉽게 정비하고, 납세자권리헌장의 제정근거를 마련하며, 관세액의 정정청구기간을 연장하여 납세자의 권익보호를 위한 제도를 신설 또는 보완하고 각종 허가제를 신고제로 전환하는 등 세관절차를 간소화하고 남북교류 및 전자상거래 활성화와 같은 새로운 행정수요에 대한 대처 및 인터넷을 관세행정에 활용하여 관세행정의 선진화를 도모하려는데 있다.

관세법은 관세의 부과·징수 및 수출입물품의 통관을 적정하게 하고 관세수입을 확보함으로써 국민경제의 발전에 이바지함을 목적으로 하고 있다. 따라서 관세법의 궁극적인 목적은 국민경제발전과 관세수입확보에 있다. 관세 자체가 국내 산업을 보호하고 소비를 억제하며 국제수지를 개선하는 역할을 하고 관세율과 관세제도의 조정을 통하여 국내물가의 안정과 수출지원을 도모하여 국민경제발전에 이바지한다는 것이다.

관세관리에 관한 관세법상의 주요 내용으로는 관세감면제도, 관세 환급제도, 관세평가제도 및 보세제도 등이 있다. 관세감면제도는 시설투자 및 시설확대에 따른 산업의 자금부담을 경감시킴으로써 효율적인 시설기계류의 도입과 산업의 고도화를 위하여 관세납부의무자에게 특정의 경우에 무조건 또는 일정조건하에서 관세의 일부 또는 전부를 면제하는 것을 말한다.

관세 환급제도는 일단 징수한 관세가 특정한 요건에 해당하는 경우 그 전부 또는 일부를 되돌려 주는 것을 말한다. 이것은 수출지원을 위한 수출용 원자재에 부과한 관세의 환급을 말한다.

관세평가제도는 수입물품의 과세가격을 정하는데 있어서 정상거래가격을 파악하여 저가나 고가신고를 막기 위한 제도이다.

보세[36]제도는 외국물품이 우리나라에 도착한 후 관세의 징수를 유보하고 외국물품 상태 그대로 수입면허의 미필상태 하에서 일정한 기간, 특정 장소에서 보관, 장치, 운송, 제조, 건설, 전시, 가공 등을 행하는데 따르는 일련의 행정절차를 말한다.

4. 전자무역촉진법에 의한 관리

전자무역촉진법은 최근 EDI, 인터넷과 정보기술의 발달 등으로 전자적인 수단을 통해 무역을 진흥시키기 위한 방안으로 2000년 12월 29일에 신설되었다.

이러한 전자무역의 촉진을 위한 종합정책의 수립·시행에 있어 산업자원부 장관은 전자무역 종합정책의 기본방향, 무역업무자동화의 촉진에 관한 사항, 전자무역과 관련된 국제협력에 관한 사항, 전자무역과 관련된 통계자료의 수집·분석 및 활용방안, 전자무역에 관한 거래자간의 분쟁조정에 관한 사항 등의 전자무역 종합대책을 수립·시행해야 하며, 전자무역에 관한 업무를 수행하는 기관 또는 단체에 대하여 필요한 지원을 할 수 있도록 규정하고 있다.

36) 보세라는 개념은 일반적으로 관세담보 또는 관세미납의 뜻으로 인식될 수 있으나 그렇게 되면 관세의 부과대상이 아닌 무세품의 경우에도 수입통관 이전에는 보세화물로 불리워지기 때문에 엄격한 의미에서 보세라고 하는 것은 수입면허 미필상태를 뜻한다. 이러한 상품을 세관에서 감시하기 위하여 수입통관전에 보세지역에 반입토록 하고 있다. 1999년 12월 28일에는 자유무역지역지정법과 관세자유지역지정법 등이 제정되었다.

제 3절 무역관리기관

오늘날 각국의 무역관리는 국가의 행정기관을 통하여 행해지고 있으며, 특히 중앙행정기관을 통한 중앙집권적 관리가 이루어지고 있다는 점에 그 특색이 있다. 우리나라의 대외무역관리기관의 지정과 운영방식을 살펴보면 다음과 같다.

1. 주무중앙행정기관

헌법 제125조는 무역관리에 관한 최고의 규범으로서 국가는 대외무역을 육성하고 규제 및 조정할 수 있다고 규정하고 있다. 따라서 국가는 법률에 의하여 이러한 기능을 수행할 기구를 규정한다. 우선 정부조직법 제37조에 의하면 산업자원부가 무역관리의 주된 기관으로서 최고무역관리기관임을 명시하고 있다.

또한 대외무역법은 산업자원부 장관을 무역관리에 관한 주무행정기관의 장으로 규정하고 있다. 산업자원부 장관은 동법에 의하여 무역거래자의 무역활동을 하기 위한 기본적 사항에 대하여 인·허가권을 갖고 있으며 그 외에도 무역의 진흥을 위한 조치, 무역에 관한 제한 등 특별조치, 수출입질서 유지 및 무역에 관한 사무를 관장·통괄하고 소속 공무원을 지휘·감독한다.

한편 산업자원부 장관은 최고 무역관리주체이지만 그 모든 권한을 독자적으로 주관하지 않고 경우에 따라서는 관련부처의 협조를 받기도 하는데, 이는 무역관리의 유기적인 통일성을 확보함과 동시에 무역관리에 관한 일방적인 행정권의 남용을 예방하고 관리의 능률화 및 원활화를 도모하기 위해서이다.

2. 협조중앙행정기관

무역행정에 관한 주무 중앙행정기관인 산업자원부 장관에 대하여 협조 중앙행정기관으로서 재정경제부 장관(외자도입), 외교통상부 장관(해외통상, 조약체결 등), 행정자치부 장관(총포, 화약류 등), 보건복지부 장관(독물, 극물 및 마약 등), 건설교통부 장관(건설장비 등) 및 문화관광부 장관(영화, 출판물, 문화재, 지적소유권 등)등이 있는데, 이들 행정기관들은 각기 소관 사무에 관한 특별법을 관장하여 운영하고 있다.

예를 들어 재정경제부 장관이 외국환거래 관계법령에 의하여 무역대금결제방법을 정하고자 할 때에는 미리 산업자원부 장관과 협의하도록 함으로써 행정관청 상호간의 유기적인 통일성을 꾀하고 있다.

3. 위임 · 위탁에 의한 관리기관

전술한 무역관리기관 이외에도 권한 위임 · 위탁기관이 있는데, 산업자원부 장관은 수출입행정의 신속화와 효율적인 운영을 도모하기 위하여 무역에 대한 주무 중앙행정기관으로서 수출입의 승인 등에 관한 권한 일부를 위임 또는 위탁하도록 하고 있다. 즉 산업자원부 장관은 대통령령이 정하는 바에 의하여 대외무역법에 의한 권한의 일부를 소속기관의 장 · 서울특별시장 · 광역시장 또는 도지사에게 위임하거나 관계행정기관의 장 · 세관장 · 한국은행총재 · 한국수출입은행장 · 외국환은행장 또는 대통령령이 정하는 법인 또는 단체에 위탁할 수 있다.

외국환거래법의 경우 재정경제부 장관은 이 법에 의한 권한의 일부를 대통령령이 정하는 바에 의하여 금융감독위원회 · 증권선물위원회 · 한국은행총재 · 금융감독원장 · 외국환 업무 취급기관 등의 장 및 기타 대통령령이 정하는 자에게 위임 또는 위탁할 수 있다(외국환거래법 제23조, 동 시행령 제35조).

무역대금결제의 관리와 관련하여 산업자원부 장관과 재정경제부 장관은 상호 협의기관이 되며 외국환은행 등은 대외무역법 및 외국환거래법에 의하여 각각 위탁받은 업무를 수행하는 복합적인 수탁무역관리기관이 된다.

수출입 통관에 관한 관리기관으로 관세법 규정에 의하여 통관역 또는 통관장에서 외국물품을 차량에 하역하고자 하는 자는 세관장에게 신고를 하고, 필요한 경우에는 현장에서 세관공무원의 확인을 받아야 하는 것으로 되어 있다. 따라서 세관장은 관세법상으로는 주체적 무역관리기관이고 대외무역법에 의하여 산업자원부 장관의 위탁을 받은 부분을 수행할 경우에는 수탁관리기관이 된다.

제 4절 무역관리의 방법과 주요내용

대외무역을 관리・통제・제한 및 감독을 하는 데는 대개 다음과 같은 방법들이 적용되며, 이를 위반할 경우 제재가 가해진다.

1. 수출입 주체관리

무역이란 국내거래와는 달리 외국과 물품을 거래하는 것이므로 어느 정도의 질서와 규율이 필요하지만 행정규제 완화 차원에서 2000년 1월 1일부터 종래의 신고제가 폐지되고, 한국무역협회에 무역업고유번호를 신청하여 고유번호만 부여받으면 누구라도 무역거래를 할 수 있다. 따라서 우리나라에서는 무역거래에 있어서 자유화를 지향하기 때문에 특별한 자격제한을 두지 않는다.

대외무역법에서 '무역거래자'라 함은 수출 또는 수입을 하는 자, 외국의 수입자 또는 수출자의 위임을 받은 자 및 수출・수입을 위임하는 자 등 물품 등의 수출・수입행위의 전부 또는 일부를 위임하거나 행하는 자를 말한다.[37)]

(1) 무역거래자의 무역업고유번호 신청

수출입행위의 주체인 무역거래자는 대외무역법에 의해 무역업고유번호를 신청하여야 한다. 무역업의 고유번호의 부여권한은 현행 대외무역법상 산업자원부 장관에게 있으나, 그 권한이 한국무역협회장에게 위임되어 있다.

무역업고유번호를 부여받고자 하는 자는 우편·팩시밀리·전자메일·전자문서교환체제(EDI) 등의 방법으로 한국무역협회장에게 신청하여야 하며 한국무역협회장은 접수 즉시 신청자에게 고유번호를 부여하여야 한다.

또한 무역업고유번호를 부여받은 자가 상호·대표자·주소·전화번호 등의 변동사항이 발생한 경우에는 변동사항이 발생한 날로부터 20일 이내에 한국무역협회장에게 통보하거나 한국무역협회에서 운영하고 있는 무역업 데이터베이스에 변동사항을 수정·입력하여야 한다.

그리고 무역업고유번호를 부여받은 자가 합병, 상속, 영업의 양·수도 등 지위의 변동이 발생하여 기존의 무역업고유번호를 유지 또는 수출입실적 등의 승계를 받고자 하는 경우에는 변동사항에 대한 증빙서류를 갖추어 무역업고유번호의 승계 등을 한국무역협회장에게 신청할 수 있다.

한편 한국무역협회장은 무역업고유번호의 부여 및 변경사항을 확인하고 무역업고유번호 관리대장 또는 무역업 데이터베이스에 이를 기록 및 관리하여야 한다.

이러한 무역업고유번호 부여에 대한 가이드 역할을 하는 사이트가 한국무역협회(www.kita.or.kr)의 초기화면에서 무역가이드 부분을 참고하면 자세히 알 수 있다. 이 무역가이드에서는 무역업창업과 관련하여 신고절차와 신고할 때 필요한 서류, 전국의 무역업 신고기관에 대한 연락처 등 유용한 정보를 습득할 수 있다.

---

37) 과거의 신고제 하에서는 무역을 업으로 영위하는 것을 '무역업'으로, 또한 외국의 수출·수입업자의 위임을 받은 자가 국내에서 수출물품을 구매하거나 수입물품을 수입함에 있어서 그 계약체결과 부대되는 행위를 업으로 영위하는 것을 '무역 대리업'으로 구분하였으나, 개정 대외무역법에서는 이를 삭제하고 '무역거래자'로 통일하였다.

(2) 종합무역상사

산업자원부 장관은 해외시장의 개척 및 무역기능의 다양화를 기하고 중소기업과의 연계 등을 통한 중소기업의 무역활동을 지원하기 위하여 무역업자 중에서 종합무역상사를 지정할 수 있도록 규정되어 있다(대외무역법 제9조의 2).

종합무역상사로 지정받을 수 있는 조건은 자본시장 육성에 관한 법률의 규정에 의한 상장법인으로서 전년도 수출통관액이 우리나라 전체수출통관액의 2% 이상을 점유하고 있는 자로 한다. 다만, 중소기업의 무역활동을 지원하기 위하여 특히 필요하다고 인정하는 경우에는 그러한 실적기준의 적용이 배제된다.

종합무역상사에 대하여 산업자원부 장관은 종합무역상사와 중소기업과의 계열화를 통한 중소기업의 무역활동을 지원하기 위한 방안으로 종합무역상사별로 중소기업의 사업영역 보호 및 기업간 협력증진에 관한 법률에 의한 수탁기업체협의회를 구성·운영하게 할 수 있다.

그러나 산업자원부 장관은 지정을 받은 종합무역상사가 2년 이상 계속하여 수출통관액의 2%를 기록하지 못하여 종합무역상사로서의 무역활동이 심히 곤란하다고 인정되는 경우에 그 지정을 취소할 수 있으며, 지정을 취소하고자 할 경우 공고를 통해 청문을 실시해야 한다.

2. 수출입지역의 관리

원칙적으로 수출입은 세계 어느 지역과도 할 수 있으나, 교역상대국이 국제협정에서 정한 우리나라의 권익을 부인하거나, 우리나라의 무역에 대하여 부당하거나 차별적인 부담 또는 제한을 가하거나 국민의 건강과 안전, 동·식물의 생명 및 건강보호, 환경보전 또는 국내자원보호를 위하여 필요할 때는 특별조치를 통해 수출입을 제한 또는 금지할 수 있도록 대외무역법 제5조에 명시하고 있다. 이 외에도 수출입공고, 전략물자수출입공고 등에 의하여 특정지역과의 교역을 제한하거나 금지할 수 있는 근거를 마련해 두고 있으며, 이들 특정국가나 지역과의 교역을 제한하는 구체적 수단으로서 산업자원부 장관이 필요하다고 인정하는 경우 교역상대국의 수출입허가서, 최종소비지증명서 및 검정증명서 등을 제출하도록 하는 제도를 마련해 두고 있다.

3. 수출입품목의 관리

무역업을 영위하는 자가 외국업자와 정당하게 매매계약을 체결했다고 하더라도 산업자원부 장관이 헌법에 의하여 체결·공포된 조약과 일반적으로 승인된 국제법규에 의한 의무의 이행, 생물자원의 보호 등을 위하여 지정하는 물품 및 무역의 균형화를 촉진하기 위하여 대통령이 정하는 기준에 따라 지정하는 물품을 수출 또는 수입하고자 하는 경우에는 산업자원부 장관의 승인을 얻어야 한다.

그러나 실제로는 수출입행정의 신속한 운영을 위하여 무역업 신고 및 대부분의 수출·수입의 승인에 관한 권한을 산업자원부 장관이 지정하여 고시하는 관계행정기관 또는 단체의 장에게 위임 또는 위탁하고 있다.

(1) 수출입의 승인

수출입승인이란 예외적으로 제한하는 품목에 대해 승인절차라는 방법으로 그 품목의 수출입이 가능하도록 해 주는 제도이다.

대외무역법에서는 수출입을 행하고자 하는 자는 당해 물품이 수출입승인대상으로 지정·고시된 물품인 경우에는 수출입 승인을 받도록 규정하고 있다.

또한 이와는 반대로 동법에서는 여러 가지 이유로 일정 물품에 대해서는 수출입승인 대상물품일지라도 수출입승인과 관련된 규정의 적용을 배제하여 수출입승인을 면제하도록 규정하고 있다. 즉, 수출입승인 대상물품인 경우라 하더라도 소액거래품, 거래의 성질, 외교상의 이유, 출입국인의 휴대물품 등의 특수성 때문에 수출입 절차의 간편, 신속과 편의를 도모하기 이하여 수출입 승인을 면제하도록 규정하고 있는 것이다.

이러한 수출입승인의 법적 성질을 살펴보면 다음과 같다.

1) 수출입행위의 전제조건

수출입승인 대상물품을 수출·수입하고자 할 때에는 승인을 얻어야 한다. 따라서 승인을 취득하지 않은 상태에서는 수출·수입을 할 수 없게 되므로 수출입행위를 이행하기 위해서는 수출입승인이 전제되어야 한다.

2) 기속행위

수출입승인은 허가와 같이 행정기관에 주어진 재량행위가 아니며, 특정한 행위에 대하여 부여하는 동의라고 볼 수 있다. 따라서 수출입의 승인을 거부할 특별한 이유가 없을 경우에는 거부할 수 없다.

3) 산업자원부 장관의 전속권한

수출입승인에 관한 사항은 산업자원부 장관이 가지고 있는 전속권한이다. 대외무역법에서는 이러한 산업자원부 장관의 전속권한을 업무의 효율화를 위해 관계행정기관의 장, 세관장 등에게 그 권한을 위임 및 위탁하도록 하고 있다.

4) 대인·대물의 혼합성

산업자원부 장관은 수출입 승인시 거래물품은 물론이고 거래당사자를 혼합하여 심사한다. 수출입하고자 하는 물품이 수출입공고 등에 제한되는 품목인지 심사하고, 거래당사자가 무역업을 영위할 수 있는 자인지 심사하게 된다.

5) 거래이행의 강제성

수출입승인을 받은 당사자는 승인을 받은 내용대로 이행해야 한다. 예를 들면, 수출대금회수 및 수입대금의 지급 유효기간 내에 이행해야 한다. 그렇지 않을 경우에는 수출입승인은 무효가 되며 거래에 제재를 받게 된다.

따라서 수출입승인은 거래이행에 강제성을 부여하게 된다.

(2) 수출입공고

1) 수출입공고의 의의

수출입공고는 산업자원부 장관이 필요하다고 인정하는 경우에 승인대상 물품 등의 품목별 수량·금액·규격 및 수출입지역 등을 한정하는 등 물품의 수출 또는 수입의 절차를 정하여 공고하는 것으로 수출입 품목관리를 행하기 위한 기본적인 공고라 할 수 있다.

수출입공고에는 대외무역법에서 정한 수출입공고, 수출입별도공고 등이 있고, 개별행정법에 의한 통합공고제도가 있다.

이러한 수출입공고의 품목표시방법은 수출입공고에 수출입제한 또는 금지품목만을 표시하고 여기에 표시되지 않은 기타의 품목에 대해서는 자유로이 허용하도록 하는 negative system을 사용하고 있다.

또한 수출입공고상의 품목분류방법은 국제통일상품분류체계인 HS 상품분류에 따르며, 분류된 품목의 세분류는 관세, 통계통합품목을 고려하여 시행되고 있다.

2) 수출입별도공고

수출입별도공고란 수출입공고와 통합공고에도 불구하고 통상정책상의 필요에 의해 산업자원부 장관이 수출입요령 및 절차 등을 따로 정하는 공고로서 특정사안별로 수출입요령을 정하고 있다. 수출입별도공고에 적용을 받게 되는 대상품목 및 거래는 다음과 같다.

① 중고품의 수입
② 수출입절차 간소화를 위한 수출입승인 등의 별도조치
③ 방위산업용원료, 기자재 수입
④ 항공기 및 동 부분품의 수입
⑤ 산업피해조사품목의 수입
⑥ 통상정책상 필요한 물품 등의 수입

3) 통합공고

통합공고제도는 대외무역법 이외의 54개 개별법에 의하여 특정한 물품의 수출입요령 및 절차를 별도로 정하고 있는 경우, 산업자원부 장관은 이러한 물품의 수출입요령을 통합하여 공고하는 것을 말한다.

통합공고는 수출입공고와 함께 수출입의 승인에 필요한 내용을 구체적으로 명시하고 있어 대부분의 수출입승인은 이들에 의하여 내려진다.

한편, 수출입공고와 통합공고는 상호 독립적인 관계이기 때문에 수출입공고상 자동승인품목이라 할지라도 통합공고에서 제한하고 있는 품목이라면 수출입승인을 받을 수 없다.

4) 전략물자수출입공고

전략물자수출입공고란 산업자원부 장관이 품목 및 규격, 수출이 제한되는 지역, 수출허가 및 수입증명서의 발급에 관한 절차, 기타 수출입에 관한 사항 등 전략물자의 수출제한 및 수입에 관하여 위임된 사항과 그 시행에 있어서 필요한 사항 등을 관계행정기관의 장과 협의를 거친 후에 정하여 공고하는 제도이다.

여기서 전략물자(strategic material)란 본래 전쟁 수행에 필요한 중요 물자로서, 국가에 따라 그 중요도는 다르다. 일반적으로 전략물자는 석유·식량·희소한 금속 등을 들 수 있다.

정부는 이러한 전략물자를 별도로 정하여 그 수출입을 관리하고 있는데, 대외무역법령에서는 전략물자를 "국제평화 및 안전유지, 국가안보를 위하여 수출통제가 필요하다고 인정할 때 산업자원부 장관이 정하여 공고하는 물질, 시설과 장비 및 기술"로 정의하고 있다.

(3) 수출입품목의 품질관리

정부는 수출품의 품질 및 대외성가의 향상을 도모하고 건전한 수출무역을 조성하기 위해서, 일정한 품목에 대하여 품질검사기준을 설정 수출검사에 합격한 것에 한하여 수출할 수 있도록 하는 수출검사법을 제정하여 수출품의 품질관리를 하고 있다.

이와 같은 수출검사법에 의한 수출검사는 세관검사와 구분되는 것으로서 관세법 제140조에 의한 수출검사는 신고물품의 재료, 종류, 수량, 규격 등의 실물확인검사이고, 수출검사법에 의한 검사는 그 물품의 성능, 구조, 외관, 견고성, 안정성, 규격 등의 주로 품질요건에 대한 검사이다.

수출검사의 종류는 ① 품질검사(대부분의 품목), ② 포장검사, ③ 재료검사(섬유류제품), ④ 제조검사 등이 있는데 실시내용으로 볼 때 품질검사와 포장검사가 중심이 되고 있다.

4. 특정거래형태의 수출입관리

(1) 특정거래형태의 의의

한 국가의 무역을 관리함에 있어서 무역의 특수성 때문에 경우에 따라서 무역계약에 대하여 완전한 당사자 자치의 원칙을 인정하지 않고, 어느 정도의 제한 혹은 규제를 할 필요성이 생기게 된다. 이러한 필요성 때문에 대외무역법에서는 산업자원부 장관으로 하여금 대통령령이 정하는 물품 등의 수출입거래형태를 인정할 수 있도록 규정하고 있다.

여기서 "대통령령이 정하는 물품의 수출입거래형태"라 함은 당해 거래의 전부 또는 일부가 다음 하나에 해당하는 수출입거래형태로서 산업자원부 장관이 정하여 고시하는 기준에 해당하는 거래를 말한다.

1) 수출 또는 수입의 제한을 면탈할 우려가 있거나 산업보호에 지장을 초래할 우려가 있는 거래형태
2) 외국에서 외국으로 물품 등의 이동이 있고 그 대금의 지급 또는 영수가 국내에서 이루어지는 거래로서 대금결제 상황의 확인이 곤란하다고 인정되는 거래형태
3) 대금결제가 수반되지 아니하고 이동만 이루어지는 거래형태

(2) 특정거래형태의 종류

산업자원부 장관이 정하는 특정거래형태는 다음의 8가지 형태가 있다.

1) "위탁판매수출"이라 함은 물품 등을 무환으로 수출하여 당해물품이 판매된 범위 안에서 대금을 결제하는 계약에 의한 수출방식이다.
2) "임대수출"이라 함은 임대계약에 의하여 물품 등을 수출하여 일정기간 후 다시 수입하거나 그 기간의 만료 전 또는 만료 후 당해 물품 등의 소유권을 이전하는 수출을 말한다.
3) "무환수출"이라 함은 외국환 거래가 수반되지 아니하는 물품 등의 수출을 말한다.
4) "외국인수수입"이라 함은 수입대금은 국내에서 지급되지만 수입물품 등은 외국에서 인수하는 수입을 말한다.
5) "위탁가공무역"이라 함은 가공임을 지급하는 조건으로 외국에서 가공할 원료의 전부 또는 일부를 거래 상대방에게 수출하거나 외국에서 조달하여 이를 가공한 후 가공물품 등을 수입하거나 외국으로 인도하는 수출입을 말한다.
6) "연계무역"이라 함은 물물교환, 구상무역, 대응구매, 제품환매 등의 형태에 의하여 수출과 수입이 연계되어 이루어지는 수출입을 말한다.
7) "중계무역"이라 함은 수출할 것을 목적으로 물품 등을 수입하여 보세구역 및 보세구역외 장치의 허가를 받은 장소 또는 자유무역지역의 지정 등에 관한 법률 규정에 의한 자유무역지역 이외의 지역에 반입하지 않고 수출하는 수출입을 말한다.
8) "복합거래"라 함은 당해 거래의 전부 또는 일부가 무환수출과 상호 결합된 거래를 말한다.

▮ 표 9-2 ▮ 특정 수출입거래형태의 구분

구 분	특정수출거래형태	특정수입거래형태	특정수출입혼합형태
거래형태	• 위탁판매수출 • 임대수출 • 무환수출	외국인수수입	• 위탁가공무역에 의한 수출입 • 연계무역에 의한 수출입 • 중계무역에 의한 수출입 • 복합거래

제10장 무역거래당사자 선정

제1절 해외시장조사의 개념

해외시장조사는 수출입절차의 최초 단계로서 특정지역, 특정상품에 대한 판매 또는 구매가능성을 조사하는 것을 말한다. 해외시장은 국내시장과는 달리 지역적인 격리성, 상관습 및 언어와 문화의 차이 등 여러 요인으로 인하여 조사방법에 있어서 많은 어려움이 따른다. 그러나 외국과 무역거래를 함에 있어 비용과 위험을 최소화하고 경제적 부가가치를 극대화 하려면 사전에 신속하고 정확한 해외시장조사는 필수적이다.

최근 국제적 경쟁의 심화에 따른 해외진출의 위험으로 해외시장조사의 중요성이 더욱 증대되고 있다. 그러나 많은 기업들이 사전 해외시장조사를 소홀히 하여 경쟁과 경영에서 실패하는 예가 많다.

따라서 성공적인 거래선을 확보하기 위해서는 거래시장에 대한 정확하고도 상세한 정보수집이 이루어져야 한다.

무역거래에서 해외시장조사는 어떤 지역에 구매 잠재력을 지닌 고객이 있는

지를 파악하여, 그 고객이 어떤 상품을 원하고 있는지에 대한 기호를 찾아내어 필요로 하는 상품을 정확하게 결정하는 능동적인 활동이 요구된다.

자사에 제품을 합리적인 가격조건으로 가장 많이 판매할 수 있는 방법과 유통분배비용을 가장 적게 투입하여 최적의 판매시기를 조사·연구·분석 및 판단하는 것이 해외시장조사의 가장 중요한 내용이다.

한편, 해외시장조사에 있어 특히 주의할 점은 다음과 같다.

첫째, 우연이나 단편적인 지식에 의존하지 말고 구체적이고 철저한 조사를 실시해야 한다.

둘째, 목적시장에 대하여 주관이나 편견을 버리고 전체시장을 객관적으로 통찰할 수 있어야 한다.

셋째, 조사 및 분석은 언제나 새롭고 과학적인 자료를 이용해야 한다.

넷째, 해외시장의 동향은 시시각각으로 급변하고 있기 때문에 시장동향에 대하여 끊임없는 조사와 분석이 진행되어야 한다.

1. 해외시장조사의 방법

해외시장조사의 방법에는 무역거래자 스스로 직접 조사하는 방법과 국내외에서 발행된 간행물이나 각종 책자와 같은 문헌 또는 국내외의 기관 등을 이용하여 간접 조사하는 방법이 있다. 해외시장조사는 간접조사와 직접조사를 병행하여 실시하면 조사의 효과를 크게 높일 수 있다. 간접조사로 가능성이 높은 시장을 선정한 후에 직접조사를 하면 비교적 정확한 조사를 할 수 있다.

(1) 직접 조사하는 방법

무역거래자 자신이 해당 지역을 직접 방문하여 조사·확인하거나 자신의 지사나 대리점을 통하여 조사하는 현장조사(field research)방법 등이 있다. 직접 조사하는 방법은 실질적이고 감각적인 조사를 할 수 있어 가장 정확한 방법이지만 언어·상관습 등이 다르기 때문에 많은 성과를 거두기 어렵고

비용이 많이 소요되며 주관적인 조사가 될 가능성이 있다.

▌그림 10-1▐ 직접조사방법

▌그림 10-2▐ 간접조사방법

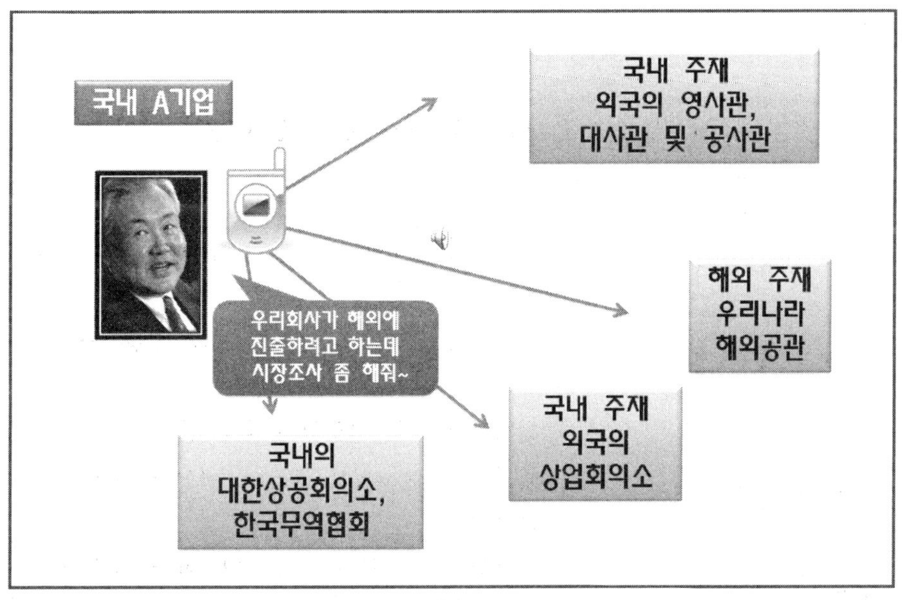

(2) 간접 조사하는 방법

국내외에서 발행된 간행물이나 각종 책자와 같은 문헌조사(library research)에 의하여 조사하는 방법과 무역관련기관을 통해 조사하는 방법이다.

이러한 조사방법은 비용이 절약되고 짧은 시간에 광범위한 정보를 수집할 수 있다는 점에서 경제적인 방법으로 평가되지만, 수집된 정보에 따라서는 정확성이나 내용에 대한 신뢰성이 직접조사에 비해 상대적으로 낮은 경우가 있다. 그러나 특정시장이나 특정상품에 대하여 외국 전문기관에 의뢰하면 철저하고 상세한 조사를 기대할 수 있는 점이 특징이기도 하다.

우리나라에서 이용할 수 있는 무역관련기관으로는 한국무역협회, 대한상공회의소, 대한무역투자진흥공사, 한국신용보증기금, 금융기관 및 재외공관 등이 있다.

2. 해외시장조사의 내용

국제무역거래의 필수적인 전제조건인 해외시장조사의 내용과 요소는 다음의 표와 같다.

▮ 표 10-1 ▮ 해외시장조사의 일반적인 내용

항 목	조사내용
① 일 반 사 항	해당국의 정치, 경제, 사회, 문화, 종교, 인구, 언어 등
② 경 제 동 향	경제성장, 국민소득, 물가, 임금, 고용, 국제수지 등
③ 산 업 동 향	산업구조 특히 제조업의 동향 등
④ 무 역 동 향	대외무역구조, 특히 품목별, 지역별 경쟁국 진출동향 등
⑤ 무 역 정 책 제 도	통화정책, 수입관리제도, 대 한국 수입규제, 관세율 및 외환거래제도 등

⑥ 시장특성 및 유통구조	일반적인 시장특성과 소비자계층, 상관습 및 구매시기, 유통구조의 형태, 주요수입상의 명단, 소비자의 기호, 제품의 선호도
⑦ 시 장 접 근 방 법	중개상, 전문 수입상, 도매상 등
⑧ 교 역 현 황	우리나라의 전체 교역량 및 해당 품목에 대한 수입규모
⑨ 기 타 사 항	해당국의 항만사정, 통신시설, 여행시 유의사항, 국민성, 상관습, 소비자 분석

표 10-2 해외시장조사의 요소

상 품 연 구	해당상품에 대한 소비자의 만족도와 상품의 장단점 등을 예측하여 검토한다.
판로연구	판매경로, 거래처, 경쟁관계 등을 조사하여 분석한다.
소비자행동연구	소비자들의 사회적 분류(연령, 성, 사회적 계층), 경제적 분류(소득수준, 국민소득)를 통한 상품의 사용패턴 등에 대한 연구결과를 검토한다.
거래조건 적정성검토	품질, 인도, 가격 및 결제 등에 관하여 조사한다.

표 10-3 해외시장조사의 구체적인 내용

수출입상품에 대한 조사	대외조사	국내조사
① 최종 사용자의 효용 충족 가능성 여부 ② 대상시장 및 판매가능성 ③ 원가계산+이익 ④ 적정이윤 발생시기 ⑤ 특수부품의 사용여부 ⑥ 특허문제 ⑦ 유사제품의 유무, 유사제품이 있을 경우	① 목표시장에서의 당해 상품의 현재 및 장래 수급능력 ② 해당상품 수요의 계절성 ③ 타국가 또는 동일국가에의 수급정도(수입/국산비율) ④ 지금까지의 공급국 및 공급상사 ⑤ 당해 상품의 유통과정 ⑥ 주요상품의 품종, 품질 및 규격 ⑦ 국산품의 가격 및 수입가격	① 국내시장에서의 수급상황 ② 타지역과의 수출입량 및 가격 ③ 수출입공고 등에 의한 수출입 제한 내용의 유무

가격 및 품질비교 ⑧ Life Cycle ⑨ 실패할 경우 위험도 와 대안	⑧ 당해 국가에서의 수출입 제한 내용 등 구비요건 ⑨ 당해 국가의 정치 경제적 상황 ⑩ After Service, P.R 등	

제 2절 거래처의 선정

1. 거래처의 선정방법

해외시장의 조사 결과 자기가 취급하는 상품의 유망한 목적시장을 선정하고 그 시장의 상황 및 상관습 등을 연구 조사한 다음에는 그 시장에서 신뢰할 수 있는 거래처를 선택하여 거래관계를 맺어야 한다.

성공적인 무역활동을 위해서는 좋은 거래처를 선정하여야 하며, 좋은 거래처를 선정하기 위해서는 다음과 같은 방법으로 거래상품을 취급하는 다수의 거래 후보를 물색하여 그 가운데서 가장 적합한 상대를 선정하여야 한다.[38)]

(1) 개별적인 선정방법

무역거래자 자신이 직접 조사하는 방법으로서 다음과 같은 방법들이 있다.

38) 0.003의 확률, 무역거래에서 거래처를 찾아낸 다음, 거래교섭을 거듭하여 상담에서 계약성립까지 이르려면 각 기업에 보낸 1,000통의 거래제의 가운데서 평균적으로 겨우 3개의 기업밖에 계약이 성립되지 않는다고 한다. 그러므로 거래의 성사를 위해서는 거래처로 하여금 어떻게 거래에 관심을 갖도록 하느냐가 매우 중요한 요소가 된다. 상품의 시장성, 품질, 기능, 가격 등에 대한 우위성의 설명은 물론이고 그것을 나타내는 홍보물이나 샘플 또는 분석표 등의 호소력도 중요하다. 효과적인 무역거래를 하기 위해서는 실무능력은 물론이고, 해당국의 사정에 정통하여 상품의 시장성을 중심으로 한 시장분석과 무역마케팅전략이 중요한 요소가 된다.

1) 인터넷을 이용하는 방법

인터넷을 이용하는 방법으로는 웹사이트를 구축하여 각종 검색엔진과 거래알선 사이트 및 무역관련 사이트에 등록하는 방법과 무역관련 뉴스그룹, 메일링 리스트에 가입하여 자사의 제품이나 회사를 홍보하는 방법이 있다.

보다 적극적인 방법으로서는 목적시장에 대한 잠재고객을 웹사이트를 통하여 직접 찾는 방법과 유명사이트에 배너광고를 통해서 자사를 홍보하는 방법, 그리고 웹사이트상의 무역전시회 등에 참여하는 방법이 있다.

2) 자체 홍보물의 이용

자사의 제반 내용이나 제품에 대한 정보를 담은 홍보물을 제작하여 배포하는 방법이다.

① **홍보물 제작** : 해외 배포용 catalog 등은 세심하게 계획하여 제작하되 가급적이면 전문가에게 의뢰하여 제작하는 것이 바람직하며, 홍보물의 내용은 상품의 설명에 주안점을 둔다.

② **홍보물 배포** : 홍보물을 배포할 적절한 거래처의 명단은 무역 관련기관이나 무역 관련잡지, 주한 외국 대사관 상무관실 등을 통해서 입수할 수 있다.

또한 인터넷을 통하여 목록을 제공하거나 무역거래 알선사이트에서도 입수할 수 있다. 이외에도 국내외에서 개최하는 전시회나 박람회 참가시 배포하는 것도 효과적이다.

3) 해외 광고의 이용

국내발간 해외배포용 매체를 통하여 광고한다. 대표적인 매체로는 Korea Export, Korea Trading Post, Korea Trade, Buyer's Guide 등이 있는데, 매체의 성격, 배포 부수, 배포지역, 구독층 등을 신중히 분석하여 적절한 매체를 선정하는 것이 효과적이다.

해외발간 매체를 통하여 광고하는 방법도 동시에 시행한다.

4) 무역거래자 자신이 직접 시찰하는 방법

무역거래자 자신이 직접 목적시장에 출장하여 당해 국가의 여러 수입상이나 관계기관과 접촉·교섭해서 정보를 입수하여 결정하는 방법이다.

경비문제만 부담이 되지 않는다면 해당 국가를 직접 방문하여 거래처를 발굴하는 것이 가장 좋은 방법이다.

▮ 그림 10-3 ▮ 직접선정방법

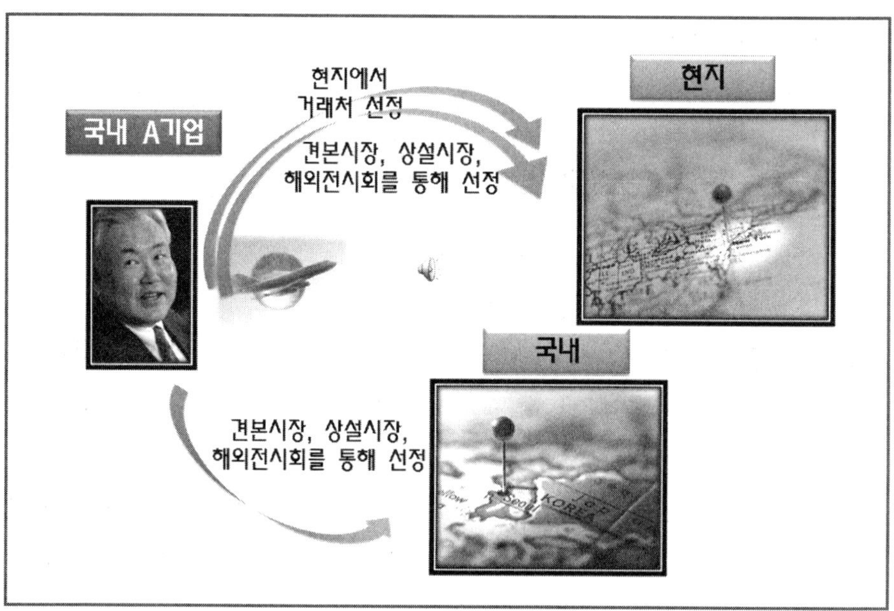

5) 민간무역사절단의 일원으로 참가하는 방법

민간무역사절단의 일원으로서 취급상품의 견본, 목록 및 정가표 등을 휴대하고 해외 주요 지역을 순방하면서 거래처를 물색하거나 기존 거래처와의 거래를 더욱 확고히 하는 방법이다.

우리나라는 수출진흥시책의 일환으로 민간무역사절단의 해외파견을 장려하고 있으며, 이 경우 수출진흥기금에 의하여 일정액을 지원해 주고 있다.

6) 해외지사, 대리점, 거래처를 이용하는 방법

자사의 해외지사나 대리점 또는 거래처가 목적시장에 있는 경우에는 그 지사나 대리점 또는 거래처를 이용한다.

7) 간행물을 이용하는 방법

상공관계 간행물을 통하여 거래처를 선정하는 방법으로서 상공인명록(directory)을 가장 많이 이용하고 기타 전문서적이나 정기간행물 등을 이용한다.

(2) 공공기관에 의뢰하는 방법

국내외의 공공기관에 의뢰하여 거래처를 선정하는 방법으로는 국내 무역 관련기관과 각국의 상공회의소, WTCA (World Trade Centers Association) 및 각국의 WTC(World Trade Center) 등에 거래의 알선이나 업계홍보 및 관련업자의 소개를 의뢰하는 방법 등이 있다.

우리나라 무역업계가 그동안 시장개척을 한 주된 방법은 전문 세일즈 요원 파견이었으며, 그 다음이 외국바이어 초청, 해외지점망 활용, 국제무역박람회, 전시회 및 무역사절단 참여 그리고 해외광고를 통하는 순서였다.

최근에는 인터넷 무역의 발달과 함께 시간과 비용의 절감효과로 많은 무역거래자들이 인터넷을 이용하여 거래처를 발굴하고 있다.

▌그림 10-4▐ 간접선정방법

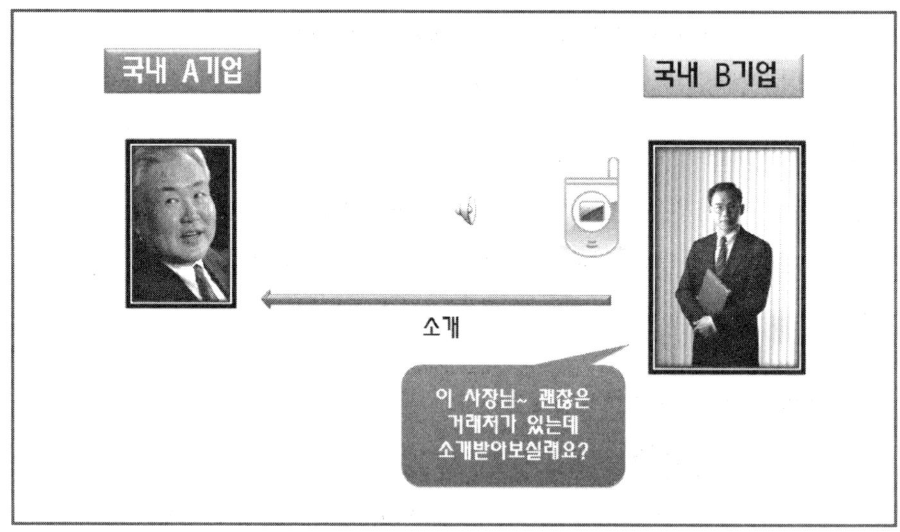

2. 거래의 권유

목적시장 내에서 거래처가 선정되면 다음 단계로 거래관계를 권유해야 한다. 거래를 권유하는 방법으로는 거래제의장(circular letter)이 가장 널리 이용되고 있는데, 이 Circular Letter는 일반통지 (general announcement)와 상품안내장(trade circular)으로 구분된다.

일반통지라 함은 회사의 신설 또는 해산, 지점·대리점 등의 설치 및 폐지, 조직변경, 합병, 중요한 인사이동, 기타 영업상으로 상대방에게 주지시킬 필요가 있는 사항을 통지하는 것을 말한다.

상품안내장은 이미 알고 있는 또는 모르는 고객으로 하여금 구매의욕을 자극하는 권유장이다. 이 권유장에서는 일반적으로 상대방을 알게 된 경로, 거래개시의 희망, 거래상품의 명세, 업계에서의 위상, 신용조회처, 거래조건 특히 가격 및 결제조건의 개요, 주문에 응할 수 있는 양 등이 기재된다.

그리고 취급상품의 목록, 가격표 등을 첨부하거나 견본을 함께 송부하는 경우 더욱 효과적일 수 있다.

(1) 작성요령

① 상대방을 알게 된 경위

② 자사의 업종, 취급상품, 거래국가 등

③ 자사의 자국내에서의 지위, 경험, 생산규모 등

④ 거래조건(특히 결제 및 가격조건)

⑤ 신용조회처(주 거래은행명 및 주소)

⑥ 정중한 질문

(2) 작성시 유의점

① 단순명료한 문장으로 작성한다.

② 해당 시장의 개척에서 상대회사의 중요성을 강조한다.

③ 과장된 회사소개나 상품설명을 하지 않는다.

④ 회사규모는 생산량이나 연간매출액으로 표시한다.

⑤ 품질의 우수성과 경쟁적인 가격을 강조한다.

⑥ 상대방이 관심을 표명한 후에 즉시 오퍼를 송부한다.

⑦ 거래관계가 성립되면 상호이익을 바탕으로 하고자 한다는 신뢰감을 명시한다.

⑧ 신뢰감을 주기 위해 자사의 신용상태를 조회할 수 있는 곳을 기재한다.

(3) 송부방법

일반적으로 서신으로 하지만 E-mail, Fax, Telex 등을 이용할 수 있다. 거래제의시 한 지역에 시차를 두고 2~3개 정도의 회사로 국한하여 보내는 것이 좋다.

인터넷 무역의 경우 거래제의 서신 발송은 E-mail을 주로 이용하여 발송하게 된다. 선진국 시장을 목표로 거래제의 서신을 보내는 경우 대부분의 선진국 기업들이 E-mail 주소를 가지고 있으므로 매우 편리할 뿐만 아니라, 제의서한에 대한 답장 또한 매우 빨리 받을 수 있다는 장점이 있다. 이때, E-mail을 보내는 경우 고려해야 할 점은 인터넷에 자사의 홈페이지가 존재한다는 것은 상대방에게 신뢰감을 줄 수 있을 것이다.

국내의 이씨플라자(주) (www.ecplaza.co.kr/bizfile)는 무역전문 인력이 부족한 중소기업의 수출을 지원하기 위해 무료로 무역서신 작성과 관련한 서비스를 제공하고 있다.

조회를 받게 되는 경우를 대비하여 거래제의 서신을 보낼 때 자사의 웹사이트 주소와 E-mail주소를 기재하는 것은 필수적인 사항이다.

3. 거래권유에 대한 조회

무역거래 상대방이 조회서신을 보낼 때에는 통상 희망품목의 가격, 수량, 선적시기, 결제조건 등 구체적인 조건을 제시·요청하며 경우에 따라서는 Catalog나 견품 등을 원한다. 이러한 내용의 서신을 받으면 즉시 회신을 할 수 있는 사항은 지체 없이 하고 시간을 요하는 사항은 언제까지 조치하겠다고 통보한다.

신속한 회신은 거래의 생명이다. 모든 문의는 하나도 빠짐없이 제공해 주어야 한다.

조회시 유의점은 조회에 대한 감사의 표시를 하고, 조회내용의 주요사항을 기술함으로써 상대방의 기억을 새롭게 하며, 자기상품의 소개 또는 특징을 설명할 때에는 지나친 과장을 하지 않고 간결하게 표현한다.

또한 조속한 주문이 유리하다면 그 점을 강조한다. Catalog나 Price List를 보낼 경우 필요한 사항이 있으면 서신으로 보충해 준다. 조속한 시일 내에 주문이 되기를 바란다고 언급하고 가까운 시일 내에 직접 만나서 상담하기를 희망한다고 언급한다.

또한 조회가 도착하게 되면 매매계약 교섭을 하기에 앞서 인터넷을 이용하여 해당 기업의 웹사이트가 있는 경우 웹 사이트를 방문하여 철저히 살펴보아 거래관계를 행하는 데 있어 문제점이 없는지를 확인해야 한다.

제 3절 신용조회

1. 신용조회의 의의

국제무역거래를 할 경우 사전에 상대기업의 신용상태를 확인하는 것이 무역거래의 기본적인 사항이다. 국제무역이 신용을 바탕으로 이루어지고 있는 현 상황에 있어 신용조회는 그 어느 때보다 중요성이 강조되고 있다.

신용이란 현재의 가치를 미래의 가능성과 교환하는 중간매체라 할 수 있다. 그러나 이를 성립시키기 위해서는 다음 요건을 충족시켜야 한다.

첫째, 수신자의 지급에 관한 선의와 성실함

둘째, 수신자의 지급능력

셋째, 지급불능시 지급을 강제할 수 있는 자산의 보유

넷째, 일반 경제상태의 보장

신용조회라 함은 공급받는 자의 지급능력으로 지급에 대한 선의 및 일반 경제상태의 보장 등을 사전에 조사하여 장래에 대한 지급의 확실성을 미리 살펴보는 것이다.

현재 국제무역은 신용장거래 방식에서 연불거래 또는 무신용장 방식으로 변모하고 있다. 이러한 상황에서 수출자는 수입자의 신용조사를 필수적으로 선행해야 할 과제이다.

2. 신용조회의 요건

신용조회에 있어서 필수적으로 조사내용에 포함해야 하는 것으로 보통 해당업체의 Character와 Capital 및 Capacity등을 들고 있는데 이를 신용도 측정요소로 '3C's'라 한다.

(1) Character(평판도)

해당 업체의 개성, 성실성, 평판, 영업태도 및 채무변제의무 이행에 대한 열의 등 계약이행에 대한 도의심에 관련된 내용.(특히 계약의 이행성, 계약준수의 성실성, 공정거래의 가능성 등)

(2) Capital(지불능력, 자본력)

해당 업체의 재무상태, 즉 수권자본과 납입자본, 자기자본과 타인자본, 기타 자산상태 등 지불능력과 직결되는 내용.

(3) Capacity(거래능력, 영업능력)

해당 업체의 연간 매출액, 업체의 형태(개인상사, 회사형태, 공개 여부 등), 연혁 내지 경력 및 영업권 등 영업능력에 관한 내용. 무역거래에 있어서 무역분쟁과 무역사기를 미연에 방지할 수 있도록 면밀하고 철저한 신용조사만이 원활한 무역거래의 성취에 있어서 필수 요체이며 관건이 된다.

(4) Condition(기업환경)

최근의 국제무역거래에 있어서는 상대국의 기업환경에 대한 정밀한 분석이 필수적이다. 상대방 회사를 둘러싸고 있는 현지의 경제적 상황, 정치적 상황, 상대국 정부의 무역정책, 관세정책, 수출입거래에 대한 법적규제조치, 항만시설 등의 실태를 상세히 파악해 두어야 한다.

(5) Collateral(담보능력)

양 당사자간의 은행간의 담보능력에 대한 면밀한 검토가 사전에 이루어져야 한다.

3. 신용조회 의뢰

선정된 거래처에 대해서는 거래제의나 수락 및 상품조회에 앞서 신용조사를 하여야 한다. 신용조사는 일반적으로 거래은행을 통하는 예가 많으며 상대국의 거래선이나 상공회의소 등을 활용하기도 한다. 조회선이 은행일 경우 은행조회(Bank Reference)라 하며, 은행이 아닌 경우 동업자조회(Trade Reference)라 한다. 이는 주로 잘 아는 현지업자를 통해 요청하는 경우다. 거래의 중요성이 인정되거나 향후 무신용장거래까지도 예상될 경우 수출보험공사나 신용보증기금을 통한 신용조사가 바람직하다. 회신을 받기까지는 지역에 따라 1개월 내지 3개월까지의 기간이 소요되므로 긴급을 요할 때에는 Telex 조회를 요청하면 된다.

한편 앞에 언급된 이외에 해외의 국제상업흥신소 등에 직접 신용조회를 의뢰할 수도 있다. 그러나 세계 유수한 상업흥신소와 제휴관계에 있는 수출보험공사나 신용보증기금을 국내에서 활용하는 것이 바람직할 것이다.

▌그림 10-5 ▌ 신용조사의 방법

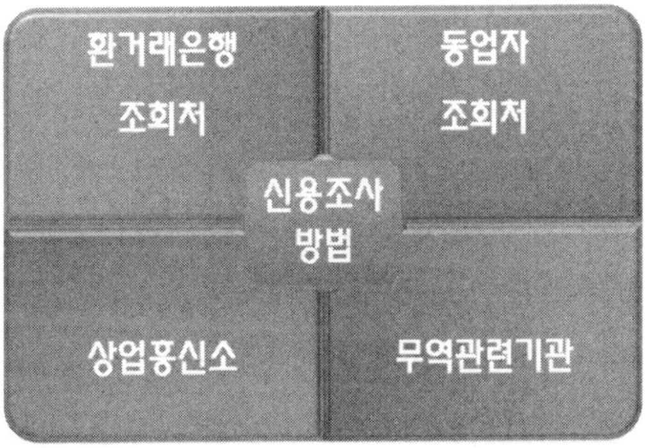

환거래은행 조회처	동업자 조회처
상업흥신소	무역관련기관

(중앙: 신용조사 방법)

제4절 수출마케팅의 전략과 특성

1. 수출마케팅의 기본개념

수출마케팅과 국내마케팅은 목표, 방법 또는 기능적인 측면에서도 유사하나 국제기업의 마케팅활동은 경제적, 문화적 그리고 경쟁환경이 서로 다른 수많은 국가에서 동시에 이루어진다는 측면에서 그 차이점을 찾아 볼 수 있다.

수출마케팅 관리자의 가장 중요한 과업은 마케팅믹스, 즉 제품, 가격, 유통, 촉진전략을 서로 다른 환경을 지닌 해외시장의 다양한 요구에 어떻게 적합시켜서 효과적인 마케팅활동을 수행하는가에 있다.

급변하는 수출환경하에서 자신들의 수출목표를 달성하기 위해서는 제한된 자신의 경영자원의 효율적인 사용을 통한 해외시장개발 기회의 극대화와 더불어 수출에 따른 모든 위험의 최소화를 이룰 수 있도록 수출마케팅 계획을 세워 그에 따라 수출 활동을 영위해 나가야 한다.

마케팅의 본질은 고객에게 가치를 전달하는 데 있다. 즉 기업이 최종 고객들(소비자들)에게 가능한 한 최대한의 경쟁적 비교우위를 갖는 가치를 제공해 주기 위해 내부적 고객들(임직원) 및 외부적 고객들(유통업체 등)에게 가치 있는 기업으로 인식되도록 운영하는 활동이라고 할 수 있다.

따라서 수출기업의 마케팅 담당자는 현지 고객의 요구와 필요가 무엇인지를 명확하게 분석하고 기존제품의 수정이나 개발을 통하여 현지 고객들의 요구와 필요에 부응해서 최대한 만족시켜 줄 수 있는 마케팅 정책을 수립·실행 및 통제해 나가야 한다.

최근 들어 인터넷 보급의 확산과 정보통신기술의 눈부신 발전 등으로 무역에 대한 인식의 틀(paradigm)도 많은 변화가 이루어지고 있다. 이에 따라 기존의 오프라인의 무역마케팅 개념은 가상공간(cyberspace)에서 이루어지는 거래형태까지 확장되고 있다.

▮ 그림 10-6 ▮ 마케팅믹스

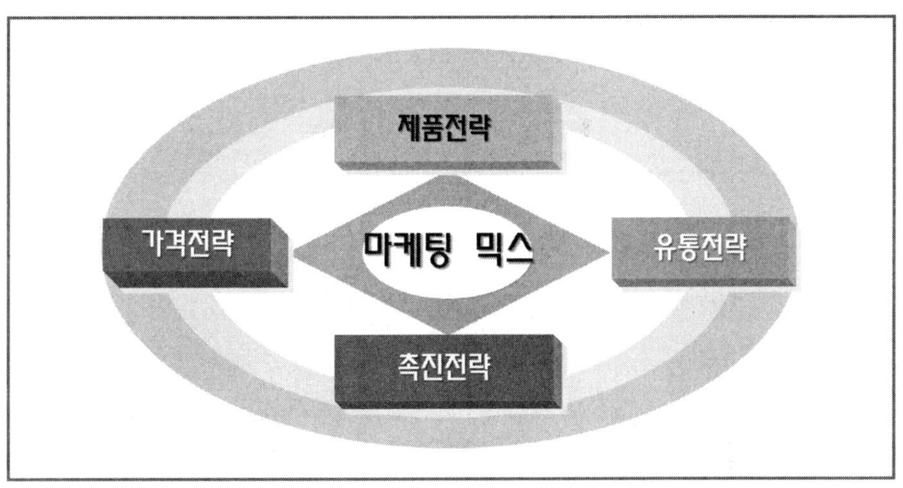

이러한 변화를 컴퓨터의 네트워킹을 통한 사이버스페이스라는 가상공간 속에서 서로 다른 국가간의 공급자와 소비자가 쌍방향 커뮤니케이션을 통해 광고, 이벤트, 정보제공 등의 마케팅 활동을 수행하는 사이버 무역마케팅이라는 새로운 개념으로 정의할 수 있을 것이다.

2. 수출마케팅 믹스

(1) 수출제품전략

제품에 대한 올바른 이해가 제품정책 수립의 선결조건이다. 제품의 개념에 대한 이해는 보통 세 가지 차원에서 이루어져야 한다.

첫째, 소비자 욕구를 충족시켜 주는 용도나 편의 측면만을 고려하는 핵심제품(core product) 개념 차원이다. 예를 들어, 핵심제품 차원에서의 자동차의 개념은 사람이나 물건을 수송하는 하나의 물리적인 실체일 것이다.

둘째, 핵심제품 개념에다 품질, 특장, 스타일, 상표명, 포장 등의 요인이 부가된 유형제품(tangible product)개념 차원이다.

셋째, 유형제품 개념에다 추가적 서비스와 혜택이 고려된 포괄제품(augute

product)개념 차원이다. 판매 후 서비스, 보증, 배달, 신용 등도 제품의 특성을 결정짓는다는 관점이다.

▌그림 10-7▌ 제품전략

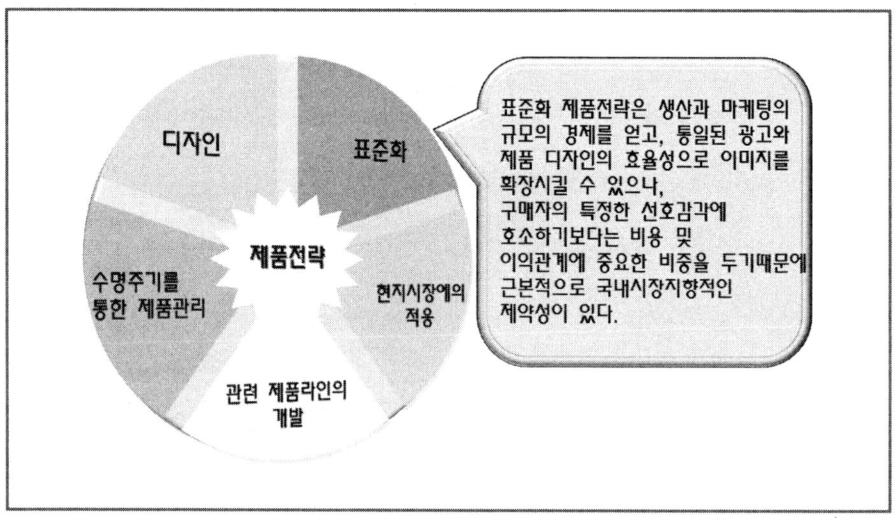

제품이라고 하면 단편적으로 핵심제품 개념 차원만을 생각하기 쉬운데, 사실 유형제품 및 포괄제품 개념 모두를 포함하는 총체적 차원에 입각해서 제품정책을 수립해야만 한다.

제품전략과 관련하여 다음과 같은 세 가지 방안을 고려해 볼 수 있다.

첫째, 제품정책을 각 현지시장의 특성에 맞추는 현지적응전략(local adaption strategy)이다.

둘째, 진출하고 있는 모든 해외시장에 대하여 표준화된 제품정책을 채택하는 글로벌표준화전략(global standardization strategy)이다.

셋째, 위 두 가지 방안의 절충형태라 할 수 있는 글로칼(glocal=global+local)전략방안이다.

(2) 수출가격전략

수출목표(시장점유율, 판매량, 성장률)를 달성하고 일정의 수익률을 보장하는 수출가격정책의 수립 또한 수출마케팅의 중요한 전략 중의 하나이다.

수출가격의 결정에 있어 통상 마케팅 담당자들은 다음과 같은 사항을 고려하면서 전략을 수립한다.

- 수출가격의 결정권한은 누구에게 있는가?
- 목적시장에 있어서 진출시킬 제품의 판매량은 가격에 얼마만큼 민감하게 반응할 것인가?
- 가격 외에 현지소비자의 구매결정에 중요한 영향을 미치는 다른 요인은 무엇이며, 이들의 영향력은 어느 정도인가?
- 목적시장에 있어서 경쟁사들은 어떠한 가격정책을 사용하고 있으며, 자사의 가격 선택폭은 어느 정도인가?
- 자사의 수출마케팅 계획에 있어서 가격의 역할은 어떠해야 하며, 적극적 또는 소극적이어야만 하는가?

▮ 그림 10-8 ▮ 가격전략

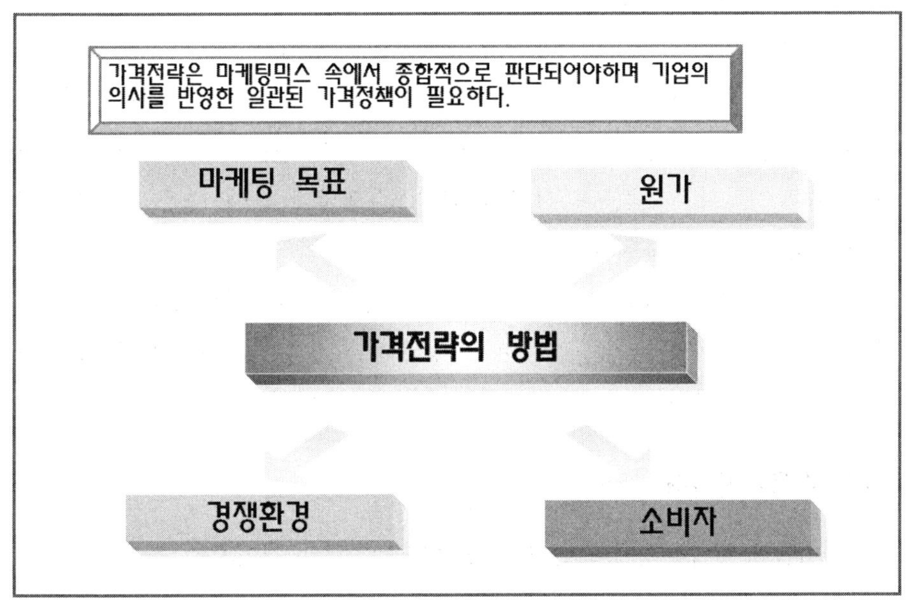

- 제품, 촉진, 유통, 물류 등에 대한 계획과 가장 부합되는 가격전략은 무엇이며, 자사의 가격목표는 무엇인가?
- 목적시장에 진출시킬 제품의 수명주기(product life cycle; PLC)는 어느 단계에 있으며, 수출계획 전 기간에 걸쳐 자사는 어떠한 가격정책을 유지할 것인가?
- 목적시장에 있어서 중간 유통업자들에 대해 어떠한 가격정책을 사용할 것이며, 최종 구매자 가격의 통제 여부와 방법은 어떻게 할 것인가?
- 시장상황에 따라 전술적으로 가격은 어떻게 신축적으로 조절할 것인가?
- 목적시장에 대한 자사의 가격정책은 과연 합리적이며, 자사의 가격정책이 현지국 정부의 규제를 유발시킬 가능성은 없는가?

수출가격의 산정에 있어서는 생산비용과 제품에 대한 수요가 단위원가 산정의 기초가 된다. 그러나 수출가격 결정은 생산비용과 수요조건 외에도 환율, 인플레이션, 금리, 세금, 관세, 보험, 수송비용, 현지국 경쟁자 및 국제경쟁자의 가격, 중간업자의 마진, 정부의 가격규제, 국가이미지 등 여러 요인에 의해 영향을 받는다.

수출가격 결정시에 염두 해 두어야 할 것은 제품에 맞추어 가격을 결정하기 보다는 현지시장에 맞는 전략가격을 설정한 후 제품을 생산해 낼 수 있어야 한다는 사실이다. 즉 생산원가와 구매자가 느끼는 제품의 가치에 대한 차이, 시장진입시기, 제품의 시장적 위치, 경쟁상태 등에 따라 수출가격의 전술적 유연성이 요구된다.

예를 들면, 현지 시장구조가 비경쟁적 상황일 경우에는 차별가격전략이 가능하며, 반면 현지 시장구조가 매우 경쟁적일 경우에는 침투가격 또는 프리미엄가격전략이 효과가 높다.

(3) 수출촉진전략

촉진이란 구매자들에게 흥미 있는 정보를 제공하는 것이지만 궁극적인 목적은 고객들로 하여금 현재 또는 미래에 자사제품을 구매토록 하는 데 있다.

구체적으로 촉진의 임무는 구매자에게 자사의 제품에 대하여 알리고(inform), 설득하고(persuade), 자사제품에 대한 긍정적인 태도(positive attitude)를 갖게 하여 결국은 자사제품을 구매토록 하는데 있다.

따라서 성공적인 수출촉진을 이루기 위해서는 서로 다른 문화간의 의사소통이 필수적이다. 그러나 의사소통에 있어서 거리, 시간, 언어, 사고방식 등의 차이로 인해 많은 어려움이 따른다. 이 중에서도 서로 다른 문화간의 의사소통의 최대 장애요인은 언어사용의 차이라고 할 수 있다. 이러한 장애극복의 촉진수단으로 광고, 홍보, 인적판매 등이 있다.

▮ 그림 10-9 ▮ 촉진전략

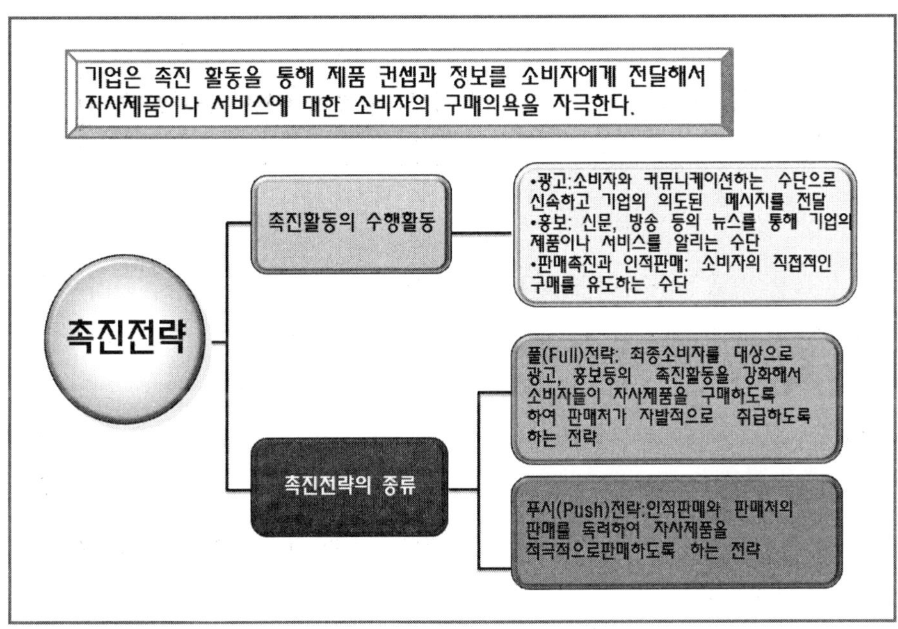

(4) 수출경로전략

수출업자가 자사의 제품을 해외시장에 유통시키는 데 있어서 국내시장의 경우보다 더 많은 유통단계를 거치는 것이 보통이다. 특히 각국은 본국과는 상이한 유통구조를 가지고 있으므로 외국기업이 현지시장의 유통경로를 통제한다는 것은 힘든 과제이다.

■ 그림 10-10 ■ 유통전략

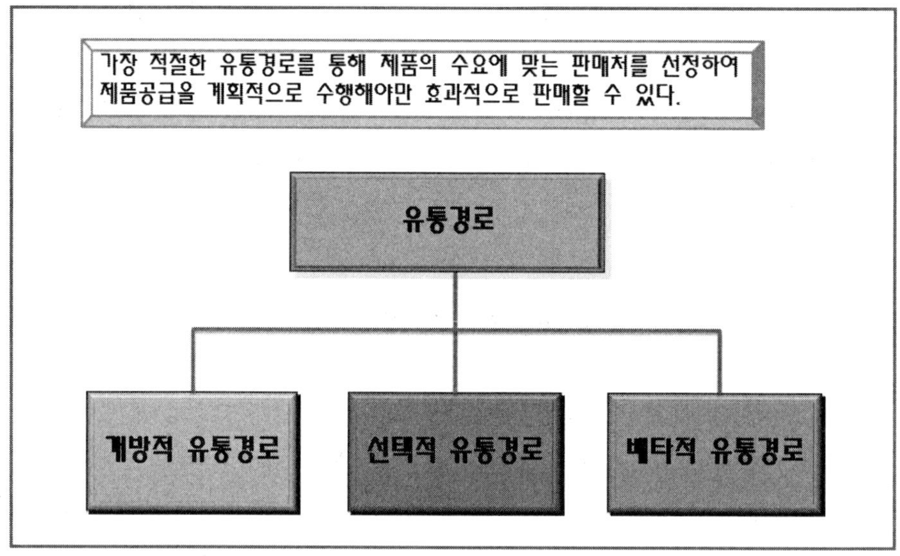

수출물품의 유통과 관련해서는 두 단계의 경로, 즉 본국에서 현지시장까지의 수출경로와 현지시장 내에서의 유통경로가 고려되어져야 한다.

수출경로는 크게 간접경로(indirect channel)와 직접경로(direct channel)로 대별되는데, 소비재 또는 산업재냐에 따라 그 경로를 약간 달리한다. 간접수출경로란 국내외 수출입 중간업자를 통하여 상품을 수출하는 것이다. 대표적으로 국내 수출대리점(domestic export agent)과 국내 수출상(domestic export merchant)을 들 수 있다.

이에 반하여 직접수출경로란 현지 도매유통업자, 소매상 또는 현지판매지사나 법인을 통해 직접 수출하는 것을 말한다. 비정기적이지만 우편주문수출이나 무역사절단의 방법을 통해 제조업자와 외국의 구매업자가 직접 거래를 성사시킬 수 있다.

(5) 수출마케팅 믹스

수출마케팅 믹스는 앞에서 제시된 수출제품, 가격, 촉진, 경로에 대한 요인들을 종합적으로 고려하여 해외시장 기회가 자사의 이익을 최대화하는데 도움이 될 수 있도록 하는 의사결정과정이라고 할 수 있다.

마케팅 믹스전략을 ▮그림 10-11▮과 같이 수립할 수 있다.

▮ 그림 10-11 ▮ 수출마케팅 믹스

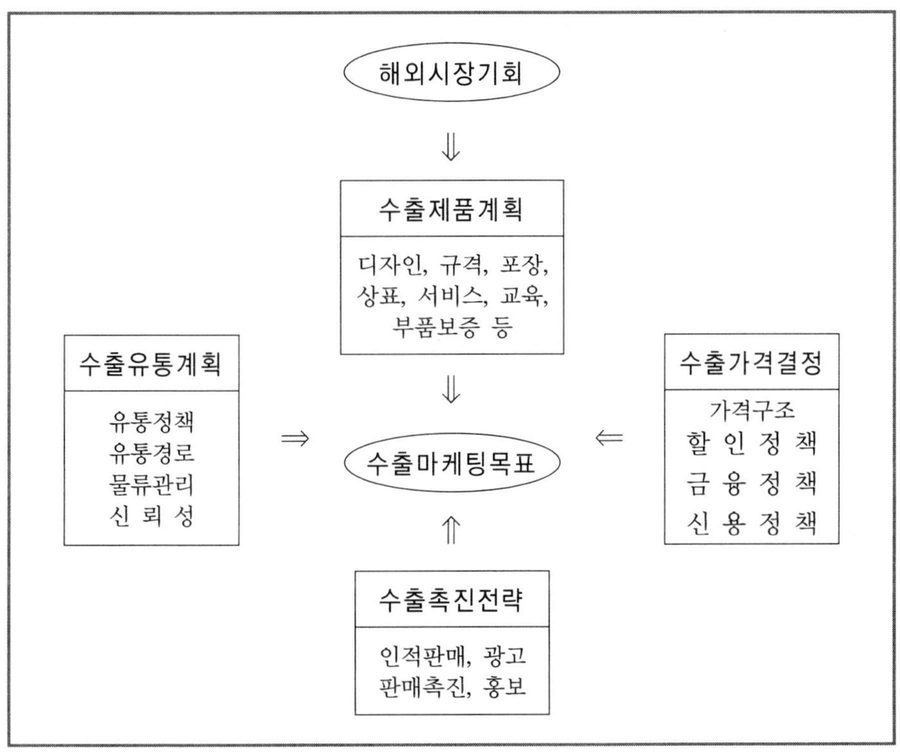

제11장 무역계약의 성립

제1절 국제무역계약의 기본이해

1. 국제무역계약의 개념

대외무역이 우리나라 경제에서 매우 큰 비중을 차지함에 따라 국제거래의 법적 측면에 대한 정확한 이해의 필요성도 더욱 커지고 있다. 특히 당사자간의 거래의 내용을 법적으로 명확히 함으로써 해석상 이견이 생길 가능성을 제거하고, 계약 위반시 부담할 책임의 소재와 내용을 계약체결 할 당시 미리 양 당사자에게 숙지시킴으로써 분쟁의 발생을 사전에 예방할 수 있는 것이다.

국제거래도 국내거래와 마찬가지로 계약에 의하여 이루어진다. 무역거래는 법률과 제도가 상이하고 경제, 사회, 문화적인 관습이 서로 다른 나라의 당사자간에 이루어지므로 그만큼 서로 생각하고 이해하는 바가 다를 가능성이 많다.

또한 분쟁을 해결하는데 있어서도 국내거래에 비하여 훨씬 더 많은 시간과 비용 및 노력이 요구된다. 따라서 무역거래에 있어서 계약서는 제대로 이해하고 작성한다는 것은 국내거래에 있어서 보다 명확함이 절실히 요구된다.

▌그림 11-1▌ 무역계약의 의의

2. 국제무역계약의 법적 성격

무역계약은 국제간 무역거래와 관련하여 체결하는 계약으로서 물품 및 서비스의 수출입을 위하여 계약당사들 간에 물품의 소유권 양도와 물품대금 결제와 같은 법률적 행위를 수반하는 약정이다.

따라서 계약당사자는 계약조건의 이행에 대하여 권리와 의무를 동시에 갖는다.

무역계약은 사적자치의 원칙(the principle of party's autonomy)에 의해 체결되는데, 다음과 같은 법적 성격을 가지고 있다.

(1) 합의계약(合意契約)

합의계약(consensual contract)이란 일방의 청약에 대하여 상대방이 승낙함으로써 성립되는 계약을 말하며 낙성계약이라고도 한다.

따라서 매매당사자의 합의가 있으면 그 자체로 계약이 성립되는 것으로 물품의 점유이전, 소유이전이나 문서작성 및 교부하는 사실이 계약성립의 요건이 되는 것은 아니다. 이런 점에서 분명히 요물계약[39]과 구별되며 보통 이행미필인 상태에서 무역계약이 성립된다.

(2) 쌍무계약(雙務契約)

쌍무계약(bilateral contract)이란 계약성립에 의하여 즉시 계약당사자는 상호 채무를 부담하는 계약을 말한다.

다시 말하면 매도인은 물품인도 의무를 부담하고 매수인은 대금지급 의무를 부담하는 것을 의미한다.

(3) 유상계약(有償契約)

유상계약(remunerative contract)이란 계약당사자가 서로 대가적 관계에 있는 급부를 제공할 것을 목적으로 하는 계약을 말한다.

물품매매계약에서는 쌍방의 채무를 발생케 하고 급부도 서로 대가를 이루어 그 대가의 보상으로서 금전지급을 원칙으로 하여야 한다.

(4) 불요식계약(不要式契約)

불요식계약(informal contract)이란 요식에 의하지 아니하고 구두(oral)에 의

---

39) 요물(要物)계약이란 낙성계약과 대립된 개념으로 합의 이외에 물건의 인도, 소유권의 이전과 같은 법률사실이 없으면 성립되지 않는 계약을 말하며 소비대차, 사용대차, 임차와 같은 것이 이에 속한다.

한 명시계약(express contract)이나 묵시계약(implied contract)도 계약이 성립된다는 것이다. 물품매매계약에 있어서는 청약과 승낙 자체는 반드시 서면으로 입증하지 않고 증인에 의해 입증해도 된다. 무역거래의 방법이 합법적이어야 하며 매매당사자의 행위능력이 있을 것 등이 요구된다.

하지만 실무적으로 주의를 하여야 할 사항은 청약과 승낙의 합치된 의사표시로서 교환된 문서나 전신 또는 쌍방이 합의한 물품매도확약서만으로는 완전한 계약이라고 할 수 없다. 그 합의 내용이 단순하여 만일 후일에 분쟁이 야기될 경우에는 매매당사자의 책임소재를 명확하게 구분하기가 매우 어렵기 때문이다.

이에 대비하기 위해서는 청약과 승낙이 있더라도 항상 매도인과 매수인 사이에 구체적인 거래조건을 망라하여 서면으로 작성된 계약서(con- tract sheet)를 교부하여 각각 1부씩 두는 습관이 중요하다.

3. 국제무역계약의 종류

(1) **개별계약**(case by case contract)

어떤 품목의 거래가 성립될 때마다 판매자와 구매자가 새로이 계약서를 작성하는 방식이다. 이것은 가장 많이 사용되는 계약방식으로 계약된 거래가 종료되면 계약서의 효력도 끝나게 된다.

(2) **포괄계약**(master contract)

기본계약(basic contract) 혹은 장기계약이라고도 하는데, 이 방식은 매매당사자 사이에 오랜 기간 거래를 하여 서로를 잘 알고 있고, 또 지정된 상품을 계속하여 거래할 때, 일정기간 또는 연간 계획을 체결해 놓고 필요할 때마다 거래상품을 선적해 주는 경우의 계약이다.

포괄계약을 체결할 때에는 지정품목에 대해서 일반거래조건을 합의한 일반거래조건협정서(Agreement on general terms and Conditions of Business)를 작성하여 거래 당사자간에 서명하여 교환하게 된다.

(3) 독점계약(exclusive contract)

어떤 품목의 수출입에 대하여 판매자는 수입국의 지정된 수입업자 이외에는 같은 품목을 제공하지 않으며, 또한 구매자는 같은 품목을 수출국의 다른 수출업자들로부터 수입하지 않겠다는 조건으로 이루어지는 계약방식이다. 계약을 위반할 경우에는 반드시 손해배상이 따른다.

독점계약을 체결하는 목적은 당사자간의 이윤극대화에 있기 때문에 판매자는 해당 물품의 품질을 보장하고, 구매자는 최소 구매물량을 보장해 주어야 한다.

(4) 대리점 계약(agency contract)

무역거래에는 수출업자와 수입업자가 본인들의 직접 의사와 책임 하에 이루어지는 직접거래(direct business)와 당사자 사이에 제3자가 개입하여 거래가 이루어지는 간접거래(indirect business)가 있는데, 간접거래는 위탁에 의한 수수료거래가 되며 대리점(agency)이 바로 간접거래의 형태이다.

대리점을 통한 간접거래는 위탁에 의한 경비절감효과와 업무의 간편성 그리고 판매량 증가 등의 장점이 있는 반면, 해외 거래선과의 친밀감 결여 및 영업통제력(가격, 제품서비스, 광고 등)저하, 수수료 지급에 따른 수익감소 등의 단점도 가지고 있다.

대리점계약서의 작성에 있어서 주요한 사항은 수수료의 산정과 독점판매권 부여, 계약의 기간과 양도에 관한 내용들이다.

첫째, 수수료 산정의 방법으로는 판매가격의 몇 %로 정하는 방법과 그리고 수수료를 공제한 송금액을 정하는 방법이 있는데, 국제무역거래에서는 후자의 방법이 더욱 많이 이용되고 있다.

둘째, 독점권이란 계약대리점이 취급할 상품과 관할 시장에 관한 독점권(exclusive right)을 의미하는데, 일단 대리점에게 독점권을 부여한 본사(principal)는 당해 시장에 직접 판매를 할 수 없으며 만약 판매가 이루어졌다면 대리점에게 소정의 보수를 지급해야 한다.

셋째, 계약기간에는 1년 또는 3년 등과 같이 기간을 미리 정하는 경우와 기간을 정하지 않고 일방이 상대방에게 해약의사를 전할 때까지로 하는 불확정기간의 경우가 있다.

넷째, 계약의 양도에 관해서는 나라마다 법률과 상관습이 다르므로 본사는 계약 전에 계약 당사국이 계약 양도를 허용하는가를 반드시 확인해야 하며, 허용할 경우 필요한 절차 등을 계약서에 명시해야 한다.

제 2절 국제무역계약의 성립요건

1. 청약(offer)

(1) 청약의 의미

청약이란 원래 자기의 상품 또는 구매할 상품에 대한 조건들을 거래상대방에게 제의 또는 신청하는 것을 말하는데, 우리나라에서는 물품매도확약서로 표현하고 있다.

다시 말해 매도인이 매수인에게 일정한 물품을 일정한 조건으로 팔겠다고 하는 의사표시.(여기서 일정한 조건이란 매도인과 매수인과의 계약체결에서 가격, 선적일, 결제, 수량, 등을 말한다)

청약에는 수출자가 자기 상품에 대한 규격, 가격, 결제방법 및 기타 조건들을 수입자에게 제시하면서 판매신청을 하는 판매청약(selling offer)과 반대로 수입자가 수출자에게 구매조건을 제시하는 구매청약(buying offer)으로 구별되는데, 구매청약은 유리한 구매를 위한 입찰요청에 해당되는 것이다.

이러한 청약은 거래 상대방에 의한 승낙이 이루어짐으로써 무역계약이 성립되는데, 여기서 청약을 내는 자를 청약자(offeror)이라 하고, 청약을 받는 자를 피청약자(offeree)라고 한다.

▮ 그림 11-2 ▮ 청약의 의의

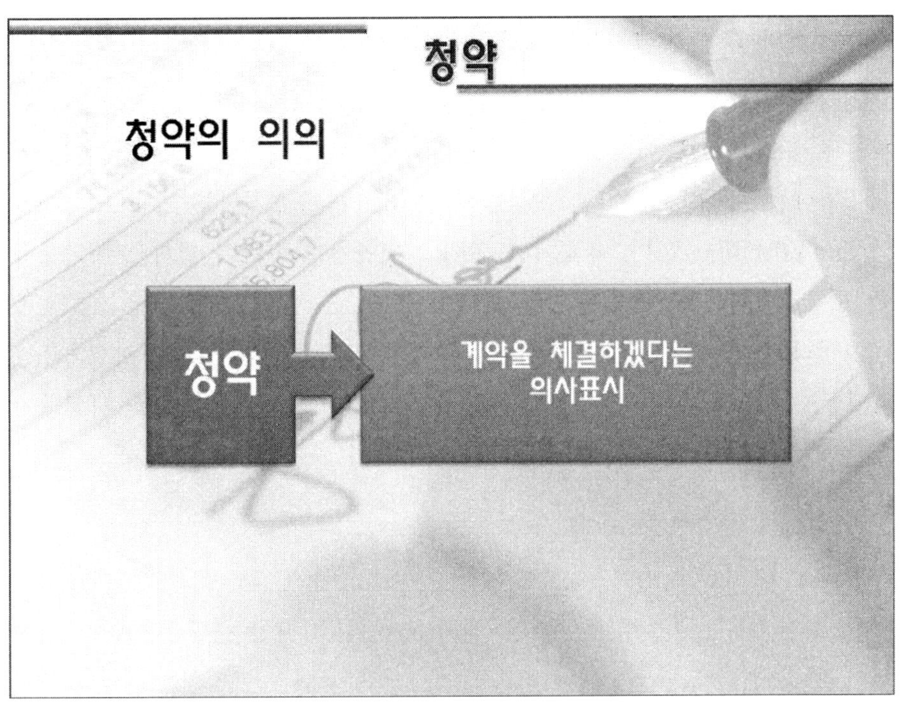

(2) 청약서의 기재내용

청약은 문서로서 상대방에게 제의되고, 제의 내용이 기록된 문서를 청약서 또는 물품매도확약서(offer sheet)라고 한다.

청약서에 기재할 내용으로는 영문통신문의 일반적인 기재사항 이외에 ① 상품명(commodity), ② 규격(grade or specification), ③ 수량(quantity), ④ 단가(unit price), ⑤ 선적사항(shipment), ⑥ 포장 및 화인방법(packing and shipping marks), ⑦ 대금결제방법(payment condition), ⑧ 보험(insurance), ⑨ 유효기간(validity) 그리고 청약자와 피청약자의 주소와 이름이 기재된다.

(3) 청약의 법률적 효력

1) 청약의 효력 발생시기와 유효기간

청약은 일반적으로 피청약자 즉, 상대방에 도달할 때에 그 효력이 발생한다. 즉, 도달주의를 원칙으로 하고 있다.

청약에는 보통 유효기간이 정해져 있는데, 이 유효기한부 청약을 확정청약(firm offer)이라 한다. 유효기간 내에 피청약자는 승낙의 의사를 청약자에게 도달시켜야 계약이 성립되는 것이다.

그러나 청약에는 유효기한이 없는 것도 있는데 이는 불확정청약(free offer) 또는 철회가능청약이라 한다. 상당한 기간 효력을 가지며, 피청약자가 승낙의 통지를 발송하기 전까지는 청약자가 일방적으로 철회할 수 있다.

2) 청약의 효력소멸

청약의 법률적 효력은 다음의 경우 소멸한다.

① 거절 : 피청약자가 청약을 수취하고 이를 전면적으로 거절하면 청약은 소멸된다.

② 반대청약(counter offer) : 피청약자가 수취한 청약에 대하여 조건을 붙이거나 일부내용을 변경하여 승낙한 것을 반대청약이라고 한다.
이 반대청약은 승낙이 아니므로 계약은 성립되지 아니한다. 즉 반대청약이 있게 되면 본래의 청약은 소멸하고 반대청약이 새로운 청약이 된다.

③ 철회 : 유효기간이 정해져 있는 청약을 무역실무상 확정청약이라 함은 상술한 대로지만 여기에서 'firm'이라는 용어가 사용된 것은 '유효기간까지는 철회할 수 없다'라는 의미로 해석되고 있다.

그러나 영미법계에서는 확정청약이라 하더라도 철회가 가능한 경우가 있으며, 이와 같이 확정청약이라 하더라도 철회가 가능한 경우, 철회시 그 청약의 효력은 소멸한다.

또한 확정청약의 경우에는 피청약자가 승낙의 통지를 발송하기 전에 철회하면 그 청약의 효력은 소멸한다.

(4) 청약의 종류

청약에는 유효기간의 확정성 유무에 따라 Firm Offer와 Free Offer가 있고, 조건변경의 Counter Offer, 단서와 조건이 있는 Conditional Offer, 구매입찰 형태의 Buying Offer가 있다.

1) Firm Offer

확정청약 또는 기한부청약이라고 하는데, 수출자가 청약할 때 수락기한을 명시하고 그 기한 내에 승낙(acceptance)할 경우에만 유효한 청약을 말한다.

청약을 하는 수출업자(offeror)는 청약서상의 유효기간 내에는 불가항력(force majeure)이 발생한 경우를 제외하고는 원칙적으로 취소하거나 변경할 수 없으며, 지정된 기간 내에 수입업자(offeree)의 수락통지가 도착하면 매매계약이 성립되어 수출업자는 청약 내용대로 계약물품을 확보하여 선적해야 할 법적인 의무가 따르게 된다.

▌Firm Offer에서 보통 기간의 표시문구로는 :

- We have informed you the following goods firm offer, subject to your reply received here by 1st of April, 2003.
- Validity : Until 1st of April, 2003.

2) Free Offer

자유청약이라고 하는데, 이 청약은 Firm Offer와는 다르게 회답기한인 유효기일이 제시되지 않고 단지 판매할 상품과 거래조건을 표시한 일종의 매매권유장이 된다.

이 청약은 수출업자가 수입업자에게 사전 통보 없이 언제든지 취소 또는 변경이 가능하고, 또한 수입업자가 승낙을 하였다고 하더라도 수출업자의 최종확인이 있어야 계약이 성립될 수 있다.

이러한 Free Offer는 주로 재고물품 판매시에 애용되는데, 피청약자가 승낙을 하면 청약자는 가격, 재고상태, 선적기한 등을 재검토하여 확인을 해야 유효하다고 하여 Suncon Offer (subject to our confirmation)라고도 하며, 청약서의 하단에 반드시 "subject to change without notice" 또는 "subject to our (final) condition"과 같은 내용을 삽입함으로써 청약자가 마지막으로 한 번 더 확인할 기회를 마련해 놓게 된다.

3) Counter Offer

반대청약이라고 하는데, 이는 피청약자가 원청약(original offer)의 가격, 수량, 선적시기, 결제조건 등에 관하여 수정이나 변경을 요구하는 청약을 말한다.

피청약자가 원청약을 그대로 승낙하면 반대청약은 있을 수 없겠으나 대개의 경우에는 가격 및 거래조건들에 대해 여러 차례 협상의 과정을 거치게 되는데, 이 과정이 Counter Offer가 된다.

4) Conditional Offer

조건부청약이라고 하는데, 이 청약은 자유청약에 일정한 단서나 조건이 붙는 청약형태로서 다음과 같은 것들이 있다.

① Offer on Sale or Return : 위탁판매조건 혹은 반품조건의 청약이라고 하는데, 이는 실수요자가 아닌 중간 상거래자에게만 제공되는 청약이다. 즉 일정한 기간을 정하여 그 기간 내에 팔다가 남는 것은 청약자에게 반품한다는 조건적 청약으로서, 주로 서적이나 잡지 및 고급자동차 등의 위탁판매에 사용된다.

② Offer on Approval : 견본승인 조건부청약이라고 하는데, 이는 명세표(description)만으로는 청약의 수락이 어려운 경우에 견본(sample)을 확인한 후 수락하는 조건의 청약으로서 다른 청약과는 다르게 피청약자가 마지막 결정권을 갖는 것이 특징이다. 주로 신제품이나 의류 및 복잡한 기계류의 거래에서 이용된다.

③ Offer on subject to Being Unsold & subject to Prior Sale : 재고잔류조건 그리고 선매조건청약이라고 하는데, 재고정리나 대금의 조기회수의 목적으로 다수의 거래처에게 청약을 내면서 재고가 있는 경

우에만 그리고 선착순으로 유효한 청약이 된다.(예를 들어 수출업자가 특정의 물품을 빨리 처분하기 위하여 여러 곳에 동시에 Offer할 때 이용되는 조건의 오퍼이다)

5) Buying Offer

구매청약에 대해서는 앞에서 설명한 바와 같이 구매자가 유리한 구매를 위한 입찰제의로서 구매권유(Buying Inquiry)와 같으며, 그리고 형식상으로는 Counter Offer와도 같다고 할 수 있다.

이 청약은 구매 희망자가 원하는 상품의 규격과 인도일자를 판매자에게 제시하면서 공급가격을 요구하게 된다. 주로 주문생산에 의한 특수기계나 건설공사 그리고 관수급 물자의 입찰 등에 사용된다.

2. 승낙(acceptance)

(1) 승낙의 의미

승낙이라 함은 피청약자가 청약자의 청약을 수락하여 계약을 성립시키고자 하는 의사표시이다. 청약에 대하여 승낙이 있어야 비로소 하나의 계약이 성립한다.

승낙은 청약의 모든 조건에 대하여 동의를 하는 무조건 승낙만이 승낙이며 조건부 승낙은 반대청약(counter offer)이 되어 버린다.

(2) 승낙의 효력발생시기

청약자의 청약에 대해 피청약자가 승낙을 하게 되면 계약은 성립된다. 그런데 청약자와 피청약자는 공간적으로 상당히 떨어져 있는 것이 국제무역거래에서는 일반적으로 승낙의 의사표시가 피청약자로부터 발송되어 청약자에게 도착하기까지의 어느 시점에서 계약이 성립하는가라는 문제가 제기된다.

▌그림 11-3 ▌ 청약과 승낙의 관계

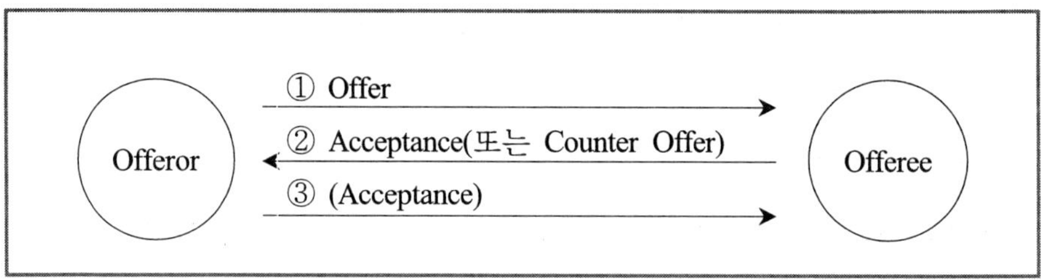

여기에는 다음과 같은 3가지 입법주의가 있다.

첫째, 피청약자가 승낙의 의사표시를 발송한 때에 계약이 성립한다고 하는 발신주의.

둘째, 피청약자가 승낙의 의사표시가 청약자에게 도달한 때에 계약의 성립을 인정하는 도달주의.

셋째, 승낙의 의사표시가 물리적으로 청약자에게 도달할 뿐만 아니라 현실적으로 청약자가 그 내용을 인지할 때에 계약의 성립을 인정하는 요지주의가 있다.

격지자간의 승낙의 효력발생시기에 대해서는 영미법은 발신주의를 채택하고 있는 반면, 유럽에서는 도달주의를 채택하고 있는 국가가 대부분이다.

따라서 이와 같이 승낙의 효력발생시기가 국가에 따라 다르므로 이 점 주의하여야 할 것이다.

격지자간의 승낙이 발신주의인 경우에는 피청약자에게는 유리하지만 청약자에게는 불리하다. 청약자에게는 도달주의가 유리하므로 무역실무상 청약할 때 "offer subject to acceptance arriving here by (date)"와 같이 승낙의 통지가 몇월, 몇일까지 도달할 것을 조건으로 명시해 두면 좋을 것이다.

한편 청약자와 피청약자가 격지간에 있지 아니하고 상호 대면하여 청약과 승낙이 이루어지는 경우에는 그 계약은 그 장소에서 성립한다.

우리나라는 민법 제531조의 규정에서 격지자간의 계약 성립시기를 승낙의 통지를 발송한 때라고 하여 발신주의를 채택하고 있다.

▮ 그림 11-4 ▮ 승낙의 의의

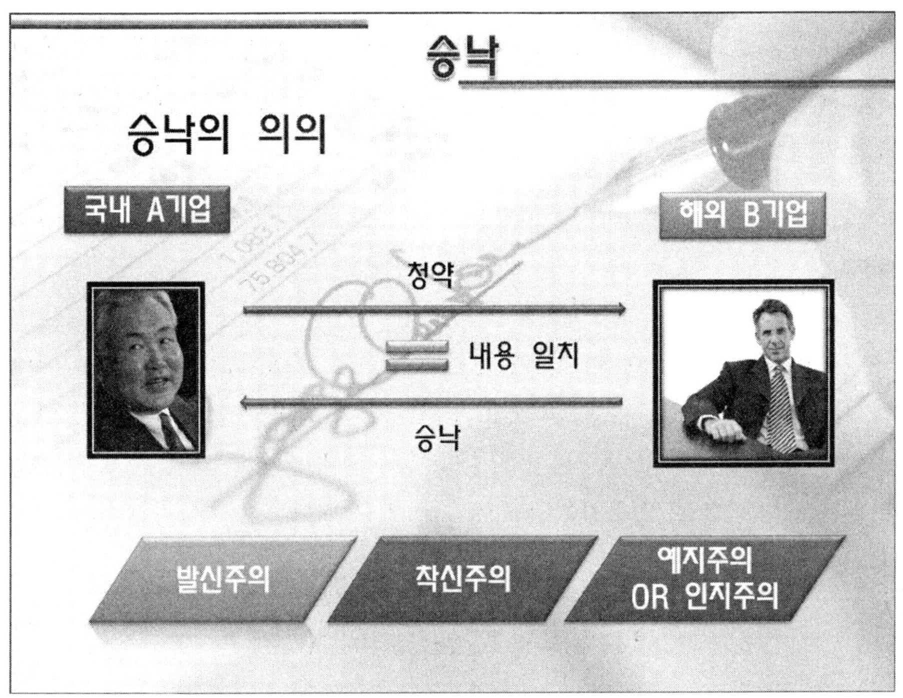

제 3절 국제무역계약의 기본조건

무역거래의 기본조건(terms and conditions of foreign trade)이라 함은 무역거래계약 체결에 있어서 필수적으로 약정해야 할 거래조건(약관)을 말한다. 이른바 ① 품질조건, ② 수량조건, ③ 가격조건, ④ 인도조건, ⑤ 결제조건, ⑥ 보험조건, ⑦ 포장조건 등을 들 수 있다.

이 밖에도 무역분쟁(claim)의 해결을 위한 중재조항(arbitration clause), 그리고 불가항력에 의한 선적의 지연(delayed shipment), 기타 계약불이행에 대한 처리 약관 등도 계약조건에 포함시켜야 할 사항들이다.

1. 품질조건(terms of quality)

거래대상 물품의 품질수준에 관하여는 먼저 품질결정의 방법을 계약에서 특정해야 할 것이고 다음으로 품질검사의 기준시점을 역시 계약에서 정해 두어야 한다.

(1) 품질결정의 방법

1) 견본매매(sale by sample)

견본매매란 거래상품의 품질을 견본에 의하여 약정하는 방법으로서 매매당사자가 제시한 견본과 같은 품질의 물품을 인도하도록 약정하는 방법을 의미하며, 오늘날의 국제무역거래에서 가장 널리 이용되고 있는 방법이다. 견본은 원칙적으로 실물견본(straight sample)이어야 하며 설명견본(illustrative sample)은 인정되지 아니한다.

▮ 그림 11-5 ▮ 품질결정방법(견본)

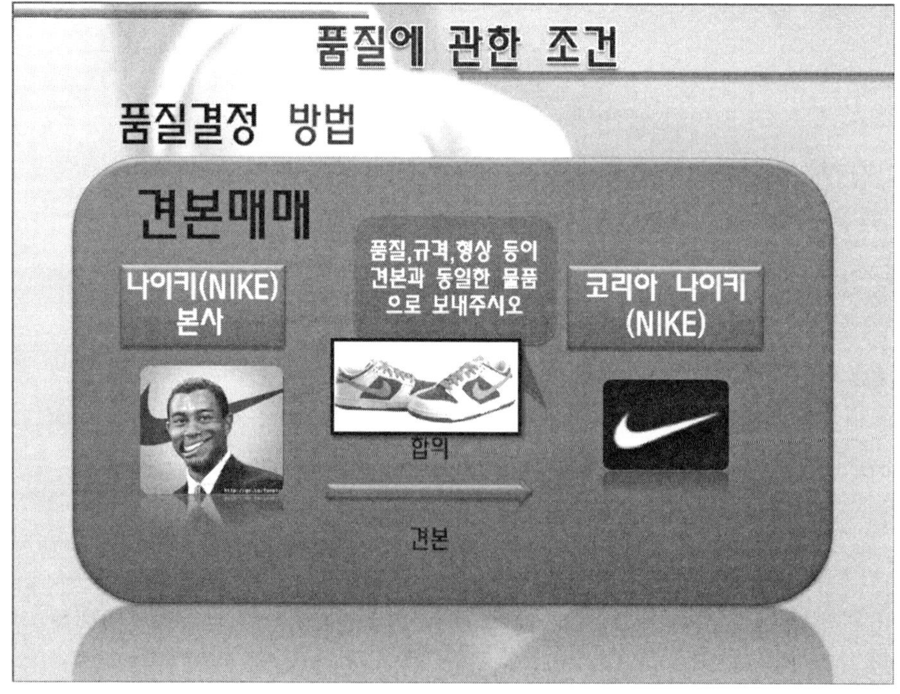

견본매매에 있어서는 원칙적으로 수출업자가 제시하는 견본과 수입업자에게 인도되는 물품의 품질, 상태 등이 일치하여야 한다.

2) **상표매매**(sale by trade mark)

세계적으로 널리 품질이 알려진 상품의 경우에는 구태여 견본을 제시할 필요가 없이 상표나 brand에 의하여 품질수준을 표시하여 거래하는 경우를 상표매매 또는 브랜드매매라 한다.

예를 들면, 만연필의 Parker, 화장품의 Revelon, 컴퓨터의 MicroSoft, 넥타이의 Wembly, 가전제품의 Sony, 반도체의 Samsung 등의 매매에 활용될 수 있는 것이 곧 상표매매이다.

▮ 그림 11-6 ▮ 품질결정방법(상표)

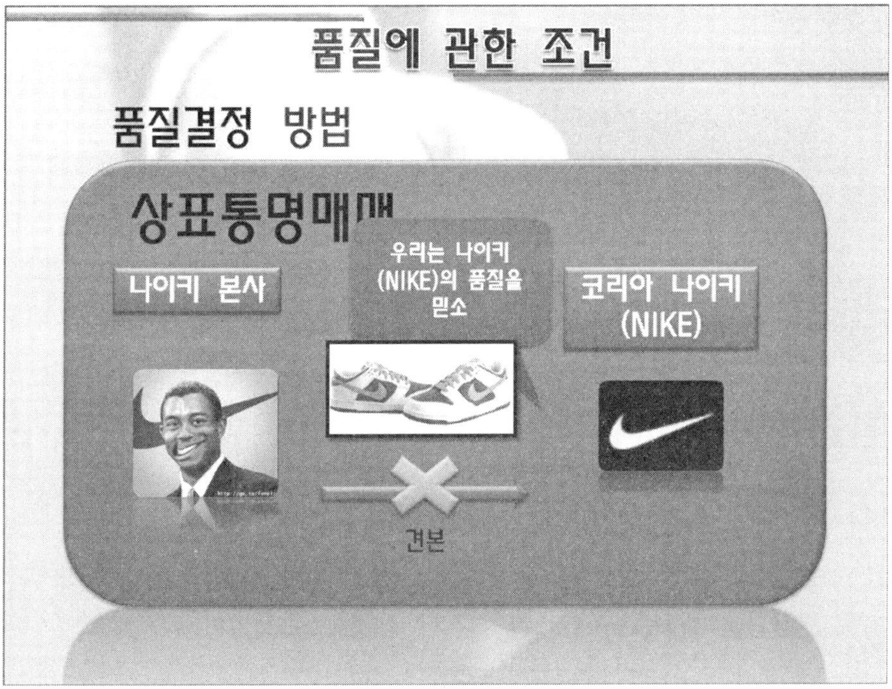

3) 명세서매매(sale by specification)

선박, 철도차량, 발전기 등 거대한 기계류 따위는 전술한 견본매매나 상표매매에 부적합하므로 그 재료와 구조, 성능, 규격 등을 상세히 알려 주는 설명서나 명세서, 도해목록, 설계도 또는 청사진(blueprint)등을 제시함으로써 품질을 약정하는 설명매매 방법을 택하고 있다.

4) 표준품매매(sale on standard)

수확예정의 농산물이나 수산물과 광물, 제조예정상품의 경우에는 공산품과 달리 일정한 규격이 있을 수 없고 유명한 상표도 없으며, 견본제시도 곤란하다. 이처럼 같은 종류이지만 서로 다른 품질들의 개품이 혼합되어 한 가지 종류의 상품을 이루는 천연산물은 등급을 정하여 거래하는 것이 일반적인 바, 이러한 품질약정방법을 표준품매매라 한다.

표준품이란 동종이질상품의 품질을 대표하는 상품의 소량을 말하는 것으로서, 표준품질매매방식에는 다음과 같은 두 가지가 관용되고 있다.

① 평균중등품질조건(Fair Average Quality : FAQ) : 이 조건은 곡물, 과실류, 면화, 차 등 농산물의 거래에서 주로 이용되며, 거래목적물의 품질을 당해 선적 내지 출하의 지역과 시기에 있어서 그 계절의 출하품 가운데 평균적인 중등품질의 것으로 하는 품질조건을 말한다.

② 판매적격품질조건(Good Merchanatable Quality : GMQ) : 이는 목재나 냉동수산물 또는 광석류 등에 주로 적용되는 조건으로 수출업자가 인도한 상품이 수입지에서 양하되어 검사한 후 현지시장에서 보증하는 조건의 매매조건이다. 즉 상품판매적합성(merchantability)을 지녀야 하며, 이들 물품은 내부의 부패나 기타의 잠재하자가 외관상으로는 확인하기가 곤란하므로 수입지에서 인수한 현물에 내부의 하자가 발견되어 판매가 불가능한 부분에 대하여는 수입업자가 수출업자에게 배상을 요구할 수 있는 거래조건이다.

5) 규격매매(sale by grade)

국제적으로 특정되어 있거나 수출국의 공적규정으로 특정되어 있는 규격

물품의 경우에는 견본에 의할 필요가 없으며, 규격으로서 거래가 이루어지는 것이 일반적이다.

예컨데 'KS'(Korean Standard), 'JIS'(Japan Industrial Standard), 표시 등이다.

6) **점검매매**(sale by inspection)

수출지에 매수인 혹은 수입업자의 대리인이 상주하여 현품을 살펴보고 계약을 체결하는 경우이다.

(2) 품질의 기준시기

무역상품은 장거리의 운송과정으로 인하여 선적시의 품질과 양륙시의 품질에 있어서 차이가 발생될 수 있으므로 당해 물품이 약정된 품질수준을 충족하는가의 여부를 어느 시점의 품질상태에 의하여 판정할 것인가 하는 품질검사를 행하는 기준시점을 약정해 둘 필요성이 있다.

1) **선적품질조건**(shipped quality terms)

품질검사의 기준시기를 선적완료시점으로 하는 조건을 선적품질조건이라 하며, FOB와 CIF 조건에 의한 거래에서 이용되는 조건으로 간주된다.

London곡물시장을 중심으로 확립되어 곡물류의 거래에 흔히 쓰여지는 T.Q(Tale Quale)는 'Such as it is' 또는 'Just as it comes'의 뜻을 지니고 있어 선적품질조건의 한 예라 할 수 있다.

2) **양륙품질조건**(landed quality terms)

이는 상품품질을 양륙지에서 결정하는 조건으로서 이 조건에 의하면 수출업자는 운송도중의 상품의 변질에 대해서 모든 책임을 지고 배상하여야 한다. 양륙품질조건으로 R.T(Rye Term)가 있는데, 호밀거래에 이용된 조건이며, 광산물 및 곡물류 거래에 활용되고 있다.

2. 수량조건(terms of quantity)

(1) 수량약정의 방법

수량약정방법에서는 수량의 단위(unit)와 산화물(bulk products)의 경우 수량표현에 있어서 유의해야 할 과부족용인약정 및 개산수량조건 등이 중요한 사항이 된다.

▌그림 11-7▐ 수량에 관한 조건

1) 수량의 단위

수량의 단위에는 상품의 성질과 관습에 따라 중량(weight), 용적(measurement), 개수(number)나 대수, 포장(package), 길이(length)가 주로 활용되고 있다.

이러한 수량단위는 상품의 성질과 각국의 계산기준에 따라 차이가 있으므로 명확해야 한다.

① 중량에는 lb(pound), kg, Ton 등이 널리 사용되는데, Ton에는 다음의 3종류가 있다.

- Long Ton(English Ton : Gross Ton)=2,2401bs=1,061kg
- Short Ton(American Ton : Net Ton)=2,0001bs=907kg
- Metric Ton(French Ton : Kilo Ton)=2,2041bs=1,000kg

그리고 M/T는 용적을 나타내는 용적톤(measurement ton)의 약어로 공용되고 있으므로 metric ton인지, measurement ton 인지를 구별해서 사용해야 할 것이다.

② 용적을 단위로 하는 경우에는 Cubic Meter(㎥), Cubic Feet(cft), Barrel (31.5 American Galon), Bushel(8English Galon : 36.637 Liters)이 사용되고 있는데, 목재에는 ㎥와 cft가 석유에는 Barrel, 곡물에는 Bushel이 거래단위로 사용되고 있다.

- 1M/T(measurement ton)=40cft

③ 개수는 잡화 및 기계류 거래의 수량단위로서 사용된다. Piece(1개), Dozen(12개), Gross(144개), Great Gross(12×12×12=1,728), Small Gross (12×10=120개)등의 단위가 있다.

④ 포장단위가 거래단위로 되는 상품이 있다. 면화, 소맥분, 시멘트 등은 그 대표적인 상품이 된다.
포장물로서는 Keg(각), Bag(대), Case(상자), Bale(곤), Bundle(속), Drum(드럼, 통) 등이 사용된다.

⑤ 길이의 단위로는 Meter, Yard, Feet(ft)등이 사용되는데, 주로 섬유류, 전선, 강관 등에 적용된다.

- 1ft=12inches, 1yard=3ft(approx. 91.4cm)

⑥ 면적은 유리, 합판, 타일 등에 사용되며, sft(square foot)가 수량기준이 된다.

2) 수량표현의 방법

포장단위상품(packing units)이나 개체물품(individual items)의 경우에는 정확히 그 수량을 표시하여 그대로 인도하면 될 것이지만 비포장상태로 거래하는 품목, 즉 산화물의 경우에는 정확이 인도하는 것이 사실상 불가능하며, 인도수량에 다소의 오차가 생기는 것이 일반적이다.

따라서 이러한 산화물의 거래에 있어서는 약간의 수량부족이나 수량초과를 인정(허가)해 주지 않으면 계약이행이 매우 어렵게 된다.

그러므로 분쟁의 방지를 위해 이러한 경우에는 다소의 과부족을 인정하는 약관(clause)을 설정하거나 또는 개략적 표현방법을 쓰는 것이 현명하므로 전자를 과부족용인약관, 후자를 개산수량조건이라고 한다.

3) 과부족용인약관(More or less clause : M/L Clause)

과부족용인약관이란 일정한 수량의 과부족 한도는 정해 두고 그 범위 내에서 상품이 인도되면 계약불이행으로 보지 않고 따라서 수량에 대한 분쟁을 제기하지 않도록 인도수량에 신축성을 부여하는 수량조건이다.

이 약관을 적용하는 경우, about, circa, approximately 와 같은 막연한 용어의 사용을 피하고 확정률을 약정하는 것이 바람직하다. 'more or less 5%'로 계약하면 5% 이내의 과부족은 용인되고 그 과부족에 대하여는 클레임을 제기하지 못한다.

따라서 과부족이 발생할 위험이 있는 화물에 대하여는 증감을 용인하는 %와 증감량에 대한 조정방법을 과부족용인조건으로 하여 다음과 같이 명확히 체결해 두는 것이 필요하다.

"5% more or less on contract quantity at seller's option and the difference to be settled at the contract price"(계약수량의 5%까지의 증감은 매도인이 임으로 하며 그 차이가 발생하는 수량은 계약가격에 의해서 결제할 것).

과부족은 특약이 없으면 매도인의 임의(seller's option)이다.

인도수량이 과부족용인조건인 경우에 그 용인되는 과부족의 범위내용과 일치하지 아니하고 수량이 부족할 때 그 부족이 계약의 중대한 위반

(fundamental breach of contract)인 경우 매수인은 그 상품을 거절하고 계약을 해제할 수 있다.

(2) 검량의 기준시기

1) 선적수량조건(shipped quantity terms)

선적수량조건은 선적수량의 계약에서 정한 바에 합당한가를 선적시점에서 검량한 결과로써 판정하는 조건이다.

따라서 이 조건에 의하면 선적시에 약정수량에 해당하는 한 운송도중의 감량에 대해서는 매도인은 아무런 책임을 지지 않는다.

거래가 FOB나 CIF로 이루어지는 경우에는 별도의 특약이 없는 한 선적수량조건에 의하게 된다.

2) 양륙수량조건(landed quantity terms)

양륙수량조건은 목적지항에서 상품을 양륙하는 시점에서 검량을 하여 인도수량이 계약에 합당한 가의 여부를 판정하는 조건, 즉 양륙시의 수량을 최종적인 것으로 하는 조건이다.

3. 가격조건(terms of prince)

무역거래에서 무엇보다도 중요한 것은 물품에 대한 가격의 산정이며 이러한 가격의 산정에 있어서는 수출입에 수반되는 각종 비용을 물품의 원가와 이윤에 추가적으로 삽입하여야 한다.

매매가격은 계약화물의 인도장소와 매도자의 비용부담 범위에 따라서 결정되며 또한 이에 따라서 위험 또는 소유권의 이전시점이 확정된다.

현대의 국제무역거래에 있어서 매매가격은 무역거래관습상 형성된 여러가지 형태의 정형거래 조건에 따라 산정된다.

물품의 수출입에서 소요되는 수출입요소비용으로는 제조원가, 포장비, 희망이익, 각종 검사 및 증명료와 인허가비용, 선적항까지의 수출국내에서의 내륙수송비, 창고료 또는 보관료, 수출통관비용 및 수출세, 보험료, 양하비용, 항구세와 부두사용료, 수입통관비 및 관세, 수입국 내에서의 창고료와 보관료 및 각종 행정비용, 그 밖에 수출입에 수반되는 이자, 환거래비용, 수수료, cable 또는 telex비용을 포함한 여러 가지 영업비용 또는 잡비 등을 열거할 수 있는데, 이들 모든 비용 가운데, 어느 부분을 매도인의 부담으로 하고, 어느 부분들을 매수인의 부담으로 하는 가에 따라 상품의 단가가 달라져야 한다는 것이다.

가격조건이란 바로 이러한 단가채산, 즉 가격제시에 관련한 수출입요소비용의 부담귀속을 나타내는 여러 가지 관용적 조건을 일컫는다.

가격조건에 대한 설명은 비용부담에 관한 한 중복될 것이기 때문에 상세한 것은 후술할 무역 가격조건 즉, Incoterms에서 상세히 다루도록 한다.

▮ 그림 11-8 ▮ 가격에 관한 조건

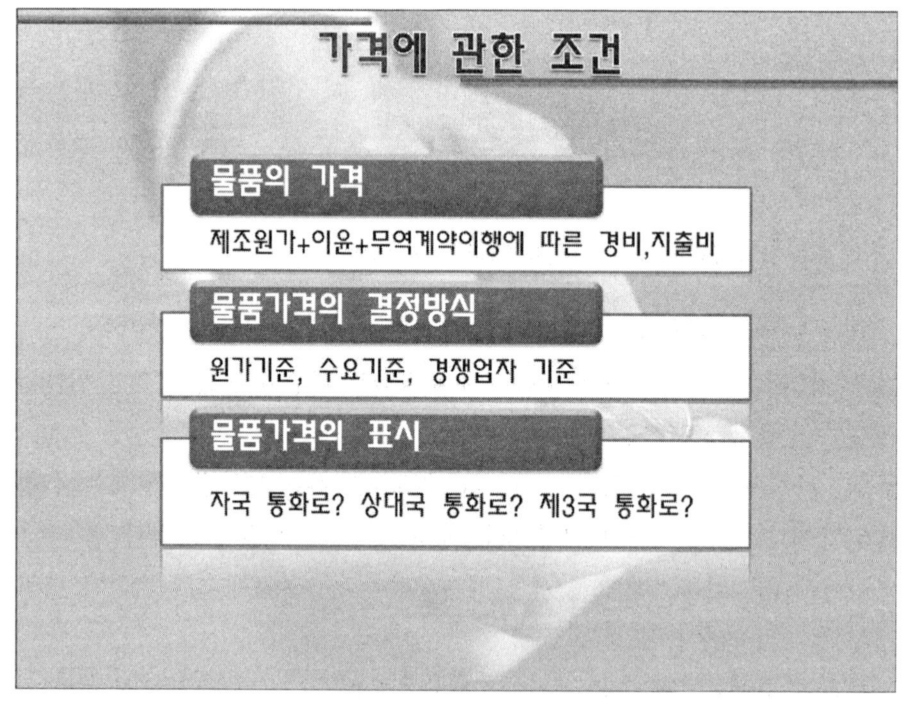

4. 인도조건(terms of delivery)

물품인도의무의 원만한 이행을 위해서는 당사자간에 인도시기(time of delivery)와 인도장소(place of delivery) 및 인도방법의 세 가지 요소에 대한 약정이 필요한 것인바, 인도시기는 소유권이전 효력의 시기가 되는 것이 일반적이고, 인도방법은 현물인도(actual delivery)냐 서류인도(symbolic delivery)냐 하는 문제이며, 또한 인도시기와 인도 장소는 물품에 대한 위험(책임)부담의 분기를 나타내는 시간과 장소가 되기도 하므로 무역거래에서 대단히 중요하다.

이러한 인도의 시기, 장소 및 방법은 선적완료된 또는 본선의 난간(ship's rail)을 유효하게 통과한 시간과 장소가 되며, 인도방법은 선적서류(특히 B/L)의 인도에 의한 서류인도방식에 의한다.

그러나 착선인도조건(delivered ex ship : DES)의 경우에는 인도시기와 장소는 본선이 목적항에 도착한 후 선상에서 실제로 매수인의 임의처분 하에 물품을 인도하는 시점과 장소가 되며, 인도방법은 현물인도가 되는 것이다.

(1) 선적시기의 약정

1) 특정선적조건

선적시기를 일정한 기간 또는 기일로 약정하는 방법으로써 'May shipment', 'Shipment shall be made from May to June 2003'으로 정하는 것과 같은 예이다.

또한 선적조항에 있어서 특정 월의 first half 또는 second half와 같은 문헌이 있는 경우가 있다. 이것은 1일부터 15일, 그리고 17일부터 말일까지를 의미하는 것이고 beginning, middle 또는 end와 같은 문언은 1~10일, 11~20일, 21일~월말까지를 의미하는 것으로 해석된다.

선적기일이나 선적일자에 관하여 'on or about' 또는 이와 유사한 표현이 사용되었을 때에는 지정된 기준일을 전후하여 5일간의 기간 내에 선적되도록 요구하고 있으므로 총기간은 양쪽의 5일째 되는 일자를 포함하여 11일이 된다.

▌그림 11-9▐ 선적에 관한 조건

2) 즉시선적조건

선적시기를 특정 월, 일 또는 며칠 이내 등으로 명확하게 약정하지 않고 막연하게 즉시 또는 신속히 선적하도록 하게 하는 조건으로 immediately, prompty, quickly, as soon as possible, at once, without delay 등의 용어로 선적을 요구하는 형식이 바로 그것이다.

이에 대하여「신용장통일규칙」은 이러한 표현이 쓰여진 경우에는 신용장의 개설은행이 해당 신용장을 개설한 날로부터 30일 이내에 선적할 것을 요구하는 것으로 해석토록 하고 있다(신용장통일규칙 제 50조 C항).

▌표 11-1▐ 선적기일 표시방법 예시

구 분	선적기일 표시방법	선적기일
• 특정기일선적	• Not latter than May 31, 2003 = Latest(By) May 31, 2003	• 2003.5.31까지
	• Within 45days after receipt of your L/C	• L/C수령일 익일부터 기산하여 45일 이내
• 특정일경선적	• On or about May 6, 2003	• 2003.5.1~5.11사이
• 연월선적	• In May / June, 2003	• 2003.5.1~6.30사이
• 단월선적	• In May, 2003	• 2003.5.1~5.31사이
• 상·하반기월 선적	• In the first half of May, 2003	• 2003.5.1~5.15사이
	• In the second half of May, 2003	• 2003.5.16~5.31사이
• 초·중·하순 선적	• In the beginning of May, 2003	• 2003.5.1~5.10사이
	• In the middle of May, 2003	• 2003.5.11~5.20사이
	• In the end of May, 2003	• 2003.5.21~5.31사이
• 즉시선적조건	• As soon as possible, prompty, immediately 등	• 해석기준이 없음(L/C 유효기일 이내)

(2) 분할선적(partial shipment)

분할선적(할부선적)은 선적횟수 또는 각 회의 분할수량을 약정함으로써 이루어지는 것으로 예컨대 선적시기를 shipment during May/June/July, 2003과 같은 특정월이 계속적으로 표시되어 있는 경우가 있다. 이때에는 5월 1일부터 7월말까지의 3개월간에 선적을 완료할 것을 의미하고 있는 것이다.

또한 계약에서 이러한 분할선적 약관이 정해지지 않은 경우에 분할선적이 인정되는가에 대한 의문이 제기될 수 있는데,「신용장통일규칙」제 44조a항에서는 명시적인 분할선적 금지약관이 없는 한 분할선적은 인정되는 것으로 보고 있다.

또한 물품의 집하장소가 상이하여 여러 횟수에 걸쳐 각각 상이한 선하증권(B/L)이 발행되는 경우라 할지라도 동일항로의 동일선박에 선적한 경우 이들을 분할선적으로 보지 않고 1회 선적으로 간주한다(동규칙 제 44조 b항).

(3) 환적(Transhipment)

해상운송이나 복합운송의 과정에서 환적은 일반적으로 예기되는 것이라는 점을 감안하여「신용장통일규칙」제29조에서는 환적에 대해서 금지의 특약이 없는 한 이를 인정한다는 입장을 취하고 있다. 그렇지만 신용장상에서 어음의 분할발행을 허용하지 않는 경우에는 환적이 금지되는 것으로 해석해야 한다.

물품이란 다른 운송기관에 환적하기 위하여 또는 선적이나 양륙을 하기 위하여 하역작업을 할 때 멸실이나 손상의 우려가 가장 크기 때문에, 환적은 바람직하지 못하므로 일반적으로 "transhipment is prohibited"라는 환적금지약관을 계약에 삽입하는 것이 관례적으로 되어 있다.

(4) 선적지연과 선적일의 증명

약정된 선적기한 내에 선적이 이행되지 않았을 때, 수출업자의 고의 또는 과실에 의한 선적지연은 명백한 계약위반(계약불이행)이므로 수출업자가 책임을 부담해야 한다.

그러나 선적지연이 천재지변(Act of God)이나 전쟁, 동맹파업, 기타 불가항력(force majeure)으로 인한 때에는 수출업자의 귀책사유가 아니므로 면책된다. 그렇지만 면책된다고 하여 그대로 방치해 두면 안 되며 반드시 선적을 방해하는 불가항력의 존재를 입증할 수 있는 서류를 수입업자에게 지체 없이 송부함으로써 그 사실을 통지해야 하는데, 이러한 입증서류는 수출국주재 수입세관의 영사 또는 상공회의소나 국가기관 혹은 공공기관이 발행 또는 확인한 것이어야 한다.

선적 날짜는 선박회사로부터 교부받은 선하증권의 날짜에 의해 입증하는 것이 국제거래의 관례로 되이 있지만, 분쟁발생을 방지하기 위해서 매매계약서나 협정에서 거래조건의 하나로 명기해 두는 것이 좋다. 선적일자는 일반적으로 운송서류의 일부일(B/L date)로 간주하는 것이 무역관습으로 되어 있다.

5. 결제조건(terms of payment)

무역상품매매계약에서 상품의 소유권 이전의 대가로 그 대금의 지급을 확약하는 것은 불가결의 요건이라 할 수 있다.

주문과 동시에 선금을 지불하는 선불제도 또는 외상매매 같은 것은 국제거래에서 널리 사용되지 않고 있다.

지금까지 국제거래의 대금결제방법으로서 가장 안전하게 이용되고 있는 것은 신용장부화환어음에 의한 방법이다. 최근에는 우리나라의 기업들이 해외에 사무소, 현지법인, 지점 등의 형태로 자회사를 설립하는 경향이 많기 때문에 비용절감 차원에서 무신용장 방식의 대금결제조건을 선호하고 있다.

(1) 결제시기

1) 선지급(advance payment)조건

물품이 선적 또는 인도되기 전에 미리 그 대금을 지급하는 조건으로 상품의 구매를 위한 주문과 동시에 현금결제가 이루어지는 주문급(Cash With Order : CWO)방식과 주문과 함께 전신송금(Telegraphic Transfer : T/ T) 등에 의해 송금하는 이른바 단순 송금방식(remittance base) 및 수익자의 신용수취와 더불어 미리 대금부터 결제되는 전대신용장(red clause L/C)방식 등을 들 수 있다.

2) 동시결제(concurrent payment)조건

이 방식은 선적완료시 선적지항 소재 수입업자의 지점이나 대리인으로부터 현금의 수령 또는 지급지시서와 상환하여 선적서류를 인도하는 방식이다. 이를 선적서류상환도지급(Cash Against Documents : CAD)이라고 하며 무역거래에서는 은행을 개입시켜 화환어음에 의하여 지급이 이루어지는 것이 일반적이다.

이와 유사한 지급방식으로 물품상환도지급(Cash On Delivery : COD)조건이 있다, 이 방식은 물품을 매수인에게 인도와 동시에 대금을 수령하는 방식으로 물품이 목적지에 도착하였을 때 매수인은 직접 물품을 검사하고 대금

▮ 그림 11-10 ▮ 물품상환도 지급조건(COD)

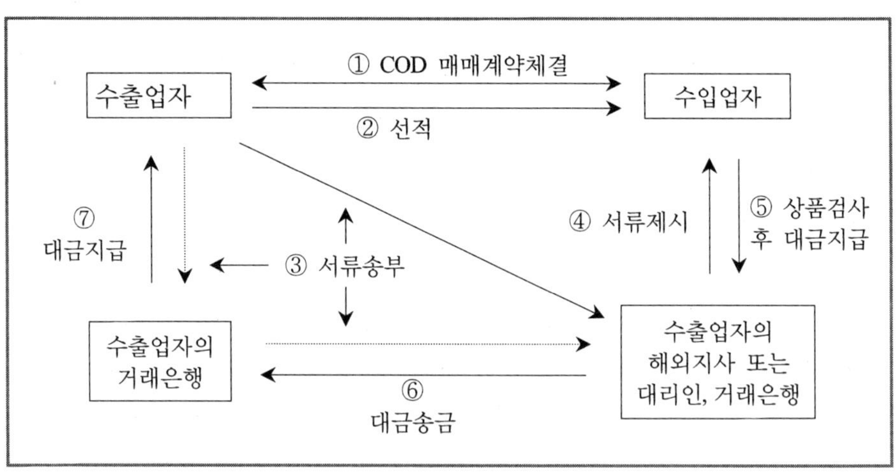

을 지급하는 방식이다.

3) 후지급(연지급, deferred payment)조건

물품의 선적 또는 인도와 선적서류의 인도가 있는 후 일정한 기간이 경과되어야 대금결제가 이루어지는 것으로 외상거래에 해당하는 것이 후지급조건이며, 단기연지급과 중장기연지급의 두 가지로 구분할 수 있다.

▮ 그림 11-11 ▮ 선적서류상환도 지급조건(CAD)

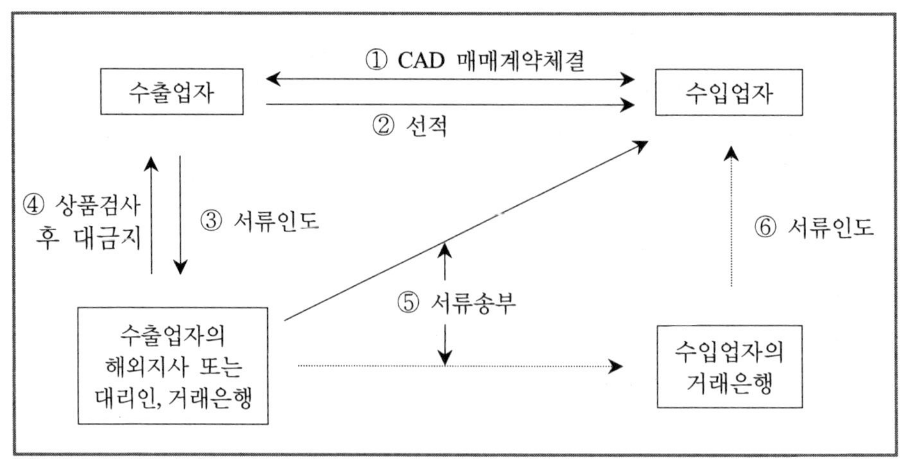

▌그림 11-12▐ 인수인도지급방식(D/A)

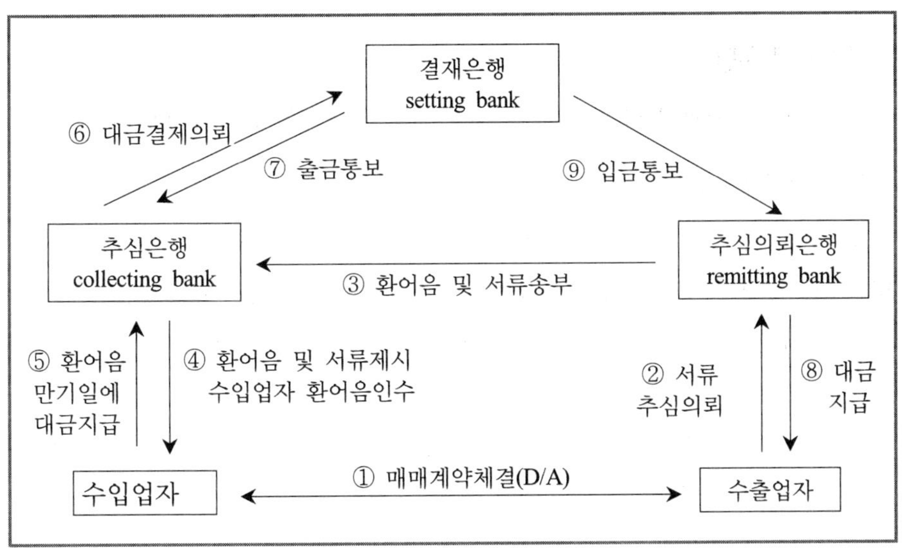

단기연지급조건에 속하는 것은 신용장방식의 거래에서 환어음이 수입업자에게 제시된 후 일정기간이 경과해야 어음대금이 지급되는 기한부어음에 의한 기한부방식(usance base)과 무신용장거래에서 어음을 추심할 때 어음제시가 있어도 수입업자는 대금지급을 하지 않고 어음인수만 하여 선적서류가 인도되어 물품을 수취하고 어음만기일에 대금지급을 하게 되는 인수인도방식(Documents agaist Acceptance : D/A)이 있다.

중장기연불조건(deffered payment on long or mid-terms basis)은 물품의 선적 또는 인도 후 대체로 1년 이상 10년 이내에 결제가 완료되는 조건으로 플랜트, 선박, 철도차량 등 거래의 단위가 큰 중공업제품의 거래에 사용된다. 이러한 중장기연불수출은 대금회수기간이 길기 때문에 대금회수 위험이 크며, 그 가액도 몹시 거액이며 중장기연불수출보험에 부보함에 있어서도 융자조건상의 여러 제약이 있으므로 그 활용에 유의해야 한다.

또한 수출입대금을 매회 거래마다 직접 수수하지 않고 장부에 대차관계의 내용을 그때그때 기장해 두었다가 일정기일에 이를 마감하여 대차의 차액만으로 정산하는 이른바 청산결제(Open Account : O/A)방법 역시 일종의 후지급조건이라고 할 수 있다.

(2) 결제수단

결제수단 여하에 따라 분류하면 현금결제, 어음결제, 송금환결제 등이 있다.

1) 현금결제조건

동시지급조건과 같이 현금으로 수출입대금을 직접 결제하는 방식으로 COD 및 CAD 등이 있고 이 밖에 수취상환지급신용장(payment on receipt L/ C)에 의한 결제에도 서로 어음의 발행 없이 바로 현금결제방식을 취한다.

격지간의 거래인 수출입거래에서는 수출업자의 지점이나 대리인이 수입국 내에 있거나, 수입업자의 지점이나 대리인이 수출국 내에서 상주하고 있는 경우 등 제한된 범위 내에서만 이러한 결제조건이 채택될 수 있다.

2) 어음결제조건

무역거래에서 사용되는 어음을 신용장에 의한 어음과 무신용장거래에 의한 어음으로 대별할 수 있다. 즉 신용장방식에 의한 거래에서 사용되는 어음은 일람지급어음(at sight bill)과 기한부어음(usance bill)이며, 무신용장거래인 추심결제방법에 의한 수출입에서 발생되는 어음을 D/P어음과 D/A어음이다.

무역거래에서 사용되는 어음은 화환어음(documentary bill/draft)이 원칙이고 또 일반적이지만 드물게는 무담보어음(clean bill/draft)에 의하는 경우도 있다.

전자는 어음에 선하증권이나 보험증권 등 선적서류가 담보물로 첨부되어 당해 어음의 지급불능(default)이나 지급거절(unpaid)과 같은 어음사고가 발생하였을 경우 선하증권으로 물품을 찾아 이를 매각하거나 보험증권으로 보험금을 찾아 담보를 받을 수 있는 완전한 어음이다.

후자는 선적서류를 첨부하지 않는 불완전한 어음이다.

따라서 전자는 은행에의 매각, 즉 은행의 어음매입이 자유롭고 후자의 경우는 은행이 매입에 선뜻 응하지 않기 때문에 유의할 필요가 있다.

오늘날의 무역결제는 화환어음에 의하는 것이 가장 보편적이다.

3) 송금결제조건

전신환(T/T)이나 우편물(M/T)에 의하여 송금함으로써 대금을 결제하는 조건으로는 단순송금방식에 의한 수출입거래를 가장 대표적인 것으로 들 수 있다. 뿐만 아니라 누진지급(progressive payment) 또는 분할지급방식의 경우에도 이러한 전신송금이나 우편송금이 활용되며 중장기연불수출입에서도 일반적으로 송금환에 의해 지불된다.

▮ 표 11-2 ▮ 결제방식의 이해관계

결재방식	수출업자	수입업자
사전송금방식	위험없음	상품회수와 대금회수 불가능 위험
사후송금방식	대금수령과 기선적한 상품회수 불가능 위험	위험없음
물품인도결제방식(COD)	대금수령과 상품회수 불가능 위험	위험없음
서류인도결제방식(CAD)	대금수령의 보장이 없음	선적확인 가능, 품질확인 불가능
인수인도방식(D/A)	대금수령과 상품회수 불가능 위험	만기에 은행지급 지연으로 신용 저하
신용장결제방식	대금수령 확신	화물인도 보장

6. 보험조건(terms of insurance)

무역거래는 일국 내에서 이루어지는 국내상거래 보다 훨씬 복잡하고 다양한 위험들에 노출되어 있음을 앞서 제9장 제2절에서 살펴보았다.

이러한 무역거래에 따른 위험을 최소화함으로써 거래를 원활하게 수행하기 위한 제도로서 무역물품 운송과 관련된 해상보험제도가 있다.

(1) 해상보험의 주요용어

1) 보험자(Insurer, Assurer, Underwriter)

보험자는 보험계약의 당사자로서 위험을 인수하는 주체를 말하며, 보험사고 발생시 손해를 보상하는 보험회사를 의미한다. 즉, "Insurer" 또는 "Assurer"는 불확실한 미래의 상황을 확실하게 보장해 주는 사람이라는 의미에서 보험자를 말한다. 다시 말해 보험자는 보험계약자에게 미래에 발생할지도 모르는 손실을 금전적으로 보상할 것을 약속하기 때문에 불확실한 상황을 확실하게 보장해 준다는 의미라 할 수 있다.

보험자는 대개 회사의 형태를 갖추고 있지만 영국에서와 같이 전통 있고 유구한 로이즈(Lloyd's)와 같은 개인인 보험자도 있다. 우리나라와 같이 대부분의 국가에서는 보험자가 주식회사의 성격을 가지고 있지만, 보험사업은 공공의 이익과 긴밀한 관계를 유지하고 있기에 보험자의 자격에 대해서는 일정한 제한을 도고 있으며, 한국의 경우에서도 보험사업은 재정경제원 장관의 허가를 득하여야 운영할 수 있다. 또한 보험자는 손해보험의 경우는 300억원 이상, 인보험의 경우는 200억원 이상의 자본금 또는 기금을 갖추고 있는 주식회사 또는 상호회사이어야 한다(보험업법 제5조 및 제6조 : 여기서 상호회사의 상호보험은 보험을 이용하려고 하는 사람들이 모여서 단체를 형성하고 자금을 각출하여 단체의 구성원 가운데 보험사고를 당한 사람에 대해 보상하는 제도이다)

2) 보험계약자(Policy Holder) 또는 피보험자(Insured, Assured)

보험계약자는 보험계약의 당사자로서 자기 명의로 보험자와 보험계약을 체결하고 계약체결시 보험료납입의 의무를 가지는 자를 말하며, 또한 보험계약자는 보험계약의 체결에 직접적으로 관여하는 당사자이기 때문에 계약상의 모든 의무를 부담해야 한다.

피보험자는 손실이 발생할 경우 보험계약에 의해 보상을 받을 수 있는 당사자이다.(우리나라의 상법에서는 인보험의 경우에 보험계약상의 혜택을 받은 자를 보험수익자<Beneficiary>로서 지칭하고 있다) 그러나 피보험자는 손해보상을 청구하기 위해서는 피보험이익을 가져야 한다. 피보험이익은 보험목적물에 대해서 특정인이 갖는 금전적인 이해관계를 말한다. 즉 이해관계가 없으면 손해를 당할 일도 보상을 받을 필요도 없기 때문에 피보험자는 반드시 피보험이익을 가지고 있거나 이를 취득할 가능성이 있어야 한다. 대개 CIF계약에서는 수출업자가 수입업자를 위하여 적하보험을 체결해야 하며, 이에 수출업자는 보험계약을 체결하고 보험료를 지불하는 보험계약자가 되며, 사고가 발생할 경우에는 보상청구는 수입업자가 하기 때문에 피보험자는 수입업자가 된다. 그러나 국제무역실무 차원에서는 수출업자는 본인을 피보험자로 하여 보험계약을 체결한 후 보험증권에 배서하여 수입업자에게 양도하는 형식을 갖추게 된다. 따라서 보험사고가 발생할 경우에는 수입업자는 보험증권의 소지인으로서 손해보상을 보험자에게 청구하게 되는 것이다.

이 양자는 동일인이 될 수도 있으나 CIF매매계약에 있어서 매도인이 매수인을 피보험자로하여 보험계약을 체결하는 것과 같이 타인을 위하여 보험계약을 체결하는 경우 또는 보험계약 후 보험증권을 타인에게 양도한 경우에는 양자가 상이하게 된다.

3) 보험증권(Insurance Policy) 및 약관(Clause)

보험증권은 보험계약의 법적증거서류로서 보험자가 보험계약자에게 발급하게 되며, 클레임 청구시 보험자에게 제출한다.

약관이라 함은 보험증권상에 기재되거나 첨부되는 각종 규정 또는 약속을 말한다.

4) 보험목적물(Subject Matter Insured)

위험으로 인하여 손해나 경제상의 불이익이 발생하게 되는 대상으로서 보험에 가입할 수 있는 이익(Interest)을 보험의 목적이라고 한다.

해상보험에서는 선박, 적하, 운임, 용선료 등이 보험가입의 대상이 된다.

5) 보험료(Insurance Premium)

피보험위험(insured perils)으로 인하여 발생한 손해를 피보험자에게 보상할 것에 합의한 대가로 보험계약자가 보험자에게 지불하는 반대급부를 말한다.

보험료는 백분율(%)로 표시되는 보험요율을 보험금액에 곱하여 계산되며, 보험료는 순보험료와 부가보험료로 구성된다.

6) **보험금**(Claim Amount)

피보험위험으로 인하여 손해가 발생할 경우, 보험자가 보험증권에 합의한 바에 따라 피보험자에게 지급하는 손해보상액을 말한다.

7) **보험가액**(Insurable Value)

보험가액은 보험의 목적의 평가액이며 사고발생시의 경제적 손해의 최고한도액이다.

보험가액은 항상 일정한 것이 아니고 화폐가치의 변동 또는 시장상황의 변동에 따라 보험기간 중 부단히 변동되는 것이 보통이다.

그러나 해상보험은 평가제보험(Valued Policy)을 채택하고 있기 때문에 보험계약체결시에 보험가액을 후술할 보험금액의 차이로 인한 분쟁은 발생하지 않는다.

8) **보험금액**(Insurable Amount)

보험금액은 보험계약자가 실제로 가입한 금액, 즉 바꾸어 말하면 보험자가 계약상 부담한 손해배상의 최고한도액을 의미한다.

(2) 해상손해

해상보험의 보험조건과 이에 따른 보상범위를 파악하기 위해서는 해상손해의 종류를 정확히 알고 있어야 한다.

해상보험에 있어 손해(loss)란 해상위험이 발생하여 피보험이익의 일부 또는 전부가 손상 또는 멸실됨으로써 피보험자가 입은 경제상의 불이익을 말한다.

1) **전손**(Total Loss)

전손이라 함은 보험사고가 발생하여 피보험이익의 전부가 멸실(소멸)되거

▌그림 11-13▐ 해상손해의 종류

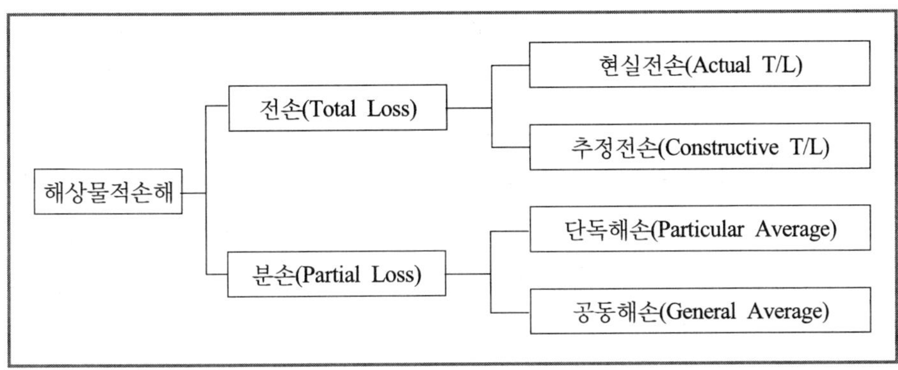

나 구조가 사실상 불가능하거나 수리비가 보험금액을 초과할 정도로 손상이 심한 경우를 말한다. 그러나 반드시 보험목적물이 완전하게 소멸되는 것만을 의미하지 않고 전멸에 가까운 경우라도 전손으로 인정된다. 다시 말해 약간의 잔존물이나 잔존이익이 있다면 그 손해의 정도를 측정하여 사실상 전멸에 가깝다고 판단되면 전손으로 간주한다는 것이다. 이에 따라 해상보험에서는 전손에는 현실전손과 추정전손이 있다.

① **현실전손(Actual Total Loss)** : 해상보험법상에는 "보험목적물이 파손되거나 附保된 종류의 물건으로서 존재할 수 없을 정도로 심한 손상을 입은 경우, 또는 피보험자가 보험목적물을 박탈당하여 회복할 수 없는 경우에 현실전손이 있다."

㉠ 물리적 또는 실질적인 멸실(completely destroyed) : 선박이 화재로 인하여 전소, 심해에서의 침몰 등으로 원상회복의 가능성이 전혀 없는 경우이다.

㉡ 본래성질의 상실(loss of specie) : 화물의 경우에 자주 나타나는 현상으로서 이미 보험가입 당시의 성질이 전혀 아닌 상태로 변화된 것을 의미한다.

예컨대, 시멘트가 해수에 침수되어 고체로 변한 경우이다. 또 얼마의 가치가 남아 타 용도로 사용할 수 있더라도 원래의 목적으로 사용하기에 적합하지 않으면 현실전손으로 처리된다.

㉢ 회복가망이 없는 상실(irretrievably deprived) : 보험의 목적이 박탈되어 회복의 전망이 없는 경우이며 대개 적에게 포착, 탈포되거나 몰수되었을 때 등이다. 예를 들어 금괴가 바다에 빠져 보험목적물을 현실적으로 찾기가 불가능할 경우인데, 실제로 심해에 빠졌다고 하여도 그 보험목적물이 완전히 파손이나 분실되었다고는 할 수 없지만 심해에 빠진 금괴는 피보험자가 더 이상 점유할 수 없기 때문에 현실전손으로 인정된다.

㉣ 선박의 현실전손 : 해상보험법상에서의 선박의 현실전손은 다음과 같다.

i) 선박의 침몰(Sinking) : 선박의 침몰은 대표적인 해난 사고 중의 하나로서 구조의 가능성이 없는 경우에만 현실전손으로 처리된다. 그러나 선박이 침몰하더라도 인양이 가능한 경우에는 분손으로 처리한다. 그렇기 때문에 침몰된 선박의 경우 인양이 현실적으로 불가능하다거나, 또는 인양비용이 선박의 가액을 초과하는 경우에는 현실전손이 성립된다는 것이다.

ii) 선박의 좌초(Stranding) : 선박이 바다 밑의 암초에 얹혀서 스스로의 힘으로 움직일 수 없는 상태를 말한다.

iii) 선박의 화재(Burning) : 선박이 화재로 인하여 전소되거나 잔해만 남아서 선박으로서의 제 기능을 발휘할 수 없는 경우에도 현실전손으로 인정된다.

iv) 선박의 행방불명(Missing) : 영국해상보험법 제58조에는 선박이 출항한 후 상당한 기간이 지났음에도 불구하고 선박의 행방을 찾을 길이 없을 경우 이것을 선박의 행방불명으로 간주하고 현실전손으로 처리한다. 그러나 가장 중요한 문제는 행방불명의 기간인데 영국의 해상보험법에서는 행방불명의 기간을 단순히 상당한 기간(Reasonable Time)으로만 명시하고 있기 때문에 사건별로 그 기간이 결정되는 것이다.

통상적으로 유럽 각국에서는 선박의 출항일로부터 1년을 기간으로 하고 있으며, 우리나라의 경우에는 상법 제 711조에서는 3개월이 경과하면 행방불명으로 간주하고 있다.

② 추정전손(Constructive Total Loss) : 해상보험법상에는 보험증권상에 명시규정이 있는 경우를 제외하고, 보험목적물의 현실전손이 불가피하다고 보이거나, 또는 현실전손을 면하기 위하여 비용이 발생할 경우 보험목적물의 가액을 초과하는 비용이 소요되기 때문에 합리적으로 위부했을 경우에는 추정전손이 성립된다.

따라서 추정전손이 성립하기 위해서는 영국해상보험법 제50조 2항에서는 다음과 같이 구체적으로 규정하고 있다.

첫째, 피보험자가 담보위험으로 인하여 선박 또는 화물의 점유를 상실하여 이를 회복할 가능성이 없거나 아니면 회복하기 위한 복구비용이 선박의 정상가액을 초과되리라고 예상될 경우

둘째, 담보위험으로 인하여 선박이 심하게 손상되어 수리비용이 수리가 된 후의 선박의 정상가액을 초과할 것으로 판단되는 경우

셋째, 담보위험으로 인하여 화물이 심하게 손상되어 수선비용과 목적지까지 운반비용이 도착시의 화물가액을 초과할 것으로 판단되는 경우에는 추정전손으로 인정된다.

즉 보험목적물의 현실전손이 불가피한 것으로 보이거나 또는 현실전손을 면하기 위하여 지출한 비용이 보험가액을 초과할 것으로 판단되기 때문에 보험목적물을 합리적으로 위부(Abandonment)하는 조건으로 보험자가 이를 현실전손과 마찬가지로 처리하게 되는 전손을 추정전손이라 한다.

㉠ 위부(Abandonment)의 개념 : 추정전손의사유가 발생하여 피보험자가 보험목적물에 대한 일체의 권리를 포기하고 보험자에게 이전하여 그 대신 전손에 해당하는 보험금을 청구하는 행위를 말한다. 우리나라 상법에서는 위부의 경우에는 선박이 침몰한때, 선박의 행방이 불명일 때, 선박이 수선할 수 없게 된 때, 선박이 포획된

때, 선박이 관공서에 압수되어 6개월 이상 환부되지 아니한 때라고 규정하고 있다.

따라서 피보험자의 위부 의사표시를 보험자가 승낙하게 되면 추정전손이 성립되고 만약 이를 거절하게 되면 분손으로 처리된다.

㉡ 대위(Subrogation)의 개념 : 손해보험에서는 보험자가 전손보험금을 지급하면 보험목적물에 관련되는 일체의 권리를 피보험자로부터 승계받는 것을 대위의 원칙이라 한다.

즉 보험목적물에 대한 대위는 보험자가 전손보험금을 지급하면 자동적으로 피보험자의 권리를 대신 취득하게 되어 피보험자의 권리이전에 대한 의사표시가 필요 없다. 하지만 보험자는 대위의 원칙에 의해 보험목적물을 소유함으로써 그에 부수되는 의무를 부담하는 경우가 생기는데 이러한 경우에는 보험목적물에 대한 대위권을 포기한다.

해상보험법상에서는 선박의 추정전손을 다음과 같이 규정하고 있다.

i) 선박의 소유권 박탈 : 첫째, 피보험자가 선박에 대한 자신의 소유권을 박탈당하고 현실적으로 이를 회복할 가능성이 전혀 없을 경우

둘째, 자신의 소유권을 박탈당한 후 이를 회복하는데 소요되는 비용이 선박의 정상가액을 초과하는 경우

셋째, 피보험자의 선박이 적에게 포획되는 경우인데, 여기서의 포획이라 함은 전시에 교전국의 군함이 상선을 탈취하여 자기들의 지배하에 두는 나포(拿捕)를 말하는데, 즉 선박이 나포될 경우에는 적국에 몰수될지 석방될지를 판단하기 어렵기 때문에 소유권을 회복할 가능성이 없다고 보고 추정전손으로 처리하게 된다.

ii) 선박의 손상 : 선박이 심하게 손상되어 수리하는 비용이 수리했을때의 선박가액을 초과하리라고 예상되는 경우에도 추정

전손이 성립된다. 즉 선박의 손상으로 추정전손이 성립될 수 있느냐의 여부는 수리비와 수선 후 선박가액과의 비교에 달려 있다.

2) 분손(Partial Loss=average)

분손이란 전손에 대응되는 개념으로서 피보험이익의 일부가 멸실(loss), 손상(demage) 또는 회복의 가망이 없어 상실됨으로써 발생하는 손해이다.

① 단독해손(Particular Average) : 공동해손에 대응되는 의미로서 공동해손손해가 아닌 분손을 의미한다. 다시 말해 보험자가 부담하는 보험의 목적물이 일부 멸실되거나 손상되어 그 손해를 피보험자가 단독으로 부담하게 되는 분손을 말한다.

② 공동해손(Generage Average) : 공동의 안전을 위하여 이루어진 행위를 말하며, 즉 선박, 화물, 기타 해상사업과 관련되는 단체에 공동의 위험이 발생했을 경우에 그 위험을 제거하거나 경감시키기 위하여 선체나 장비 및 화물 등의 일부를 희생한다거나 또는 필요한 경비를 지출하였을 때 이러한 손해와 경비를 공동해손이라 한다.

㉠ 공동해손의 성립요건 : 공동해손에 관한 요크-앤트워프(York-Antwerp) 규칙(제A조)은 공동해손을 다음과 같이 규정하고 있다.
공동의 해상사업에 속하는 재산을 위험으로부터 구제하려는 목적으로 공동의 안전을 위하여 이례적인 희생이나 비용이 임의적으로 그리고 합리적으로 발생하는 경우에 한해서만 공동해손행위가 존재한다. 따라서 이 규정에 의하면 공동해손이 성립되기 위해서는 다음과 같은 조건이 필요하다. 첫째, 공동희생손해나 비용손해는 이례적이어야 한다. 둘째, 공동해손손해는 임의적이어야 한다. 셋째, 공동해손손해는 합리적이어야 한다. 넷째, 공동해손손해의 위험은 현실적이어야 한다. 다섯째, 공동해손손해의 위험은 항해단체 모두를 위협하는 것이어야 한다.

㉡ 공동해손의 적격범위 : 공동해손의 적격범위는 York-Antwerp에 의

거 다음과 같이 규정되어 있다.

첫째, 적하의 투하(Jettison of Cargo)인데 이것은 선박을 가볍게 하기 위하여 선박의 부속물, 화물 등을 바다에 고의적으로 버리는 행위를 말한다.

둘째, 투하로 인한 손상(Damage by Jettison and Sacrifice for the Common Safety)으로서 공동의 안전을 위하여 선박과 화물 등이 손상된 부분과 투하하기 위하여 일시적으로 개방했던 해치(Hatch)라든가 혹은 기타 다른 열린 문으로 바닷물이 유입되어 선박이나 화물이 등이 입은 손해도 공동해손으로 인정된다.

셋째, 선박의 소화작업(Extinguishing Fire on Shipboard)으로서 이것은 선박의 화재를 진압하기 위하여 물을 사용함으로서 선박이나 화물에 손상이 가해졌을 때를 말하며, 또 화재가 난 선박을 해안으로 인양하는 과정에서 선박에 구멍을 뚫음으로서 생기는 손해 등도 공동해손으로 처리된다.

넷째, 기계 및 기관손해(Damage to Machinery and Boilers)는 공동의 안전을 위하여 강제로 선박을 인양하는 과정에서 선박의 기계 및 기관고장이 발생하였을 때의 손해를 말한다.

다섯째, 임의좌초(Voluntary Stranding)는 선박의 화재를 진압하기 위하여 고의적으로 선박을 얕은 해안에 올라앉게 한 경우 또는 선박이 피치 못할 그 당시의 사정으로 인하여 해안이나 암초에 얹히게 된 경우인데 이것 모두 고의적인 좌초에 의해 선박이나 화물 등이 입은 손해에 대해서는 공동해손으로 인정된다.

여섯째, 하역작업중에 발생하는 손해(Damage to Cargo in Discharging) 피난항에서 화물, 연료, 저장품 등을 하역이나 재선적하는 과정에서 발생하는 손해도 공동해손으로 처리된다.

일곱째, 운임의 희생손해(Loss of Freight)는 공동해손으로 인하여 운임이 상실되는 경우에는 운임의 희생손해가 성립된다.

3) 적하보험약관

무역가격조건상 수출업자가 수입업자를 위하여 해상적하보험에 부보해야 하는 CIF조건이나 해상보험이 아닌 운송보험에 부보해야 하는 CIP 조건과 같은 경우에는 수출업자는 어떤 보험약관에 의해 부보해야 하는가에 따라 수출업자가 지불해야 하는 보험료(insurance premium)도 각기 상이하며 수출업자의 비용부담도 달라진다.

▌표 11-3▐ I.C.C. (A),(B),(C) 조건비교

	약 관 내 용	A	B	C	조항
담보위험	• 하기의 원인에 합리적으로 기인하는 보험목적물의 멸실·손상				1조
	1. 화재 또는 폭발	○	○	○	
	2. 본선 또는 부선의 좌초, 교사, 침몰, 전복	○	○	○	
	3. 육상 운송용구의 전복, 탈선	○	○	○	
	4. 본선, 부선, 운송용구의 타물체와의 충돌, 접촉	○	○	○	
	5. 피난항에서의 화물의 임하	○	○	○	
	6. 지진, 화산의 분화, 낙뢰	○	○	○	
	• 하기의 사유에 근인해서 생긴 보험목적물의 멸실·손상				
	1. 공동해손 희생손해	○	○	○	
	2. 투하	○	○	○	
	3. 갑판유실	○	○	×	
	4. 본선, 부선, 선창, 운송용구, 컨테이너, 지게자동차 또는 보관장소에 해수, 호수, 강수의 침입	○	○	×	
	5. 선적, 하역 중 포장당 추락전손	○	○	×	
	• 상기 이외의 보험목적에서 발생한 일체의 멸실·손상	○	×	×	
	• 공동해손, 구조료(면책위험과 관련된 것 제외)	○	○	○	2조
	• 쌍방과실 충돌	○	○	○	3조

면책위험	• 어떠한 경우에도 다음의 사유로 생긴 멸실·손상은 담보하지 않음 1. 피보험자의 고의의 위법행위 2. 통상의 누손, 통상의 중량과 용량의 부족 또는 자연소모 3. 포장불완전 또는 부적합(이 경우 포장은 컨테이너, 리프트밴에 적재하는 것 포함. 단, 이 적재는 위험이 개시되기 전에 행하여지거나 피보험자 혹은 그 사용인에 의해 행해진 것에 한함) 4. 피보험목적의 고유의 하자, 성질 5. 담보위험에 의한 지연이라도 지연을 근인으로 한 멸실, 손상, 비용 6. 선주, 관리자, 용선자, 운항자의 파산 또는 재정상 채무 불이행 7. 피보험목적에 대한 어떤 자의 불법행위에 의한 고의적인 손상, 파괴 8. 원자력, 핵무기의 사용	× × × × × × ○ ×	× × × × × × × ×	× × × × × × × ×	4조
	9. 선박, 부선의 불내항 및 부적합	×	×	×	5조
	10. 전쟁위험	×	×	×	6조
	11. 동맹파업 위험	×	×	×	7조

*주 : '○'표는 담보, '×'는 부담보의 의미임.

해상적하보험(marine cargo insurance)의 경우에는 「런던보험자협회」(The Institute of London Underwriters)가 제정한 정형적인 보험약관들이 있는데 이를 ICC(Institute Cargo Clause : 협회적하약관)라 부른다.

이러한 ICC들에는 기본적인 약관으로 FPA(Free from Particular Average : 단독해손부담보약관 또는 분손부담보약관)와 W/A(With Average : 분손담보약관) 및 A/R(All Risk : 전위험담보약관)이 있고 이 밖에 추가약관(additional or marginal clause)이 있으며, 1981년에 전면 개편되어 FPA와 유사한 ICC(C), W/A와 유사한 ICC(B), A/R과 유사한 ICC(A)등의 신약관이 등장했다.

현재는 구약관과 신약관이 혼용되고 있다. FPA 또는 ICC(C)약관은 담보하는 손해의 정도가 가장 좁아 보험료가 가장 싸며 A/R와 ICC(A)의 담보범위는 반대로 가장 넓은 반면 보험료는 비싸다.

그리고 무역에서는 보험금액(insured amount, sum insured) 즉, 보험회사의 보상책임 한도액을 보통 송장금액(invoice amount)의 110%로 하는 것이 보통이다.

7. 포장조건(terms of packing)

곡물류나 광물류 등의 살화물(Bulk Goods)이나 자동차나 선박 등의 일부 비포장개체 물품을 제외하고 대부분의 물품은 포장을 필요로 하고 있다.

물품의 포장은 물품의 운송이나 보관 또는 거래 기타 유통함에 있어 물품의 내용이나 외형의 보호 즉 질적보호와 양적보호를 통하여 그 가치를 보존하게 함과 아울러 그 물품이 당해 거래 또는 수송의 목적물임을 외관상으로 쉽게 판별할 수 있게 하기 위하여 행해지는 공정을 뜻한다.

(1) 포장재 선택

첫째, Dozen, Gross 등의 몇몇을 최소단위로 하여 개별적으로 포장하는 개장(Unitary Packing).

둘째, 개장물품의 수송이나 화물취급(Cargo Dealing)에 편리하도록 수 개의 개장을 합하여 포장하는 내장(Interior Packing, Inner Protection).

셋째, 수송중에 일어날 수 있는 변질이나 파손 또는 유실이나 도난 따위는 미연에 방지하고 화물취급을 편리하게 할 수 있도록 매내장별로 또는 수 개의 내장을 합쳐서 보다 큰 단위로 포장하는 외장(Outer Packing) 등이 있다.

수출포장은 이를 충분히 튼튼하게 하여야 하나 화물의 중량 및 용적이 필요 이상으로 크게 되면 운송비의 부담이 커지게 된다.

따라서 수출포장시에는 ① 가볍고, ② 부피가 적고, ③ 튼튼하고, ④ 값싸고, ⑤ 보기 좋은 것으로 하되, 수출상품의 종류·성질 또는 도착지와 운송도중의 기후와 환적의 횟수 및 도착국의 화물포장 등에 관한 법규 및 상관습 그리고 포장비, 운임 등을 충분히 고려하여 가장 합리적이고 안전한 포장을 하여야 함은 물론이고 계약시 어떤 포장소재(Tare)를 선택할 것인가에 대하여 미리 약정해 두어야 한다.

(2) 포장의 종류

▌표 11-4 ▌ 포장의 종류

구분	포장 종류	재질	포장명	略 號	포장대상 물품
용기포장	상자	나무	wooden box;case; chest	W/B;	식료품, 손상하기 쉬운 잡화, 홍차
		종이	carton	C/S CST	가벼운 일반잡화
		금속지	tin-lined case	C/;CTN	통조림
		투시상자	crate;skelton case	C/S CRT	자동차,
	베일 (bale)	마	burlaphessian cloth	-	면사, 원모
		압축베일	pressed bale	BL	원면
		가마니	straw mat	-	쌀
	부대 (bag)	마대	gunny bag	BG	미곡, 잡곡
		면대	sack	SK	소맥
		지대	paper made bag	BT	시멘트, 석회
		폴리에치렌	polyethylene bag	BG	소금, 사료, 분말약품
	통	나무통(大)	barrel	BRL	술, 간장
		나무통(中)	caslk	CSK	염료
		나무통(小)	keg	KG	못, 볼트
	특수 용기	드럼·관	drum	DR	화공약품, 유지
		양철관	tin;can	-	석유, 통조림
		옹기·유리	jar;pot;carboy	-	유산, 음료수
		대나무	basket;hamper	BKT	과일
		철제원통	cylinder;iron flask	-	탄소
무용기포장	두루마리		roll;coil	RL;CL	철판, 신문지, 철사
	다발		bundle	BDL	철근
	궤		ingot	-	철강, 알미늄

포장의 종류별로 어떤 물품에 사용되는지는 다음의 ▮표 11-4▮를 참조하여 포장종류를 약정하여야 한다.

(3) 화인(shipping mark, loading mark, cargo mark)

화인이란 수출화물의 외장에 기입하는 특정의 기호, 목적지, 번호 기타의 표지를 총칭한다. 포장 표면에 화인을 하는 목적은 운송인 및 그 관계자로 하여금 이들 기호로 자기 취급 화물 및 기타 화물을 용이하게 구별하고, 산적된 양륙화물 중에서 어느 화물이 수화인의 것인가를 선하증권이나 송장과 대조하여 용이하게 식별하는 데 있다.

그러므로 아무리 포장화물이 완전하더라도 이 화인이 불명료하면 완전한 포장이라 할 수 없다.

이러한 화인의 내용을 구성하고 있는 일반적인 화물표지의 명칭은 다음과 같다.

1) 주화인(주표지, main mark, principal mark)

수출화물의 대표적인 화물표지로서 원형, 삼각형, 사각형, 마름모 등의 특정한 기호(symbol)를 표시하고 그 안에 송화인 또는 수화인의 상호 등의 약자를 삽입한다.

2) 도착항표시(port mark)

주표시 바로 밑에 해당 화물의 도착지 혹은 도착항의 이름을 표시함으로써 화물의 잘못 운송됨을 사전에 방지하기 위함이다.

3) 부화인(부표지, counter mark)

주화인에 부수되는 것으로서 동종 상품에 여러 제조업자의 상품이 섞여 있을 경우 제조업자별로 식별하기 위해 필요하다.

4) 품질표시(quality mark)

상품의 품질, 등급을 명확히 하기 위해서 붙이는 부속기호이다.

5) **화물번호**(case number)

각 화물을 송장이나 적하목록(Manifest : MF) 또는 기타 운송서류와 대조하거나 화물의 개수를 표시하기 위하여 매외장에 표시하는 일련번호이다.

6) **원산지표시**(country of origin mark)

상품의 생산지를 나타내는 것으로 'MADE IN KOREA'와 같은 방법으로 표시한다. 이는 수입국 통관시 세율의 적용을 위하여 필요하다.

7) **주의표지**(care mark, side mark, caution mark)

Cargo Handling에 있어서의 특히 주의할 사항을 경계적으로 표시하는 것으로, 외장의 측면에 표시하는 것이 일반적이다.

표 11-5 주의표지 문구

• Use no hook(갈고리 사용금지) • Do not drop(떨어뜨리지 말 것) • Do not turn over(뒤집지 말 것) • Keep dry(습기를 피할 것) • Keep from heat(열기를 피할 것)	• Keep cool(냉장 보관할 것) • Glass case(유리조심) • Fragile(깨지기 쉬움) • Open in dark place(암실에서 개봉할 것) • Dangerous Cargo(위험물)

이상에서 열거한 화인의 내용은 모두 표시해야 하는 것은 아니지만 그 중에서 Main Mark와 Port Mark 및 Case Number는 반드시 표시해야 하는 필수적인 것들이다. 특히, Port Mark가 누락된 화물을 무인화물(No Mark Cargo : NM)이라 한다.

▌그림 11-14▐ 화물표지의 예시

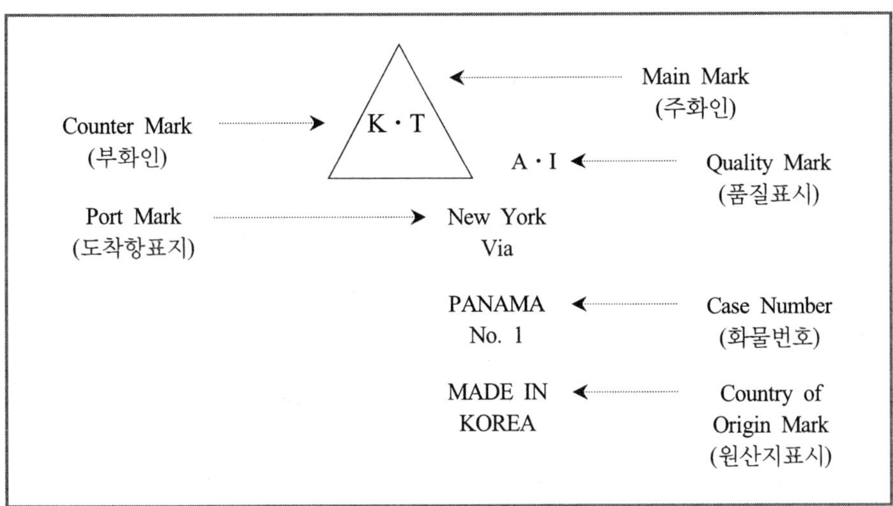

▌그림 11-15 ▌ 수출계약서와 약관

(수출계약서 예시)

ABC CO., LTD

Address :

Cable :
Telex :
T e l :
F a x :

SALES CONTRACT

ABC CO., LTD., as seller, hereby confirms having concluded the sales contract with you(your company), as Buyer, to sell following goods on the date and on the terms and conditions hereinafter set forth. The Buyer is hereby requested to sign and return the original attached.

MESSRS	CONTRACT DATE	CONTRACT NO.

COMMODITY DESCRIPTION	QUANTITY	UNIT PRICE	AMOUNT

Time of Shipment :
Port of Shipment :
Port of Destination :

Payment :
Insurance :
Packing :

Marking

Special Terms & Conditions :
Subject to the general terms and conditions set forth on back hereof :

Accepted by
(Buyer)

(Signature)

(Name & Title)

Date

ABC CO., LTD.
(Seller)

(Signature)

(Name & Title)

Date

General Terms and Conditions

1. Principal to Principal Basis : This Contract recognizes the fact that it is of a principal to principal basis between Seller and Buyer.
2. Quantity : Quantity is subject to a variation of five percent (5%) plus or minus at Seller's option.
3. Shipment : The date of bill of lading shall be taken as the conclusive date of shipment. Partial shipment and/or transshipment shall be permitted, unless otherwise stated on the face hereof. Seller shall not be responsible for nonshipment or late shipment in whole or in part by reason of Force Majeure, such as fires, floods, earthquakes, tempest, strikes, lockouts and other industrial disputes, mobilization, war, threat of war, riots, civil commotion, hostilities, blockade, requisition vessel, and any other contingencies beyond Seller's control.
4. Price : The price(s) is (are) on the rate of freight and insurance premium prevailing at the time of accepting the order, and any increase in the rate of freight and insurance premium at the time of shipment shall be borne by Buyer.
5. Inspection : Inspection performed under the export regulation of Korea is final respect of quality and/or conditions of the contracted goods, unless otherwise stated on the face hereof.
6. Trade Terms : the trade terms used in this Contract shall be governed and interpreted by the provisions of Incoterms(2000 edition) unless otherwise specifically stated.
7. Infringement : Buyer shall hold Seller harmless from liability for any infringement with regard to patent, trade mark, design and/or copyright originated or chosen by Buyer.
8. Claim : Any claim by Buyer must be made in writing fourteen (14) days of receipt of the goods at destination stated on the face hereof, and no claim will be recognized if they are used.
9. Arbitration : All disputes, controversies, or differences which may arise between Seller and Buyer, out of or in relation to or in connection with this contract, or for the breach thereof, shall be finally settled by arbitration in Seoul, Korea in accordance with the Commercial Arbitration Rules of the Korean Arbitration Board and under the Laws of Korea. The award rendered by the arbitrator(s) shall be final and binding upon both parties concerned.
10. Governing Law : This Contract shall be governed in all repects by the laws of Korea.

무역의 수출입절차

제1절 수출입 절차

수출입 절차(Export and Import Procedure)를 종합하여 요약하면 다음과 같다.

1) 수출상은 마케팅담당자, 무역협회, KOTRA, 주한 외국상무관실, 국내발간 해외홍보업체, 상업회의소, 상업흥신소, 외국환은행, 사업적 동반자, 기업명부, 인터넷 등을 통해서 해외 거래처를 물색하고 품목과 대상국가 및 잠재고객을 선정하여 서신, E-mail, Fax, Telex 등을 이용, 거래제의를 한다.
2) 해외 거래선의 잠재적인 선택 후 수출상은 예상 수입상에게 거래권유장(circular letter), 카달로그와 여타 필요한 정보를 동봉하여 송부함으로써 무역거래를 권유한다.
3) 거래를 권유받은 수입상은 다양한 정보를 면밀히 검토한 후 수출상과의 거래 관계 개설 조회서(inquiry)를 송부한다.
4) 수입상으로부터 조회서신을 받은 수출상은 수입상의 신용도와 사업방

식을 수입상의 관련 은행이나 신용조회 전문기업을 통해 신용상태를 조회한다. 불확실한 해외상황하에서 신용조회는 매우 중요하다.

5) 수출상은 신용조회처로부터 수입상의 신용상태와 사업상태에 관한 신용조회서를 받고 신용상태를 철저하게 점검한다.
6) 수출상은 수출가격 구성요소를 검토한다. 제조원가, 수출자의 이익, 수출비용, 인도비용(운임, 보험료 등), 결제비용, 정부의 규제비용 등을 면밀하게 검토한다. 수출가격의 구성과 결정요소는 다음과 같다.

▮ 표 12-1 ▮ 국내매입가격과 수출가격의 구성표

<table>
<tr><td rowspan="10">수출원가
(선적원가 C)
예) FAS
FOB</td><td rowspan="9">총 원 가</td><td rowspan="8">직접
원가</td><td>기본
원가</td><td colspan="3">국내매입가격</td></tr>
<tr><td rowspan="7">직접
경비</td><td>매입비용</td><td colspan="2">매입비용, 국내운송비,
국내운송보험료</td></tr>
<tr><td rowspan="4">수출제비용</td><td>선적제비용</td><td>수출포장비,
창고비, 운임,
통관비, 항구세,
부두창고비 등</td></tr>
<tr><td>검사제비용</td><td>검사비, 검량비,
검수비</td></tr>
<tr><td colspan="2">증명서 취득비용</td></tr>
<tr><td colspan="2">전신료, 잡비, 수수료</td></tr>
<tr><td>은행제비용</td><td colspan="2">금리, 외환비용</td></tr>
<tr><td>기타비용</td><td colspan="2">기타 예상비용</td></tr>
<tr><td>간접
원가</td><td colspan="4">간접판매비, 관리비</td></tr>
<tr><td>예상이익</td><td colspan="5">각 품목별, 지역별 예상이익</td></tr>
<tr><td colspan="7">선적원가(C) + 해상운임(F) = C&F 가격
C&F 가격 + 해상보험료(F) = CIF가격</td></tr>
</table>

수출입물품의 가격결정 요소는 대체로 다음과 같이 구분된다.

물품의 제조(생산)원가 + 이윤(희망이익) + 요소비용(부대비용)

제조(생산)원가는 앞의 '구성표'에서 나타내고 있으며, 희망이익은 상품과 지역에 따라서 달라질 수 있다.

그리고 요소비용은 다음과 같이 구성되어 있다.

① 포장비, ② 검사비, ③ 수출국 내에서의 내륙운송비(Inland Freight), ④ 부두사용 제비용, ⑤ 행정(승인, 추천)비용, ⑥ 선적(수출통관포함)비용, ⑦ 운송비, ⑧ 보험료, ⑨ 목적항 양하비(Unloading Charges), ⑩ 목적항 부두사용비용, ⑪ 수입관세, ⑫ 수입통관비용, ⑬ 수입국내 내륙운송비, ⑭ 각종 수수료 · 이자 · 외환비용, ⑮ 기타 영업비용과 잡비 등이다.

7) 수출상은 수입상에게 sample, 가격표 등과 함께 청약서(offer)를 송부한다.
8) 청약서에 대하여 수입상의 반대청약(counter offer)이 회송되어지고, 수입상은 수출상이 최적의 거래내용으로 확정청약을 발행할 것을 요청한다.
9) 수출상은 수입상으로부터 조회가 의뢰된 상품에 관하여, 수입상에게 공급하고 있는 업자들에게 가격과 품질 등을 조회하여 자사제품의 가격경쟁력과 품질경쟁력에 대하여 검토한다.
10) 공급업자로부터 답장을 받은 후, 수출상은 견적서를 작성한다.
11) 수출상은 수입상으로부터 받은 반대청약에 대하여 가격의 조정, 결제방법 등의 내용을 결정하고 확정청약을 송부한다.
12) 수입상은 수출상의 확정청약에 대하여 수정하고 싶은 내용이 있는 경우 다시 반대청약을 낸다. 무역거래에서 이러한 청약과 반대청약을 거치는 과정을 유효한 기한 이내에 수차례 반복될 수 있다.
13) 수출상은 수입상의 반대청약에 대하여 다시 새로운 확정청약을 보낸다.
14) 수입상은 확정청약을 통신수단을 통하여 최종 승낙하고 수출상에게 구매주문서를 송부한다.

15) 수출상은 수입상의 구매주문서에 대하여 물품의 매도를 확약하고 수입상과 매매계약서를 체결한다. 이상과 같은 절차는 현재 대부분이 인터넷무역 방식으로 이루어지고 있다.

16) 수입상은 대금결제방법을 신용장방식으로 정하였을 경우 자신의 거래 외국환은행을 통하여 수출상을 수익자로 하는 신용장 개설을 요청한다. 물론 추심방식(D/P, D/A)이나 송금방식 및 팩토링방식 등의 결제방식일 경우에 신용장 개설은 생략된다.

17) 수입국 소재 신용장 개설은행은 수출국에 소재하고 있는 해당 은행의 환거래은행(통지은행)에게 신용장의 개설을 SWIFT방식으로 전송하고, 이를 수출상에게 통지 해 주기를 의뢰한다.

18) 수입상은 수출상에게 신용장 개설 사실을 전신으로 알려준다.

19) 신용장 통지은행은 신용장의 진위여부를 확인한 후 수출상에게 신용장의 개설과 그 내용을 통지한다.

20) 신용장(master letter of credit)을 통지받은 수출상은 수출제한품목인 경우 관련기관에 신용장을 첨부하여 수출승인 신청서를 제출한다. 이 신청서의 모든 기재내용이 사실이고 정확한 것으로 판명되면, 관련기관에 의해서 수출승인서가 발행된다.

21) 수출상은 주문을 받은 물품을 통상 내국신용장(local letter of credit)이나 구매승인서, 외상거래 등을 통하여 국내의 공급업자들로부터 구매한다(원자재 국내구매 무역금융지원).

22) 필요한 경우에 수출상은 해외시장으로부터 수출품 제조를 위한 원자재를 수입하기 위하여 거래 외국환은행에 수입신용장 개설을 의뢰한다(원자재 해외수입 무역금융지원).

수입신용장이 개설되어 해외의 원자재 수출상에게 통지되면 해외 수출상이 거래은행을 통하여 운송서류를 국내의 원자재 수입상에게 보낸다. 국내의 원자재 수입상은 이를 수령하여 물품을 보세구역에 반입하고 수입통관절차를 완료한 후 국내로 반출하여 수출품 제조생산에 착수한다. 물론 국내에서 수출품의 조달이 가능한 경우에 이러한 수입신용장 개설 절차는 생략된다.

23) 수출상은 구매한 물품을 수출하기 위하여 포장과 화인을 표시하고, 선적신청서의 신청과 수출신고 신청을 위하여 상업송장 및 포장명세서를 작성한다.

24) 수출상은 매매계약서에 의거하여 필요한 경우에 선적화물의 용적과 중량에 관한 용적 · 중량증명서를 검량업체로부터 발급받는다.

25) 수출상은 선박회사에게 선복신청서를 통하여 선복신청을 한다.

26) 선복신청서에 대하여 선사로부터 선적지시서가 발급된다.

27) 수출상은 세관당국에 수출승인(필요한 경우에 이미 발급받은 수출승인서)을 첨부하여 수출신고서를 제출한다.

28) 수출신고를 받은 세관장은 신고사항을 확인하여 일정한 요건을 갖추었을 때 수출신고가 승인된 후 수출신고필증이 교부된다.

29) 수출상은 필요한 경우에 보험회사에 보험청약서를 제출함으로써 해상운송보험계약을 신청한다.

30) 무역거래자의 보험계약신청에 대하여 보험회사에서 보험증권 또는 보험증명서가 발행된다.

31) 수출상은 선적지시서와 수출신고필증을 제출하여 물품을 지정된 선박의 선상에 선적한다.

32) 화물의 선적이 완료된 후, 본선수취증(M/R)이 발급되고, 세관 관리에 의해 선적이 완료되어졌다고 하는 의미의 스템프 도장이 날인된 수출신고필증이 반환되어진다.

33) 선사로부터 본선수취증에 대하여 선하증권(B/L)이 발행되어진다.

34) 수출상은 신용장상에서 요구하는 상업송장, 선하증권, 보험증권, 포장명세서, 물품명세 및 부속서류 등의 요구서류를 준비한다.

35) 수출상은 필요시 증명된 영사송장, 원산지증명서, 검사증명서, 위생증명서 및 기타 증명서나 서류를 취득한다.

36) 수출상은 수취인(신용장 개설은행 혹은 개설의뢰인) 앞으로 신용장 조건과 엄격하게 일치하는 선하증권 전통, 보험증권, 상업송장 및 다른

필요 서류가 첨부된 화환어음을 발행한다.

37) 수출대금의 회수를 위하여 매입은행에 화환어음과 선적서류를 제시하여, 수출상은 매입은행으로부터 환어음의 대금(환가료와 기타 공제될 금액을 제외한 금액)을 수취한다.

38) 매입은행은 선하증권 전통이 동봉된 화환어음을 당해 은행의 환거래은행(신용장 개설은행)으로 송부하면 신용장방식의 경우에 개설은행은 서류를 심사한 후 모든 조건이 일치하면, 환어음의 지급조건이 일람불(At Sight)인 경우에 대금을 매입은행에 지급하고 기한부(Usance)인 경우에는 환어음을 인수한 후 만기일에 대금을 지급한다.

39) 수출상은 수입상에게 비유통성 선적서류 한통을 동봉하여 선적통지를 송부한다.

40) 신용장 개설은행은 매입은행으로부터 송부되어 도착된 서류가 신용장의 모든 조건과 일치하는지의 여부를 충분히 검토한 후에 환어음과 선적서류를 수입상에게 제시하여 대금을 청구한다.

41) 환어음을 제시받은 수입상은 동 어음이 지급도 조건(D/P) 또는 일람출급(At sight L/C)조건으로 발행된 경우에는 어음대금을 지급하고, 인수도 조건(D/A) 또는 기한부(Usance L/C)조건인 경우에는 환어음에 인수 서명을 기재한다.

42) 환어음의 지급이나 인수절차를 필한 후에 수입상은 은행으로부터 선적서류를 수취한다.

43) 수입상은 선하증권에 배서하여 선사에 제출하고, 선사로부터 화물인도지시서를 받는다.

44) 수입상은 관련기관에서 발급한 수입승인(필요한 경우)과 수출상의 송장, 물품명세, 필요시는 원산지증명서를 첨부하여 세관 당국에 수입신고서를 제출한다.

45) 관세 부과 대상 물품인 경우 수입관세를 납부하면 수입신고필증이 교부된다. 수입상은 통상 운송중개업자나 하역대리인을 통해서 수입신고필증과 함께 인도지시서를 첨부하여 수입통관신고서를 제출한다.

46) 통관허가서가 교부되면, 수입상은 보세구역으로부터 또는 선사로부터 직접 화물을 인도 받는다.

47) 만일 화물의 멸실 등으로 인하여 배상이 필요할 경우 수입상은 보험회사에 대하여 검정보고서, 보험증권 및 기타 필요한 서류들을 첨부하여 멸실이나 손상에 대한 클레임을 제기한다. 클레임은 이들 서류에 대하여 배상된다.

48) 수입상은 수입상품을 국내 고객에게 분배하여 판매한다.

49) 수입상은 어음이 무신용장 방식의 D/A조건인 경우에 추심은행으로 환어음의 만기일에 어음대금을 지급하고, 신용장 방식의 Usance조건으로 발행된 경우, 그 어음만기일에 신용장 개설은행에 어음대금을 지급한다.

무신용장 방식인 경우에 수입상의 거래은행(추심은행)은 물품대금을 수출국 소재의 추심의뢰은행에 통상 전신송금 방식으로 송금한다. 이에 따라 무역대금결제는 모두 끝나고 모든 수출입절차도 완료된다.

50) 수출상은 앞의 절차(22)의 수출용 원재료의 수입시 납부하였던 관세 등을 당해 원재료로 제품을 생산하여 수출 등에 제공된 때에 수출자에게 되돌려 주는 관세환급제도를 이용하여 관세환급을 받는다.

제 2절 수출절차

수출절차란 수출행위를 할 수 있는 자격을 획득한 자가 수출이 허용된 물품을 외국의 수입업자와 수출계약을 체결하고 물품의 수출에 관한 기본사항을 관리하는 대외무역법과 수출대금의 결제방법을 정한 외국환거래법에 따라 수출승인을 받은 후 통관절차 등을 규정한 관세법에 따른 세관통관절차를 거쳐 운송수단에 적재하고 최종적으로는 물품대금을 회수하게 되기까지의 일련의 행정적, 법규적, 상관습적 흐름의 단계를 말한다.

여기에서는 보편적인 거래형태인 화환신용장 방식을 중심으로 수출절차를 설명하고자 한다.

▮ 그림 12-1 ▮ 화환신용장방식에 의한 수출절차

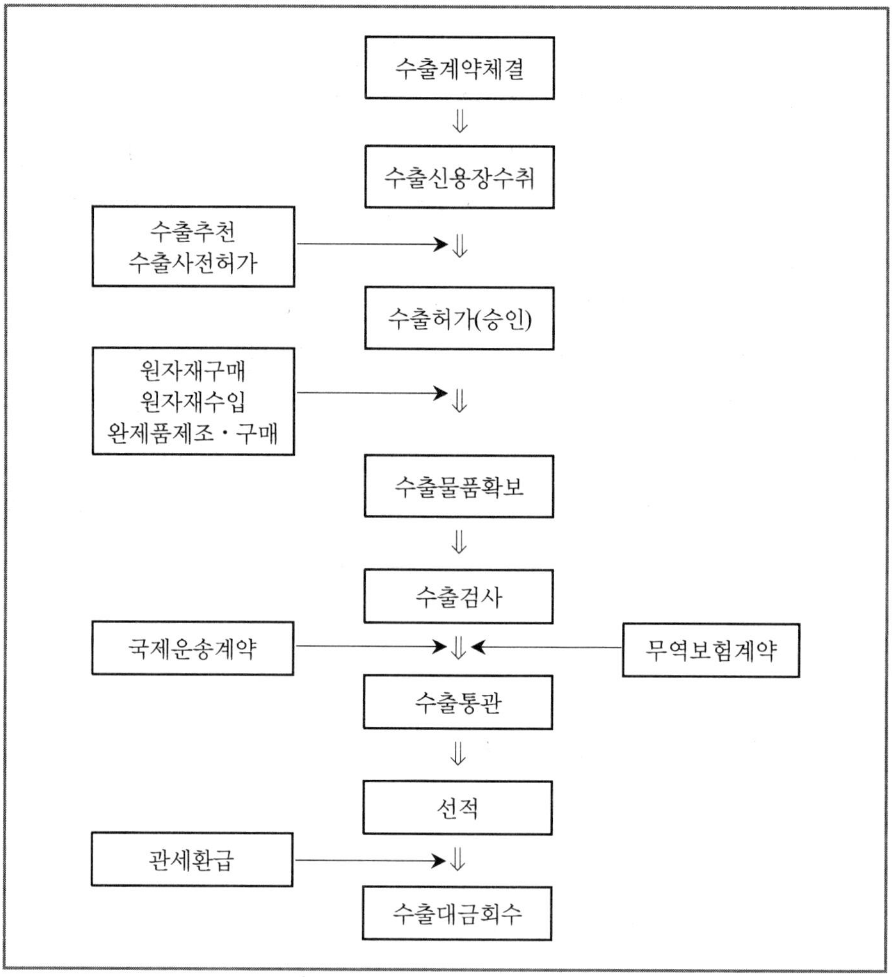

수출계약체결
⇓
수출신용장수취
⇓ ← 수출추천 / 수출사전허가
수출허가(승인)
⇓ ← 원자재구매 / 원자재수입 / 완제품제조 · 구매
수출물품확보
⇓
수출검사
⇓ ← 국제운송계약, 무역보험계약
수출통관
⇓
선적
⇓ ← 관세환급
수출대금회수

▮ 표 12-2 ▮ 수출의 절차(화환신용장방식)

수출절차	내용 및 필요정보	관련기관
1. 무역업 자유화	무역업 고유번호 신청	한국무역협회
2. 품목선정	무역통계, 상품별, 소비정보 각국별 유망품목 시장조사	각국 무역통계기관, 타 무역알선사이트 www.kotra.or.kr
3. 시장조사	국가별 무역통계, 상품정보 잠재구매력, 시장조사서 국가정보, 경제동향상품별 기호도	www.mofat.go.kr(외교통상부) D&B, 국제무역기구, 각국경제신문, Journal of Commerce, Newspage www.keip.go.kr(대외경제정책연구원)
4. 마켓팅	무역포탈등록, 일반포탈등록 홈페이지 제작, 배너광고관련업체 e-mailoff line 마켓팅 웹사이트 박람회 참여	무역전문포탈, 일반포탈 홈페이지 제작서비스, 광고주선, out-posting, 각국상공회의소(지역), 종합상사, 무역공사 등의 해외지사
5. 거래선 발굴	업체검색, off line 발굴 e-mail, internet phone, fax 거래알선 사이트 등록 홍보 circular letter(거래권유장) 송부 inquiry(거래조회서) 접수	무역전문 및 일반 포탈 종합상사, 무역공사 등의 지사 이메일, 인터넷폰, 인터넷팩스 KOTRA, 무역협회, 인터넷팩스 각국 상공회의소, World Trade Center World Trade Centers Association
6. 청약 및 승낙	offer, counter offer, acceptance	이메일, 인터넷폰, 팩스, 텔렉스 등
7. 거래제의 업체 신용조사	character, capital, capacity, country, currency 등에 관한 조사	KOMPASS, D&B 등 종합상사, 수출보험공사 등의 지사 신용보증기금, 무역진흥공사 수출입은행

수출절차	내용 및 필요정보	관련기관
8. 거래조건합의	통신수단 활용, 결제통화 및 환율, 환위험회피 방안 결제방식, 가격, 품질, 수량 등 정형거래조건(Incoterms 2000), 물류비, 견본 송부 관세, 시장가격, 해외출장 등	이메일, 인터넷폰, 팩스, 화상회의, 은행상담, 환리스크관리, 송금, 추심, 신용장, 채산성분석, 거래조건의 결정, 물류회사(해운사, 택배사 등), 관세정보기관, 시장조사기관 등
9. 무역계약체결	계약서 내용 검토(개별조항, 일반조항), 전자서명	전자서명 또는 인증서비스
10. 수출신용장 수취 등	수출대금 회수의 안전성 검토 신용장의 내용 검토	SWIFT, EDI 등
11. 수출승인 (필요시)	수출입공고, 별도공고, 통합공고상 제한품목에 해당하는 경우	관련부처나 단체에서 승인 예 의류 : 한국의류산업협회
12. 수출상품 제조 및 확보	직접생산, 수출용 원자재 및 완제품 확보 원자재수입자금 : 수입신용장 원자재구매자금 : Local L/C, 구매승인서 생산자금	SWIFT, EDI 등 은행
13. 해상운송 및 보험	선박수배, 필요시 수출보험 부보(수출보험공사), 보험조건검토	해운사, 물류사, 보험회사
14. 통관 및 선적	수출물품 보세구역 반입, 통관절차 완료후 수출신고필증 발급, 본선 적재후 선화증권 전자 발행	해운사, 물류사, 관세사, Forwarder
15. 서류매입 (Negotiation)	운송서류 준비 필요시 원산지 증명서 (시, 도, 상공회의소) EDI결제	은행, KTNET
16. 관세환급	수출용 원자재 관세환급	세관
17. 사후관리	제한품목과 특정거래형태의 사후관리, 대금회수 사후관리	해당 법규 내용

수출절차에 따른 검토사항과 구비서류는 ▌표 12-3▐ 과 같다.

▌표 12-3▐ 수출절차와 구비서류

<table>
<tr><th>검토사항</th><th colspan="3">절차(신용장 방식)</th><th>구비서류</th></tr>
<tr><td>매매계약서의 각 조항 확인</td><td colspan="3">1. 매매계약 체결</td><td></td></tr>
<tr><td>신용장내도시 주요 검토사항
① 계약내용과의 일치여부
② 취소불능인지의 여부
③ 개설은행의 신용상태 확인
④ 특수조건 및 주의조건 확인
⑤ 지급확약 문구
⑥ 오자, 탈자 확인</td><td colspan="3">2. 수출신용장 내도</td><td></td></tr>
<tr><td>• 수출승인대상검토
• 수출입공고, 별도공고에 의하여 수출이 제한된 물품인지의 여부</td><td colspan="3">3. 수출승인
(수출제한품목인 경우)</td><td>① 수출승인신청서
② 수출신용장 또는 계약서 사본
③ 기타 승인기관의 요구서류</td></tr>
<tr><td></td><td colspan="3">4. 수출물품확보</td><td></td></tr>
<tr><td>수출업자의 물품 준비 방법</td><td>①
원자재
수입
계약</td><td>②
원자재
구매
계약</td><td>③
완제품
구매
계약</td><td></td></tr>
<tr><td rowspan="2">원산지증명서발급기관
① 원산지증명서 : 상공회의소
② GSP원산지증명서 : 각 시, 도청</td><td>수입
L/C
개설</td><td rowspan="4">내국
신용장
개설
↓
물품
인수</td><td rowspan="4">내국
신용장
개설
↓
물품
인수</td><td rowspan="2">수입신고시 구비서류
① 수입신고서
② 수입승인서(해당되는 경우)
③ 가격신고서(Invoice)
④ 기타 수입통관에 필요한 서류</td></tr>
<tr><td>소요
량
증명</td></tr>
<tr><td>• 외국으로부터의 원자재 수입
• 수입신용장의 조건일치 여부 확인</td><td>운송
서류
내도</td><td></td></tr>
<tr><td></td><td>물품
보세
구역
반입</td><td></td></tr>
</table>

검토사항	절차(신용장 방식)	구비서류
관세납부 후 환급 받음	수입 통관	
	5. 물품제조생산	
	6. 수출물품의 보세구역 장치	수출신고시 구비서류 ① 수출신고서 ② 수출승인서(해당되는 경우) ③ 상업송장 및 포장명세서 ④ 기타 수출통관에 필요한 서류
수출물품의 통관 준비	7. 수출통관	
선복수배, 보험가입 여부	8. 물품선적	수리일로부터 30일 이내에 선적
(서류매입) 의뢰	9. 수출대금회수	신용장에서 요구하는 서류
관세환급을 위한 수출이행 수출용원재료 또는 내수용으로 수입하였는지 여부에 불문하고 수입면허일로부터 1년 6개월 이내에 수출하여야 함	10. 관세환급	① 수출신고필증 ② 납세사실증명서 ③ 소요량계산서 ④ 환급신청서
수출제한품목, 특정거래형태 대금회수가 완료되지 않은 거래	11. 사후관리	수출신고필증, 소요량계산서 등

제 3절 수입절차

수입절차는 수입상이 수출상과 수입계약을 체결하고 수입계약서인 물품매도확약서에 의하여 필요시 수입승인을 받고 외국환은행에 수입신용장을 개설한 후 수입화물과 선적서류가 신용장 개설은행에 내도되면, 물품대금을

▮ 그림 12-2 ▮ 화환신용장방식에 의한 수입절차

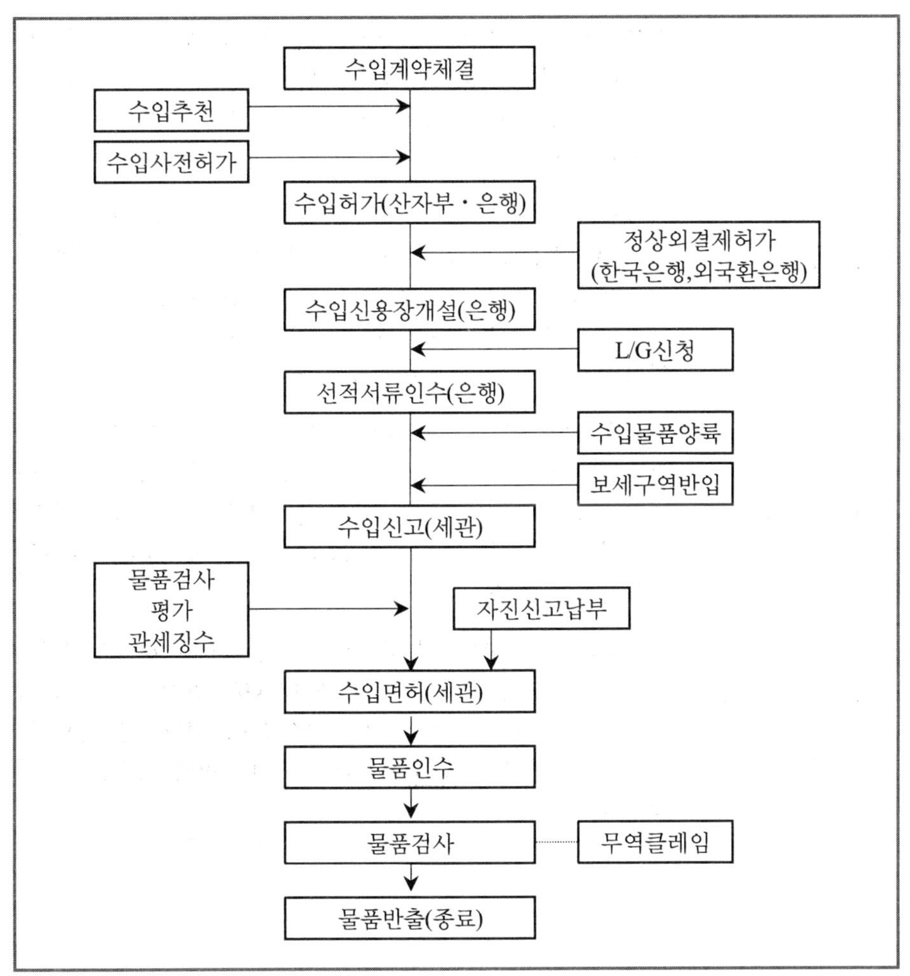

지급하고 수입통관을 거쳐 수입화물을 인취하기까지의 일련의 절차를 말한다.

이하에서는 수출절차의 경우와 마찬가지로 일람출급 화환신용장에 의한 수입을 중심으로 일반적인 수입절차를 설명하고자 한다.

▮ 표 12-4 ▮ 수입의 절차

수입절차	주 요 내 용
1. 수입계약체결	가장 적합한 seller와 수입계약을 체결, 통상 외국 수출상으로부터 확정물품매도확약서(Firm Offer)를 받은 후 이를 승낙(Acceptance)하여 수입계약을 체결한다.
2. 수입승인 (필요시)	수출입공고, 통합공고 등에서 수입이 제한되는 품목인 경우 관련기관의 수입승인을 득한다. 한편, 수입하고자 하는 물품이 통합공고 상 수입제한 물품인 경우 주무부처의 사전허가를 얻는다.
3. 수입신용장 개설	지급확약의 방식으로 L/C개설을 위하여 신용장개설신청서에 제 조건을 간단, 명료, 정확하게 그리고 수입계약서와 수입승인서의 조건과 일치되게 작성하여야 한다. 개설은행은 신속한 방법으로 통지은행을 통하여 수익자(수출업자)에게 신용장개설 사실을 통지한다.
4. 운송서류내도	개설은행은 송부되어진 선화증권 등 서류가 신용장 제 조건과 일치하는지 여부를 심사한 후 수입자에게 운송서류 도착통지서를 송부(수입화물이 선적서류보다 먼저 도착된 경우에 수입화물선취보증서(Letter of Guarantee : L/G)를 활용하여 화물을 인수한다.
5. 수입대금결재 및 서류인수	수입상은 개설은행의 선적서류 도착일 익일부터 7은행 영업일 이내에 자기자금으로 결제하거나(일반재 등) 무역금융규정에 의한 자금을 융자받아(수출용, 외화대출 등) 관련수수료를 납부하고 수입대금을 결제하면서 서류를 인도받는다.

6. 수입통관	선화증권을 선박회사에 제시하여 수입물품을 보세구역이나 타소장치장에 반입한 다음에 반입신고 후 30일 이내에 수입신고를 하여 관세 등을 납부하고 세관에서 소정의 절차를 거쳐 수입신고필증을 발급받는다.
7. 물품반출	보세구역에서 물품을 반출한다. 수출용원자재로 수입한 원료로 제조, 가공한 물품을 수출한 후 소요량증명서를 첨부하여 이미 납부한 관세를 환급 받을 수 있다.
8. 무역클레임과 중재	수입자가 수입물품의 변질, 품질불량, 수량부족 등으로 발생된 손해를 청구한다. 무역클레임의 해결방법에는 당사자간의 협상을 통한 화해, 제3자에 의한 알선, 조정, 중재, 소송이 있다.
9. 기타절차	해상보험계약 체결(FOB, CFR 등의 거래조건시) 등 수입업자의 이익을 위한 절차를 취한다.

▌표 12-5▐ 수입절차와 구비서류

검토사항	절차(신용장방식)	구비서류
	수입계약 체결	
수입승인대상검토 수출입공고, 별도공고에 의하여 수입이 제한된 물품 인지의 여부	수입승인 (수입제한품목인 경우)	① 수입승인신청서(필요시) ② 수입계약서/물품매도확약서 ③ 기타 필요한 서류
신용장내도시 주요 검토사항 ① 계약내용과의 일치여부 ② 신적기일과 유효기일 확인 ③ 분할선적과 환적의 확인 ④ 품목, 규격, 단가, 원산지, 가격조건 등 계약서 일치여부	신용장개설	① 수입신용장개설신청서 ② 은행거래약정서 ③ 수입승인서(필요시) ④ 물품매도확약서 ⑤ 기타 필요서류, 담보제공 등

LG 발급 ① L/G발급후에는 도착하는 서류에 하자가 있더라도 클레임을 제기할 수 없음 ② 일람후 정기출급조건의 기한부 신용장인 경우 기간 개시의 기산일이 L/G발급일임	선적서류 내도 및 대금결재	L/G 발급신청시 구비서류 ① 발급은행의 L/G 발행신청서 ② 선화증권 사본 ③ 상업송장 사본 ④ 화물도착통지서 ⑤ 기타 필요한 서류(각서 등)
수입신고시기 반입신고후 30일 이내에 수입신고를 이행하여야 함.	수입물품의 보세구역 반입 및 수입신고	수입신고시 구비서류 ① 수입신고서 ② 수입승인서(해당되는 경우) ③ 가격신고서(Invoice) ④ 선화증권 사본 ⑤ 기타 수입통관에 필요한 서류
외화획득용 원료수입 등	사후관리	외화획득 이행신고(수출신고필증)

제1절 신용장(信用狀)거래 실무

1. 신용장의 기본개념

(1) 신용장의 정의

신용장은 영어로 letter of credit 또는 단순히 credit라고도 하며, 통상 이를 축약하여 L/C라고 부르고 있다.

신용장이란 수입상을 개설의뢰인으로 하고 수출상을 수익자로 하여 수입상의 거래은행인 개설은행이 수입상의 요청과 지시에 따라 수출상 또는 그 지시인으로 하여금 신용장에 명기된 조건과 일치하는 운송서류를 제시하면 수입업자를 대신하여 지급의 이행 혹은 신용장에 의해 발행된 어음의 지급, 인수를 수출상 또는 어음매입은행 및 선의의 소지인에게 확약하는 증서이다.

환언하면 신용장이란 물품의 수입업자인 신용장 개설의뢰인의 요청과 지시에 따라 개설되며 신용장에서 요구하는 서류의 제시가 있고 제시된 서류가 신용장조건을 충족하는 경우에만 개설은행이 지급을 확약, 보증하는 조건부 지급확약증서이다.("은행의 조건부 지급확약"-Conditional bank undertaking of payment)

또 신용장통일규칙에서는 신용장의 정의를 다음과 같이 규정하고 있다.

"본 규칙에서 '화환신용장' 및 '보증신용장'이라는 표현(이하 '신용장' 이라 칭함)은 그 명칭이나 표현이 어떻게 되어 있다 하더라도 고객(신용장 발행의뢰인)의 요청과 지시에 따르거나 또는 은행 스스로를 위하여 행동하는 은행(발행은행)이 신용장의 제조건과 일치하는 명시된 서류와 상환으로 제3자(수익자) 또는 수익자가 지시하는 자에게 지급하거나, 수익자가 발행한 환어음(어음)을 인수 및 지급하거나 또는 다른 은행으로 하여금 이러한 지급을 이행하도록 하거나, 또는 이러한 환어음(어음)을 인수 및 지급하도록 수권하거나, 또는 다른 은행으로 하여금 매입하도록 수권하는 모든 약정을 의미한다.

(2) 신용장의 기능

1) 대금결제의 조건부 지급확약기능

신용장방식의 무역거래에는 공신력이 있는 제3자인 신용장 개설은행이 수입업자를 대신하여 신용장을 발행하고 수출업자로 하여금 신용장 상에 기재되어 있는 제조건과 일치하는 서류를 제시하게 하면서 상품대금지급을 확약한다. 그리하여 수출업자에게는 무역대금을 수령하기 전에 매매계약 상품을 선적하게 됨에 따른 매매대금의 회수에 대한 불안감을 해소시켜주고, 수입업자에게는 수출업자로 하여금 신용장의 제반 조건과 일치하는 서류를 제시하게 하여 그 선적서류를 인수한 후에 발행은행에 무역대금을 지불하게 하여 상품의 인수전에 대금지급을 하게 되는 상품인수의 불확실성에 따르는 위험을 해소시켜 주게 된다.

2) 금융기능의 제반 편의 제공

수입업자의 거래은행인 신용장 개설은행은 신용장을 발행하는 그 행위자체가 중요한 신용의 편의를 제공하는 기능을 담당하고 있으며, 신용장방식의 무역거래는 다음과 같은 여러 가지 기능을 창조하게 되는 것이다.

첫째, 무역금융 편의 기능이다.

수출업자와 수입업자에게 금융의 편의, 즉 자금을 일시적으로 사용하게 되는 금융편의를 수혜 받을 수 있다.

둘째, 수출입 거래의 자동결제 기능이다.

신용장 거래에서 수반되는 금융편의는 자금을 일시적으로 사용한 후에, 제공받았던 금융을 서류의 매입시점에서 자동적으로 상환하게 되는 특징을 지니고 있다.

셋째, 선적서류 매입 편의 기능이다.

신용장거래에서는 수출상이 상품을 선적하고 신용장상에 명시된 제조건과 일치하는 소정의 운송서류를 은행에 제시함으로써 수출대금을 즉시 회수할 수 있다.

넷째, 선적서류 할인 편의 기능이다.

일정기일이 경과한 후에 무역대금을 지급하는 기한부거래인 경우에 수출업자는 신용장의 제조건과 일치하는 소정의 서류를 은행에 제시하여 약정된 소정기한에 해당하는 이자를 미리 공제하고 할인을 받는 형식으로 수출대금을 회수할 수 있다.

마지막으로 화물대도(Trust Receipt : T/R) 편의 기능이다.

신용장 발행은행이 수입환어음 내도시(來到時) 금융을 제공하여 수입환어음을 결제하도록 단기금융을 제공할 수 있다.

3) 상품의 적기입수가능 기능

수입상은 확실한 상품입수에 관하여 많은 위험, 즉 수입대금만 지급하고 상품입수를 못할 위험을 느끼게 된다.

따라서 수입상은 수입대금을 미리 지급하지 않고 자기가 요구한 상품의 소유권을 증명하는 선하증권 등의 운송서류를 입수할 때, 즉 신용장거래에서 신용장상에 서류의 제시기간과 최종선적기일 등을 기재하여 수입상이 원하는 시기에 상품을 입수할 수 있도록 조건을 명시하여 이러한 조건에 일치한 운송서류와 상환으로 수입대금을 결제하게 되므로 수입상품의 적기입수를 보장하여 준다.

(3) 신용장의 효용

신용장의 기능에 의하여 무역거래 주요당사자인 수출업자와 수입업자는 다음과 같은 여러 가지 편리한 효용을 지닐 수 있다.

1) 수출업자에게 유리한 점

① 수출업자는 신용장방식의 거래제도에 의하여 신용장 개설은행의 조건부 지급확약의 혜택을 받을 수 있기 때문에 수입업자의 지급거절이나 지급불능으로 인하여 계약대금을 회수할 수 없게 되는 신용위험(credit risk)을 회피할 수 있어 대금회수의 확실성을 기대할 수 있다. 그러므로 수출업자는 취소불능화환신용장을 통지받은 후에는 계약이 취소될 가능성이 없기 때문에 안정적인 수출계약 물품의 확보나 제조과정에 착수하여 생산 및 수출활동에 전념할 수 있다.

② 수출업자는 계약상품을 선적한 후 신용장상에 명시된 제조건과 일치하는 소정의 서류를 은행에 제시하여 매입을 의뢰함으로써 환가료와 관련수수료만 공제하고 즉시 계약대금을 회수할 수 있다. 따라서 수출업자는 현금의 흐름이 용이하게 되어 자금순환이 활발하게 이루어지게 된다.

③ 수출업자는 화환신용장을 일종의 신용장 개설은행의 지급확약과 결부된 담보성질을 제공하고 생산과정에 소요되는 필요한 자금이나 원자재의 구매자금 지원 혜택을 받을 수 있게 된다.

④ 신용상의 발행이 지니는 의미는 수입국의 수입제한이나 외환사정이 악화된다 하더라도 기존에 이미 발행된 신용장거래에 대하여는 규제를 하지 않는다는 것을 뜻한다.
그러므로 수출업자는 수입국의 수입규제나 외환관리 규제에 의하여

대금지급의 지연이나 수취불능의 위험으로부터 보호된다.

⑤ 수출업자는 수입업자의 신용상태에 관한 정보가 절실하게 필요하다. 수입업자의 신용상황을 계속적으로 파악하기에는 시간, 비용 및 노력이 많이 소요될 것이다.
하지만 신용장 개설은행은 개설의뢰인인 수입업자의 신용상태를 파악하고 신용장을 발행하기 때문에 수출업자가 개인적으로 직접 수입업자의 신용을 조사하지 않아도 된다.

2) 수입업자에게 유리한 점

① 수입업자는 신용장의 발행으로 수출업자에게 대금지급 불능의 위험이 감소됨을 시사하고 자신의 신용을 은행의 신용으로 전환하여 수출업자와 매매계약서를 작성할 때 상품의 가격 등 제반 무역거래조건을 유리하게 유도할 수 있으며 자신의 수입계획도 원활하게 진행할 수 있다.

② 신용장거래의 조건일치 성질에 따라 수입업자는 자신이 원하는 내용(최종 선적기일, 서류의 제시 기일 등)을 신용장상에 조건으로 기재하여 이를 충족시킬 수 있다. 그러므로 상품 입수시기를 선적기일의 명시로 필요한 시기에 적절한 수량만큼의 상품 입수가 가능하게 되어 자신의 판매전략을 수립할 수 있게 된다.
한편 제시할 소정서류에 품질검사증명서 등과 같은 서류를 삽입함으로써 계약상품의 내용과 일치하는 상품의 인수가 가능하다.

③ 신용장거래에서는 수입업자가 선적서류를 인수한 후에 계약대금을 지불하는 것이기 때문에 일반적으로 상품이 도착한 이후에 대금을 지불하게 된다. 따라서 수입업자는 선적시기부터 대금지급시기까지의 기간 동안 대금지불과 관련된 금융의 혜택을 받게 된다.
한편 기한부 신용장인 경우에 수입업자는 선적서류를 인수하고 상품을 판매한 후 그 대전으로 계약대금을 만기일에 결제할 수 있으므로 금융수혜의 기간은 더욱 연장되는 것이다.

④ 수입업자는 자신의 유동성이 부족할 경우에 거래은행과 기존 거래실적에 의한 신용을 이용하여 신용장개설의뢰를 하여 단기적 유동성 부족현상을 해소할 수 있다.

그리고 개설은행으로부터 수입화물대도(T/R)나 수입화물선취보증(Letter of Guarantee : L/G, Shipping Guarantee)제도를 이용하여 상품을 인수하고 판매하여 그 대전으로 수입대금을 결제할 수 있다.

(4) 신용장의 한계성

「신용장통일규칙」에 규정되어 있는 신용장거래의 독립성 및 추상성 원칙에서는 신용장은 매매계약으로부터 독립되어 있으며, 모든 관계당사자는 서류만을 가지고 거래를 하는 것임을 명백하게 규정하고 있다. 하지만 이러한 두 원칙에 기인하여 악용하는 사례와 사기행위가 빈번하게 발생하는 상호모순되는 특성도 함께 내재되어 있다. 이를 신용장의 한계성이라고 하는데 그 내용은 다음과 같다.

첫째, 신용장 개설이 반드시 계약된 상품이 입수된다고 보장하지는 않는다. 신용장조건과 불일치하는 서류의 제시 사유 이외에는 수입상은 매매계약 또는 기타 계약과의 불이행을 사유로 대금지급을 거절할 수는 없기 때문에 수입상 입장에서는 자신이 원하는 계약상품을 정확하게 인수한다는 확신을 가질 수 없다는 것이 신용장의 문제점으로 등장할 수 있게 된다.

물론 이러한 위험을 방지하기 위하여 신용장상에 제3자가 발행한 검사증명서 같은 것을 요구하기도 하지만 검사 후에 상품을 바꿔치기 한다면 수입상 입장에서는 여전히 적정한 계약품의 입수가 불안한 것이다.

둘째, 수출업자는 제시한 서류의 사소한 조건 불일치로 인한 피해를 면하기 어렵다.

신용장거래에서 수익자인 수출상은 성실하게 매매계약서의 내용을 준수하여 계약상품을 선적하고 계약사항을 모두 이행하였음에도 불구하고 제반서류 중에 선의에 의한 착오발생으로 기인한 경미한 기재상의 오류로 신용장에 명시된 조건과 일치하지 않을 경우에는 거절당하거나 상품가격의 할인을 요구 당하는 일이 발생할 수 있다.

셋째, 신용장은 독립된 완전무결한 지급수단이 될 수 없다.

신용장은 일종의 계약 성격을 지니고 있는 조건부 지급확약서라고 볼 수 있으며 그 자체가 완전하게 독립되어진 지급수단으로는 간주할 수 없는 것이다. 신용장상에 명시되어 있는 제반 조건과 일치하는 서류를 소정기일 내에 제시할 것을 조건으로 지급하겠다는 개설은행의 조건부 지급확약서라는 성격 때문에 수표나 어음과 같은 유통성이 부여된 독립된 지급수단은 아니다. 단지 신용장이라는 국제무역거래 지급방식은 수입상과 수출상이 상호간의 신의성실 원칙에 입각하여 원만한 계약이행을 위한 국제간의 상품거래를 수행할 수 있도록 뒷받침해 주는 편리한 수단에 불과한 것이다.

따라서 신용장을 완벽한 지급보증서라고 간주한다거나 절대적으로 대금의 지급을 보증하는 것이라고 오해하여서는 곤란하다.

상기와 같은 신용장의 한계 내지 문제점으로 인하여 신용장거래에서의 국제분쟁이 계속되어 발생하고 있다. 신용장상에 명시되어진 제 조건과의 일치여부를 둘러 싼 지급거절 사례가 많이 등장하고 있으며「신용장통일규칙 500」에서도 서류심사원칙에 관하여는 중요한 주제로 다루고 있다.

(5) 신용장의 당사자

신용장의 당사자란 신용장거래의 직·간접적인 권리와 의무를 갖는 자들로서 직접적인 권리와 의무를 갖는 자는 신용장개설의뢰인, 신용장개설(발행)은행, 수익자 및 신용장의 확인이 추가되는 경우에는 확인은행까지 이에 포함된다. 신용장거래의 직접적인 권리와 의무는 갖고 있지 않지만, 원활한 거래를 위하여 간접적으로 협조하거나 대행하는 역할을 담당하고 있는 간접적인 권리와 의무를 갖는 자들로서는 통지은행, 지급은행, 인수은행, 매입은행 및 상환은행 등을 들 수 있다.

1) 신용장개설의뢰인(Applicant for the credit)

신용장개설의뢰인은 매매계약의 당사자이며, 신용장개설은행의 고객으로서 신용장 개설의뢰시 개설은행에 현금예치 및 담보를 제공함으로써 신용장을 발행토록 신청하는 자이다. 이 경우 수입상을 신용장거래에서는 발행의뢰인(Applicant)이라 하고, 대부분 매수인(Buyer), 수입상(Import), 채무자(Accountee), 개설인(Opener)이라고 한다.

특히 UCP에서는 발행은행, 확인은행, 수익자만을 신용장조건 변경 또는 취소할 수 있는 당사자로 규정하고 있다고 하여 발행의뢰인이 제외될 것 같지만, 발행의뢰인의 요청에 따라 발행은행이 일단 신용장을 발행하게 되면 발행은행은 발행의뢰인의 의사가 포함되어 있는 것으로 보아야 할 것이다.

> UCP에서는 발행은행 · 확인은행 · 수익자만을 신용장 조건변경 또는 취소할 수 있는 당사자로 규정하고 있다고 하여 발행의뢰인이 제외된 것 같지만 발행의뢰인의 요청에 따라 발행은행이 일단 신용장을 발행하게 되면 발행은행은 발행의뢰인의 의사가 포함되어 있는 것으로 보아야 할 것이다.

2) 신용장개설은행(Issuing Bank, Opening Bank)

신용장개설의뢰인의 요청과 지시에 따라 신용장을 개설하여 수익자가 제시한 서류와 상환으로 지급 또는 발행한 환어음을 지급, 인수할 것을 확약하고 있는 은행으로서 화환어음의 지급에 있어 최종적인 책임을 부담하는 은행이다. 특히 발행은행은 대개 발행의뢰인(수입업자;매수인)의 주거래 은행이 되며, 수익자(수출업자)에 대하여 수출대금을 지급확약하는 자로서 환어음지급에 있어서 최종적인 책임을 진다는 의미(상환의무를 부담한다는 뜻)를 말한다.

발행은행은 개설은행(Opening Bank)이라고 하며, UCP상에는 "Issuing Bank"로 통용된다.

3) 수익자(Beneficiary)

신용장에 의거 대금의 지급을 받아 이익을 누리는 자로서 매매계약서상의 매도인인 수출업자가 된다. 신용장의 수익자는 신용장거래의 실질적인 수혜자로서 신용장에 제시된 조건에 따라 수입업자, 개설은행 또는 제3은행 앞으로 화환어음을 발행하고 신용장에서 요구하는 선적서류를 첨부하여 거래은행에 제시함으로써 화환어음에 대한 지급, 인수, 매입을 의뢰하는 자를 말한다. 다시 말해 매도인(Seller), 수출상(Exporter), 신용장 사용자(User), 환어음발행인(Drawer), 신용장수령인(Accreditee), 송화인(Shipper) 등으로 포기 되고 있다. 【☞ 미국 통일상법전에서는 "신용장조건에 따라 이와 일치하는 제시를 인수·지급되도록 청구할 수 있는 자를 말한다. 그러한 용어는 양도가능신용장에 따라 환어음의 발행권을 양도받은 자를 포함한다"라고 정의하고 있다. UCC, 5-102(d)(3) 】

4) 확인은행(confirming bank)

신용장을 발행한 개설은행은 일반적으로 대외공신력을 가진 은행이지만 수출업자가 공신력에 의문이 생길 경우 수출업자는 수입업자에게 제3의 세계적인 은행으로 하여금 당해 신용장을 보증해 줄 것을 요구하게 되는데, 이때 소정의 확인수수료(confirming fee)를 대가로 개설은행과 동일한 확약을 하는 은행을 확인은행이라 한다.

일반적으로 통지은행이 동시에 확인은행이 되고 있다. 따라서 확인은행은 수익자에 대하여 개설은행과 마찬가지로 상환청구권을 행사할 수 없으며 그 지급 등의 약속에 대하여 일차적인 책임을 지게 되는 것이다.

5) 통지은행(advising bank)

개설은행에 의하여 개설된 신용장은 대부분이 수익자의 소재지에 있는 그 개설은행의 본·지점이나 환거래계약은행을 경유하여 통지되는데 이 통지를 행하는 은행을 통지은행이라 부른다.(다른 말로는 Notifying Bank, Transmitting Bank라고도 한다.)

통지은행은 개설은행의 위탁을 받고서 수익자에게 신용장개설의 사실과 내용을 단순히 통지해 주는 은행으로 신용장에 대한 하등의 책임이나 의무를 지지 않는다.

그러나 그 통지은행은 자기가 통지하는 신용장의 외면상의 진정성을 증명하기 위하여 상당한 주의를 기울여야 할 의무가 있다.

> 발행은행측이 신용장을 수익자에게 직접 통지하는 경우에는 그 진위 여부를 확인하는 어려움이 있으므로 통지은행을 경유하도록 하여야 한다. 한국의 무역금융규정에서도 외국환은행들은 모든 신용장에 신용장 통지번호를 부여하도록 하여 은행경유를 의무화하고 있다.

6) 지급 · 인수 · 매입은행

개설은행의 지시와 신용장조건에 따라 환어음의 지급을 행하는 은행을 지급은행(paying bank)이라 하고, 기한부어음(usance draft)을 인수하는 은행을 인수은행(accepting bank)이라 하며, 수익자가 제시하는 환어음을 매입하는 은행을 매입은행(negotiating bank)이라 한다.

첫째, 지급은행(Paying Bank)은 개설은행 자신이나 개설은행의 예치환거래은행 또는 개설은행이 대금의 결제를 위하여 미리 전액을 위탁시켜 둔 은행만이 될 수 있다. 즉, 수익자가 제시한 서류에 대해서 직접 대금을 지급하여 주는 은행으로서 대금을 지급하도록 수권 받은 은행을 지급은행이라고 한다. 그러나 지급한 은행이 부담하게 되는 환어음의 최종적인 책임은 개설은행이 지게 됨으로써 지급은행은 통지은행과 같이 지급행위에 대해 그 이상의 책임을 부담하지 않는다.

둘째, 인수은행(Accepting Bank)은 은행에서 제시되는 어음이 일람불이 아니고 기한부(Usance Bill)인 경우에는 지급전에 기한부어음을 인수하는 하는 은행을 인수은행이라 한다. 인수은행은 인수행위에 대해 그 어음을 지급 만기일에 지급할 의무를 지게 된다.

또 인수은행에서 인수된 어음은 수출업자가 즉시 현금화를 원하게 되면 인수은행이 그 어음을 할인하여 매입을 하거나 수출업자가 직접 금융시장에서 타 은행에 더욱 유리한 조건으로 매도할 수 있다.

셋째, 매입은행(Negotiating Bank)은 수익자로부터 서류를 매입하고 수출대금을 지급하는 수출지 은행으로서 개설은행 또는 개설의뢰인 앞으로 발행된 환어음이 규정된 서류와 함께 제시되면 소정기간의 이자를 받고 그 환어음을 매입하게 된다. 이때 매입은행은 곧 환어음에 대해서 선의의 소지자(bona-fide holder)가 되며, 발행은행은 신용장의 확약한 내용대로 어음의 선의 소지인에게 신용장금액을 지급해 주어야 할 의무가 있는 것이다.

7) 상환은행(償還銀行)(reimbursing bank)

상환은행이란 개설은행의 지시에 따라 매입은행에 신용장대금을 결제하는 은행으로서 신용장에서 지급, 인수 또는 매입은행에 대한 상환을 개설은행의 본·지점 또는 제3의 은행으로 청구하게 하는 경우 개설은행을 대신하여 상환업무를 수행하는 은행을 말한다. 상환은행의 경우는 대개 결제통화가 제3국의 통화일 때 이용된다.

▮ 그림 13-1 ▮ 상환은행의 계약도

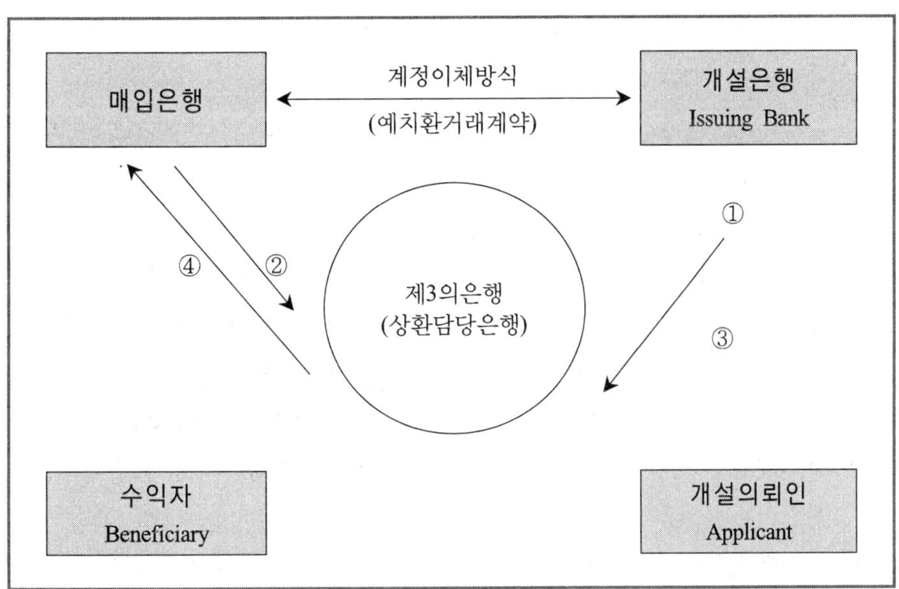

상기의 그림을 다시 관계 설정을 한다면, 개설은행과 매입은행과의 관계는 통상적으로 은행간 계정이체방식(예치환거래계약)이지만, 매입은행이 개설은행과 예치환거래계약을 체결하고 있지 않은 경우에는 대금지급의 편의를 위해 매입은행과 개설은행의 예금구좌를 동시에 보유하고 있는 제3의 은행(대개 세계일류은행)을 통해 업무를 수행하게 된다.

① 개설은행이 제3의 은행(상환담당은행)에게 상환수권서(償還授權書)(Reimbursement Authorization)를 송부한다.
② 매입은행이 제3의 은행에게 상환용 환어음을 제시한다.
③ 제3의 은행은 개설은행의 구좌에서 수권금액을 차기한다
④ 매입은행의 구좌에 입금시키고 통지하는 역할을 한다.

따라서 상환은행은 신용장대금을 최종결제를 담당한다는 의미에서 결제은행(Settling Bank)이라고도 한다.

(6) 신용장거래 절차

신용장거래의 기본적인 절차흐름은 다음과 같다.

① 수입업자와 수출업자간에 매매계약이 이루어진다.
② 매매계약에 따라 수입업자는 자신의 거래은행에 신용장의 개설을 의뢰한다.
③ 수입업자 거래은행은 수입업자의 요청대로 신용장을 개설하여 통지은행으로 발송한다.
④ 통지은행은 신용장의 내도를 통지한다.
⑤ 신용장을 수취한 수출업자는 계약물품을 확보하여 선적한다.
⑥ 수출업자는 선적서류와 환어음을 매입은행에 제출한다. 또한 매입은행은 신적서류와 환어음을 인수하고 물품대금을 지급한다.
⑦ 매입은행은 선적서류와 매입한 환어음을 개설은행에 발송한다.
⑧ 개설은행은 선적서류와 환어음을 매입하고, 매입은행에 대금을 상환한다.
⑨ 수입업자는 개설은행에 대금을 지급하고 선적서류를 인수한다.

⑩ 수입업자는 선적서류를 운송회사에 제출하고 물품을 인수한다.

▌그림 13-2▐ 신용장거래절차

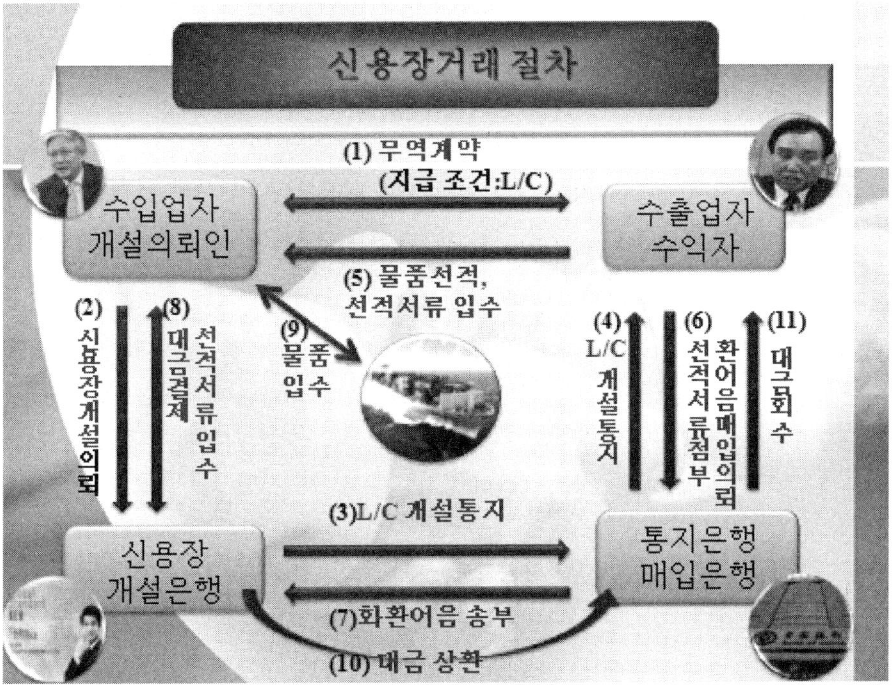

신용장거래 절차
(1) 무역계약 (지급 조건:L/C)
수입업자 개설의뢰인
수출업자 수익자
(5) 물품선적, 선적서류 입수
(2) 신용장개설의뢰
(8) 대금결제 선적서류 입수
(9) 물품 입수
(4) L/C 개설통지
(6) 환어음매입의뢰 선적서류첨부
(11) 대금회수
(3)L/C 개설통지
신용장 개설은행
통지은행 매입은행
(7)화환어음 송부
(10) 대금 상환

표 13-1 신용장거래의 절차와 주요내용

L/C 거래 절차	주 요 내 용
1. 계약과 L/C	신용장거래는 매매계약과 독립된 별개의 거래, L/C의 제조건 일치
2. L/C 개설	개설은행과 외국환거래약정, L/C 개설신청서, 개설자격, SWIFT이용
3. 신용장의 구성과 기재내용	SWIFT 방식의 L/C, 개설은행, 개설지역, 개설일자, L/C 종류, 특수조건 검토, L/C 번호, 유효기일과 장소, 개설의뢰인, 수익자, 통지은행, 금액, 신용장의 사용방법, 환어음의 지급기한, 선적지, 도착지, 선적기일, 물품의 명세, 요구서류의 종류와 제출 통수, 관련수수료 조건, 서류의 제시일자, 매입은행 제한조건, 신용장의 확인여부, 분할선적, 환적, 특별지시사항, 대금결제은행, 지급·인수·매입은행 앞 지시사항, 기타 필요 기재사항, UCP 준수문언
4. L/C 통지	L/C의 진위확인, 개설은행 신용도 점검, 조건검토, 지급·연지급·인수·매입 L/C 구분
5. L/C 조건변경	이미 개설된 신용장의 조건을 변경하는 경우에는 개설은행, 수익자, 확인신용장의 경우에는 확인은행 등 전원의 동의를 구하고 조건을 변경
6. L/C 확인	1차적으로 지급확약의무를 부담하고 있는 개설은행의 요청으로 제3의 은행(확인은행)이 2차적으로 신용장에 대하여 추가적으로 지급확약의무를 부담하는 것을 확인(Confirmation)이라고 함. 개설은행의 신용도가 낮거나 국가 위험도가 높은 지역에 소재하는 개설은행이 발행한 신용장의 경우에 수익자(수출업자)의 보호를 목적으로 발생
7. L/C 양도	L/C의 제1수익자가 다른 제2수익자에게 신용장의 권리를 이전하는 행위양도는 'Transferable'이라고 L/C 상에 명시되어야 하며 1회만 가능

L/C 거래 절차	주 요 내 용
8. 서류 매입 (Negotiation)	선적완료후 신용장조건에 일치하는 서류(선화증권 등 L/C에서 요구하는 서류와 환어음, L/C 등)를 매입은행에 제시하여 수출대금을 수취하는 것을 매입(Negotiation)이라고 함. 매입은행은 서류를 심사(서류접수 다음날부터 은행영업일 7일 이내에 심사)한 후 자기자금을 먼저 수출업자에게 지급하고 서류를 개설은행으로 보내는데 소요되는 우편기일에 해당하는 이자성격의 수수료(환가료)를 공제하고 대금을 지급함
9. 개설은행의 서류 인도	개설은행은 매입은행이 보낸 서류의 조건일치 여부를 심사한 후 매입은행으로 대금을 송금하고 서류를 수입업자에게 인도하면서 대금을 수취함. 대금의 지급은 일람출급과 기한부인 경우에 시기가 달라짐
10. 수입화물 선취 보증(L/G) (Letter of Gurantee)	수입화물은 이미 도착하였으나 우편지연, 매입지연 등의 사유로 서류의 원본(선화증권)이 도착하지 않은 경우에 개설은행에서 수입화물선취보증서를 발급받아 이를 선박회사에 제출하고 수입화물을 미리 인수함
11. 수입화물 대도 (T/R)	개설은행이 수입화물에 대한 담보권과 소유권을 유지하면서 수입업자가 수입대금을 결제하기 전에 수입화물을 적절한 시기에 처분할 수 있는 제도
12. 무역금융	수출품 및 수출용 원자재 제조에 필요한 자금을 선적전에 지원하기 위한 제도. 생산자금, 원자재자금 및 완제품구매자금으로 구분하여 지원

2. 신용장의 종류

신용장은 국제적으로 통일된 기준이 없기 때문에 관점에 따라 여러 가지로 나타나므로 일반적인 분류방법을 단정 지을 수는 없다. 따라서 신용장을 통상적으로 분류해 보면 다음과 같다.

▮ 그림 13-3 ▮ 일람출급 화환신용장의 흐름도

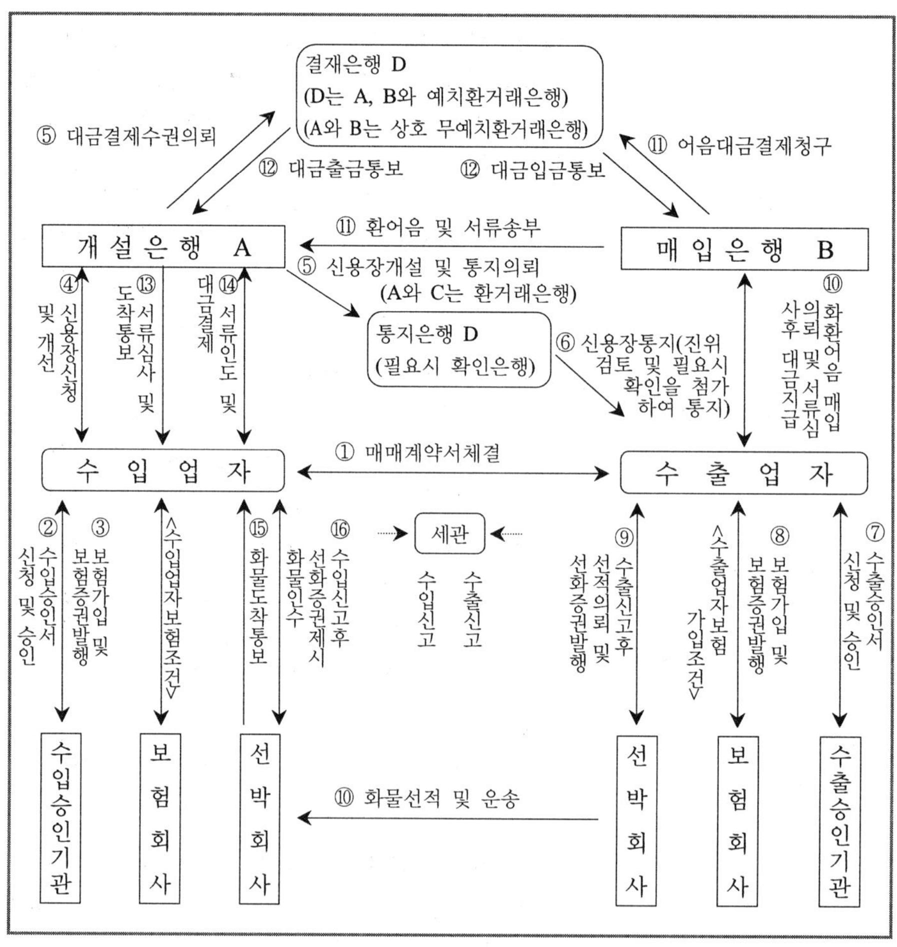

▮ 표 13-2 ▮ 신용장의 구분

구 분	관 점	신용장의 종류
일반신용장	1. 신용장의 용도	• 상업신용장 • 여행자신용장
	2. 요구서류 유무	• 화환신용장 • 무화환신용장
	3. 취소가능 여부	• 취소가능신용장 • 취소불능신용장
	4. 제3은행의 확인유무	• 확인신용장 • 미확인신용장
	5. 양도허용 여부	• 양도가능신용장 • 양도불능신용장
	6. 매입, 지급 허용 유무	• 매입신용장 • 지급신용장
	7. 대금지급기간	• 일람불신용장 • 기한부신용장
	8. 매입은행 지정유무	• 자유매입신용장 • 매입제한신용장
	9. 상환청구권 유무	• 상환청구가능신용장 • 상환청구불능신용장
	10. 국내외 거래 용도	• 원신용장(master credit) • 내국신용장
	11. 상환지급지시	• 수령증상환지급신용장 • 서류상환지급신용장
	12. 대금상환방법	• 단순신용장 • 상환신용장
	13. 금융이용의 직, 간접 여부	• 직접금융신용장 • 간접금융신용장
	14. 통지방법	• 우편신용장 • 전송신용장

특수신용장	15. 특수목적과 용도	• 보증신용장 • 전대신용장 • 회전신용장 • 구상무역신용장 • 기타신용장
유사신용장	16. 어음매입, 지급수권 여부	• 어음매입수권서 • 어음지급수권서 • 어음매입지시서

(1) 화환신용장(Documentary credit)

화환신용장은 수출업자가 상품대금 회수를 위하여 발행한 환어음의 지급·인수·매입 의뢰시 물권증서로서의 선하증권, 보험증권, 상업송장 등의 선적서류를 첨부하여 은행에 제시할 것을 요구하는 신용장을 말한다.

환어음의 지급·인수·매입시 선적서류의 제시를 요구한다는 측면에서 볼 때 이러한 환어음의 지급·인수·매입행위의 가능시점은 상품선적 이후이다.

첨부되는 선적서류는 신용장의 조건과 일치해야만 환어음의 지급·인수·매입이 가능하다.

다시 말해 신용장 발행은행이 수익자에 발행한 환어음에 신용장조건과 일치하는 운송서류, 보험서류, 상업송장, 포장명세서 등을 첨부할 것을 조건으로 하여 인수, 지급, 매입할 것을 확약하는 신용장을 말한다.

(2) 무화환신용장(Clean credit)

무화환신용장은 화환신용장과는 달리 사용빈도가 극히 적으며, 이는 은행이 어음의 지급·인수·매입시 선적서류의 첨부를 요구하지 않을 것을 조건으로 하는 신용장이다.

따라서 환어음의 지급·인수·매입시 선적서류의 제시를 요구하지 않는다는 측면에서 볼 때 환어음의 지급·인수·매입이 선적 전에 가능함을 말하고 있는 것이다.

이 경우 수출상은 선적 전에 수출대금만을 회수하고 선적을 하지 않을 수 있기 때문에 수입업자는 약정상품을 입수하지 못할 위험이 있다.

따라서 수출업자를 신뢰할 수 있는 경우를 제외하고는 무화환신용장은 개설되지 않고 있다. 여행자신용장(traveller's credit)나 지급보증신용장(stand-by credit)도 무화환신용장의 일종이다.

(3) 취소가능신용장(Revocable credit)

취소가능신용장이란 신용장이 개설된 후 당사자 전원의 합의나 수익자에 대한 사전 통보 없이 개설은행에 의하여 일방적인 신용장의 취소 및 조건변경이 가능한 신용장을 말한다.

따라서 수익자로서는 신용장조건에 일치된 환어음을 제시하더라도 지급·인수·매입에 대한 보장을 받을 수 없을 뿐만 아니라 이미 상품을 선적하였을 경우 신용장이 취소되면 수익자로서는 신용장에 의한 대금청구권을 행사할 수 없는 위험을 지니고 있다.

또한 모든 신용장은 취소불능 또는 취소가능인지를 명백히 표시하여야 하며, 명시가 없을 시에는 취소불능으로 간주한다고 제5차 개정 신용장통일규칙에서 규정하고 있다.

그러나 취소가능신용장이라 하더라도 발행은행은 신용장의 취소 또는 변경의 통지를 접수하기 이전에 신용장의 조건에 일치하는 지급, 인수 도는 매입을 하였거나, 또는 연지급(deferred payment)을 목적으로 서류를 인수한 은행에 대해서는 상환할 의무를 부담한다.

(4) 취소불능신용장(Irrevocable credit)

취소불능신용장은 현재 신용장거래에서 가장 많이 이용되고 있으며, 일단 신용장이 개설되면 당사자 전원의 합의 없이는 신용장이 취소 및 조건변경을 행할 수 없는 신용장을 말한다.

따라서 개설은행은 신용장 조건에 일치하여 발행된 환어음에 대한 수익자 및 선의의 소지인인 타 은행에 대하여 지급·인수·매입의 지급확약의무를 지니고 있는 것이다.

취소가능 여부가 표시되지 않은 신용장은 취소불능신용장으로 해석된다.

그러나 취소불능신용장이라 하더라도 "Shipment is subject to further instruction"이나 "Negotiation is subject to further instruction"이라는 문헌이 있는 신용장은 추후에 선적지시나 매입지시가 없을 경우에는 취소불능이라고 말할 수 없다.

(5) 상환청구가능신용장(With recourse credit)

상환청구가능신용장이란 개설은행 및 확인은행을 제외한 매입은행이 선의의 어음 소지인 또는 배서인으로서의 타 은행 소지어음이 개설은행이나 개설의뢰인으로부터 어떠한 이유로든 지급·인수가 거절된 경우 어음을 소지한 은행은 어음발행인에 대하여 상환청구권을 행사할 수 있는 신용장을 의미한다. 신용장에 별도의 표시가 없거나 'with recourse'라는 표시가 있으면 이는 모두 상환청구가능신용장이다.

구체적인 의미로서 이 신용장은 매입은행의 소구권(溯求權) 인정여부에 따라 다른 의미를 갖는다. 다시 말해 수출상에게 선적서류를 매입한 은행이 어떤 사유로 개설은행으로부터 신용장대금을 회수하지 못하는 사유가 발생하면 매입은행은 동 대금을 수익자에게 소구할 수 있는 신용장을 말한다.

그 사유로는 첫째, 개설은행측이 서류상의 하자를 이유로 Claim을 제기하는 경우

둘째, 개설은행의 파산으로 인하여 불가항력에 기인한 경우

(6) 상환청구불능신용장(Without recourse credit)

환어음 소지인의 상환청구권에 대해서 어음 발행인이 상환의무를 부담하지 않는 신용장을 말한다. 신용장에서 'without recourse'가 표시된 신용장은 상환청구불능신용장이다.

구체적인 의미로서는 신용장상에 Without recourse라는 표현이 있을 경우에는 수익자가 Nego할 때 환어음에 Without recourse를 표시를 하면, 매입은

행은 Clean Nego(하자 없는 매입)한 부분에 대해서는 매입은행이 일체의 소구권(溯求權)을 행사 할 수 없는 신용장을 말한다. 현재 우리나라에서는 은행연합회 및 어음법에 따라 상환청구불능신용장은 인정하지 않고 있다.

(7) 확인신용장(Confirmed credit)

확인신용장은 발행은행의 의뢰를 제3의 은행이 수익자가 발행하는 어음의 지급·인수·매입한다는 것을 확약하는 신용장을 말한다.

즉 확인은행이 개설은행과 동일한 책임을 가지고 개설은행의 책임과는 별개로 수익자에 대해 책임을 부담하는 것이다.

또한 확인은행의 확인(Confirmation)은 발행은행과는 별개의 독립된 것으로서 수익자의 입장에서는 발행은행과 확인은행으로부터 이중 결제에 대한 확약을 받는 경우지만 그렇다고 확인은행이 연대보증인 이라고는 할 수 없다.

(8) 불확인(미확인)신용장(Unconfirmed credit)

불확인신용장은 개설은행 이외에 제3의 은행이 수익자가 발행한 어음을 개설은행과 동일한 입장에서 지급보장을 확약한다는 문언이 기재되어 있지 않은 신용장을 말한다.

(9) 일람출급신용장(Sight credit)

일랍출급신용장은 서류와 상환으로 즉시 대금이 지급되는 신용장을 말한다.

즉 일람출급(At Sight)이란 의미는 어음지급인(개설의뢰인)이 선적서류에 첨부된 환어음을 열람한 시점, 다시 말해 선적서류와 환어음을 인수한 날에 대금을 지급하여야 함을 뜻하는 것이다. 다시 말해 신용장에 의해 발행되는 어음이 지급인(drawee)에게 제시되면 즉시 대금이 지급되어야 하는 신용장을 말한다.

(10) 기한부신용장(Usance credit)

기한부신용장은 신용장에 의해 발행되는 어음이 지급인에게 제시된 후 일정기간이 지난 후에 대금을 지급 받을 수 있도록 어음의 지급일이 특정기일로 정하여진 기한부어음을 발행할 수 있는 신용장을 말한다.

따라서 기한부신용장에는 어음의 지급기일에 따라 다음과 같이 구분할 수 있다.

① 일람후 정기출급(at〜days after sight) : 수입업자에게 유리

어음이 수입업자에게 제시되고 난 후 일정기간이 지난 후 예를 들어 30일, 60일 후에 지급되는 조건의 어음을 말한다.

예 30days after sight or 60days after sight 등으로 표기 한다.

② 발행일자후 정기출급(at〜days after date) : = 일부후(日附後) 정기출급 : 수출업자에게 유리

어음이 발행되고 난후 일정기간이 경과된 후 지급되는 어음을 말한다. 여기서 date는 어음 발행일자를 의미한다.

예 30days after date or 60days after date 등으로 표기 한다.

③ 확정일출급(on a fixed date) : 미래의 특정일자를 미리 만기일로 지정해 놓은 기한부어음을 말한다.

정기출급신용장이란 서류의 제시 후 일정기간이 경과한 후로부터 지불이 행해지는 것을 정하고 있는 신용장으로서 기한부환어음의 인수 또는 매입을 정하고 있는 신용장을 말한다.

(11) 양도가능신용장(Transferable credit)

최초의 수익자(제1수익자, first beneficiary)가 제3자(제2수익자, second beneficiary)에게 신용장 금액의 전부 또는 일부를 사용할 권리를 양도하는 것을 승인하고 있는 신용장을 양도가능신용장이라고 한다.

신용장통일규칙은 개설은행에 의해 'transferable'이라고 명확히 지정되어 있는 신용장만을 양도가능신용장으로 하고 있다.

이와 같은 신용장의 양도를 받은 제2수익자는 양도된 신용장에 근거하여 자신의 명의로 선적하고 동시에 신용장에 의한 지급을 청구할 권리를 취득하는 것이다.

또한, 신용장양도의 필요성은 최초의 신용장수익자가 다음과 같은 사유로 양도한다. 첫째, 무역업을 직접적으로 수행할 수 없거나 둘째, Quota 보유상사 앞으로 부득이 신용장을 이전 할 이유가 있을 때 셋째, 주거래은행에 무역금융수혜를 위한 거래의 한도가 부족하거나 넷째, 업무수행상 번거로움을 덜기위한 방법으로 양도하는 경우가 있다.

(12) **회전신용장**(Revolving credit)

회전신용장은 수출업자와 수입업자간에 동일 종류의 상품거래를 장기간 계속적으로 행하는 경우에 매 선적마다 신용장을 발행하는 번거로움을 피하고, 신용장 발행에 따른 수수료 비용을 절감하기 위하여 발행되는 신용장이다.

이러한 신용장은 신용장의 최종 유효기간 동안까지는 반복적으로 사용될 수 있다.

(13) **전대신용장**(Red clause credit)

전대신용장은 수출업자가 원료구입비나 상품구입비용으로 활용할 수 있도록 개설은행이 그 신용장의 지급 또는 매입은행으로 지정되어 있는 은행에 대하여 수익자가 수출전에 대금을 회수할 수 있는 수권조항이 포함되어 있는 신용장을 말한다.

다시 말해 수익자가 수출에 따른 수출물품의 생산이나 가공 등에 필요한 자금을 미리 융통해 주기 위하여 수출물품의 선적과 관련서류를 발행 전에 신용장금액을 수익자 앞으로 전대하여 줄 것을 수권하고 있는 신용장을 말한다. 즉 수입상의 입장에서 보면 전대신용장이라고 하고, 반대로 수익자 입장에서 보면 선수금신용장(Advance payment credit)이라고 할 수 있다.

이때 전대수권의 조항이 보통 붉은색으로 표시가 되기 때문에 red clause 신용장으로 불리었으나, 현재는 이와 같은 붉은색 표시 관행은 없어지고 수출상의 집화자금에 대한 융자라는 의미에서 packing credit이라고 부른다.

(14) 구상무역(求償貿易)신용장(Compensation trade credit)

구상무역(Compensation trade)은 화환신용장의 일종으로 수출용 원신용장의 수익자가 그 신용장의 통지은행 또는 자기의 거래은행에 의뢰하여 그 신용장을 근거로 하여 구상무역에 이행할 목적으로 개설된 제2신용장을 구상무역신용장이라고 한다.

다시 말해 구상무역이란 수출입물품의 대금을 그에 상응하는 수입 또는 수출로 상계하는 수출입을 말한다. 또는 수출과 수입이 연계된 무역거래 형태를 총칭한다고 할 수 있다.

따라서 구상무역을 위한 신용장은 특수한 신용장으로서 다음과 같은 신용장이 있다.

1) 동시개설신용장(Back to back credit)

한나라에서 일정액의 수입신용장을 개설할 경우 그 신용장은 수출국에서 동액의 수입신용장을 개설하여 오는 경우에만 유효하다는 조건이 붙은 신용장을 말한다.

▌그림 13-4 ▌ 동시개설신용장의 도해

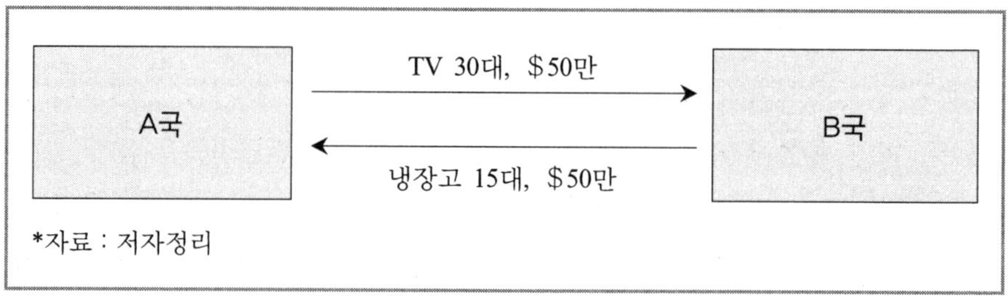

2) 기탁신용장(Escrow credit)

기탁신용장은 양국의 무역균형화를 위해 사용되고 있는 연계무역 방식의 대금결제 수단으로 사용되고 있는 신용장을 말한다.

원래 Escrow라는 말은 은행 등과 같이 제3자에게 일정한 물건을 위탁하면서 일정한 조건을 충족하면 그 위탁한 물건을 특정인에게 양도할 것을 의뢰

▮ 그림 13-5 ▮ 기탁신용장의 도해

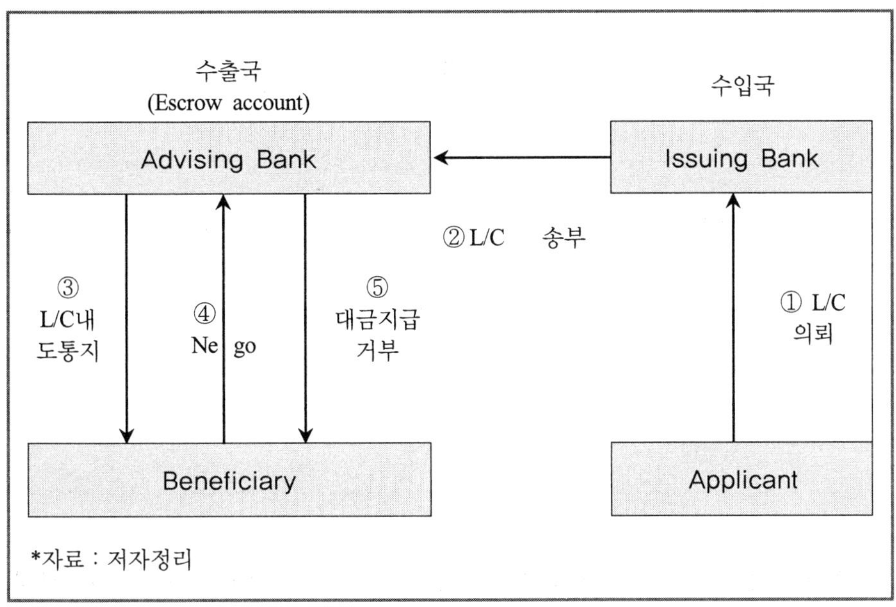

*자료 : 저자정리

한다는 일종의 신탁행위를 의미한다.

> 法 용어로는 조건부 날인증서로서 어떤 조건이 실행되기까지 제3자가 보관해 두는 증서(제3자 기탁금이라고 함)

다시 말해 수입업자가 수입신용장을 개설할 때 신용장의 한 조건으로 그 신용장에 의해 발행되는 어음의 매입대금을 수익자에게 지급하지 않고, 수익자 명의로 된 기탁계정(Escrow account)에 기탁하여 두었다가, 반대로 구 수익자가 원 신용장 발행인(수입업자)으로부터 수입하는 상품의 대금결제에만 사용하도록 규정하고 있는 신용장을 말한다.

3) TOMAS Credit

"TOMAS"란 의미는 중공과 거래를 성사시킨 일본무역회사의 전신약호(Cable Address)를 말한다. 즉 토마스 신용장은 일본과 중국간의 구상무역에

▌그림 13-6▐ TOMAS Credit의 도해

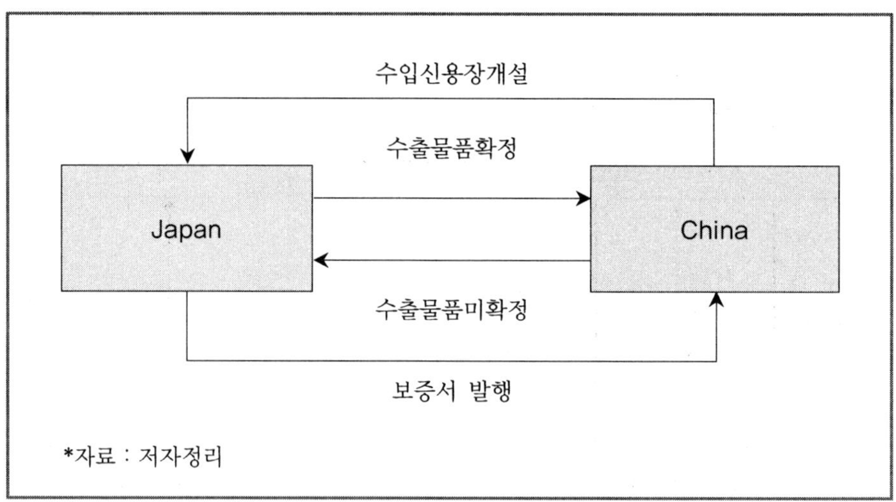

서 유래된 것으로서 수출입양국이 서로 동액의 신용장을 동시에 개설하지 않고, 일국은 먼저 신용장을 개설하고, 상대국은 동액만큼 일정한 기간이 지난 후에 신용장을 개설하겠다는 보증서를 발행하는 것을 조건으로 이루어지는 무역거래라 할 수 있다. 다시 말해 수출업자는 물품을 선적한 후에 거래은행에 Nego할 때 수입상 앞으로 "언제까지 Counter L/C를 개설하겠다"는 내용의 보증서를 차입하도록 제한하고 있는 신용장을 말한다.

(15) 보증신용장(Stand-by credit)

상품의 대금결제를 목적으로 하는 화환신용장이 아니고 금융이나 보증을 위해서 발행하는 특수한 신용장이다.

이러한 보증신용장은 금융이나 보증을 위해 발행되는 무담보신용장의 일종으로 수출선수금에 대한 지급보증, 국제입찰의 입찰보증 또는 계약이행보증금을 조달할 때 주로 이용된다.

(16) 매입신용장(Negotiation credit)

매입신용장이란 발행된 환어음이 매입되는 것을 예상하여 매입을 허용하고, 어음의 발행인뿐만 아니라 어음의 배서인, 어음의 선의의 소지인에 대해서도 지급을 확약하고 있는 신용장을 말한다.

즉 신용장에 의거하여 매도인이 발행한 어음을 매입하는 것을 허용한 신용장을 말한다. 여기서는 두 가지로 분류할 수 있다.

① 매입은행의 지정매입신용장(Restricted credit) : 신용장면에 매입은행이 지정되고 그 지정은행에서만 매입이 수권되어 있는 신용장.

② 자유매입신용장(Freely Negotiable credit) : 신용장면에 매입은행이 지정되어 있지 않고 불특정 다수의 은행에 매입이 수권되어 있는 신용장을 말한다. 따라서 수익자는 임의로 매입은행을 선정하여 매입을 의뢰한다.

자유매입신용장은 신용장에 의해 발행되는 어음의 매입을 특정은행에 제한시키지 않고 어느 은행에서나 매입할 수 있는 매입신용장을 말한다. 이 신용장의 특징은 수익자가 환어음 매입시에 거래은행이나 유리한 은행을 자유롭게 선택할 수 있기 때문에 편리하다.

(17) 지급신용장(Straight credit=Payment credit)

지급신용장은 신용장에 의한 환어음의 매입여부에 대한 명시가 없고 신용장조건에 부합되게 발행된 서류가 신용장발행은행 또는 그가 지정하는 은행에 제시되면 지급할 것을 확약하는 신용장을 말한다.

(18) 원신용장(Master credit)과 내국신용장(local credit)

원신용장이란 최초의 신용장 수익자가 국외에서 수령한 수출신용장을 말한다.

내국신용장이란 수익자가 받은 신용장을 근거로 하여 국내에서 수출물품이나 수출용 원자재를 조달하기 위하여 물품공급자를 수익자로 하여 수출상의 거래은행이 발급하는 신용장을 말한다.

다시 말해 수익자의 의뢰에 따라 수출상의 거래은행에게 수출업자 앞으로 내도한 신용장을 견질로 하여 국내 제조업자 혹은 공급업자 앞으로 발행하는 신용장을 내국신용장이라 한다.

또한 내국신용장의 조건은 금액, 단가, 적출기일, 유효기일을 제외하고는 원신용장과 거의 일치한다. 그러나 원신용장에 비해 신용장 금액이 적고 유효기일이 짧은 것이 보통이다.

▮ 표 13-3 ▮ 신용장의 종류

분 류	내 용	문 구
상업 L/C 클린 L/C	상품거래, 화환 L/C(서류요구) 상품 이외의 거래, 보증 L/C(서류 없음)	'documentary' 'stand-by'
단순 L/C 상환 L/C 송금 L/C	매입은행의 개설은행계좌에서 지급 개설은행이 지정한 은행에서 지급 개설은행이 송금하여 지급	'debit our account with you' 'send drafts to … bank' 'we will remit the proceeds'
취소가능 L/C 취소불능 L/C	사전통고없이 조건변경, 취소가능 L/C 개설은행, 수익자, 확인은행 동의가 있을 경우에 한하여 조건변경, 취소 가능	'revocable at any time without notice' 'irrevocable'
확인 L/C	제3의 은행이 추가로 지급확약을 첨가한 L/C(이중 지급확약, 수익자 보호)	'we confirm the credit'

분 류	내 용	문 구
소구가능 L/C 소구불능 L/C	환어음 발행인에게 상환청구가능 환어음 발행인에게 상환청구불능	'with recourse' 'without recourse'
지급 L/C 연지급 L/C 인수 L/C 매입 L/C	지정 지급은행 직접 지급(at sight) 연지급확약은행 만기일 지급(usance) 인수은행이 만기일에 지급(usance) 1) shipper's usance credit 2) banker's usance credit ① domestic import credit ② overseas banker's usance 매입하는 방식(at sight, usance) 1) 매입은행 제한 L/C 2) 자유매입 L/C	'available by sight payment' 'available by deferred payment' 'available by acceptance' 'interest for account of beneficiary' 'may be negotiated on at sight basis' 'interest for account of buyer' 'interest for account of buyer' 'available by negotiation' 'restricted to … bank' 'freely negotiable by any bank'
양도가능 L/C	L/C 권리를 제3자에게 양도가능한 L/C	'transferable'
선대 L/C	선적전에 일정금액을 수익자에게 미리 지급할 수 있는 L/C	'authorize to pay … (amount) to the beneficiary in advance'
회전 L/C	일정기간동안 L/C 금액이 자동적으로 갱신되어 다시 사용할 수 있는 L/C 1) 누적회전 L/C(미사용금액 포함 누적) 2) 비누적회전 L/C(미사용금액 불포함)	'become automatically reinstated on payment by us' 'cumulative' 'non-cumulative'

분 류	내 용	문 구
구상무역 L/C	수출·수입에 상응하는 L/C를 서로 발행하여 양 국가의 수출입균형을 유지 1) 동시개설 L/C 2) 기탁 L/C	'reciprocal' 'escrow'
통과 L/C	제3국의 은행에서 제3국의 통화로 발행하는 L/C	'transit'
할부선적 L/C	주기적으로 상품선적하는 조건의 L/C	'installment'
내국 L/C	수출품 생산에 필요한 원료를 국내에서 공급받을 경우 사용하는 L/C	'local'

3. 신용장업무

(1) 신용장 개설절차

기본계약의 의무이행을 위하여 수입상은 자신의 거래은행에 신용장개설을 의뢰하게 되는바 이때 개설은행은 수입상에게 신용장개설의뢰서를 교부하게 되고 수입상이 이 서류를 작성하여 제출하면 개설은행은 이를 근거로 신용장을 작성한다.

1) 신용장개설의뢰시 제출서류

① 신용장거래약정서

② 신용장 개설의뢰서

③ 수입승인서

④ 물품매도확약서

2) 신용장개설의뢰 절차

서류제출 → 은행의 심사 → 수입담보금의 적립 → 수입부담금 납부 →

개설관련 비용징수 → 신용장개설

(2) 신용장 개설방법

신용장의 개설방법은 선적기일, 시황, 자금사정 등을 고려하여 다음과 같은 세 가지 방법이 있다.

1) 우편에 의한 개설

개설신청서의 내용에 따라 소정의 신용장양식 1set를 작성하여 원본 및 사본 1매는 통지은행에 발송하고 결제은행에는 사본 1매를 수입대전결제요청서와 함께 발송한다.

우편으로 개설된 신용장을 Mail credit라 하며, 이 신용장에는 개설은행 서명권자의 육필서명이 명기되어 있다.

2) 전신에 의한 개설

① Short Cable에 의한 개설 : 신용장이 개설되었다는 뜻을 미리 통지하여 수익자로 하여금 수출준비를 하게 하는 통지이며 'Details to follow'란 문언을 삽입, 추후 신용장원본을 송부하게 되며, 수출상은 이 원본에 따라 선적 및 Nego하여야 한다.

② Full Cable에 의한 개설 : 개설은행이 신용장원본의 내용을 원안 그대로 모두 Telex로 통지은행에 송부하는 방식이다.
이 방식으로 통지된 신용장은 신용장원본의 내용이 빠짐없이 기재되어 있기 때문에 이것 자체가 원본으로 간주되며, 현재 전세계 신용장의 약 80%가 이 방식으로 개설되어 있다.
개설된 신용장은 통지은행의 오역을 방지하는 장점이 있으나 전신료가 많이 드는 단점이 있다.

3) SWIFT에 의한 개설

SWIFT는 'Society for Worldwide Interbank Financial Telecommu- nication'(국제은행간 자금결제통신망)의 약자이며 EDI방식에 의한 문서전달체제를 의미한다.

▌그림 13-7▐ 신용장 개설의뢰서

취소불능화환신용장발행신청서
(APPLICATION FOR IRREVOCABLE DOCUMENTARY CREDIT)

ATSIGHT S/C 및 내 국 수 입 USANCE
지급보증용

TO
Dear Sirs :

We request you to establish by ☐ cable ☐ air mail an Irrevocable Credit on the following terms and conditions

Advising Bank

Cable Address

Applicant

Beneficiary

Amount

Expiry Date

Tenor of Draft

Documents(Please indicate by placing X Mark in applicable box)

☐ Full set of clean on board ocean bills of lading, made out to the order of the Commercial Bank of Korea Ltd., Marked "Freight" and "Notify accountee"

☐ Marine Insurance policy or certificate in duplicate, endorsed in blank for 110% of the invoice value. Insurance policies or certificates must expressly stipulate that claims are payable in the currency of the drafts and policies or certificates must also indicate a claim settling agent in Korea. Insurance must inclùde :

Institute Cargo Clauses :

☐ Signed commercial invoice in

☐ Packing list in

☐ Other document(s) (if any)

Commodity Description

Name of Commodity	Quantity	Unit Price	Amount
Country of Origin			

Shipment From ________ To ____________ Latest

Partial Shipments are ______ Transhipment is

Documents must be presented within __________ days after the date of ssuance of B/L or other transportation documents Special condition(s) : All banking charges including postage. advising and payment commission outside Korea are for account of ____________ Shipment by ____________.

위와 같이 신용장발행을 신청함에 있어서 위 기재사항이 수입승인사항과 틀림없음을 확인하고 따로 제출한 수입거래약정서의 각 조항에 따를 것을 확약하며 아울러 위 수입화물에 관한 모든 권리를 귀행에 양도하겠습니다.

Except so far as otherwise expressly stated, this credit is subject to the Uniform Customs and Practice for Documentary Credits : 1993 Revision International Chamber of Commerce. Publication No.500

신청인 (인)
주소

인감대조

지급보증확인	Checked By	Approved By

계	대 리	차 장	부 점 장

이는 종래의 Cable이나 Fax가 갖추지 못했던 기능인 '보안유지' 기능을 갖추었으므로 원본서류를 직송하는 것과 동일한 효과를 가질 수 있는 통신수단의 혁명이라 할 수 있다.

SWIFT에 의한 신용장개설은 Cable L/C를 암호로 개설하는 방법과 비슷하게 L/C의 표준포맷이 Code 화하여 16자리의 암호로 구성되어 있다.

(3) 신용장 개설시 유의사항

신용장 개설시에는 다음과 같은 사항에 유의해야 할 것이다.

첫째, 신용 있는 해외 공급선의 선정이 중요한다. 예를 들어, 국제시세보다 너무 싼 공급가격을 제시받은 경우에 계약물품(견본)과 상이한 저급품이 선적되거나 선적지연, 심지어 공급불이행을 초래할 위험성이 높아진다.

따라서 가격을 저렴하게 제공하는 공급자보다는 신뢰할 수 있는 공급자와 적정가격으로 수입계약을 체결하는 것이 안전하다.

둘째, 수입품목의 특성에 따라 적당한 수입조건을 부여함으로써 수입품의 품질, 납기, 운송상의 안정성 등에 관한 내용을 통제할 수 있다.

이러한 수입조건으로는 ① 품질검사서 첨부 조건, ② 납기 및 서류제시기한 통제, ③ 운송조건의 제한, ④ 수입서류 불일치시 대응방법 제시(대금지불유예, 지불거절, 가격인하 등), ⑤ 중재조항, ⑥ 품질보증조항 및 상황별 손해배상청구 예정액 등을 명문화 하여 두면 수입물품을 안전하게 수취할 수 있을 것이다.

셋째, 신용장개설신청서에 기재된 내용은 곧 신용장의 조건이 되므로 모든 사항이 간단명료하고 정확하게 기재되어야 한다.

따라서 신용장개설신청서 작성시 유의해야 할 사항은 다음과 같다.

① **신용장 금액** : 신용장 한도액(available amount of credit)을 표시하며 그 금액 이상의 환어음을 발행할 수 없게 되어 있다.
또한 표시통화는 수입승인서에 기재되는 통화와 동일하여야 한다.

② **유효기일, 선적기일 및 제시 기일** : 신용장의 유효기일(expiry date)이라 함은 수익자가 매입은행 또는 지급은행에 대하여 어음의 지급·인수 또는 매입을 요구하기 위하여 서류를 제시하여야 할 최종일을 말하며, 선적기일(shipping date)이란 그 신용장에 의해 거래된 화물의 최종선적일자를 말한다.

한편, 위의 유효기일 이외에 신용장에는 선하증권 또는 기타 서류의 발급일 이후 지급·인수 또는 매입을 위한 선적서류의 제시기일을 정하여 명시하게 되어 있으나 명시되어 있지 않은 경우는 일률적으로 선적서류 발행일 이후 21일까지를 제시기일로 간주하며 그 기일이 경과한 서류는 stale B/L이 되어 은행이 수리거절하기 때문에 수출상은 이를 유의하여야 한다.

③ **어음의 종류 및 지급기일(Tenor of draft)** : 환어음의 지급기일(tenor)을 표시하는데 at sight, 90days after sight, 90days after B/L date 등으로 표시하며 수입승인서와 일치하여야 한다.

환어음의 발행금액은 보통 상업송장(invoice)금액과 일치하여 for 100% of invoice value로 표시하는 것이 원칙이지만, 특수한 거래인 경우에는 (예 광석, 화학약품, 곡물 등) 100% 미만의 일정률에 대해 어음을 발행토록 하는 경우도 있다. 이때 그 차액은 수입업자가 상품을 인수하고 품질·중량 등을 검사한 후 추가적으로 어음을 발행하게 된다.

④ **운송서류(Documents)에 관한 사항** : 운송서류의 종류와 통수 및 요구하는 선적서류의 조건을 명시한다. 기본서류는 상업송장, 선하증권, 보험증권이 있으며, 그 외 부속서류는 원산지증명서, 포장명세서, 영사송장, 검사증명서 등이 있다.

⑤ **상품의 명세(Commodity Description)** : 철자, 규격, 수량, 단가, 가격조건의 정확한 기재 여부에 유념하여 오자, 탈자가 없도록 하여야 한다.

⑥ **선적 및 도착항** : 수입승인서에 표시된 선적항과 도착항이 일치하여야 한다.

⑦ 분할선적(Partial Shipment)과 환적(Transhipment) : 분할선적과 환적에 대하여 아무런 언급이 없으면 신용장통일규칙에 따라 분할선적의 경우에는 당해 신용장은 분할선적을 허용되는 것으로 보지만, 환적의 경우에는 불허하는 것으로 해석되어지고 있다.

분할선적과 환적은 수입승인서상에 표시되지 않는 사항이므로 이의 조건 변경시에는 수입승인서 변경사항의 선행이 필요 없다.

⑧ 수수료의 부담 : 개설지 이외의 업무상 필요한 모든 Banking Charge에 대하여 거래 당사자 간에 분쟁을 없애기 위해 수수료 부담자를 명기할 필요가 있다.

(4) 신용장 내용검토

신용장을 수령한 수출업자는 신용장의 내용을 면밀히 검토하여 의심나는 점이 있으면 이를 통지은행에게 확인하거나 조건변경 등의 방법을 통하여 내용을 고친 후에 신용장개설에 정식 동의하고 선적준비에 착수하여야 한다.

왜냐하면 신용장은 수입상과 개설은행이 일방적으로 작성한 것이기 때문에 기본계약에 있는 수출상에게 유리한 조항이 신용장에는 빠져 있거나, 기본계약에 없는 불리한 조항이 신용장에 언급되어 있을 가능성이 있기 때문에 수출상은 자기의 권리 보호를 위하여 반드시 신용장 내용을 검토하여야 하는 것이다.

만일 수출상이 신용장 내용을 검토하지 않은 채 선적준비를 완료하고 Nego과정에서 신용장의 불합리한 내용을 발견하였을 경우, 상대방인 개설은행이 신용장조건 변경에 동의해 주지 않는다면 경우에 따라서는 선적이나 매입이 불가능해질 수도 있기 때문에 물품제조에 착수하기 전에 신용장 내용을 바로 잡아야 장래의 손실을 예방할 수 있게 된다.

따라서 수출신용장 수취시 다음의 사항을 확인하여야 한다.

1) 수출계약내용과 일치성 검토

수출신용장은 수출입 당사자 간에 합의한 계약서의 조건에 따라 외국환은행을 통하여 개설하는 것이므로, 계약물품의 규격, 단가 선적기일, 보험조건, 대금결제조건 등에 계약조건과 다른 점이 있는가를 면밀하고도 상세히 검토하여야 하며, 상이한 내용이 있는 경우 즉시 신용장 조건을 변경하도록 그 신용장 개설의뢰인에게 요구해야 한다.

2) 신용장의 취소불능 여부확인

취소가능신용장은 외국환거래규정상 정상결제방법에 해당되지 아니할 뿐만 아니라, 사전통보 없이도 취소할 수 있으므로 이 신용장을 믿고 수출하기는 곤란하다.

3) 신용장의 양도가능 여부확인

무역업의 고유번호를 부여 받지 아니한 자는 자기명의로 직접 수출할 수 없으며, 신용장상에 양도가능(transferable)이라는 문언이 없는 경우 양도 가능하도록 조건변경을 수입자에게 요청하여야 한다.

4) 매입은행의 제한 여부확인

매입은행(negotiating bank)이 특정은행으로 제한되어 있는 경우에는 여러 가지 문제를 야기 시킬 수 있으므로 제한되지 않은 Open L/C인가, 제한되는 Restricted L/C인가를 확인하여야 한다.

5) 특수조건 확인

신용장 문구에 분할선적 또는 환적이 금지되어 있는 경우, 선적기일 내에 수출물품의 전량 생산이 어렵거나 적항선이 없으면 계약이행이 어렵게 된다. 따라서 신용장의 조건에 불가능한 사항이나 계약에 없는 사항을 요구하고 있는지 등을 검토하여야 한다.

만일 신용장을 검토하여 신용장상의 내용이 계약내용과 상이하면 지체 없이 거래선 및 통지은행에 신용장의 조건 변경을 의뢰하며 또한 신용장 문맥이나 용어가 이해할 수 없는 경우에는 거래선에 문의하여 차후 야기될 문제를 예방하여야 한다.

6) 신용장 진위 여부 확인

내도된 신용장이 진정한 것인지, 허위인지를 수출자는 통지은행의 협조를 얻어 신용장내용을 재검토하여야 하고, 다음 사항의 경우 더욱 신중을 기하여야 한다.

① 개설은행이 통지은행과 환거래 계약이 체결되지 않은 은행일 경우
② 통지은행을 거치지 않고 우편에 의해 신용장이 수출자에게 직접 우송된 경우
③ 운송서류의 수령자가 개설은행이 아니고 수입자로 되어 있을 경우

7) 개설은행 및 개설은행 소재국의 신뢰도 확인

신용장거래의 최종 책임자가 개설은행이므로 개설은행에 대해서 조금이라도 의심이 갈 경우에는 이를 재조사하거나 신용 있는 은행의 확인, 즉 confirmed L/C의 개설을 요청하여야 한다.

한편 개설은행이 속해 있는 나라가 외환사정이 극도로 나쁘거나 정치상태가 불안정한 나라일 때에는 비록 개설은행이 명망 있는 은행이라 할지라도 그 나라의 외환 및 정치사정 때문에 지급불능의 위험에 처해질 가능성이 있기 때문에 이러한 경우에는 제3국 은행을 확인은행으로 지정해야 수출상이 안심하고 선적할 수 있게 된다.

8) 신용장의 형식조건 구비 여부 확인

신용장의 형식과 관련하여 수출상이 검토해야할 사항은 다음과 같다.

① 신용장통일규칙 준수문언의 존재 여부
② 지급확약문언의 존재 여부
③ 금액, 수량, 단가간의 상호 일치성 여부
④ 오자, 탈자, 논리성의 모순성 여부
⑤ 특약조건이나 함정문구의 존재 여부

제 2절 수출물품확보

1. 수출물품 확보방법

수출물품을 확보하기 위해서는 수출업체가 직접제조·생산하거나 완제품을 구매하는 방법이 있으며, 동 수출물품의 제조·생산을 위해 소요되는 원자재를 확보하기 위해서는 국내에서 구매하거나 외국으로부터 수입을 한다.

(1) 내국신용장에 의한 수출물품 구매방법

내국신용장(Local L/C)은 국내에서 수출업자가 수출용 완제품을 구매하거나 수출물품 제조업체가 수출물품 제조에 필요한 원자재를 구매 또는 공급하고자 하는 경우에 이용된다.

수출업자는 완제품 또는 원자재 공급자와 물품공급계약을 체결하고 거래은행에 개설을 의뢰하면 은행은 개설한도 등을 확인하여 의뢰인에게 개설여부를 통보하고 물품공급자에게 내국신용장을 교부하게 된다.

금융기관은 내국신용장에 의한 물품대금결제용으로 무역금융을 지원함으로써 수출증대 및 국내산업의 육성을 도모하는데 이 제도의 도입취지가 있다.

▮ 그림 13-8 ▮ 수출물품의 확보방법

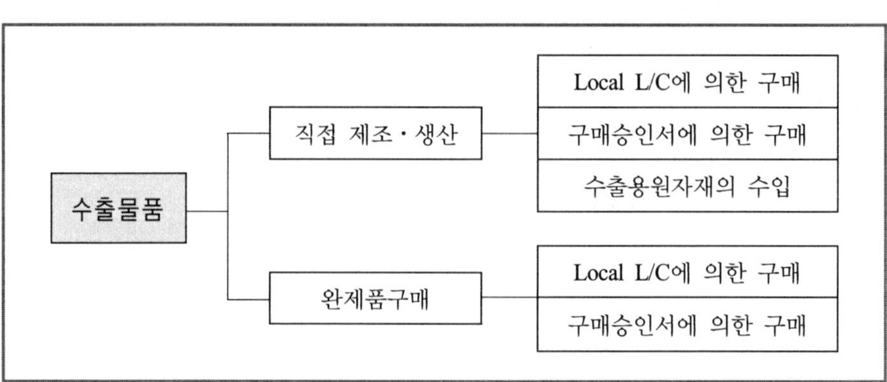

내국신용장의 기능을 살펴보면 다음과 같다.

① **대금결제의 확실한 수단** : 내국신용장 조건에 일치하여 거래를 한 경우 거래 상대방이 부도 등으로 지급능력을 상실하더라도 개설은행이 대금을 지급한다.

② **물품대금의 조기회수** : 물품공급자는 10일 이내에 물품수령증명서를 발급받아 환어음, 세금계산서, 내국신용장 등의 서류를 갖추어 거래은행에 매입 또는 추심의뢰할 경우 원칙적으로 3영업일 이내에 대금회수가 가능하다(어음 또는 외상거래로 인해 대금결제가 지연되는 것과 비교하면 매우 유리한 방식임).

③ **무역금융 대출가능** : 내국신용장을 교부받은 물품공급자(수혜자)는 이를 근거로 무역금융을 대출받을 수 있고, 물품을 구매한 업체(개설의뢰인)는 무역금융 대출을 받아 물품대금 결제가 가능하다.

④ **부가가치세 영세율 적용** : 내국신용장 거래는 부가가치세법상 수출로 인정되어 물품대금의 10%를 부가세로 납부하지 않아도 된다.

⑤ **수출실적 인정** : 국내거래임에도 불구하고 대외무역관리규정상 수출실적으로 인정된다(무역업자의 지위 획득가능, 무역금융 대출의 근거 확보).

⑥ **관세환급 가능** : 내국신용장에 의한 구매물품이 수입품인 경우 관세환급이 가능하다.

(2) 구매승인서에 의한 수출물품 구매방법

구매승인서는 무역금융한도 부족, 비금융대상 수출신용장 등으로 인하여 내국신용장 개설이 어려운 상황에서 국내에서 외화획득용원료 등의 구매를 원활하게 하고자 외국환은행이 내국신용장 취급규정에 준하여 발급하는 증서이다.

▌그림 13-9▐ 내국신용장의 거래절차

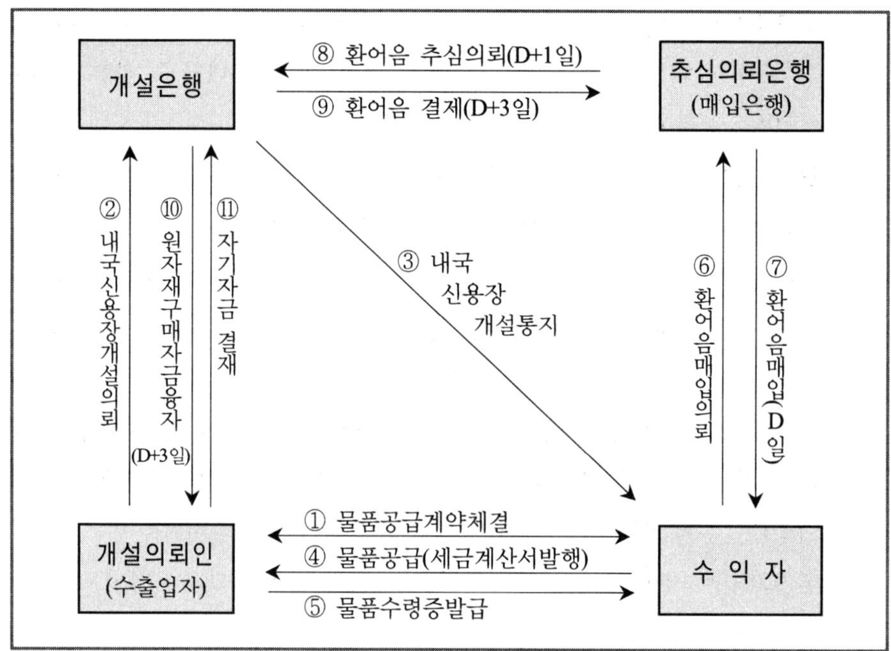

▌표 13-4▐ 구매승인서와 내국신용장의 비교

구 분	내국신용장	구매승인서
차이점	• 개설은행이 대금지급 보증 • 3차 내국신용장까지 발행 가능 • 수출금융의 융자대상	• 발급은행이 대금지급을 보증하지 않고 계약당사자간의 거래사실확인에 불과함 • 차수에 제한없이 구매승인서 발급 가능 • 융자대상이 되지 않음
공통점	• 수출용 원자재 또는 완제품의 국내 구매에 사용 • 공급자의 수출실적으로 인정 • 외화획득용 원료의 사후관리실적으로 인정 • 부가가치세의 영세율(zero tax rate)적용	

▮ 그림 13-10 ▮ 구매승인서의 발급절차

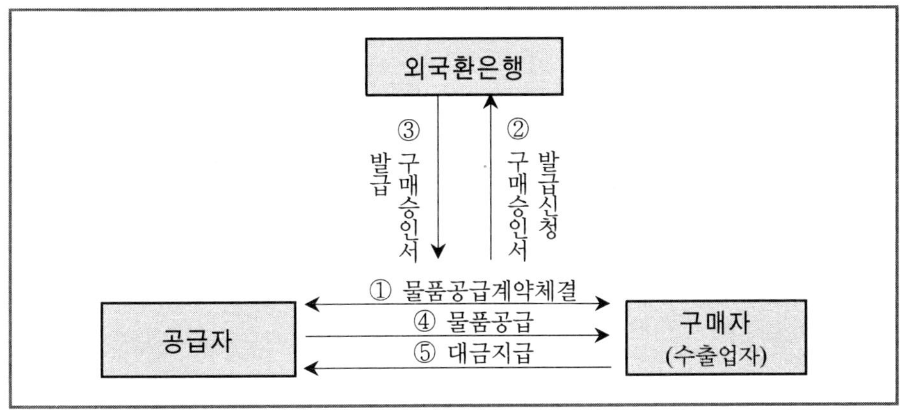

(3) 수출용원자재의 수입

수출물품의 생산에 소요되는 원자재는 가능한 국산원자재의 사용을 권장하고 있지만 국산원자재의 사정이 여의치 않으면 외국으로부터 수입을 하게 된다.

외화획득용원료를 수입할 경우 수출상품의 경쟁력 제고를 위해 수출입공고 등의 적용 배제, 무역금융 지원 및 관세환급 등 세제상의 지원을 해주고 있다.

국제운송실무

제 1 절 해상운송의 개관

1. 해상운송의 의의

해상운송(shipping or ocean transportation), 즉 해운이란 선박을 운송수단으로 하여 타인의 화물이나 사람을 운송하고 그 대가로 운임을 취득하는 상행위를 말한다. 특히 해상운송은 대량운송이 가능하고, 경제적이기 때문에 원거리 이동이 필수적인 무역물품의 국제운송에 가장 적합한 운송형태로 널리 이용되어 왔다.

2. 해상운송의 사전지식

해외에 거래선이 확보되고 관련 매매계약, 신용장 등이 개설되면 수출업자는 계약에 의거 상품을 확보, 기일내에 선적을 하여야 한다. 선적을 하기 위해 선박회사와 접촉하기에 앞서 기본적으로 이해하고 있어야 할 사전지식은 다음과 같다.

(1) 매매조건과 선적의무

통상 화물을 운송할 선박을 수배하는 자는 해당 선박회사에 운임을 지급하는 화주이다. 상품의 매매조건이 seller 입장에서 볼 때 CIF(또는 CFR) 조건일 때는 seller가, buyer의 입장에서 볼 때 FOB 조건일 때는 buyer가 운송선박을 수배하여야 한다. 물론 seller와 buyer의 거래관계, 상황에 따라 상대의 요청에 의해 선박수배를 주선해 주는 경우도 있다.

(2) 선적선박

선박을 수배하는 경우는 상품의 수량·종류에 따라 운송 선박이 다르다. 즉 일반 완제품, 기계류 등과 같이 포장된 개품(個品))은 일반 잡화선(general cargo carrier) 또는 컨테이너 전용선(full container ship)에 선적되며, 쌀, 옥수수, 밀 등의 곡물이나 광석, 석탄 등의 이른바 산적화물(撒積貨物, bulk cargo)은 곡물, 광석류 운반 전용선에 선적한다.

(3) 서비스 항로

우리나라를 중심으로 현재 형성되어 있는 항로(또는 노선)는 한·일항로, 동남아항로, 북미항로, 호주항로, 중동항로, 구주항로 등이 있으며, 이들 항로에는 일정한 주기를 유지하며 계속적으로 취항하는 정기선(liner)과 화물에 따라 그때그때 원하는 곳까지 화물을 운송하는 부정기선(tramper)이 있다.

(4) 운임부과기준

운임은 통상해당물의 중량과 용적을 비교하여 많이 산출되는 톤수를 운임의 기준으로 삼는다(이를 revenue ton이라고 함). 주요 정기항로에 취항하고 있는 선박회사, 특히 운임동맹가맹 선사들은 운임율(tariff)을 갖고 있어, 운임의 적용 기준과 화물별 운임율은 관련 선박회사에 문의하면 정확히 알 수 있다.

(5) 선박회사와의 접촉

정기선이 취항하지 않는 지역으로 화물을 보내고자 할 때에는 일반 잡화의 경우보다 충분한 사전기간을 두고 선박회사와 접촉을 시작해야 한다. 정기선의 경우는 지역에 따라 다르나 선적일자(L/C상의 shipment date) 기준 약 2주전에만 접촉하여도 무방하지만, 부정기선 편으로 선적운송해야 할 경우는 가급적 1~2개월전부터 선박을 물색하기 시작하여야 한다.

(6) 운송계약의 형태

정기선의 경우는 별도로 운송계약서를 작성하는 것이 아니고 선박회사에서 정형화된 양식인 선하증권(Bill of Lading : B/L)을 발급함으로써 운송계약에 갈음하고 있다. 동 증권에는 화물의 행선지, 선적지, 명세(용적, 중량. 마크 등), 운임지불관계(선불 또는 도착지 후불), 선적일자, 발급일자 등이 기재되며, 뒷면에는 운송과 관련한 당사자간의 권리의무 관계를 기술한 약관이 인쇄되어 있다.

부정기선 화물 즉, 곡물・광석・석탄 등의 화물을 운송할 때에는 용선계약서(charter party) 가 작성되며, 이에 의거 선하증권이 별도로 발급된다. 용선계약서는 정기선의 경우와 달리 일방적으로 인쇄된 양식을 사용하는 것이 아니고 당사자간에 충분한 합의를 거쳐 계약서가 작성된다.

3. 해상운송의 형태

(1) 정기선(定期船)

정기선(liner)은 사전에 확립된 운항일정(schedule)에 따라 정해진 항로를 규칙적으로 반복운항 하는 형태로 소량의 공산품 또는 잡화를 개품운송계약에 따라 실어 나르는 데 이용되고 있다. 정기선의 경우에는 고정된 항로, 운임률, 운항계획 등에 의하여 화물의 수량과 관계없이 지정항로를 항해하여야 한다.

(2) 부정기선(不定期船)

부정기선(tramper)은 정기선의 경우와는 달리 일정한 항로가 없이, 하주가 요구하는 시기와 항로에 선복(ship's space)을 제공하는 해상운송 형태이다. 부정기선은 선적기일을 맞추기 위해 긴급히 운송되어야 할 화물이나, 곡물, 광석, 원유, 목재 등 대상화물에 맞는 시설을 갖춘 특수전용선(特殊專用船)의 경우에 주로 적용된다. 운임이 때에 따라 화물의 수요와 공급에 의하여 결정되므로 수시로 변동된다.

▮ 그림 14-1 ▮ 해상여객운송사업

4. 해상운송계약

(1) 개품운송계약(個品運送契約)

주로 정기선의 경우에 이용되는 계약형태로 선박회사가 다수의 하주와 화물에 대한 운송계약을 개별적으로 체결하는 것을 말한다. 세계 주요 항로에는 다양한 국적의 정기선사들이 취항을 하고 있어 우리 주위의 대부분의 무역화물은 개품운송계약의 형태로 운송되고 있다.

(2) 용선운송계약(傭船運送契約)

송하인이 선박회사로부터 선복(ship's space)의 전부 또는 일부를 빌려 화물을 운송하고자 할 경우에 체결하는 계약을 용선계약이라고 한다. 이때 계약체결의 증거로 용선계약서(charter party; C/P)가 발행된다.

1) 정기용선계약(定期傭船契約)

이는 내항성(耐航性)을 갖고 선박에 필요한 모든 용구와 선원까지 승선시킨 선박을 일정 기간 동안 용선하여 그 기간을 기준하여 보수를 지불하는 계약이다.

따라서 선주는 선박의 감가상각비, 보험료, 금리(金利) 등의 간접비와 선원비, 수리비, 선용품비(船用品費) 등의 직접비를 부담해야 하며, 용선주는 용선료외에 연료비, 항구세 등 운항비를 부담한다.

2) 항해용선계약(航海傭船契約)

선적항에서 양륙항까지 1항해를 기준으로 체결되는 용선계약이다. 항해용선계약은 다시 화물의 수량과 관계없이 한 항해에 얼마라고 포괄운임을 내는 선복용선계약(lump-sum charter)과 1일 단위로 용선료가 책정되는 일대용선계약(daily charter) 등으로 구분된다.

3) 나용선계약(裸傭船契約)

용선자가 선주로부터 선박 자체만을 빌리는 대신 선원, 장비, 소모품과 선박보험료, 항만비, 항해비, 수리비 등의 일체를 부담하는 형태의 계약으로 선박임대차계약이라고도 한다.

근래에 우리나라에서는 외국선박을 나용선해서 우리나라의 선원과 장비를 갖추어 다른 나라에 재용선(sub-charter)을 많이 하고 있다.

제 2절 선적절차

1. 선적협의

하주는 해운관련 자료를 통해 자신이 원하는 시기 및 장소에서 수출화물을 운송해 줄 수 있는 선박회사를 찾아 그 회사와 직접 선적, 운송에 관한 사항을 협의한다. 하주는 자신이 원하는 사항, 즉 언제, 어디서, 무슨 화물을, 얼마나, 어느 곳, 누구에게 보내려 한다는 것 등을 알리면 선박회사는 하주의 요구를 충족시킬 수 있을 때 구체적으로 선적에 관한 일정, 운임조건 등을 포함하여 운송예약을 한다.

2. 선적요청서(S/R)

선적에 관한 기본합의가 끝나면 하주는 송하인(Shipper : 수출상), 수하인(Consignee : 수입상), 선적항(Port of loading), 양하항(Port of discharge), 화물의 명세(Particular 또는 Description of cargo) 등 B/L상에 표기되어야 할 주요 운송정보를 기재하여 해당화물의 Invoice 및 Packing List와 함께 선박회사에 정식으로 선적요청서(Shipping Request, S/R)를 제출한다.

3. 포장 및 출고 준비

화물의 포장상태는 운송에 적합할 정도로 견고하여야 한다. 즉 포장재의 강도가 운송 도중에 내품을 충분히 보호할 수 있을 정도로 강해야 한다. 포장 및 출고 준비는 선박회사와 합의된 시간 내에 지정부두나 창고에 입고시킬 수 있도록 여유를 갖고 준비하여야 한다.

4. 컨테이너 운송

컨테이너운송은 처음에는 철도와 자동차의 연결을 통한 "문전에서 문전까지(door to door service)" 운송에 이용되었으나, 미국의 Sea Land사가 해상운송에 컨테이너를 도입한 이후 지금은 육・해・공(land/sea/air)의 상호이용으로 화물운송에 있어서의 3대 원칙인 ① 경제성 ② 신속성 ③ 안전성을 최대한으로 충족시키고 화물운송 구간 중 화물의 이적(移籍)없이 일관수송(一貫輸送)을 실현케 하여 복합운송(複合運送)의 발전에 크게 기여하였다.

▌그림 14-2▌ 철재 컨테이너

(1) 컨테이너 운송의 장・단점

1) 장점

정박기간의 단축, 창고료 절감, 인건비 절감, 화물의 안정성 재고, 신속한 운송, 운임절감

2) 단점

막대한 고정자본 필요, 콘테이너에 적합하지 물건들 존재, 갑판적재 화물에 대한 할증 보험료

(2) FCL 화물과 LCL 화물

1) 장 점

첫째, 경제성이다. 컨테이너 운송의 경우 단위당 운임이 저렴하며, 컨테이너 자체가 별개의 독립된 창고 역할을 하므로 포장비, 창고료, 보험료 등을 절감할 수 있다.

둘째, 신속성이다. 규격화된 컨테이너의 사용으로 하역시간과 정박기간이 단축된다. 또한 컨테이너선은 대개가 최근에 건조된 것들이고 고속엔진으로 운항하기 때문에 항해기간도 상당히 단축된다.

셋째, 안전성이다. 모든 화물이 견고하고 완전히 밀폐된 기구에 의해 운반되므로 파손과 도난의 위험이 적어진다.

2) 단점

컨테이너운송에 장점만 있는 것은 아니다. 컨테이너운송의 단점은 다음과 같다.

먼저 모든 화물을 컨테이너로 운송할 수 있는 것은 아니며, 컨테이너운송에 필요한 여러 가지 도구와 항만설비를 갖추기 위해서는 막대한 자금이 필요하다. 또한 컨테이너선에서는 상당 부분이 갑판에 적재되어야 하는데, 보험회사에서는 갑판적화물(on deck cargo)에 대해 할증보험료를 적용하고 있다.

3) 컨테이너화물의 운송형태

컨테이너화물은 컨테이너 한 단위당 화물적입량에 따라 FCL화물(full container load lot cargo)과 LCL화물(less than container load lot cargo)로 구분된다. 한사람의 화물이 컨테이너 한 단위를 꽉 채우는 FCL화물의 경우에는 화주의 공장 또는 창고에서 컨테이너에 적입되어 바로 컨테이너 야적장

(Container Yard; CY)로 보내어지나, LCL화물의 경우에는 컨테이너화물집하소(Container Freight Station; CFS)에서 같은 방향으로 가는 화물끼리 혼재되어 목적지까지 운송된다. 이에 따라 컨테이너화물의 운송형태는 다음의 4가지로 구분된다.

① CY/CY(FCL/FCL) : 단일 송하인의 화물을 단일 수하인에게 보내는 경우이다. 콘테이너운송의 이점을 최대한 살려 진정한 의미의 문전에서 문전까지 운송이 가능한 형태이다.

② CFS/CFS(LCL/LCL) : 다수 송하인의 화물을 다수 수하인에게 보내는 경우이다. 수출지의 CFS에서 혼재된 화물은 목적지에 도착하여 다시 분류작업을 거쳐 각 수하인에게 보내어진다.

③ CY/CFS(FCL/LCL) : 단일 송하인의 화물을 다수 수하인에게 보내는 경우이다.

④ CFS/CY(LCL/FCL) : 다수 송하인의 화물을 단일 수하인에게 보내는 경우이다.

5. 출고 및 육상 운송

화물의 출고준비가 끝나면(컨테이너에 하주자신이 직접 적입하였을 때는 세관검사를 필하고 봉인이 된 상태) 선박회사가 지정한 부두나 창고까지 운송을 한다.

컨테이너 화물의 경우는 하주자신이 육상운송을 하는 경우보다 이른바 Door to Door 서비스 차원에서 하주의 창고와 부두 구간의 내륙운송도 선박회사가 인수하는 경우가 많다. 이 경우의 운송은 항구에 있는 보세구역(bonded area)까지 연결되므로 일반 육상운송업자가 취급할 수 있는 것이 아니고 보세화물 운송면허를 취득한 자라야만 가능하다.

6. 화물인도 및 입고

컨테이너화물인 경우 선박회사측에 화물을 인도하는 장소는 컨테이너선이 접안할 부두에 위치해 있는 컨테이너 전용야드(Yard)이다. 하주가 수배한 트럭과 화물이 야드 안으로 들어가는 시점, 즉 정문을 통과하는 순간이 화물에 대한 관리책임이 하주로부터 선박회사로 이전되는 순간이다.

선박회사는 정문 통과시점에서 컨테이너의 외관을 검사하고 봉인(Seal)의 이상 없으면 정상품을 인수했음을 기재한 부두수취증(Dock Receipt, D/R)을 발행 하주에게 교부한다.

7. 선박회사의 인수증

선박회사는 선적지에서 화물을 하주로부터 인수한 시점부터 이를 목적항에서 하주에게 인도하는 순간까지 화물을 안전하게 관리하여야 할 책임이 있다. 따라서 화물에 대한 인수도서는 선박회사의 책임을 논하는데 있어서 가장 중요한 서류라고 할 수 있다. 재래선 화물의 경우는 본선수취증(Mate's Receipt, M/R)이, 그리고 컨테이너의 경우는 부두수취증(Dock Receipt, D/R)이 발행된다. 이러한 수취증을 선박회사에 제시하여 그와 상환으로 B/L을 발급받도록 되어 있다.

8. 선하증권의 발행

화물이 선박회사측에 인도되고 나면 선박회사는 화물이 이상 없이 인수되었다는 사실과 하주가 요청한대로 운송하여 지정된 자에게 인수시와 유사한 상태로 인도할 것을 약속하는 내용의 선하증권을 하주에게 발급한다. 선하증권은 통상 3통(Original, Duplicate, Triplicate)이 발행되는데 그 효력은 동일하다.

제 3절 해상운임

1. 해상운임

해상운임은 선사가 선박을 이용하여 사람이나 화물을 운송한 대가인데, 운임의 수준은 시장경제의 원칙인 수요와 공급의 원리에 의해 결정되어진다. 정기선운송에 있어서는 항로별로 해운동맹이 결성되어 있어 Tariff Rate를 책정하고 있으나 맹외선사와의 경쟁으로 인해 실제로 선사가 징수하는 시장운임(Market Rate)은 Tariff Rate 보다 훨씬 낮은 경우가 대부분이며 시황에 따라 변동폭도 크다.

(1) 지급시기에 따른 분류

1) 선불운임(Freight prepaid)

CIF 또는 CFR 조건에 의한 수출의 경우 수출업자가 선적지에서 운임을 선불하는 경우가 있는데 이를 선불운임이라 한다.

2) 후불운임(Freight to collect)

FOB 조건의 경우 수입업자가 화물의 도착지에서 운임을 지급하게 되는데 이를 후불운임이라 한다.

(2) 부과방법에 따른 분류

1) 종가운임(Ad Valorem Freight)

귀금속등 고가품의 운송에 있어 화물의 가격을 기초로 이의 일정률을 운임으로 징수하는 경우를 말한다.

2) 최저운임(Minimum Rate)

운임은 일정단위를 기초로 부과되는데 화물의 용적이나 중량이 일정기준이하일 경우 이미 설정된 최저운임을 부과하게 된다.

3) 차별운임(Discrimination Rate)

화물, 장소, 하주에 따라 운임을 차별적으로 부과하는 방식으로 해상운송에서 주로 이용되고 있다.

4) 무차별운임(Freight All Kinds Rate)

화물, 하주, 장소를 불문하고 운송거리를 기준으로 일률적으로 운임을 책정하는 방식이다.

(3) 특수운임

1) 특별운임(Special Rate)

해운동맹이 비동맹선사와의 경쟁, 특정화물의 유치, 대량화물에 대한 우대 등을 위해 일정조건을 갖춘 경우 요율을 인하하여 적용하는 운임이다.

2) 경쟁운임(Open Rate)

광산물 등 특정화물의 수송에 있어 동맹선사의 경쟁력을 높이기 위해 동맹선사 스스로가 운임을 결정토록 하는 경우의 운임이다.

3) O.C.P. Rate(Overland Common Point Rate)

북미 태평양 연안항만에서 하역되어 동부내륙지역으로 육상운송되는 화물(OCP Cargo)에 대해 낮은 해상운임률을 적용하여 화물을 유치하기 위한 정책운임을 말한다.

2. 부대비용

운송의 발달에 따라 운송관련 시설이나 인력이 갈수록 복잡 · 전문화되면서 선사가 해상운임만으로 경영이 어렵게 되자 이의 보전을 위해서 도입하게 된 것이 운송과 관련된 각종 부대비용이라 할 수 있는데, 선사들이 운항비의 증가 또는 운항수입의 감소를 보전하기 위해 부과하고 있는 할증료

(Surcharge) 및 부대비(Additional Charge)는 통상 기본운임의 몇 %로 정하거나 컨테이너당 또는 톤당 일정액을 정하여 공시하는 형식을 취하고 있다.

(1) 터미널화물처리비(THC : Terminal Handling Charge)

화물이 CY에 입고된 순간부터 본선의 선측까지, 반대로 본선의 선측에서 CY의 게이트를 통과하기까지 화물의 이동에 따르는 비용을 말한다.

(2) CFS 작업료(CFS Charge)

선사가 컨테이너 한개의 분량이 못되는 소량화물을 운송하는 경우 선적지 및 도착지의 CFS에서 화물의 혼적 또는 분류작업을 하게 되는데 이때 발생하는 비용을 CFS Charge라 하며 선사는 하주로부터 이를 징수하여 CFS 운영업자에게 전달하게 된다.

(3) 도착지화물인도비용(DDC : Destination Delivery Charge)

북미수출의 경우 도착항에서의 터미널 작업비용과 목적지까지의 내륙운송비용을 포함하여 해상운임과는 별도로 징수하는 것이다.

(4) 컨테이너세(Container Tax)

항만 배후도로를 운송하는 컨테이너차량에 대해서 컨테이너당 부담금을 징수하고 있는 지방세로서 항만 배후도로 건설 등 운송시설의 확충을 목적으로 한 일종의 교통유발부담금이라 할 수 있다.

(5) 서류발급비(Documentation Fee)

선사에서 선하증권(B/L)과 화물인도지시서(D/O)의 발급시 소요되는 행정비용을 보전하기 위해 신설한 비용이다.

(6) 체선(화)할증료(Port Congestion Surcharge)

입출항 선박의 수에 비해 항구의 하역능력이 부족하여 하역작업을 위한 대기시간이 길어짐으로 인해 선사측에 추가적인 경비가 발생할 경우에 일정기간 동안 하주에게 부과한다.

(7) 通貨할증료(CAF : Currency Adjustment Factor)

운임표시 통화의 가치하락에 따른 손실을 보전하기 위해 도입한 할증료로서 일정기간 해당통화의 가치변동률을 감안하여 기본운임에 일정비율(%)을 부과하고 있다. 항로에 따라서는 일정액을 부과하는 경우도 있다.

(8) 油類할증료(BAF : Bunker Adjustment Factor)

선박의 주연료인 벙커油의 가격변동에 따른 손실을 보전하기 위해 부과하는 할증료로서 기본운임에 대하여 일정비율(%) 또는 일정액을 징수하고 있다. 북미항로에서는 연료할증료(FAF : Fuel Adjustment Factor)라고도 한다.

(9) 遲滯料(Detention Charge)

하주가 컨테이너 또는 트레일러를 대여 받았을 경우 규정된 시간(Free Time)내에 반환을 못할 경우 벌과금으로 지불해야 하는 비용이며 Free Time은 동맹 또는 선사에 따라 각기 다르다.

제 4 절 선하증권

1. 선하증권(Bill of Lading; B/L) 개관

(1) 선하증권의 정의

선하증권은 해상운송인에 대해 운송물의 인도청구권을 증권화한 유가증권이라고 정의하고 있다. 운송인이 그 증권에 기재된 화물을 수취하였음을 확인하고 또한 그 화물을 목적지 까지 운송하여 그곳에서 그 화물을 증권의 정당한 소지인(수하인)에게 인도해야 한다는 취지를 약정한 유가증권이다.

정당한 소지인이 증권상의 권리를 행사하고 그 화물의 인도를 청구하기 위해서는 증권을 제시해야 한다.

▌그림 14-3 ▌ 해양선화증권

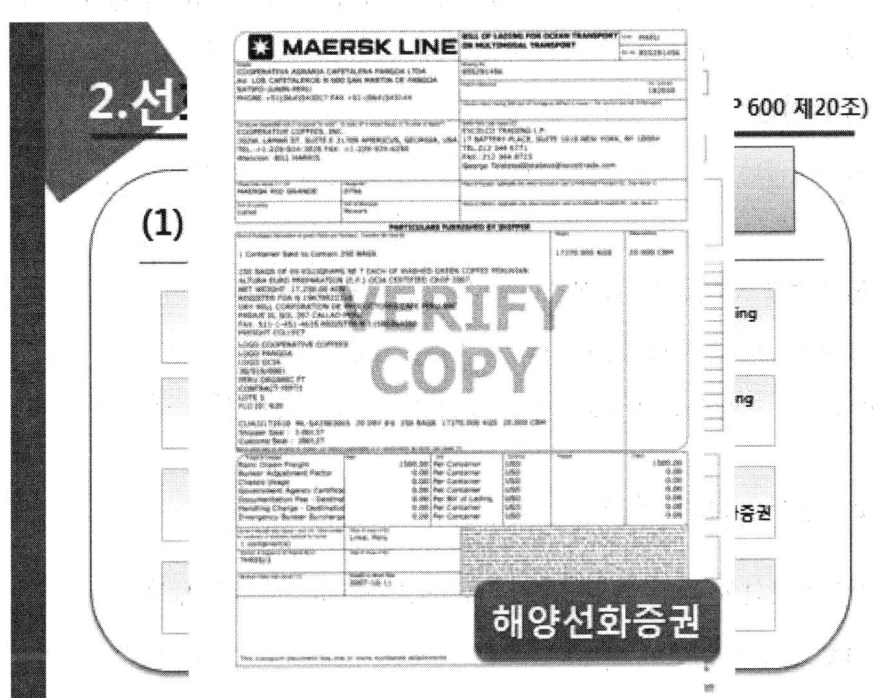

(2) 선하증권의 성질

1) 요인증권(要因證券)

선하증권은 물품을 선적 또는 선적을 위해서 수취되었다는 원인이 있은 후 발행된 것이다.

2) 문언증권(文言證券)

선하증권 선의의 소지인(bona fide holder)은 증권에 기재된 문언에 따라

운송인에 대해서 권리를 주장할 수 있다. 따라서 기재된 사항 이외의 것은 운송인에 요구할 수 없다.

3) **요식증권**(要式證券)

선하증권은 상법 제814조 제1항 제1호 내지 10호에 기재된 법적 기재사항의 기재를 요하는 요식증권이다. 따라서 화물을 인수하기 위해서는 인수하려는 화물과 선하증권면의 그 화물에 관한 기재사항이 일치해야 한다. 잘못 기재된 선하증권을 가진 자는 그 증권에 기재된 화물을 청구할 수 없다.

4) **채권증권**(債權證券)

선하증권의 소지인은 이와 상환으로 물품의 인도를 청구할 수 있기 때문에 채권의 효력을 가지는 채권증권의 성질을 가진다.

5) **유통증권**(流通證券; Negotiable Instrument)

지시식 선하증권(Order B/L)의 경우에는 높은 유통성을, 기명식 선하증권(straight B/L)에서는 배서양도의 금지문언이 없는 한 배서에 의해서 양도가능

2. 선하증권의 종류

(1) 선적선하증권(On Board B/L(미); Shipped B/L(영))

화물이 현실로 특정 선박에 선적되었다는 취지가 기재된 선하증권이며, 선하증권상에 "Shipped on board the vessel..."이라는 문언이 표면약관에 기재되어 있다.

(2) 수취선하증권(Received B/L)

수취선하증권은 화물이 선적을 위해 수취되었다는 취지가 기재된다. 이 B/L은 선박회사가 화주와의 운송계약에 의하여 화물을 특정화물 인수장소(선박회사의 부두창고 또는 부두장치장)에서 인수하고 현실적으로 본선에 적재하기 전에 발행되는 것이며, 그 취지가 B/L상에 기재되어 있다.

(3) 전통(全通)선하증권(Through B/L)

Through B/L은 운송화물이 목적지에 도착할 때까지 서로 다른 둘 이상의 운송기관, 즉 해운, 육운 또는 공운(空運)을 교대로 이용하여 운송하는 경우, 환적할 때마다 운송계약을 맺는 절차 및 비용을 절약하기 위하여 첫 번째의 운송업자가 그 전운송구간에 대해서 발행하는 선하증권이다.

(4) 무고장(無故障)선하증권(Clean B/L)

계약화물이 본선에 양호한 상태로 또한 신청 수량대로 적재되어 B/L의 비고란 (remarks)에 화물의 고장문언이 기재되지 않고 깨끗한 상태로 발행된 선하증권이다. Clean B/L에는 양호한 상태로 수량이 맞지 않는다는 것을 명시하기 위해서 "Shipped on board in apparent good order and condition"이란 문언이 기재되어 있다.

(5) 고장선하증권(Foul or Dirty B/L)

본선에 화물을 선적할 때 화물의 포장, 수량 등이 어떤 고장 또는 하자, 예컨대, 파손, 수량부족, 유손 등이 발생할 경우 화물을 인수한 일등항해사는 이러한 고장을 본선수취증(mate's receipt; M/R)의 비고란에 기재한 고장본선수취증(Foul M/R)을 발급하며, 화주가 선박회사에 Foul M/R을 제출하면 B/L의 비고란(Remarks)에 고장문언이 기재된 Foul B/L을 발행한다.

(6) 기명식(記名式)선하증권(Straight B/L)

기명식 선하증권은 B/L의 수하인(consignee)난에 수하인인 화물인수자의 이름이 기재된 선하증권이다. 기명식 선하증권은 무역화물에는 이용하지 않고, 이삿짐 또는 개인의 물품을 발송하는 경우에 많이 이용하며, 유통이 되지 않으므로 송하인의 배서는 필요 없다.

(7) 지시식(指示式)선하증권(Order B/L)

B/L의 수하인 난에 특정의 수하인명이 기재되지 않고, 단순히 "to order",

"to order of shipper", "to order of....bank"와 같이 지시인(order)만 기재하여 유통을 목적으로 한 선하증권을 Order B/L이라 하다. 무역화물거래는 원칙적으로 Order B/L을 사용한다. 수입자의 이름과 주소는 수하인 난이 아니고 화물도착 통지처(notify party) 난에 기재한다.

신용장은 일반적으로 Order B/L을 요구한다. 따라서 무역화물에는 Order B/L이어야만 선하증권을 양도하여 매매할 수 있고, B/L의 소지자가 곧 화주가 된다.

(8) 용선계약선하증권(Charter Party B/L)

화주가 대량화물을 수송하기 위하여 특정항로 또는 일정기간 동안 부정기선을 용선하는 경우, 화주와 선박회사 사이에 체결된 용선계약에 의하여 발행하는 선하증권을 용선계약 선하증권이라 한다.

(9) 컨테이너 선하증권(Container B/L)

Container 적재설비를 갖추고 있는 선박에 선적한 경우에 발행되는 선하증권을 Container B/L이라 한다. Container에 의한 운송의 경우, 화주는 생산공장 또는 창고에서 Container Yard까지 자기 책임하에 운송하여 선박회사에 인도한다. 따라서 선박회사는 인수받은 화물이 화주가 포장하고 봉인한 것이기 때문에 그 내용을 알 수 없다는 뜻으로 "Shipper's load and count" 또는 "said by shipper to contain"이라는 문언을 Container B/L상에 기재하고 있다.

(10) 유통선하증권(Nogotiable B/L)과 유통불능선하증권 (Non-Negotiable B/L)

선박회사는 한 개의 계약화물에 대하여 원본 및 사본을 합쳐 여러통(Full set)의 선하증권을 발행하는데, 이중 원본(original)의 선하증권만이 이 화물을 대표하는 유가증권이고 은행에서는 원본의 B/L을 제시해야만 화환어음을 매입한다. 선하증권 사본을 첨부한 화환어음은 은행에 매도할 수 없다.

따라서 무역화물에는 Nogotiable B/L이 사용되고 개인의 이삿짐에는

Non-negotiable B/L이라 사용된다.

(11) Stale B/L

Stale B/L이란 상품의 선적일자 후, 즉 B/L발행일 후 21일 이상 경과된 선하증권을 말한다. 1993년 개정신용장 통일규칙 제43조에서 신용장에 서류제시기간이 명시되어 있지 아니한 경우 은행은 선적일자 후 21일이 경과되어 제시된 운송서류(선하증권)를 수리하지 아니한다고 규정하고 있다. 따라서 선하증권 발행일자 이후 21일이 지나 매입은행에 제시하면 은행은 특별히 신용장상에 "Stale B/L acceptable"이란 조항이 없으면 수리를 거절할 수 있다.

(12) 환적선하증권(Transhipment B/L)

운송경로의 표시에 있어 도중의 환적을 증권상에 기재한 선하증권을 말한다. 환적은 화물의 손상을 초래하고, 지착의 원인이 될 뿐만 아니라 환적비용이 발생할 우려가 있기 때문에 신용장상에 Transhipment prohibit라는 문언을 기재하여 환적을 금지하고 있다. 그러나 이러한 금지문언이 없는 한 환적은 허용된다.

(13) 복합운송증권(Combined Transport Document)

종래의 운송방식과는 달리 "door to door transportation"을 본질로 하고, 육상, 해상 및 항공 중 「컨테이너」 전용선에 의하여 두 가지 이상의 형태로 복합운송될 때 발행되는 운송장을 Multimodal Transport Document라고 한다. Through B/L은 반드시 선박회사나 그 대리인 발행하지만, 복합운송증권은 실제로 해상운송인에 의해서만 직접발행되는 것이 아니고 경우에 따라서는 freight forwarder에 의하여 발행되기도 하며, 또한 화물적재 선박명이 기재되지 않고 발행되는 경우가 있는데 컨테이너 운송의 발달에 따른 새로운 관례에 따라 은행이 그 수리를 인정하고 있다.

(14) Port B/L과 Custody B/L

Port B/L은 Custody B/L과 같이 수취선하증권의 일종으로서 선적될 화물이 선박회사의 보관하에 있고, 지정된 선박은 입항해 있으나 화물이 본선에 적재되지 않는 경우 발행되는 선하증권을 말한다. Custody B/L은 Port B/L과 같이 화물이 선박회사에 인도는 되었으나 지정된 선박이 아직 화물이 준비되어 있는 항구에 도착되지 않았을 때 발행되는 선하증권을 말한다.

(15) 운송주선인 선하증권(Forwarder's B/L)

Forwarder's B/L이란 운송주선인(Freight Forwarder)이 발행한 B/L을 말한다. 운송주선인은 계약운송인으로서 운송수단(선박, 항공기, 화차, 트럭 등)을 보유하지 않으면서도 실제운송인(actual carrier)처럼 운송주체자로서의 기능과 책임 즉 운송인에게는 화주입장에서, 화주에게는 운송인의 입장에서 책임 및 의무를 수행한다.

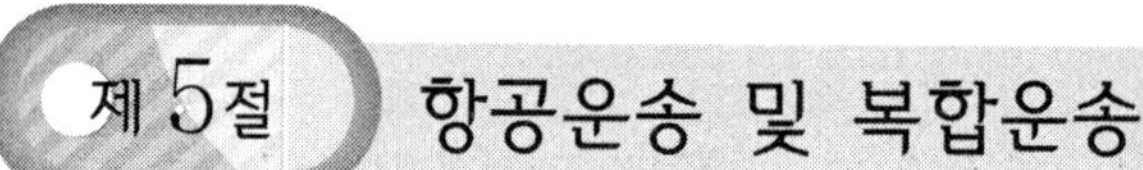

제5절 항공운송 및 복합운송

1. 항공운송

(1) 항공운송의 특성

국제교역량의 증가, 화물의 다양화 및 항공운임의 인하로 항공운송의 비중이 점차 증가하고 있다. 항공운송의 특성은 야행성, 편도성, 비계절성, 신속성 등으로 요약된다.

야행성이란 당일의 화물을 저녁때까지 집하, 기적(機積)한 후 다음날 아침까지 수하인에게 배달하는 시스템이 가장 이상적이라는 것이다. 편도성은 여객의 경우 언젠가는 출발지로 다시 돌아오게 되지만 화물의 경우에는 일단 목적지까지 수송되면 그곳에서 소비되어 돌아오지 않음을 의미한다. 비계절성이라는 것은 항공화물은 여객에 비해 계절적인 변동을 적게 받는다는 것을 가리킨다.

항공운송이 육상운송이나 해상운송 등 다른 운송수단에 비해 신속하다는 것은 두말할 필요도 없다. 따라서 항공운송의 경우에는 정시 서비스가 대단히 중요하다. 실제로 미주까지 선박이 15일 정도 소요되는 데 반해 항공운송은 2일이면 충분하다.

▌그림 14-4 ▌ 항공운송의 특성

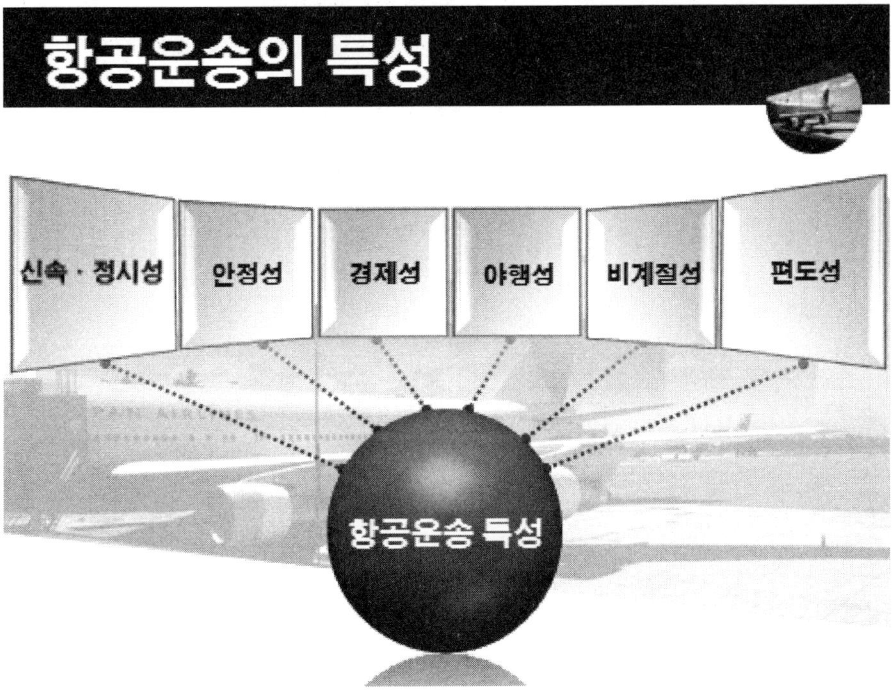

(2) 항공운송의 장점

무역업체들이 항공운송을 활용하게 되는 것은 다음과 같은 장점이 있기 때문이다.

첫째, 수송기간이 짧다는 점이다. 이는 수송중 물품에 대한 투자기간을 단축시킴을 의미한다. 이러한 측면에서 항공운송이 요구되는 상품은 긴급화물로서 시간에 민감하여 기회비용(opportunity cost)이 중요시되는 상품들이다.

둘째, 재고비용의 절감이다. 이는 재고로 묶여 있는 동안에 발생할 수 있는 손실, 분실, 훼손의 위험이 감소됨을 의미한다.

셋째, 수송조건이 좋다는 점이다. 이는 운반상태가 양호하고 안전함으로써 파손, 분실, 훼손의 위험이 감소됨을 의미한다.

▮ 그림 14-5 ▮ 항공운송의 장점

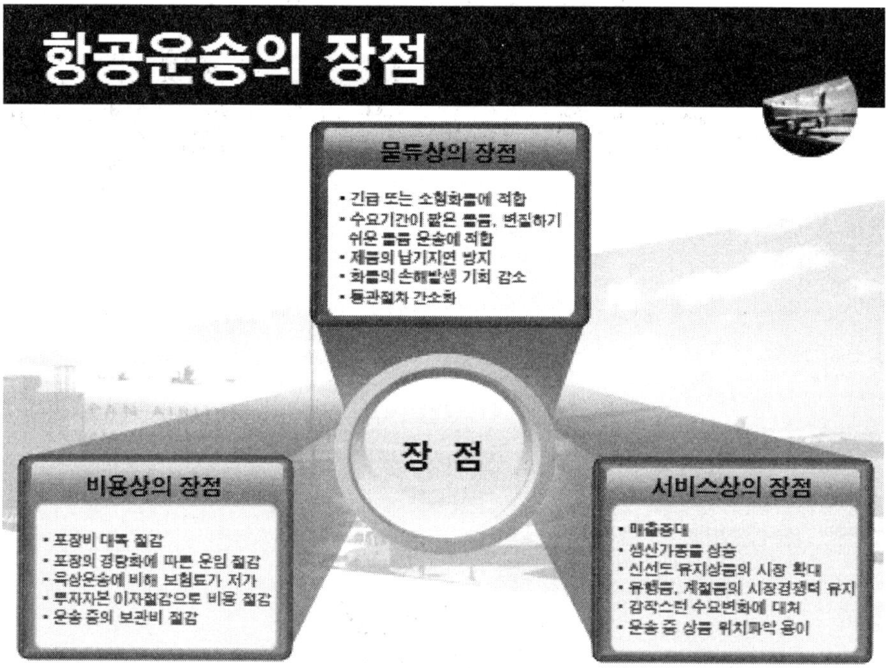

(3) 항공화물운송대리점 및 혼재업자

일반적으로 항공운송에 있어서는 하주인 무역업체가 항공회사와 직접 거래하지 않고 항공화물운송대리점이나 혼재업자와 화물운송계약을 체결하는 것이 관행화되어 있다.

1) 항공화물운송대리점(Air Cargo Agent)

항공사 또는 총대리점을 위하여 유상으로 항공기에 의한 화물운송계약을 체결을 대리하는 사업을 영위하는 업체를 항공화물운송대리점이라고 한다. 즉, 항공사를 대리하여 항공사의 운송약관, 규칙, 운임률표 및 운행시간표에 의거하여 항공화물운송을 유치하고 항공화물운송장(Air Waybill)을 발행하며 이에 부수되는 제업무를 수행하고 그 대가로 대리점계약에 의거한 수수료를 받는다.

2) 혼재업자(Consolidator or Air Freight Forwarder)

혼재업자는 타인의 수요에 응하여 유상으로 자기의 명의로써 항공사의 항공기를 이용하여 화물을 여러 송하인으로부터 인수하여 운송하는 것을 업으로 하는 자를 말한다. 혼재업자는 자체운송약관과 운임률표(Tariff)를 가지고 혼재업자용 화물운송장(House Air Waybill)을 이용하여 송하인과 운송계약을 체결한다.

(4) 항공화물운송장의 의의

항공화물운송장(Air Waybill)은 화물의 유통을 보장하는 가장 기본적인 운송서류로서 해상운송에 있어서 선하증권과 비교될 수 있다. 항공화물운송장은 송하인과 운송인간에 화물의 운송계약이 체결되었다는 것을 나타내는 증거서류이며, 동시에 송하인으로부터 화물을 운송하기 위하여 수령하였다는 증거서류이기도 하다.

2. 복합운송

(1) 복합운송의 개념

복합운송(multimodal transport or combined transport)이란 특정의 화물을 운송인 전체 운송구간에 대하여 책임을 지고 육・해・공 가운데 두 가지 이상의 운송형태를 결합하여 운송하는 방식을 말한다. 이러한 일관운송의 전체적인 책임을 지는 주체가 바로 복합운송인(combined transport operator)이며, 복합운송인이 발행하는 복합운송계약의 증거서류를 복합운송증권(combined transport document)이라고 한다.

(2) 복합운송의 주요 경로

현재 우리나라를 중심으로 가장 널리 이용되는 복합운송경로에는 시베리아 랜드 브리지(Siberia Land Bridge : SLB)와 미니 랜드 브리지(Mini Land Bridge : MLB)를 들을 수 있다. 랜드 브리지 서비스는 대륙횡단의 철도운송을 이용하여 바다와 바다를 연결함으로써 운송경비 절감과 운송시간의 단축을 꾀하는 것이다.

1) 시베리아 랜드 브리지

대형 컨테이너에 의해 극동/유럽·중동간을 극동-동해-시베리아철도-유럽·중동 각지의 해운항로 및 철도로 연결되는 복합운송경로이다. 이 운송경로는 극동과 유렵·중동을 잇는 최단수송거리로서 수송일수도 최대한 줄일 수 있다.

2) 미니 랜드 브리지

미니 랜드 브리지는 극동과 미국대서양이나 Gulf연안 혹은 유럽과의 항로에서 태평양과 대서양연안을 대륙횡단철도에 의해 연결하는 운송경로이다. 즉 컨테이너를 극동에서 북미태평양 연안 항구까지는 컨테이너선으로, 여기서 대서양연안 또는 Gulf 연안까지는 철도편으로 운송해 철도터미널에서 수하인에게 인도하거나 또는 다시 유럽까지 컨테이너선으로 운송하는 방식이다.

▌그림 14-6▐ 복합운송의 주요경로

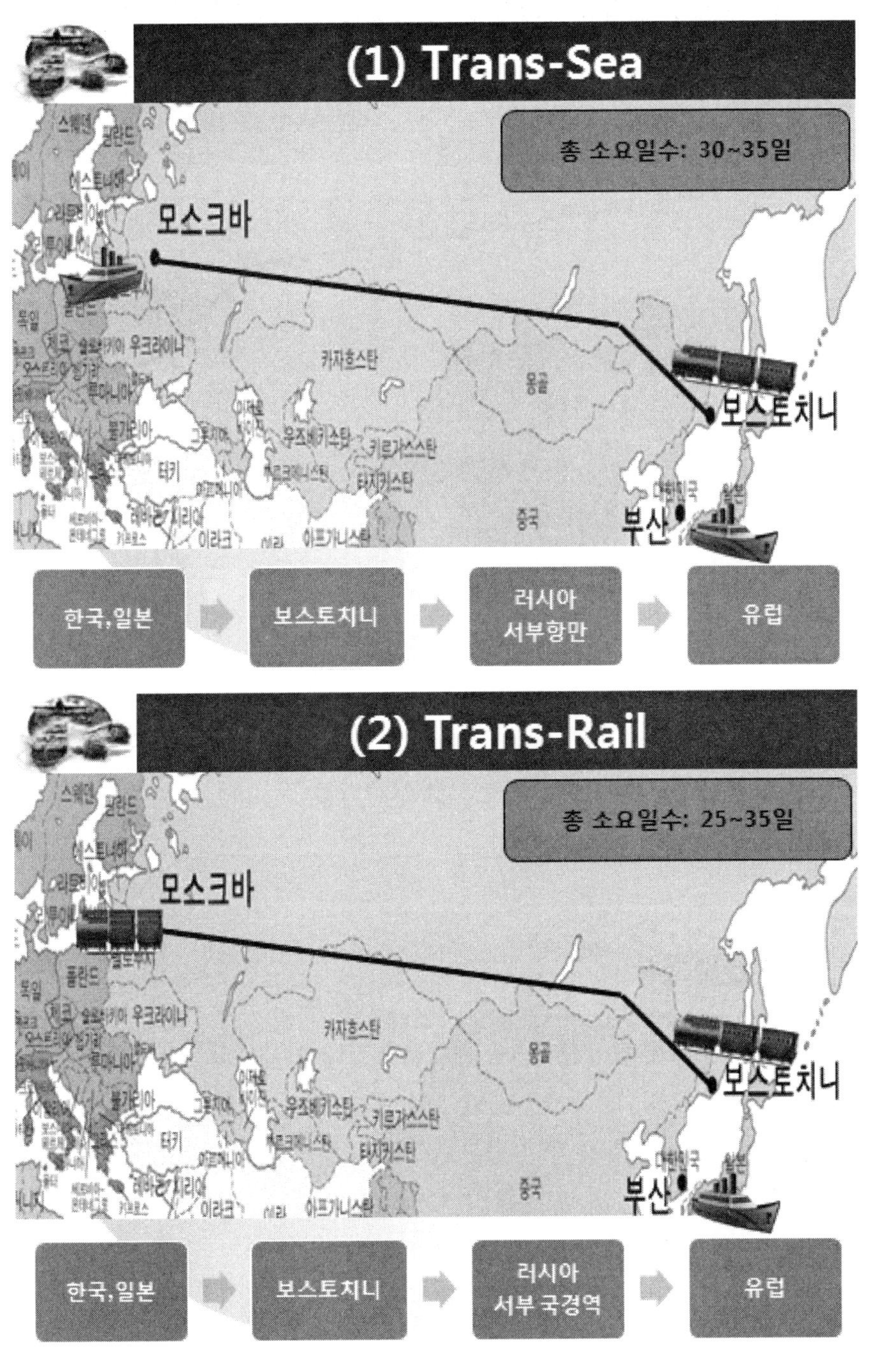

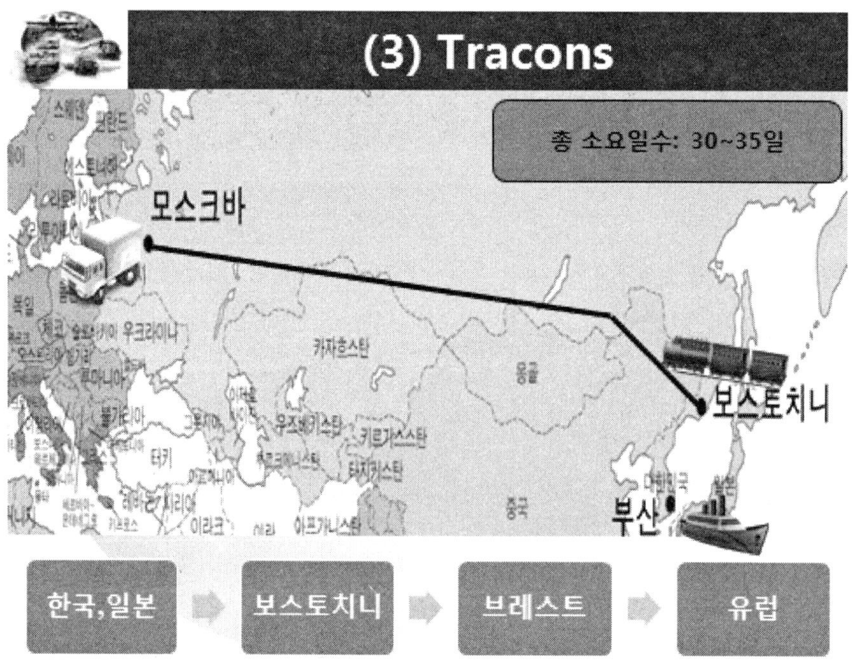

제 6절 통관 및 관세

1. 수출통관절차

수출통관이란 수출신고를 받은 세관장이 수출신고사항을 확인하여, 일정한 요건을 갖추었을 때 수출신고인에게 수출신고필증을 교부하는 것으로, 수출 승인된 사항 및 현품이 수출신고사항과 일치하는지 여부를 대조 확인하여 양자가 서로 부합된 때 수출을 현실적으로 가능하도록 한다. 이러한 수출통관이 완료되면 내국물품이 외국물품화를 말한다.

▮ 그림 14-7 ▮ 수출통관절차

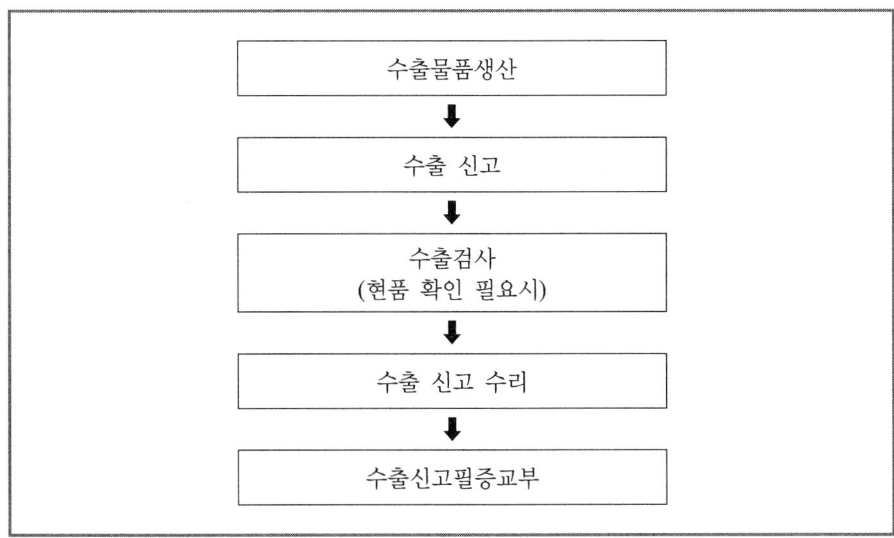

2. 수입통관절차

수입통관이란 수입신고를 받은 세관장이 신고사항을 확인하여 일정한 요건을 갖추었을 때 신고인에게 수입을 허용하는 것으로 사항과 현품이 부합한지 여부와 수입과 관련하여 제반법규정을 충족하였는지 여부를 확인한 후 외국물품을 내국물품화하는 행정행위이다.

수입면허제를 수입신고제로 전환하여 수입통관절차를 대폭 간소화하고, 수입신고 수리 후 관세납부제를 도입하여 통관절차와 과세절차를 분리한다.

3. 관세환급

관세환급이라 함은 세관에서 일단 징수한 관세 등을 특정한 요건에 해당하는 경우에 그 전부 또는 일부를 되돌려 주는 것을 말한다.

현행 관세법상에는 납세의무의 형평과 징수행정의 공평을 기하기 위한 관세, 가산금 또는 체납처분비의 과오납금을 납세의무자에게 환급하는 제

▮ 그림 14-8 ▮ 수입통관절차

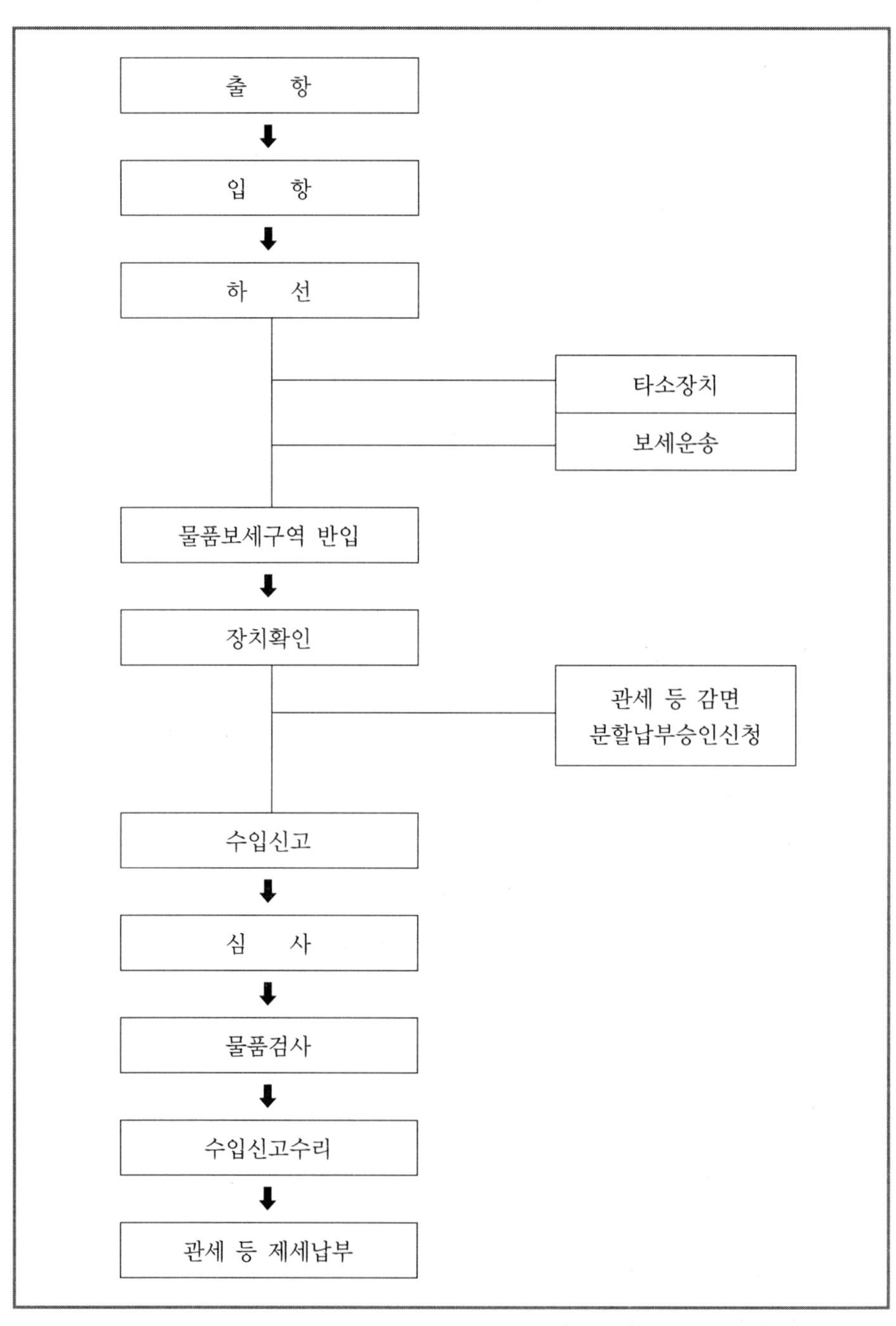

▌그림 14-9 ▌ 관세환급절차

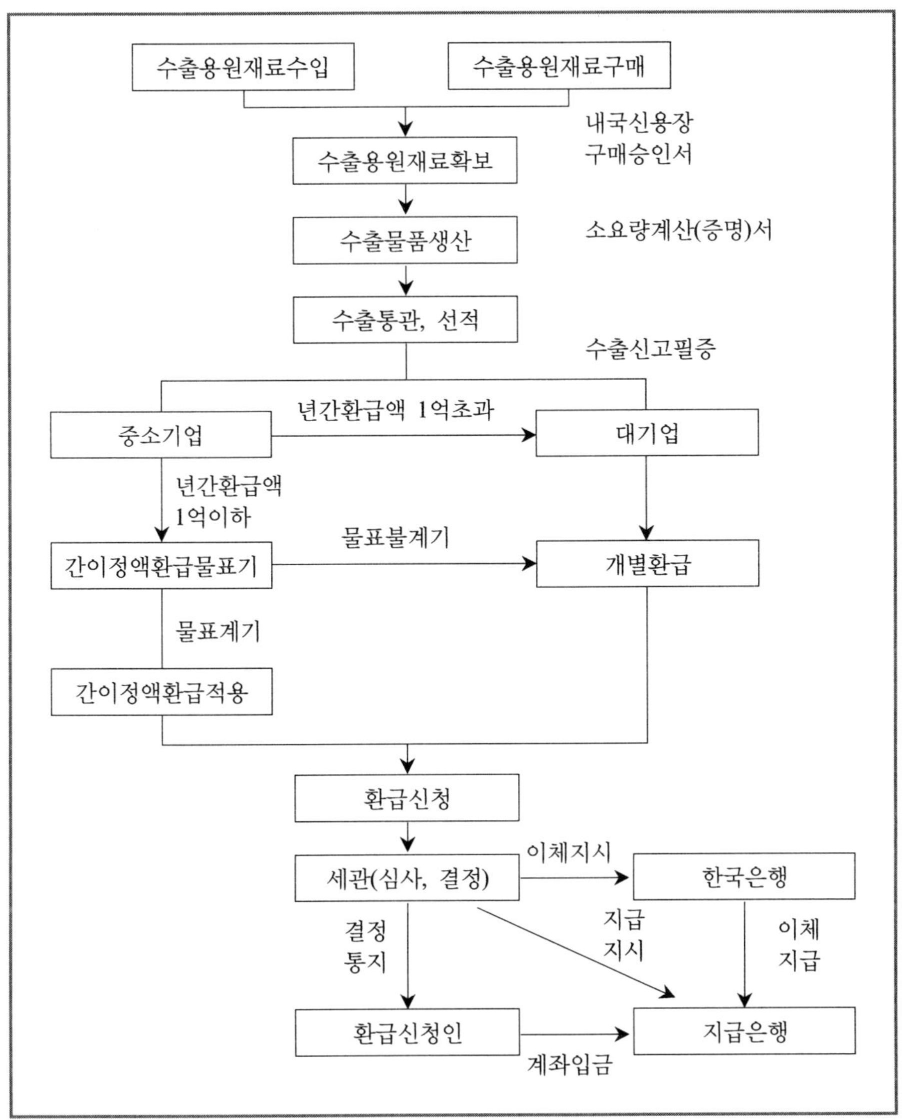

도(과오납환급 : 관세법 제24조)와 위약물품을 재수출한 경우 수입시 납부한 관세를 환급하는 제도(위약물품의 관세환급 : 관세법 제35조)가 있으며, "수출용 원자재에 대한 관세 등 환급에 관한 특례법"(환급특례법)에 의거 원재료를 수입할 때에 일단 관세 등을 납부하였거나 징수유예 받은 물품

또는 이를 원료로 하여 제조·가공한 물품을 수출의 용도에 공한 때에 이미 납부한 관세를 환급해 주는 제도가 있는데, 일반적으로 이를 관세환급이라 하면 환급특례법상의 환급을 말한다.

전자무역

제1절 전자무역의 개관

1. 전자무역(Electronic Trade)의 개념

전자무역이란 가상공간인 Internet을 통해 국제간에 상품이나 서비스를 사고파는 것으로서 컴퓨터 통신망이 구성하는 가상공간 자체가 시장이고 Internet 접속 이용자가 고객이 된다. 이러한 거래는 물리적 공간으로서의 시장이 필요 없다는 점에서 전통적인 상거래와는 차이가 있다.

전자 무역거래에서는 수출업자가 자기회사의 상품을 Web Site를 통해 Internet시장에 내놓거나 반대로 수입업자가 Web Site에 구매 Offer를 게시할 경우 수출입업자 상호간에 E-mail을 통해 가격상담과 계약체결이 이루어지게 된다.

▌그림 15-1▐ 전자무역의 정의

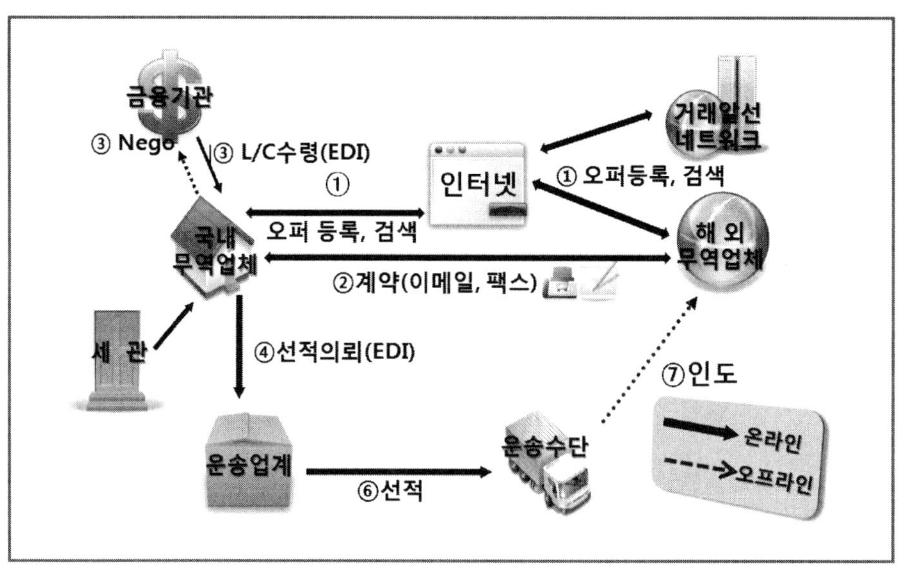

2. 전자무역의 특징

(1) 거대한 단일 시장으로의 변화

전세계가 지리적·시간적 장벽을 넘어선 가상시장에서 만남으로써 기업들의 세계화전략이 손쉽게 이루어질 수 있으며, 정보의 공유를 통해서 지역간에 격리된 시장이 전세계적으로 통합된 하나의 단일시장으로 형성될 가능성이 있다. 이러한 통합된 시장은 가격의 단일화와 가격하락을 유도함으로써 완전경쟁에 가까운 형태의 시장구조를 형성함으로써 그야말로 이상에 가까운 형태로 시장 매커니즘을 변화시킬 것으로 예상된다.

(2) 교역상품과 서비스 가격의 단일화 및 하락

인터넷이라는 거대한 시장은 유통비용의 하락으로 전반적인 제품이나 서비스 가격이 하락을 유도할 것이다. 지금까지 수입상들은 해외의 유명 브랜드를 낮은 가격에 구입하여 높은 가격으로 국내에서 판매해 왔지만, 인터넷의 등장은 많은 사람들이 전자무역을 자유롭게 할 수 있게 함으로써 보다 활발한 경쟁 체제가 도입되어 자연스럽게 가격이 하락하고 있다.

(3) 전세계를 대상으로 한 글로벌 마케팅 활동

인터넷이라는 새로운 매체의 등장으로 인해 문자와 그림은 물론, 음성과 동화상 등 보다 다양하고 효과적인 방법으로 회사나 제품을 소개할 수 있게 되었다. 제품이나 서비스의 개발 단계에서부터 전세계를 대상으로 한 광고 및 마케팅을 염두에 두어야 하며 인터넷 상거래에 적합한 신제품의 개발과 함께 효과적인 주문처리, 고객관리 및 대금회수 등을 위한 내부체제를 갖추는 것이 필요하다.

(4) 거래처 발굴의 효율화 및 손쉬운 거래 정보의 획득

인터넷에서는 각국의 정부와 무역유관기관, 무역거래알선사이트 그리고 개별 기업들이 올려놓은 무역에 관련된 수많은 정보들을 정보 검색 엔진을 이용하여 손쉽게 찾아 볼 수가 있다.

(5) 거래 비용의 획기적인 절감

판매자와 구매자간의 상담이나 상품에 대한 정보의 취득, 거래 성사를 위한 각종 서류의 교환 형태도 지금까지의 전기 신호를 이용한 통신 수단에서 전자 신호에 의한 컴퓨터 통신, 특히 인터넷으로 통합되어 가고 있다. 형태가 일정하지 않은 비정형화된 정보나 의사 표시는 전자메일에 의해, 포맷화된 정형 정보나 서류는 전자문서교환(EDI)에 의해 인터넷과 같은 컴퓨터 통신망으로 통합・유통되어 가고 있다. 이러한 인터넷 부가서비스는 국제 통신비용을 획기적으로 절감할 수 있다는 것이 가장 큰 장점이다.

(6) 중소기업의 성장 가능성 증대

인터넷의 등장으로 중소기업들도 문자・그림・음성・동화상 등 각종 다양한 광고기법을 이용하여 자사의 제품을 소개할 수 있을 뿐만 아니라, 시간적·공간적 제약이 없이 자사제품에 대한 다양한 정보를 고객에게 제공할 수가 있게 되었다.

따라서 중소기업이 세계적인 대기업들과 적어도 인터넷상에서는 어깨를 견줄 수 있으며, 진취적이고 독창적인 사업구상을 통해 오히려 대기업을 석권할 수 있는 가능성도 존재하고 있다.

(7) 전자화폐에 의한 대금 결제

무역거래에 있어서 상품 구매에 대한 대금결제방식으로 개발된 신용장도 인터넷을 통한 전자지불 시스템의 개발과 실용화로 그 입지가 점차 좁아지고 있다. 인터넷을 통해 상품을 구매하는 고객의 신용카드 번호 등을 고객의 전용 소프트웨어로 암호화하고 고객이 이 정보를 입력하면 판매자가 전용 소프트웨어를 이용하여 카드 발행회사에 조회를 하도록 하며, 신용카드 범위 내에서 전세계적으로 안전하고도 확실한 대금 결제가 보장됨으로써 소액거래를 중심으로 국경 없는 인터넷 상거래가 시작되었다.

(8) 새로운 국제 운송 물류 시스템의 도입

팩스와 인터넷과 같은 컴퓨터 통신망의 등장으로 기존 국제 특송시장에서 큰 비중을 차지해 왔던 서류 송달물량이 줄어들면서 국제 특송시장이 위축될 것이라고 예상되었지만, 인터넷을 통한 소액물품 거래의 활성화에 따른 상품 배송의 확대로 인하여 오히려 국제 특송시장은 상대적으로 부상하고 있다. 특히 인터넷상에서의 생산자와 소비자간의 직접 거래가 증가하면서 탁송부문과 창고부문의 결합의 가속화되고 있다.

3. 기존무역과 전자무역 비교

전자 무역을 무역계약 체결 이전까지의 과정에 주로 관심을 두고 있다고 본다면 이는 전통적인 무역계약체결 과정과 많은 차이점을 보이고 있다.

먼저 무역을 행하기 위한 아이템의 선정과정에서 종전에는 문서형식의 각종 통계자료나 정보지를 이용하여 국내의 공급업체를 확보하였으나, 사이버 무역에서는 관세청의 통관정보시스템, 무역협회, 각종 언론사이트로부터 정보를 취득할 수 있다.

▮ 표 15-1 ▮ 무역계약 체결과정의 비교

기존무역거래	전자무역 거래
거래알선기관직접방문 등	국내외 무역사이트 등을 통한 정보검색
카타로그, 매체광고전시회 등	홈페이지 유즈넷, 메일링 리스트 등
전화,팩스, 우편출장 등	e-mail, 인터넷폰/팩스, EDI활용 등
L/C, D/A, D/P 등을 이용	무역카드, 전자화폐, 전자자금이체 등
포워더, 해운항공운송 등	온라인 전송, 특급운송 등

해외시장조사를 시행함에 있어서도 전통적으로는 직접 현장방문 또는 각종 2차 통계자료를 이용하였으나, 전자무역에서는 국가별로 제공되는 통계사이트, 무역유관기관 도는 전문 시장조사기관의 사이트를 통해 정확한 정보를 취득할 수 있다.

해외홍보 및 마케팅홍보를 함에 있어서도 전통적인 방법에 의할 경우, 각종 브로셔의 제작 및 전시회나 무역박람회 등에 참가함으로써 많은 경비와 시간을 소모하였으나 전자 무역에서는 홈페이지를 통해 비용을 절감할 수 있고 각종 거래알선사이트나 무역박람회의 홈페이지에 광고를 함으로써 자사를 널리 홍보할 수 있게 되었다. 특히 유즈넷이나 메일링 리스트를 이용함으로써 거의 비용을 들이지 않고 높은 홍보효과를 얻을 수 있다. 거래선을 발굴하는 데에는 전통적으로 무역유관기관이나 해외방문을 행하던 것을 거래알선사이트, 유즈넷, 각종 전자우편을 통해 이를 해결함으로써 비용과 시간을 절감할 수 있다. 특히 거래 제의를 함에 있어서도 전자우편이나 인터넷폰, 인터넷 팩스를 이용함으로써 비용을 크게 절감할 수도 있다.

잠재적인 거래상대방에 대한 신용조사는 종래에 한국수출보험공사 등을 통하여 상당한 기일이 소요되었으나, 현지의 전문 신용조사기관이나 기업/신용전문 D/B를 이용함으로써 보다 정확하고 빠른 조사결과를 기대할 수 있다.

거래조건의 협상이나 수출계약의 체결과정에서도 전자우편이나 인터넷폰, 인터넷 팩스, 인터넷 화상회의를 이용함으로써 신속하게 업무를 처리할 수 있는 등 여러 가지 장점을 지니고 있다. 그러나 아직까지 수출계약의 체결과 관련되어 분쟁발생시 전자문서의 법적 효력의 인정문제 등이 해결과제로 남아있다고 볼 수 있다.

▌그림 15-2▐ 전통적 무역거래와 전자 무역거래의 비교

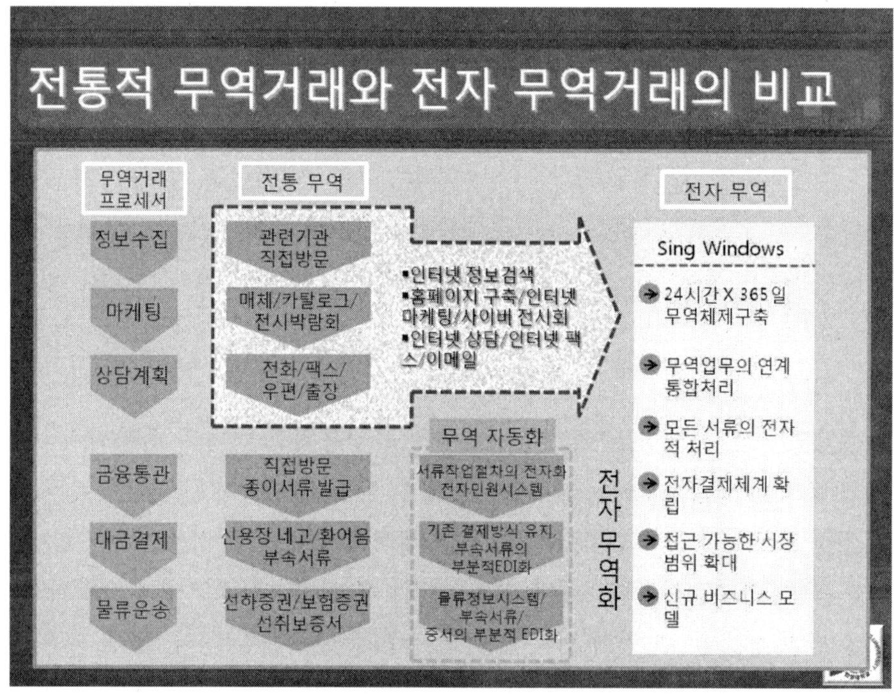

4. Internet을 이용한 무역거래 수단

(1) World Wide Web

사이버 무역에서의 World Wide Web은 기업이 경쟁력 우위 확보를 위해 가장신경 써야 할 부분 중 하나이다. 기업에선 주로 상품 Catalogue나 기업정보 등을 수록하여 Internet상에서 자사의 소개와 제품홍보 등에 활용하고 있다. 이렇게 Internet에 올린 Home Page는 24시간 열린 회사의 홍보매체이므로 특성에 맞게 만들어 적절한 Promotion을 한다면 기업이나 상품의 광고효과를 저렴한 비용으로 극대화시킬 수 있다.

▌그림 15-3▐ 전자 무역의 흐름도

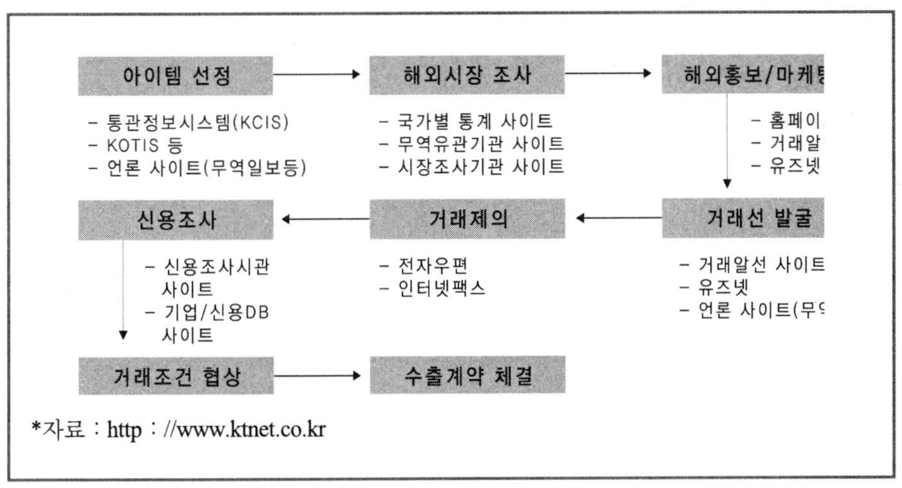

*자료 : http : //www.ktnet.co.kr

(2) 홈페이지 이용

인터넷에 자사 홈페이지를 만들어 올리는 것은 매우 중요하다. 이 홈페이지를 통하여 자사 홍보와 자사 제품 소개를 할 수 있다.

인터넷에 있는 여러 무역망 사이트에서 자사 제품을 소개하는 소위 'Selling Offer'라는 것을 등록(Posting)할 수 있는데 이러한 Posting은 자사 또는 자사 제품을 상세히 소개할 수가 없다. 특히 상품 이미지를 Posting할 수 없는 무역망 사이트가 대부분이다. 따라서 Selling Offer 등록시 자사 제품에 대한 간략한 소개와 함께 자사 인터넷 홈페이지 주소를 게재하여 관심 있는 거래선으로 하여금 자사 홈페이지에 접속하게끔 하여야 한다.

(3) Web Promotion

Internet에 자사(자신)의 홈페이지를 만든 후의 첫 번째 중요한 일은 자사 홈페이지 소개를 통해 자사 제품과 회사를 전세계로 알리는 작업이다. 이러한 작업을 웹 프로모션(Web Promotion)이라고 한다. 사실 홈페이지를 만들고 나서 찾아주는 사람이 없을 때는 그 홈페이지는 존재할 의미가 없게 되는 것이다. 그래서 고객이 자사의 홈페이지를 방문할 수 있도록 웹 프로모션을 해야 한다.

(4) 전자 카달로그 이용

자사를 소개하는 카달로그의 제작, 국내외 바이어 및 협회, 기관 등에 배포하거나 업체의 카달로그를 바이어의 요청에 따라 또는 능동적으로 바이어에게 전달하여 각 제품 및 자사를 소개한다.

표 15-2 해외시장조사 및 거래선발굴 사이트

알선업체	전자주소
코트라	www.kotra.or.kr/KOBO
KOTRA 해외시장조사대행	www.kotranet.com
산업자원부 국가정보조회	www.mocie.go.kr
한국무역협회	www.kotra.or.kr
무역협회	www.ec21.net
KTNET	www.eckorea.net
무역일보	www.tradenew2.net
전세계 거래알선사이트 모음	www.ecplaza.co.kr

(5) 무역거래 알선 Site에 Posting

Internet무역에 있어서 가장 활발한 움직임을 보이고 있는 것은 전자 무역거래 알선사이트를 통한 거래알선 부분이다. 이것은 인터넷을 통하여 거래상대방을 찾아내는 것이 전자무역에서 가장 중요하기 때문이다. 무역거래알선사이트는 대부분 게시판 형태로 제공되고 있으므로 구매 및 수입(Offer to Buy), 수출(Offer to Sell)에 대한 실시간 갱신의 정보를 열람할 수 있다. 또한 자신의 제품이나 거래정보를 스스로 등록할 수 있다.

(6) News Group

News Group이란 Internet상에서 공통의 관심을 가진 사람들이 원하는 내용을 게시하고 토론하는 일종의 게시판이다. News Group에는 관심의 대상에 따라 취미, 정치, 과학, 비즈니스 등 수만 개의 세분화된 주제를 가진 Group을 가지고 있다. 비즈니스 관점에서 보면 News Group은 표적시장에 접근할 수 있는 쉽고도 값싼 광고매체이며 소비자의 반응을 즉각 확인해 볼 수 있는 곳이기도 하다.

(7) E-Mail

전자무역에서의 전자메일(E-mail)은 종전 무역업체들이 외국의 무역관련기관이나 거래기업에 FAX 또는 우편으로 해오던 거래업무를 E-Mail로 대체하게 된 것이다. Internet을 이용한 무역에서 성공할 수 있는 길은 E-mail을 얼마나 잘 사용하느냐에 따라 좌우된다고 할 수 있을 정도로 E-mail이 차지하는 비중은 커지고 있다.

제 2절 전자무역 체결과정

1. 해외시장조사

(1) 해외시장조사 의의

외국과 무역거래를 함에 있어 비용과 위험을 최소화하고 극대화하기 위해서는 사전에 신속정확한 해외시장조사가 필수적인 전제조건이다. 그 방법에 있어 우선 대상 시장의 전반적 개황(정치, 경제, 사회, 풍토, 기후, 언어 등)을 조사한 다음 취급상품에 대한 세부적인 내용(무역관리제도, 시장특성, 수요와 공급, 유통구조, 경쟁상대, 거래처 등)을 조사하는 일련의 단계를 거치게 된다.

(2) 시장조사의 방법

① 국별자료 이용 : UN 무역통계연보(Yearbook of Intenational Statistics, IMF 발간연보(International Financial Statistics) 등의 국별 수출입통계자료

② 국내외 경제단체 및 유관기관 이용 : KOTRA나 한국무역협회 등

③ 주한 외국공관의 이용

④ 국내외 광고회사의 이용

⑤ 자체시장조사 방법 : 현지를 직접 방문하여 조사

2. 거래처의 발굴

사전 시장조사에 의하여 자사 상품의 시장성이 있는 대상 시장을 선정한 후 잠재력 있는 유능한 거래처를 발굴하는데, 거래처 발굴에는 보다 신중하고 효과적인 방법이 동원되어야 한다.

(1) 자체 홍보물의 이용

1) 거래처 발굴을 위한 홍보물 제작

해외 배포용 catalog 등은 세심하게 계획하여 제작하되 전문가에게 의뢰하여 제작하는 것이 바람직하며, 홍보물의 내용은 상품의 설명에 주안점을 둔다.

2) 홍보물의 배포

홍보물을 배포할 적절한 buyer의 명단은 KOTRA, 한국무역협회, 상공회의소 등 경제단체 및 유관기관이나 이들이 발간하는 잡지, 주한 외국 대사관 상무관실 등을 통해서 입수할 수 있다. 또한 Internet을 통하여 Directory를 제공하거나 무역거래를 알선하는 Site에서도 입수할 수 있다. 이외에도 국내외에서 개최되는 전시회나 박람회 참가시 배포하는 것도 효과적이다.

(2) 해외광고의 이용

1) 국내발간 해외배포용 매체 광고

국내에서 발간되는 해외배포용 매체는 Korea Export, Korea Trading Post, Korea Trade, Buyers Guide 등이 있는데, 매체의 성격, 배포부수, 배포지역, 구독층 등을 신중히 분석하여 적절한 매체를 선정하는 것이 효과적이다.

2) 해외발간 매체 광고

(3) 해외 공공기관의 이용

각국의 상공회의소 또는 WTC(World Trade Center), WTCA(World Trade Centers Association) 등 무역관련 기관에 거래의 알선이나 관련업자의 소개를 의뢰한다.

(4) 각종 사절단 및 전시회 참가

무역관련기관에서 구성, 파견하는 각종 투자 및 무역사절단, 박람회, 전시회에 참가한다.

(5) 직접방문을 통한 발굴

거래처를 발굴하는 여러 가지 방법 중 경비면에서 문제가 되지만 직접 해당국을 직접 방문하는 것이 가장 좋은 방법이다.

(6) 거래처 선정 방법

인터넷을 이용하여 거래처를 선정하는 것은 소극적인 방법과 적극적인 방법으로 구분할 수 있다. 소극적인 방법은 거래알선 사이트에 자사의 제품이나 자사를 홍보하는 것과 관련 유즈넷에 자사의 제품을 선전하는 방법 등이 있으며, 적극적인 방법에는 자사의 제품을 원하는 사람들을 사이트 검색을 통하여 찾아보는 방법과 유명 사이트에 배너 광고를 통해서 자사를 선전하는 방법 그리고 웹사이트 상의 박람회 등에 스폰서로 적극 참여하는 방법 등이 있다.

3. 온라인 신용조사

(1) 신용조사 내용

무역거래에 있어서 거래대상업체에 대한 신용상태를 확인하는 것은 향후 거래가능성을 진단하고 위험요소를 사전에 예방한다는 면에서 그 중요성이 특별히 강조되고 있다.

이러한 신용조사에 있어서 필수적으로 조사내용에 포함해야 하는 것은 보통 당해 업체의 성격(character), 자본(capital), 및 능력(capacity)의 셋을 들 수 있는데, 이를 일컬어 신뢰도 측정요소(reliability or credit factors)로서의 "Three Cs"라 한다.

(2) 신용조사기관

신용조회는 현지업자를 통한 '동업자조회'(trade reference)에 의할 수도 있고, 국제적인 금융기관을 통한 '은행조회'(bank reference)에 의할 수도 있으며, 미국의 "Dun & Bradstreet, Inc."나 영국의 "Bradstreet British, Ltd." 독일의 "Auskunft W. Schimmelofung," 일본의 "Tokyo Mercantile Agency,"와 같은 상업흥신소(mercantile or credit agencies ; credit bureaux) 등 전문적인 신용조사기관을 통해서 할 수 있으나 한국에서는 보통 대한무역투자진흥공사, 한국수출보험공사, 신용보증기금 등을 많이 이용하고 있다.

4. 구매 권유를 위한 권유장

전자 무역의 경우 권유장 발송은 전자 메일이나 인터넷 팩스 등을 이용하여 발송하게 된다. 선진국 시장을 목표로 권유장을 보내는 경우 대부분의 선진국 기업들이 전자메일 주소를 가지고 있으므로 매우 편리하고, 권유장에 대한 답장 또한 매우 빨리 받을 수 있다는 장점이 있다.

5. 문의 (Inquiry)

Inquiry를 받게 되는 경우를 대비하여 권유장을 보낼 때 자사의 웹 주소와 전자 메일 주소를 기재하는 것은 필수적인 사항이다. 전자 메일주소를 가지지 못한 경우라면 무료로 제공하는 메일주소를 가지는 것이 좋으나, 되도록 자사명이 있는 메일주소를 가지는 것이 바람직하다.

6. 청약(Offer) 과 승낙(Acceptance)

인터넷을 통한 신용 조회를 마친 경우 Inquiry에 대한 Offer를 전자 메일로 하게 된다. Offer에 대하여 상대편에서 전자 메일로 Acceptance가 이루어지면 매매계약이 성립하게 된다. 여기까지의 과정 중에서 문제의 소지는 전자 메일에 의한 거래청약과 승낙의 법적효력이다.

▮ 표 15-3 ▮ 무역지원 정보제공 사이트

구분	사이트	서비스 내용
무역 지원 기관	www.kotis.net	• 한국무역협회에서 운영하는 종합무역정보 서비스 사이트 • 무역에 관한 정보나 중소기업의 수출품에 대한 웹 호스팅, 홈페이지 제작 등과 같은 인터넷 서비스도 제공받을 수 있음 • 무역업창업과 관련한 절차, 신고요령, 수출입절차, 통관, 관세환급, 운송, 보험, 신용장, 무역금융 등 서비스 제공
	www.ktra.or.kr	• 대한무역투자진흥공사(KOTRA)에서 운영하는 사이트 • 수출거래알선과 해외시장정보수집, 해외시장 개척을 위한 전시회 사업 등의 일을 하고 있음 • 해외바이어의 거래희망정보를 국내 수출업자에게 제공하고 해외바이어와 국내업체의 상담을 주선
	www.kcab.or.kr	• 국내외 상거래에서 발생되는 분쟁의 사전 예방과 신속한 해결 및 건전한 상거래 질서를 확립하기 위해 설립된 대한상사중재원에서 운영하는 사이트
	www.kcci.or.kr	• 전세계 상공회의소와 긴밀한 협조체제를 갖추고 있는 대한상공회의소에서 운영하는 사이트 • 국제협력분야의 해외시장개척하기 위한 중소기업을 위하여 수출입거래 알선 및 각국의 통상사절단과의 거래 상담회 개최
	www.smba.go.kr	• 중소기업청에서 운영하는 사이트 • 중소기업의 수출지원을 위한 정보제공
	www.kreaexim.go.kr	• 기업의 자본재 수출과 해외투자, 해외자원

		개발, 중요 물자 및 주요 자원의 수입 등에 필요한 중장기 금융을 지원하기 위해 설립된 한국수출입은행 사이트
국내 거래 알선 사이트	EC21 (www.ec21.net)	• 국내의 대표적인 무역거래 알선사이트 중의 하나로 무역협회에서 운영 • 중소기업이나 소규모의 무역업체가 바이어를 찾는 데 많은 도움을 줌
	www.eckorea.net	• 한국무역정보통신(KTNET)에서 운영하는 무료무역거래알선사이트 • 홈페이지를 작성하여 등록할 수 있고, 거래를 원하는 내용을 등록하여 해외거래선을 찾을 수 있는 아주 유용한 사이트
	www.smdb.smipc.or.kr	• 중소기업 관련 기관, 단체가 보유하고 있는 데이터 베이스를 연계하여 공유하고, 체계적으로 중소기업들이 이용할 수 있도록 데이터를 중소기업정보은행에서 제공하는 사이트
	http : //www.kati.ent	• 농수산물유통공사에서 운영하는 사이트로 농수산물의 무역정보를 제공
	KOBO(http://www.ktra.or.kr/KOBO)	• 해외시장을 직접개척할 수 없는 중소기업체에게 전세계 기업을 대상으로 제품을 홍보할 수 있도록 대한무역투자진흥공사에서 운영하는 사이트

▌그림 15-4▐ 전자무역의 향후 모델 구상도

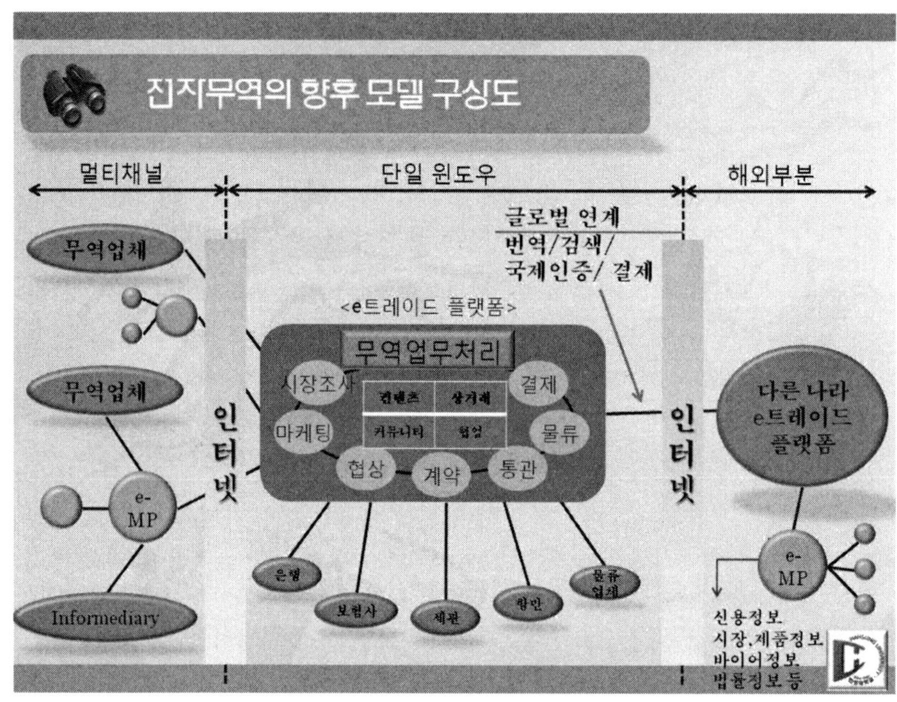

제 3절 무역자동화(EDI)

1. 무역자동화 개관

(1) 전자문서교환(EDI) 개요

EDI(Electronic Data Interchange)는 전자문서 교환 또는 전자자료교환으로 해석되며, 서로 다른 기업 또는 조직간에 상업송장, 수출입승인서 등과 같은 표준화된 상거래서식 또는 공공서식을 서로 합의한 표준화된 양식에 맞추어 컴퓨터간에 교환하여 재입력 과정 없이 직접 업무에 활용할 수 있도록 하는 새로운 정보전달 방식을 말한다. 다시 말해 EDI는 구조화된 형태의 데이터(Structured format data), 즉 표준전자문서를 통신망을 통해 컴퓨터간에 교환하는 정보전달방식이다.[40)]

EDI는 무역부문을 중심으로 제조, 유통, 운송, 금융 등에서 매우 폭넓게 활용되고 있으며, 향후에는 EDI 방식을 이용하지 않고서는 무역업무 처리가 불가능해질 정도로 국제무역환경은 급격하게 변화하고 있다. 따라서 EDI는 무역업체의 생존의 문제이며, 정보화 시대의 중요한 전략 중 필수요소라고 하여도 과언이 아닐 것이다.

(2) EDI 구성요소와 접속방법

표준화된 전자문서의 형태로 주고받는 EDI는 일반적으로 EDI표준(Standard), 사용자시스템(User System), 부가통신사업자(VAN) 및 거래약정(Interchange Agreement)으로 구성된다.

1) EDI 표준

EDI 표준이란 EDI사용자간에 교환되는 전자문서의 내용과 구조, 통신방법 등에 관한 일련의 규칙 및 지침으로서 상이한 언어, 업무처리방식, 컴퓨터시스템을 보유한 거래당사자간에 전자문서의 자유로운 교환을 보장하는 공통언어라고 정의할 수 있다. 따라서 EDI 표준은 서로 다른 거래당사자들간 또는 이들의 내부업무시스템간에 전자문서교환이 이루어지게 하는 가장 핵심적인 역할을 수행한다.

2) 사용자 시스템

사용자시스템은 거래당사자간에 데이터통신망을 통해 전자문서를 주고받기 위해 사용자가 갖추어야 할 컴퓨터 하드웨어(PC 등), 소프트웨어(변환 S/W 등) 및 통신장비(모뎀 등)를 말하며, 이러한 사용자시스템 구축방식에 따라 EDI 접속방법도 달라진다.

---

40) EDI에 관한 자료는 한국무역정보통신(ktnet.co.kr)의 홈페이지에서 인용하였음.

하드웨어 시스템 구축은 사용자 HOST 기종에서 모든 EDI 변환처리를 수행하는 HOST방식, HOST와 W/S이 연결되어 변환처리에 필요한 자료를 Down-Load 또는 Up-Load하는 FEP방식, 사용자 W/S에서 모든 EDI 변환처리를 수행하는 Stand-alone방식, PC-LAN방식, VAN to VAN방식, 해외 VAN방식 및 최근에 XML을 이용한 Internet방식 등으로 구분된다.

3) VAN 사업자

부가통신사업자는 각 당사자들이 전자문서를 주고받는 통신방법, 통신시간, 통신속도 등이 상이하므로 이를 통합관리 하여 중간에서 중계전송해 주고 분쟁이 발생할 경우 이를 해결할 EDI 서비스 제공업자, 즉 Third Party를 의미한다.

▮ 그림 15-5 ▮ 무역업무 처리방식의 변화

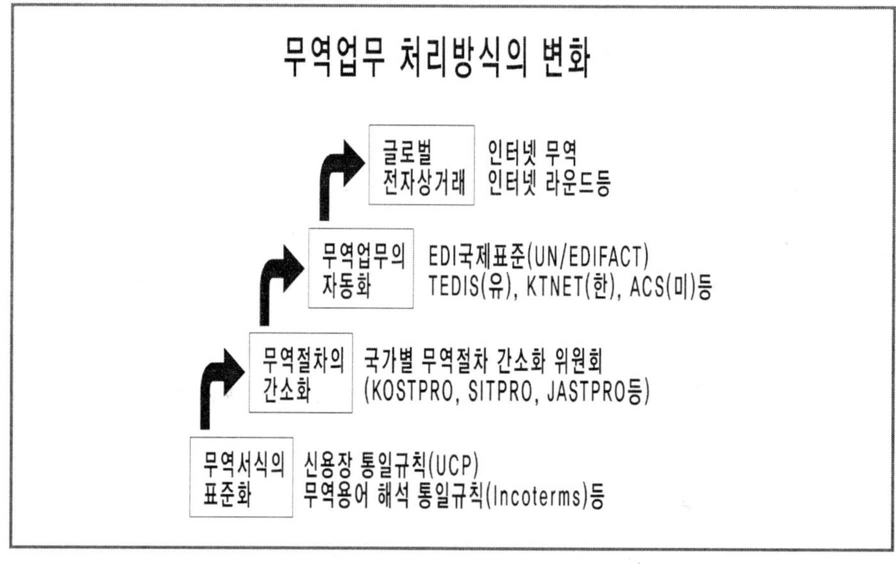

▌그림 15-6▐ 무역자동화 구성도

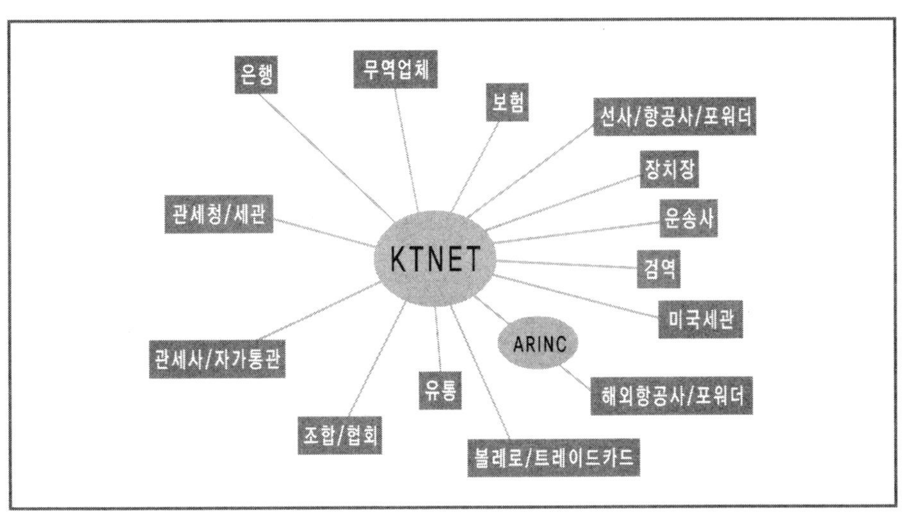

▌그림 15-7▐ EDI 서비스 통신망 접속형태

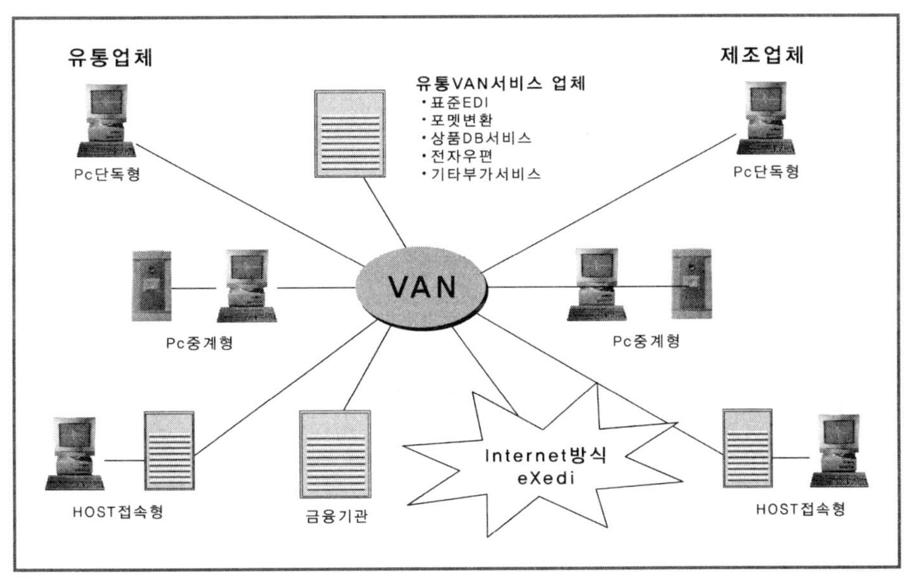

▌그림 15-8▐ EDI 구성

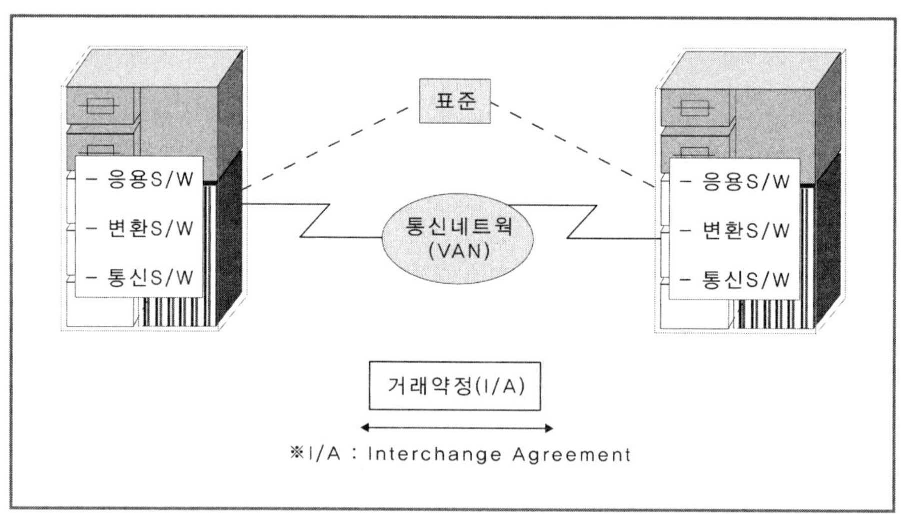

▌그림 15-9▐ 수출승인서 업무 흐름도

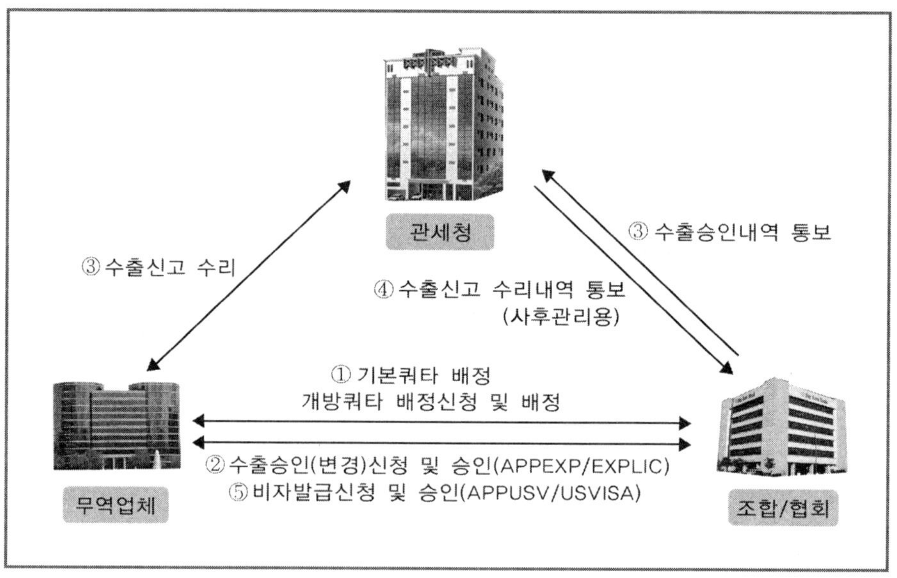

4) 거래약정

거래약정(I/A)은 EDI가 법적인 책임이 따르는 거래당사자의 비즈니스를 위한 정보전달 수단이기 때문에 요구된다. 다시 말해 EDI는 단순한 기업 내부의 업무처리의 전산화 내지는 자동화가 아니라 전혀 다른 업무처리시스템을 가진 거래상대방과의 데이터통신이다. 따라서 EDI가 본래의 기능을 다하기 위해서는 EDI로 처리할 전자문서와 적용표준, 시스템 운영방법, 오류 또는 분쟁발생시 해결절차, 비용부담 등을 규정한 거래당사자간의 약정이 반드시 필요하게 된다.

2. 무역자동화 주요 업무절차

(1) 수출업무

1) 수출승인서 업무

대외무역법에서 수출입승인을 받도록 규정한 제한품목은 수출입승인기관에서 승인을 받아야 한다. 미국, 캐나다, 유럽 등의 국가들은 섬유류 품목에 대하여 쿼터를 적용하여 수입을 제한하고 있으며 해당국 세관에서는 이들 품목의 수입시 수출국이 발행한 VISA를 징구한다. 그리고 VISA발급은 산업자원부가 해당 수출조합에 그 권한을 위임하고 있다.

2) 신용장통지 업무

수출신용장은 일반적으로 우편, 텔렉스, SWIFT의 3가지 방식에 의하여 통지되고 있으며, 현재 국제은행간 통신망인 SWIFT를 통해 수출신용장 통지가 가장 많이 이루어지고 있다. KTNET은 SWIFT(Society For World- wide Interbank Financial Telecom munication)에 의한 신용장 통지 업무를 EDI방식으로 서비스하고 있으며 수출자는 수신한 수출신용장을 출력하여 사용한다.

■ 그림 15-10 ■ 신용장 통지 업무

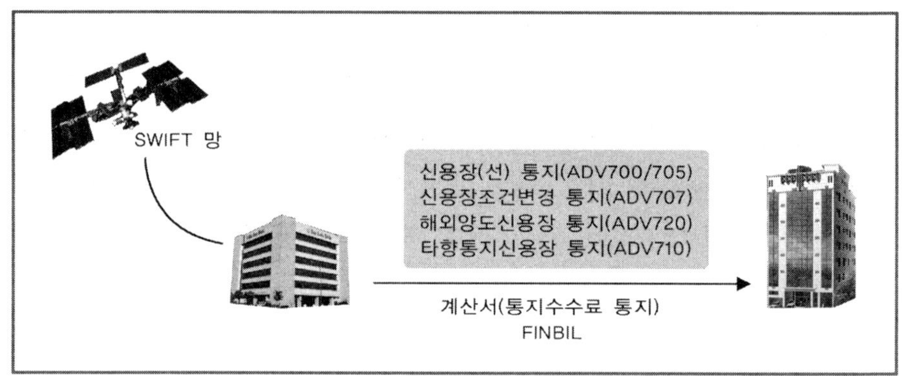

■ 그림 15-11 ■ 신용장 통지업무 흐름도

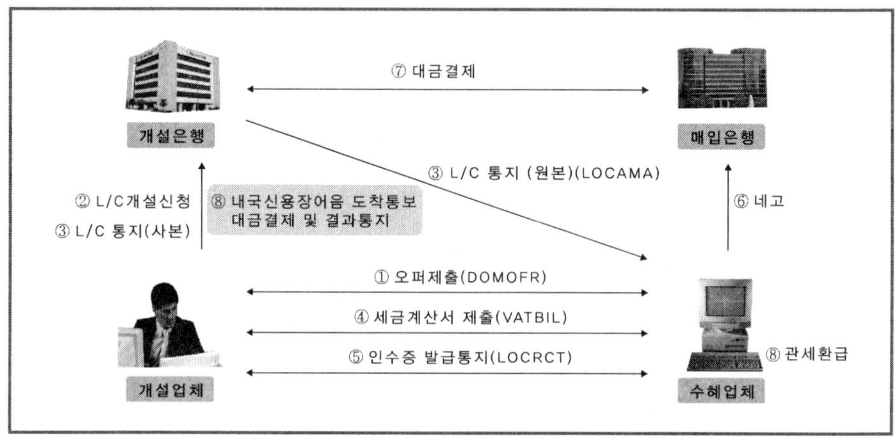

3) 내국신용장 업무

내국신용장(LOCAL L/C)업무는 수출자가 수출용 원자재 또는 완제품을 구매하기 위하여 은행에 지급보증을 의뢰 및 결제를 하는 업무로서 여기에 수반되는 내국신용장, 오퍼, 세금계산서, 인수증, 로컬어음도착통지 및 매입 등의 업무를 제도 개선하여 EDI 방식으로 서비스를 하고 있다.

4) 선적요청서 업무

수출업자가 화물의 선적을 선사 및 포워더에게 의뢰하고, 선적에 대한 결과를 통지받는 업무로서 EDI로 서비스를 하고 있다.

▮ 그림 15-12 ▮ 선적요청서 업무 흐름도

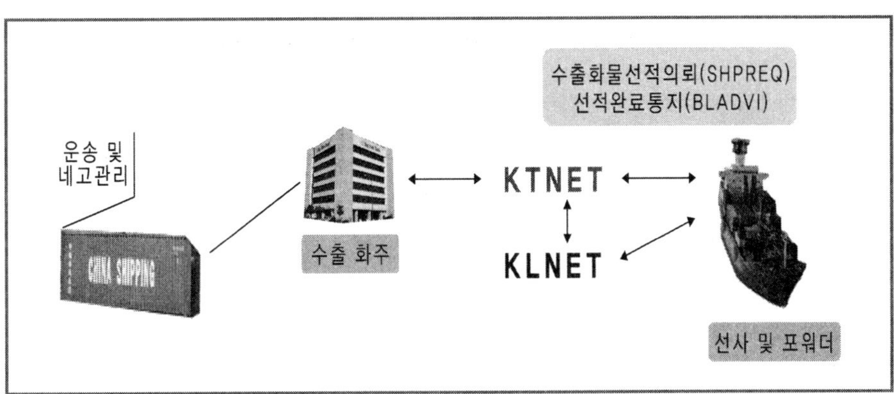

5) 원산지증명 업무

무역업체의 원산지증명 업무 및 상업송장의 사실확인업무를 서비스 하는 업무로서 KTNET 통신망을 통해 상공회의소에 전송하고 상공회의소에서 발급심사 한 후 C/O(원산지증명서 : Certificate of Origin) 및 C/I(상업송장 : Commercial Invoice) 의 발급내역을 무역업체에 전송하는 서비스이다.

▮ 그림 15-13 ▮ 원산지증명 업무 흐름도

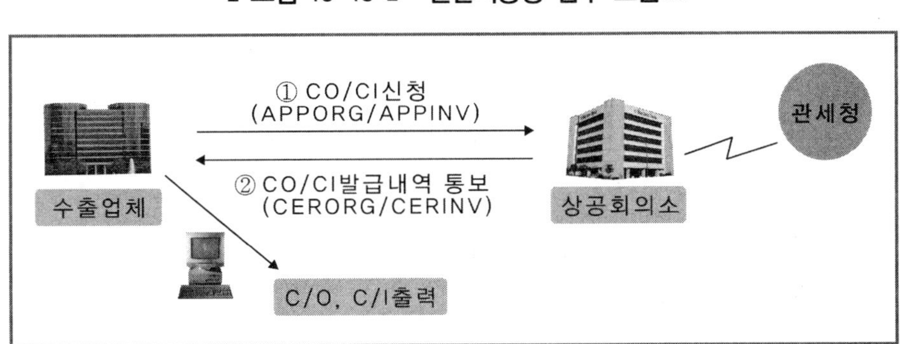

6) 수출환어음매입 업무

수출대금이 수입자에 의하여 정상적으로 결제되어 해외은행으로부터 국내 수출환어음매입(추심)은행에 입금되어지면 국내 수출환어음매입(추심)은행은 수출대금의 입금사실을 무역업체에 통지하여 주는 업무이다.

▌그림 15-14 ▌ 수출환어음매입 업무 흐름도

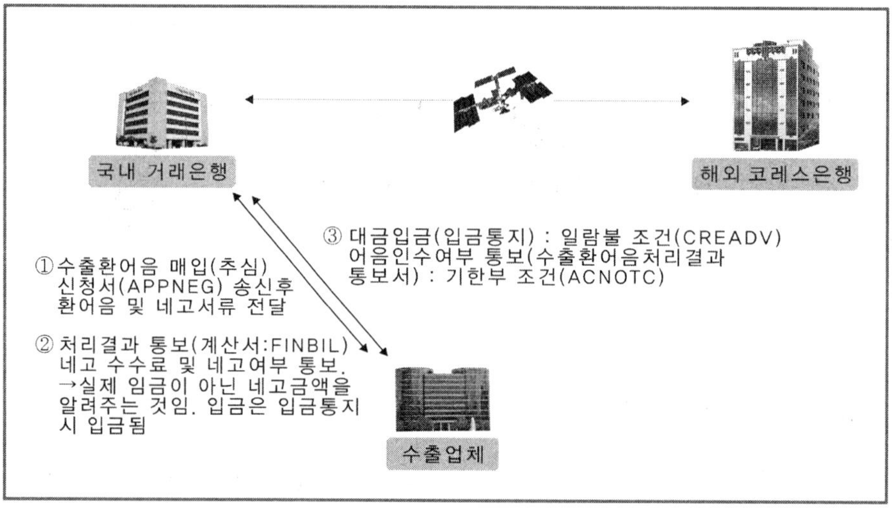

7) 수출신고 업무

수출통관은 무역업체가 내국물품을 외국으로 반출시 거쳐야 하는 일련의 세관절차로써, 관세법에 의한 제반 통관서류를 처리하는 업무를 말한다. 수출하고자 하는 물품이 대외무역법 및 관계법령 등에 의하여 수출이 가능한 물품인지를 확인하고, 대금영수방법에 대하여도 외국환거래법 관계법규에 의거 제약이 없는지를 사전 확인하는 등, 수출하고자 하는 모든 물품은 세관의 수출통관절차를 밟아야 한다. 관세청은 EDI(Electronic Data Interchange) 방식의 수출통관절차를 도입하여 시행함으로써 수출물품을 간단하고 신속하게 통관하고 있다.

▮ 그림 15-15 ▮ 수출신고 업무 흐름도

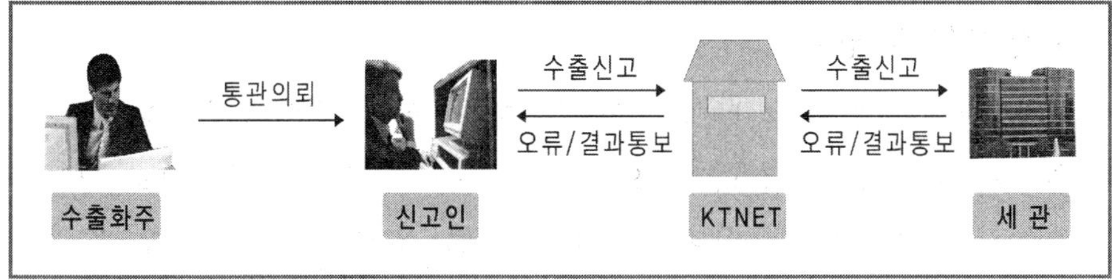

8) 관세환급

관세환급은 외국에서 원재료를 수입할 때 내수용 및 수출용을 불문하고 일단 관세 등을 징수하고 수입한 원재료로 생산한 제품을 수출한 경우, 그 원재료를 수입할 때 납부한 관세 등을 되돌려 주는 제도이다.

▮ 그림 15-16 ▮ 관세환급 흐름도

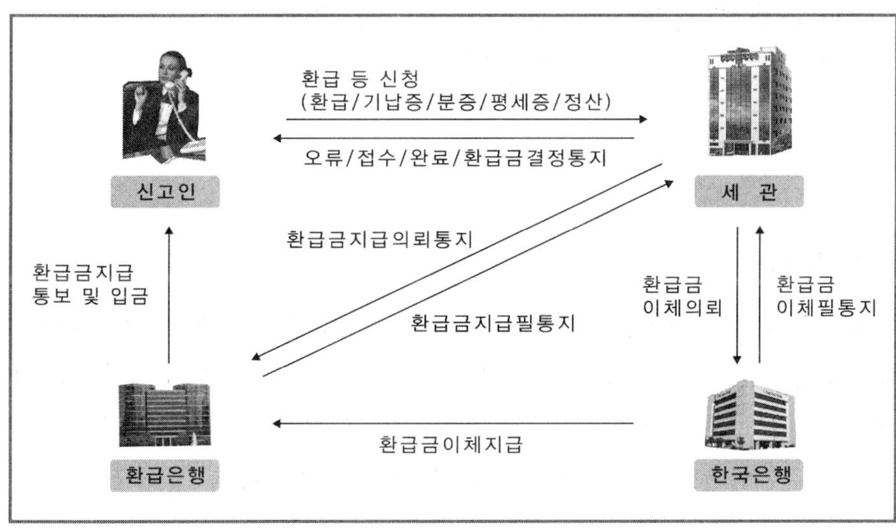

(2) 수입서비스

1) 신용장개설 업무

수입신용장의 개설은 개설의뢰인, 즉 수입자의 요청과 지시에 따라서 개설은행이 신용장을 개설하는 것으로서 지급보증 행위의 일종이므로 개설은행은 개설의뢰인의 신용상태 및 담보능력을 고려하여 개설한다. 따라서 KTNET은 수입신용장 개설업무를 EDI 방식으로 서비스를 하고 있다.

▌그림 15-17 ▌ 신용장 개설 업무 흐름도

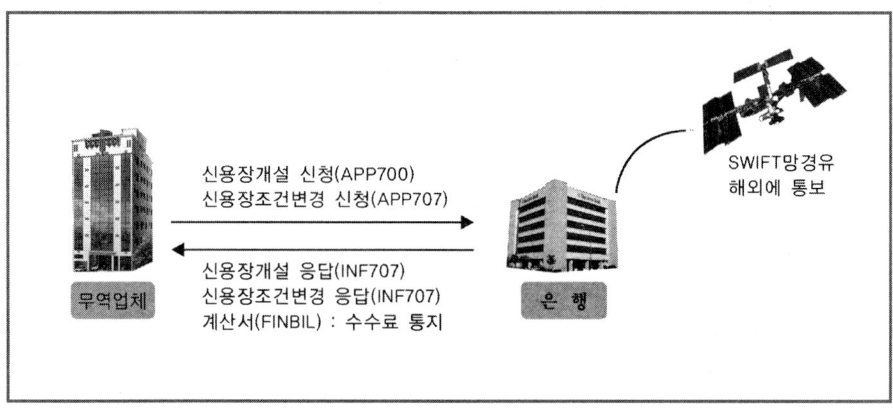

2) 수입승인서 업무

수입요건 확인기관을 대상으로 수입요건확인신청, 요건확인업무, 통관예정보고업무를 조합, 협회 및 세관이 유기적으로 연결되어 EDI 방식으로 서비스를 하고 있다. PAPERLESS 수입통관제도의 시행에 따라 관세청과 유관기관이 전산망으로 연계되어 수입요건확인 등의 자료가 세관에 제공된다.

3) 수입화물선취보증(L/G, D/O) 업무

수입화물이 수입지에 도착하였으나, 선적서류 원본이 도착되지 않아 수입업자의 수입화물인수가 불가능할 경우 수입업체는 수입화물선취보증신청서를 은행에 신청하고, 은행이 보증한 수입화물선취보증서를 운송인 앞으로 제출하여 수입서류 결제전에 수입화물이 수입업자에게 인도하도록 하는 업무이다.

▌그림 15-18 ▌ 수입승인서 업무 흐름도

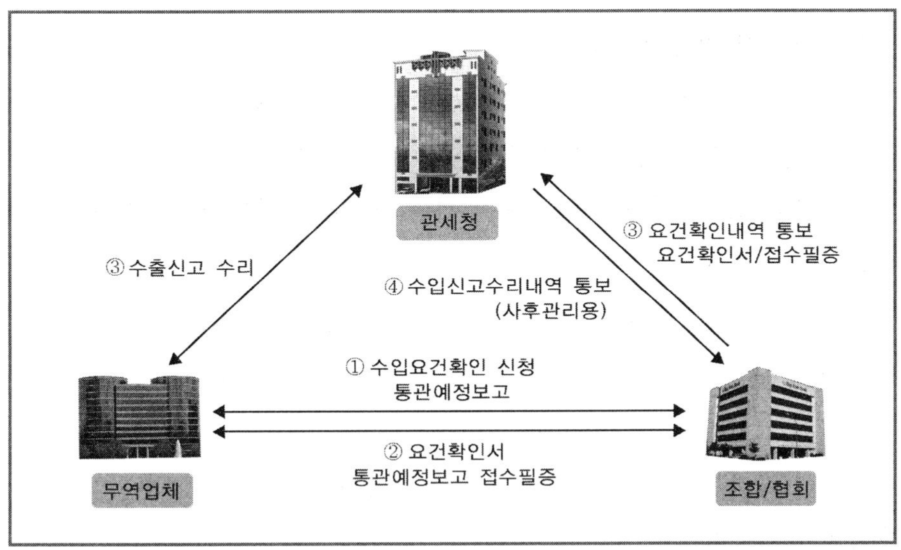

▌그림 15-19 ▌ 수입화물선취보증(L/G, D/O) 업무 흐름도

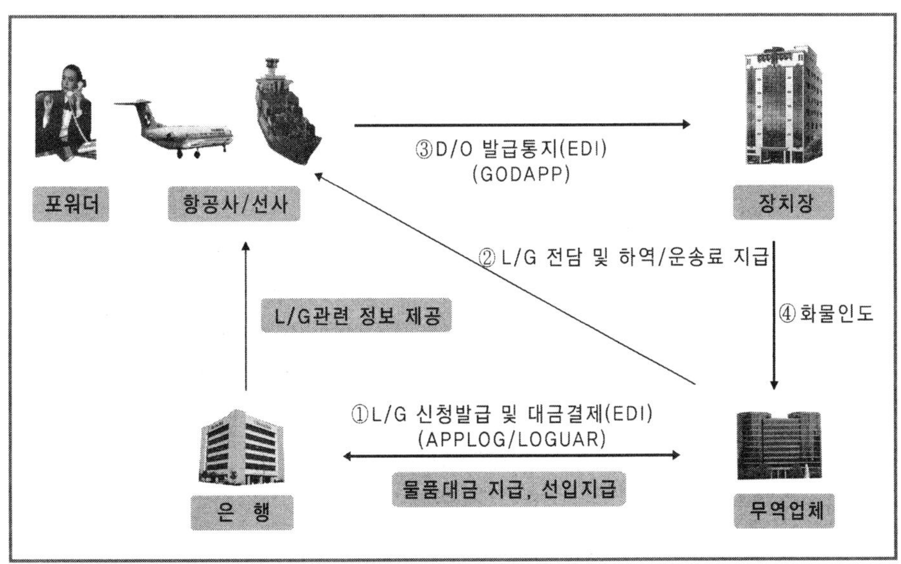

4) 수입대금결제 업무

해외은행으로부터 선적서류를 입수한 신용장 개설은행은 신용장조건과 일치하는 선적서류인가를 검토한 후, 수입자에게 선적서류의 도착사실을 통보하고 결제를 요청하는 업무이다.

5) 송금방식 지급확인 업무

송금방식 수입업체는 수입대금에 대한 송금신청 이전에 지급(변경)확인을 받아야 한다. KTNET은 송금방식(T/T)에 의한 수입시 송금이전에 수행하는 지급(변경)확인업무와 은행 수수료 관련 전표처리 업무를 서비스한다.

6) 수입신고 업무

수입통관업무는 첫째, 대외무역법·약사법·가축전염병예방법등 각종 수입관련 법령상의 수입요건 이행여부를 확인하고, 둘째, 할당·양허세율 적용을 위한 수입물량 추천여부를 확인하고, 셋째, 관세, 부가가치세 등 각종 세법에서 정한 세금의 납부를 확인하여 외국물품이 국내로 반입되는 것을 허용하는 업무이다.

▮ 그림 15-20 ▮ 수입대금결제 업무 흐름도

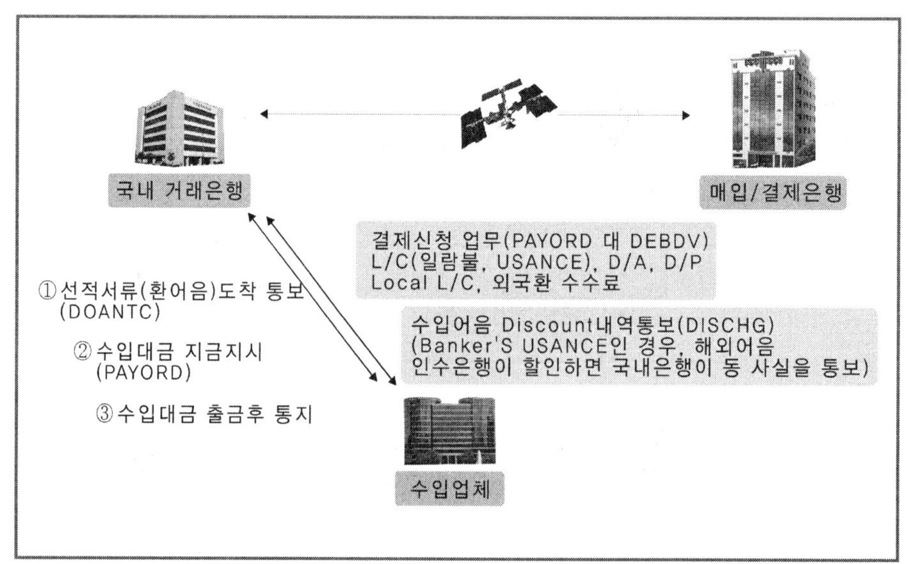

▮ 그림 15-21 ▮ 송금방식 지급업무 흐름도

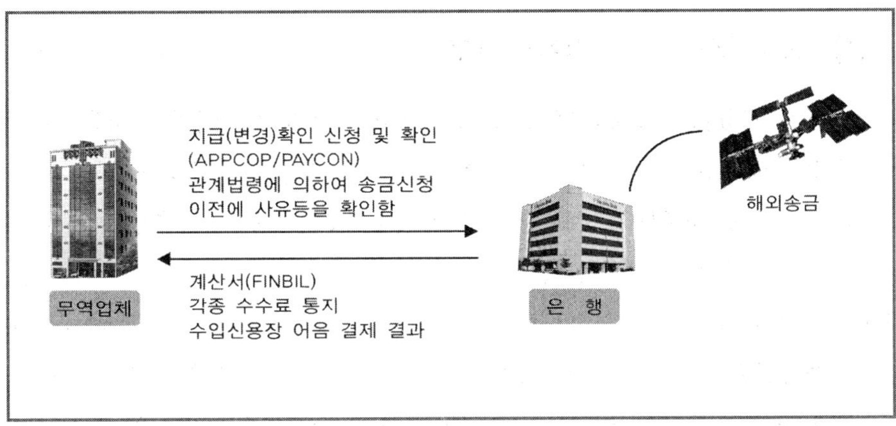

▮ 그림 15-22 ▮ 수입신고 업무 흐름도

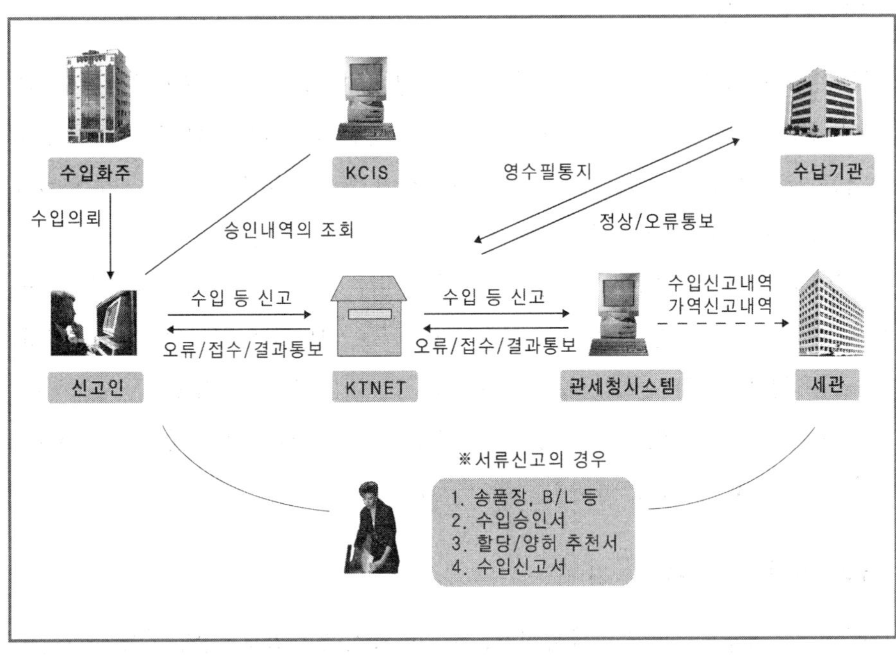

1. 인터넷 EDI(eXedi 서비스)

(1) eXedi(XML EDI) 서비스 개념

eXedi는 XML(eXtensible Markup Language) EDI의 약자이며, eXedi서비스는 XML /EDI 방식의 B2B 를 실현하는 서비스로서 인터넷 EDI라고 한다. 한국무역정보통신(KTNET)에서는 변화하는 e-Biz 환경에 발맞추면서 기존의 제한적인 무역 EDI 시스템의 한계를 극복하고자 차세대 웹 구현언어인 XML(eXtensible Markup Language)을 이용하여 획기적인 인터넷 EDI 시스템을 구축하였다. 이 서비스는 1차적으로 내국신용장업무에 적용되었으며 이후, 외환은행, 조흥은행 등 국내 메이저 은행들과 공동으로 외환부문 무역자동화 저변확대를 꾀할 목적으로 수출입신용장 업무를 실현하고 있다.

(2) 서비스특징

XML을 이용한 인터넷서비스는 그 확장성과 호환성이 뛰어남으로 인해 국제적으로 급속히 개발·사용되고 있는 최신의 인터넷기법이다. 따라서, 고객은 별도의 EDI S/W를 설치할 필요 없이 웹브라우저(Explorer5.0이상)만을 이용하여 사무실에서 무역업무를 쉽고 빠르게 처리할 수 있다.

EXEDI 서비스는 EDI를 통한 무역자동화서비스를 중.소형업체에서도 쉽게 이용할 수 있을 뿐만 아니라 특히 기존의 인터넷통신을 이용함으로 수도권 업체 뿐 아니라 지방소재 업체도 간단하게 이용할 수 있는 서비스이다. 이러한 인터넷을 통한 무역자동화서비스는 회원 가입시 발급받은 전용 ID만 있으면 어느 PC에서나 이용이 가능하다.

(3) 현재 서비스중인 업무

내국신용장업무, 구매승인서업무, 수출신용장통지업무, 수입신용장개설업무, 수출입대금결제처리, 선적서류통보, L/G 및 어음매입, 적하보험업무 등의 업무를 처리하고 있다.

2. 볼레로 프로젝트

(1) 볼레로 프로젝트 개관

볼레로(BOLERO) 프로젝트 : Bolero Project(Bill of lading Electronic Registry Org- anization)는 1994년 홍콩, 네덜란드, 스웨덴, 영국, 미국의 해상운송회사, 은행, 통신회사 등이 참여하여 컨소시엄 형태로 시작하였다.

그리고 무역거래에 필요한 종이서류를 전자메시지로 전환하여 안전하게 교환할 수 있는 기반을 제공한다. 따라서 Bolero Project 에서는 선하증권을 포함하여 무역서류 전반에 걸친 전자화 추구하며, 이는 SWIFT와 TT[41] Club가 주도하고 있다.

이들이 합작으로 설립한 Bolero Operation Ltd는 사용자 그룹인 Bolero 협회와 함께 범세계적으로 무역서류의 전자화를 통한 상업적 서비스 제공한다. 1999년 전세계 18개 국가에 대한 법률 분석을 완료하고 시범서비스 기간을 거쳐 현재 상용서비스 추진하고 있다.

(2) 볼레로의 특징

1) 범세계적인 효용성

기존 EDI의 제한요소를 극복, 대금결제(Nego)기능을 포함하는 등 국제무역 업무에 적합하도록 개발 단계부터 범 산업적이고 중립적인 서비스를 제공하는데 초점을 맞추고 있다.

2) 보장된 법제적 기반

국제무역과 관련이 되는 18개 법률 분야를 대상으로 전자상거래 연구 결과를 통해 개발된 Bolero Rulebook을 통해 어떤 분쟁도 해결이 가능한 분쟁해결체계를 갖추었고, 각국의 다양한 관련 법률의 조정/개선 없이, 당사자간 계약에 의하여 무역거래에 대한 법적 효력 부여하였다.

---

41) Through Transport는 80여개의 컨테이너 운수업체와 해상화물운송보험 부분의 상호조합의 역할을 한다. 이는 운송중개인, 항만당국, 컨테이너선단 즉, 항만시설 1,725개와 5,890개의 운송업체에 대한 보험업무를 담당

또, EDI 서비스 거래 약정(I/A)이 거래 당사자간에 일일이 체결하여야 하는 불편함이 있는 것에 비해, Rulebook에 한번 서명하는 것으로 모든 Bolero 가입자와 자동적으로 다자간 거래 약정을 체결하는 효과가 있다.

3) 전자문서에 대한 권한의 명확화를 통한 종이문서와 동일한 효력 확보

Bolero 서비스는 교환되는 전자문서와 함께 전자문서의 처리결과(소유권의 변경 등) 항목을 전송하거나, 선하증권(B/L : Bill of Lading)의 경우처럼 데이터베이스에 최초 소유권자를 표시하여 1회 생성한 후, 필요시 소유권자가 데이터베이스의 해당 B/L에 접근하여 소유권을 변경함으로써, 기존의 종이 B/L을 배서하여 소유권을 이전하는 것과 같은 동일한 효과를 구현한다.

4) 국제적 표준

국제적으로 수용할 수 있는 표준을 만들기 위해 설계 단계부터 세계 주요 교역국의 무역 관련 절차, 법률의 분석 및 범국가적인 의견 수렴을 거쳐 개발에 착수하였으며, 현재 구주 선진국 중심의 16개국 120개 주요 회사들이 참여하여 테스트를 진행하고 있다.

5) 포괄적인 정보의 보안

무역서류의 특성을 고려하여, 최신 암호화 기술(인증, 암호화, 전자서명)을 통한 전자 무역서류의 안전한 송수신 체계 확보 및 선하증권 등 중요한 서류의 위조·복제가 불가능토록 포괄적인 보안 체계 구축하였다.

(3) 볼레로의 서비스 기대효과

bolero.net 서비스를 통해 무역 서류가 전자화되면, 기존에 전 세계 기업들이 문서를 통한 거래에서 낭비하는 연간 4천 2백억 달러(WTO 산정)의 비용 절감 가능하다. 또, 은행업계의 신용장 처리업무, 해운업계의 선하증권 처리업무를 간소화를 통한 업무 효율 향상된다.

일본 三井物産에서는 bolero. net 서비스에 의한 운송, 우편, 통신, 문서 저장 및 관리비용의 초기 절감액이 수백만 달러에 이른다고 보고하였고, 세계

▮ 그림 15-23 ▮ Bolero 사용자 등록절차

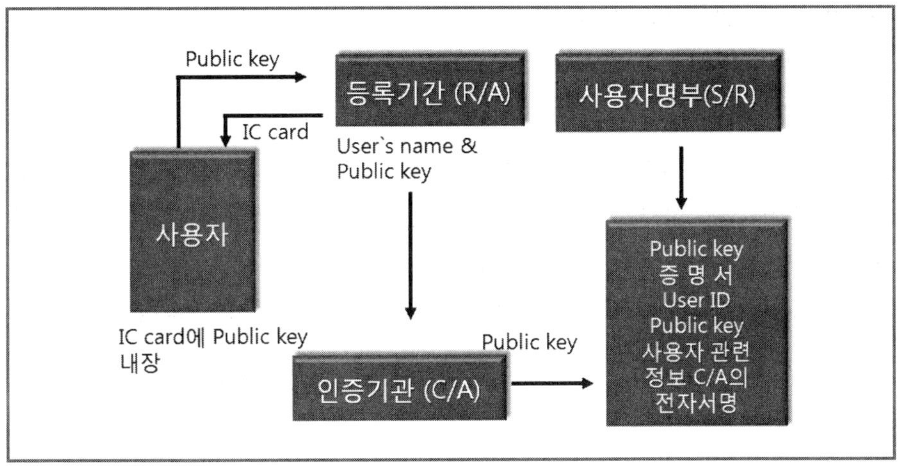

최대의 우편주문 회사 Otto Versand 社에서는 문서 처리에 소요되는 시간이 1/6으로 줄어, 전자상거래의 효율성을 높일 수 있다고 평가하였다.

3. 트레이드 카드(Trade Card)

(1) 트레이드 카드의 개념

세계무역센터협회가 발의하고 현재 트레이드 카드사가 추진하는 Trade Card 시스템은 수출입 서류의 전송과 대금결제 방법을 전자화하는 사업을 의미한다.

트레이드카드 시스템은 WTCA가 개발한 전자무역방식으로 전용통신망을 통해 선적 관련 서류의 전자전송은 물론 무역금융 및 보험, 대금결제, 물류 등 수출입 전과정을 자동화한 것이다. 즉 무역거래 때 수출입 서류 송부에서부터 대금결제에 이르는 제반과정을 전자통신 시스템으로 교환하는 방식을 말한다.

무역카드제도의 시스템은 은행의 신용보증기능을 활용하면서도 전 거래 과정이 보험으로 처리돼 수출입대금을 떼일 염려가 전혀 없다. 무역카드제도는 기업 신용도 측정을 선진국 은행의 신용보증기능을 활용, 거래과정을 전산망으로 일괄처리 한다.

거래방법도 현재 방식이 수출입 오퍼 및 인콰이어리만을 웹상에서 교환하고 나머지 과정은 기존 무역방식을 사용하는데 반해 신용장을 개설 등의 과정을 없앴다. 수입업체는 수입신용장을 개설하지 않고 거래은행으로부터 신용한도만 받으면 된다. 그 다음 물품구매서를 트레이드카드 운용회사로 보내면 운용회사는 은행으로부터 신용을 확인한 다음 수출업체에 전달한다. 수출업체의 경우 은행을 거치지 않고 트레이드카드 운용회사로 관련 서류를 전송하면 운용회사는 전송된 서류를 심사, 수입업체 거래은행에 대금지급을 요청하면 결제가 이뤄진다.

(2) 트레이드 카드 절차

TradeCard를 통한 무역거래가 기존의 무역거래와 가장 다른 점은 은행의 역할이다. 즉, 기존의 무역관습에서는 신용장 방식이든 추심 방식이든 은행이 자금결제과정의 처음에서 끝까지 개입되어있는데 반해 TradeCard의 경우에는 그러한 역할의 상당부분을 TradeCard가 수행하게 된 것이다. TradeCard를 통한 무역거래의 흐름을 도시하면 ▌그림 15-24▌와 같으며 이를 구체적으로 살펴보면 다음과 같다.

① 수입업자는 지급확약기관에 신용평가를 신청하고, 신용한도를 배정받는다.

② 수입업자와 수출업자는 무역거래조건을 협상 및 합의한다.

③ 수입업자는 구매주문서(Purchase Order)를 작성해서 디지털 서명을 첨부하여 TradeCard의 중앙처리장치(System Administrator : SA)로 전송한다. ④ TradeCard SA는 P/O의 기재내용과 수입업자의 신용한도를 검토한 후 이를 수출업자에게 전송한다.

⑤ 수출업자는 이를 확인하여 전자서명후 TradeCard SA로 전송함으로써 무역계약을 체결시킨다.

⑥ 수출업자는 운송(주선)인에게 화물을 인도하고 선적지시를 한다(필요

시 검정회사, 보험회사 등에 검사, 보험부보 등의 지시를 한다).

⑦ 수출업자는 상업송장 및 포장명세서등의 서류를 TradeCard로 전송한다.

⑧ 운송(주선)인은 화물을 선적한 후 선적관련정보를 TradeCard SA에 전송한다.

⑨ 검정회사는 화물을 검정한 내용을 TradeCard SA에 전송한다.

⑩ 보험회사는 적하보험 부보 내용을 TradeCard SA에 전송한다.

⑪ TradeCard SA는 운송서류를 비롯한 다른 전자식 서류들과 전자계약서를 대조 점검한다. 이 점검은 TradeCard SA가 개발한 자동화 방법에 의한다.

⑫ TradeCard SA는 서류가 일치하는 경우, 결제금융기관에게 대금지급을 할 것을 수권한다. 만일 기한부지급인 경우에는 해당 기간동안 지급지시를 보류한다.

⑬ 결제금융기관은 수입업자의 거래은행에서 수입업자가 사전에 입금한 자금을 차기(Debit)하여 수출업자의 거래은행에 대기(Credit)한다.

▌그림 15-24▐ TradeCard의 무역거래 처리절차

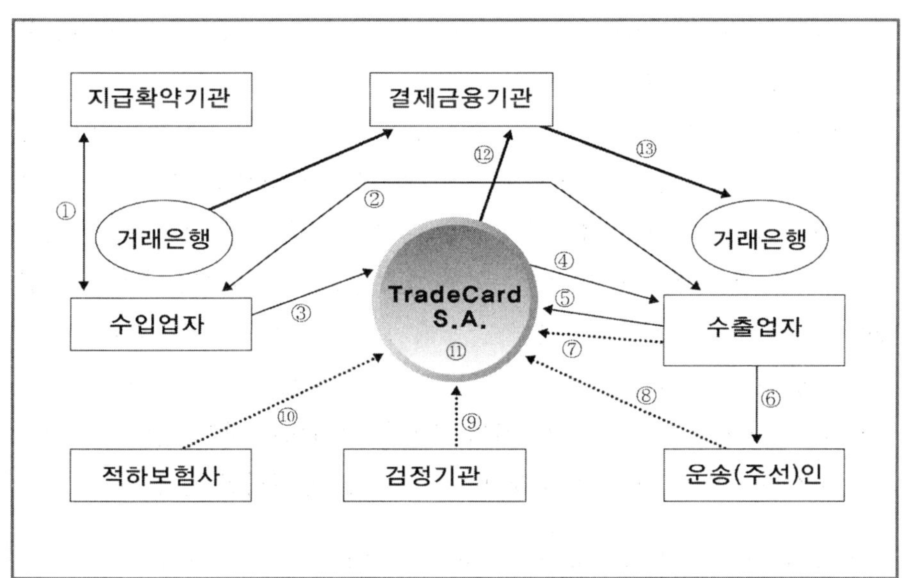

이후 수출업자는 자신의 거래은행으로부터 대금을 지급받으며, 수입업자는 운송(주선)인으로부터 물품을 인도받는다. 만일 수입상의 거래은행에 자금이 입금되지 않는 경우 지급보증기관은 수입업자를 대신하여 대금을 입금한다.

이상과 같은 업무처리과정에서 은행은 신용장 방식인 경우 수행하고 있는 신용장조건과의 일치여부 판단기능을 수행하지 않게 되며, 단지 TradeCard의 수권을 받아 대금을 지급하고 이를 수입업자에게 회수하기까지의 이자수입만을 기대하게 될 수밖에 없다. 이는 결국 신용장 방식에서의 신용공여기능과 대금지급기능 중 전자를 전면 배제하는 것이며 무역결제관습상 가장 일반적인 방법으로 평가받아오던 신용장을 대체하게 된다는 결과를 유도하게 되는 것이다.

(3) 트레이드 카드의 특징

Trade Card 시스템의 가장 큰 특징으로서 화환신용장을 배제한다. 이 방식이 본격적으로 실용화되는 경우 은행은 단지 신용공여자로서의 역할만을 수행하게 되므로 이제까지 신용장을 통하여 향유하던 무역매매에서의 중심적 지위는 당연히 위축되리라는 예측이 가능하다. 신용장 개설은행의 서류점검에 해당하는 기능을 Trade Card 시스템이 수행하며 은행은 단지 자금의 공여만을 담당하는 역할에 국한된다는 것이다.

또한, 운송물품을 대표하는 서류로서 선하증권은 언급되지 않고 있어 운송 중 전매를 하지 않는 소규모 제품거래를 주된 대상으로 하고 있는 것으로 보인다. 현실적으로 신용도가 높고 본지사간 거래 등이 활발한 대기업들이 신용장 방식의 결제를 회피하는 반면에 신용도가 낮아 신용장 방식의 결제에 의존하는 중소규모 수출입업체의 애로사항을 감안한다면 상당한 호응을 예상할 수도 있다.

Trade Card 시스템에서는 당사자의 계약을 중심으로 하고 있으며 이러한 계약은 전자적 방식으로써 POPFI[42] 라고 불리는 정형화된 형식으로 작성되

42) Purchase Order/Pro-Forma Invoice는 구매서/견적송장의 약자로 수출업자와 수입업자

어 관련서류의 전자화 및 일치성 점검의 자동화를 가능케 한다.

(4) 상업성 확보 문제

1) 수출업자의 입장

수출업자가 TradeCard를 통해 얻을 수 있는 이점은 시간의 절감과 고객(수입상)의 요구에 대한 신속한 대응을 들 수 있으며, 비록 신용장방식에 비해서는 미흡하겠지만 대금지급에 대한 어느 정도의 확약을 얻을 수 있다는 점을 들 수 있다. 또 신용장 방식과 같이 대금을 사전에 지급받을 수도 있을 것으로 보인다. 즉, 수출상의 거래은행이 TradeCard의 제휴사인 COFACE[43]의 지급확약을 신뢰하고 수출상에게 이자를 공제한 대금을 선지급할 수 있다는 것이다.

그러나 수출업자의 거래은행이 대금을 선지급하지 않는다고 하더라도 TradeCard의 수권을 받아 대금을 지급받기까지의 시차가 신용장의 경우보다 작기 때문에 선지급에 버금가는 효과를 거둘 수도 있을 것이다. 따라서 자금사정이 나쁘지 않은 수출업자의 경우에는 추심을 하는 것보다는 TradeCard를 활용하는 것이 신용장과 유사한 지급확약을 받으면서 추심전 매입관련 비용도 부담하지 않고 결제를 받을 수 있는 방법이 될 수 있을 것이다.

2) 수입업자의 입장

TradeCard를 이용함으로써 수입업자가 기대할 수 있는 가장 큰 이점은 신용장 거래와 비교하여 비용이 적게 든다는 점이다. 또 운송화물의 引渡가 신속히 이루어질 수 있다는 점도 들 수 있다. 그런데 TradeCard에서는 운송서류로 양도가능한 유통 선화증권을 전제하고 있지 않기 때문에 비록 TradeCard를 이용하지 않는다고 하더라도 인도의 속도에 있어서는 별다른 차이가 없을 것이라고 생각된다.

따라서 항공운송이나 해상화물운송장이 활용되는 경우 인도의 속도에 있

간의 전자거래 계약서가 된다.

43) 프랑스 신용보증보험회사

어서는 별다른 이점이 없으며 기존에 선화증권을 활용하던 경우에 한하여 이점으로 작용할 수 있다는 한계가 있다. 물론 이 경우에도 꼭 TradeCard를 이용하지 않더라도 동일한 목적을 달성할 수 있기 때문에 이 요인 하나만으로는 수입상에게 소구할 수 없다는 점을 지적할 수 있다.

3) 운송인의 입장

운송인은 TradeCard의 회원으로 거래에 참가함에 따라 운송서류의 발급을 전자화하는 것에 의해 종이 운송서류를 관리하던 번거로움에서 벗어날 수 있으며, 수입화물선취보증장(L/G)에 의한 운송물품 인도에 따른 사기의 위험에서도 자유로워진다. 그 밖에도 선박에 실린 화물에 대한 정보가 전자적으로 관리되어짐에 따라 정확하고 효율적인 업무처리가 이루어질 수 있으며, 선박의 회항이 빨라짐에 의해 추가적인 운임수입기회가 생겨난다.

그러나 운송인은 과거에는 발생치 않았던 TradeCard의 연회비 등 추가의 비용을 부담하게 되며, 이를 운임에 포함시켜 수출입업자에게 전가시킬 우려도 있다. 또 전자식 운송서류를 선호하지 않는 화주를 위해서는 기존과 동일하게 종이 운송서류를 발급해주고 이를 관리해야 하는 불편함을 벗어날 수 없다.

▌표 15-4▐ 상호비교(Tread card/Bolero Project

	Tread card System	Bolero project
메시지 표준	UN/EDIFACT	UN/EDIFACT
메시지 보안	RSA방식의 디지털 서명	RSA방식의 디지털 서명
상업화에 대한 목표	신용장 방식에서 벗어난 무역거래의 전자화	전자식 선화증권의 구현 및 무역서류의 전자화
주요 서비스 대상	중소 무역업자	선화증권 거래 관련자
우리나라 참여여부	HRD Group KOREA사, LG 등이 참여	2001년 당시 前한빛은행과 삼성전자가 프로젝트에 시험 가동하였으나 상용화는 되지 못함
무역매매에서의 역할	• 전자적 계약의 확인 • 계약이행여부의 확인 • 대금지급의 결정	• 전자서명의 인증 • 무역서류의 관리 • 통신방법의 제공
주요추진주체	세계무역센터협회, GE	SWIFT, TT Club
신용장과의 일치성 확인(서류점검) 방법	Trade card SA의 컴퓨터에 의해 자동수행	종이로 출력하여 점검. 전산개발은 선택임
비용절감	신용장 관련 비용의 절감	선화증권지연과 관련된 비용 절감
서비스의 특징	신용장 없이 무역거래 수행	선화증권의 전자화

4) 은행의 입장

은행이 TradeCard에 참가하는 방법은 두 가지이다. 하나는 자금공여기관으로서 참가하는 것이다. 이 경우 은행은 별다른 수수료 없이 순수한 자금부담에 따른 이자만을 획득할 수밖에 없어 특별한 참가의욕이 생기지 않을 것으로 보인다. 또 다른 참가방법은 TradeCard를 통하여 이루어지는 대금결제에서 송금기관 등으로 참가하는 것이다. 이 경우에도 이미 「Thomas Cook」이 독점적 계약을 통해 기득권을 확보한 상태이므로 다른 은행들은 「Thomas Cook」과의 제휴를 통하지 않고서는 참가 자체가 막혀있는 형편이다. 따라서 은행이 기존의 신용장방식이나 추심방식 등에서 누려오던 독점적이고 우월한 입장을 포기하면서 TradeCard에 적극적으로 참가하리라는 기대는 무리이다.

다만, 향후의 무역거래 추세가 전자메시지에 의한 자동화방식에 의하리라는 뚜렷한 확신이 있는 경우에는 이러한 추세에 대응하기 위해서 어쩔 수 없이 참가할 것이라는 추측은 가능하다. 이처럼 다양한 거래 당사자의 입장에서 볼 때, TradeCard는 무엇보다도 조기에 다양한 다수의 사용자(회원)를 확보하는 것이 가장 중요한 과제로 생각된다. 일단 거래가 가능하고 그에 따른 혜택이 있다면 굳이 전통적 방법만을 고수하려는 거래 당사자는 없을 것이기 때문이다.

▮참고문헌▮

◆ 국내 문헌

· 강이수, 무역학원론, 삼영사, 1982.

· 강원진, 무역실무, 박영사, 1996.

· 강원진, 무역결제론, 박영사, 2004.

· 강원진, 신용장론, 박영사, 2004.

· 강진석 · 오원탁, 무역학개론, 청목출판사, 2001.

· 강창남외 2명, "e-Trade와 관련법규의 이해", 두남, 2001.

· 강태구, 국제경영학, 박영사, 1997.

· 김영래, 무역학개론, 법문사, 1985.

· 곽노성, 국제협상론, 경문사, 1999.

· 구종순, 무역실무, 박영사, 1999.

· ______, 해상보험, 박영사, 2001.

· 김덕권, 최신통상실무론, 법경사, 2001.

· 김 신, 국제금융론, 학문사, 1982.

· 김행권 · 신동수, 무역학개론, 법경사, 2001.

· 권영철, 국제경영관리론, 무역경영사, 2000.

· 권 오, 신무역학원론, 청목출판사, 2001.

· 남금식외 2인, 최신무역개론, 명경사, 1998.

· 남종현, 국제무역론, 경문사, 1992.

· 대한무역진흥공사, 국제경제기구, 1985.

· 대외경제연구원, 전략적제휴와 기술혁신의 국제화, 1994.

· 라공우 · 도중권, 대외무역법, 두남, 2001.

· 박노형, WTO 체제의 분쟁해결제도연구, 박영사, 1995.

· 박대위, 무역개론, 박영사, 1998.

· ______, 무역개론, 박영사, 2004.

· ______, 무역실무, 법문사, 1998.

· ______, 무역실무, 법문사, 2003.

· 박문서외 3명, 최신 무역학개론, 보명BOOKS, 2006.
· 박수이, 무역학개론, 박영사, 1985.
· ______, 국제무역론, 박영사, 1980.
· 박은영, 부패라운드와 OECD의 뇌물방지협정, 통상법률, 제23호, 1998.10.
· 박종수, 국제통상관계론, 두남, 2004.
· 반병길, 국제경영, 박영사, 1998.
· 반병길, 국제경영론, 박영사, 1998.
· 반병길 · 이호상, 국제경영, 박영사, 2002.
· 방희석, 무역실무, 박영사, 2002.
· ______, 무역실무, 박영사, 2004.
· ______, 국제운송론, 박영사, 2001.
· 서근태, 국제경제론, 경세원, 1992.
· 신현종, 무역정책, 박영사, 1994.
· 신동수, 무역실무, 법경사, 1998.
· ______, 관세법, 법경사, 1998.
· 신동수 · 김행권, 무역학개론, 1997.
· 신상기, 최신외환시장, 무역경영사, 2000.
· 이무원 · 배근성, 국제무역의 이론과 실무, 두남, 2003
· 이무원, 국제무역환경론, 두남, 2008.
· 이승영, 무역결제론, 법문사, 1995.
· 이장로, 해회경영 성공노하우, 무역경영사, 2000.
· 이장로 · 문희철, 무역개론, 무역경영사, 2002.
· 이장로 · 신만수, 국제경영, 홍문사, 2003.
· 이주원 · 김경배 · 신군재, 사례로 배우는 무역실무, 무역경영사, 2003.
· 옥선종, 무역학개론, 법문사, 1981.
· 오영택, 외환론, 학문사, 1997.
· 이효구, 현대외환론, 박영사 1997.
· 원종근 · 구종순 · 박광서, 무역개론, 박영사, 2004.

· 조동성, 국제경영학, 경문사, 1994.
· 정영희, 무역학개론, 형설출판사, 1996.
· 전창원, 표준무역실무, 무역연구원, 1998.
· 전창원, 도해무역실무, 무역연구원, 1998.
· 전창원, 기본 온 · 오프라인 무역실무, 무역연구원, 2003.
· 전창원, 도해무역실무, 무역연구원, 2002.
· 전창원, 도해신용장실무, 무역연구원, 2000.
· 전창원, 온 · 오프라인 무역실무, 무역연구원, 2003.
· 전창원, 표준 온 · 오프라인 무역실무, 무역연구원, 2004.
· 정구현, 국제경영학, 법문사, 1997.
· ______, 국제경영학, 법문사, 2001.
· 지호준, 국제재무관리, 경문사, 1998.
· 조동성, 국제경영, 경문사, 2002.
· 조영정, 국제통상법의 이해, 무역경영사, 2000.
· 최두수, 무역계약의 원리와 실무, 두남, 2001.
· 최용길 · 안성조, 국제통상규범론, 2004.
· 한국무역협회, 수출입업무요람, 1992.
· ___________, 무역연감, 1991, 1994, 1996.
· ___________, 무역실무메뉴얼, 2004.

◆ 외국 문헌

· Adam Smith, The Wealth of Nations, First Published in 1776.
· Adam Smith, The Wealth of Nations, London : I.M. Dent & Sons, Ltd., 1950.
· Alexandra woznick, Edward G. Hinkelman, Basic Guide to Exporting, world Trade press, 3rd edition, 2000.
· B. Balassa, The Theory of Economic Integration, 1951.
· Bela Balassa, The Theory of Economic Integration, Homewood, Ⅲ. :

Richard D. Irwin, 1961.
- Bhagwati, Jagdish, The Demands to Reduce Domestic Diversity among Trading Nations, Fair Trade and Harmonizations : Prerequisites for Free Trade ? eds., Jagdish Bhagwati and Robert E. Hudec, Cambridge : The MIT Press, 1997.
- Blecker, Robert A,, ed., US Trade Policy and Global Growth : New Directions in the International Economy, Armonk : M.E. Sharpe, 1996.
- Buckley, Peter J and John H. Dunning, The Industrial Structure of US Direct Investment in the UK Journal of International Business Studies, Vol.7, Summer 1976.
- C. P. Kindlberger and Peter H. Lindert, International Economics, 7th ed., Homwood, Illionis, 1978.
- David Ricardo, Principles of Political Economy and Taxation, First Published in 1817.
- D.B., Keesing, The Impact of Research and Development on United States Trade, Journal of Political Economy, Vol.75, No.1, Feb. 1967.
- D. Ricardo, Principles of Political Economy and Taxation, 1817.
- Fisher, Glen, International Negotation : A Cross-cultural Perspective, Intercultural Press Inc., Chicago, 1980.
- G. Haberler, International Trade and Economic Development National Bank of Egypt, 1959.
- G. Haberler, A Study of International Trade Theory, Princeton, 1961.
- G. Haberler, The Theory of International Trade, Hode, 1936.
- Graham, John L. “The Influence of Culture on Business Negotiations” Journal of International Business Studies, Vol.16, No.1, 1985.
- Heckscher, El, F., “The Effects of Foreign Trade on the Distribute of Income”, Economic Tiuskrift, 1919.
- H.G., Grubel and P.J., Lloyd, Intra-Industry Trade, London : Macmillan,

1975.
· Hymer, S. H., The International Operations of Nationals Firms, MIT Press, 1976.
· ICC, Publication No. 535, Case Studies on Documentary Credits under UCP 500.
· ICC, Supplement to UCP 500 for Electronic Presentation : eUCP, ICC Publication 500/2-500/3, 2002.
· ICC, Uniform Customs and Practice for Documentary Credits, 1993.
· ICC, Uniform Rules for Collections, 1995.
· Jacob Viner, The Customs Union Issue, New York : Carnegie Endowment for International Peace, 1953,
· Jagdish Bhagwati, Immiserizing Growth, Review of Economic Studies, June 1958.
· Jan Rambeg, Guide to Incoterms 2000, ICC Publishing. Inc., ICC #620 edition, 2000.
· J.K., Johansson, Globla Marketing 3rd ed., MaGraw-Hill, 2003.
· Jock A. Finalayson and Mark W. Zacher, The GATT and the Regulation of Trade Barriers : Regime Dynamics and Functions, in ed. Stephen D. Krasner, International Regimes(Cornell University Press), 1983.
· John Stuart Mill, Principles of Political Economy, London, 1848.
· Kenneth D, Weiss, Building an Import/Export Business, 2nd edition, John wiley & sons, 1997.
· Keegan, W. J., Multinational Marketing Management, 2nd ed., Englewood Cliffs, N.J. : Prentice-Hall, Inc., 1984.
· Kindleberger, C. P., The Theory of Direct Investment, in C.P. Kindleberger, American Business Abroad, Yale Univ. Press, New Havel. 1969.
· Kogut, B., "Designing Global Strategies : Comparative and Competitive

Value-Added Chains", Sloan Management Review, Summer 1985.

· Kojima, K., A Macroeconomic Approach to Direct Foreign Investment, Hitotubashi Journal of Economic, 1973.

· Krueger, A., The WTO and the World Trading System; Where Do Go From Here? The Multilateral Trading and Financial System : Challenge Ahead, Seoul : KITA, 1996.

· Lawrence, R. Z., Challenge for the Global Trading System, Major Issues for the Global Trade and Financial System, 1996.

· Leontief, W. W., "Domestic Production and Foreign Trade : The American Capital Position Re-examined", Proceedings of the American Philosophical Society, Vol. XCVII, Sep. 1953.

· Linder, Stefan B., An Essay on Trade Transformation, Wiley & sons, 1961, Chapter 3.

· M.E. Porter, The Competitive Advantage of Nations, Harvard Business Review, March/April 1990.

· OECD, Regional Integration and the Multilateral Trading System, OECD, 1996.

· Ohlin, Bertin, Interregional and International Trade, Hervard University Press, 1933.

· Ozawa, Terutomo, International Investment and Industrial Structure : New Theoretical Implications from the Japanese Experience, Oxford Economic Paper, Vol.31, No.1, March 1979.

· Samuelson, Paul, International Trade and Equalization of Factor Prices, Economic Paper, Vol. 58, June 1948.

· S.B., Linder, An Essay on Trade and Transformation, New York : Wiley, 1961.

· Seyoum, B., Export-Import : Theory Practices & Procedures, Haworth Press, Inc., 2000.

· Stephen D. Krasner, Structural Causes and Regime Consequences : Regimes as Intervening Variables, in ed., International Regime(Cornell University Press), 1983.

· Thomas E. Johnson, Export/Import Procedures and Documentation, AMACOM, 1997.

· Vernon, R., "Interregional and International Trade in the Product Life Cycle", Quarterly Journal of Economics, Vol.80, May 1966.

· Vernon, Raymond, International Investment and International trade in the Product Cycle, Quarterly Journal of Economic, May, 1966.

· Wassily Leontief, Domestic Production and Foreign Trade, in J. Bhagwati(ed), International Trade, Baltimore : Penguin, 1969.

· WTO, General Agreement Establishing the World Trade Organization, WTO, 1995.

· http : //www.ktnet.co.kr

· http : //www.mocie.go.kr

찾아보기

❂ 저자 약력

■ 이 무 원

- 동국대학교 경영학박사
- 한국무역학회 정회원
- 한국국제상학회 정회원
- 한국중재학회 정회원
- 한국창업정보학회 정회원
- 국제e-비즈니스학회 정회원
- 한국통상정보학회 정회원

(현) 신안산대학교 국제경영과 교수
학과장/중소기업청 평가위원/산학협력위원
인턴쉽 전담교수

▌논문 및 저서

- 국내온라인 쇼핑몰의 판매촉진 위험관리연구(2010년)
- 금융업계의 베트남 사업확대 전략연구(2011년)
- 무역경영환경론(2012년)

■ 박 수 홍

- 동국대학교 경영학박사
- 한국무역학회 정회원
- 한국통상정보학회 이사
- 한국유통경영학회 이사
- 국제e-비즈니스학회 이사
- 한국물류학회 정회원
- 유통과학회 정회원
- (주)세이브존 I&C 성남점 지점장 역임
- (주)세이브존 I&C 중국지사장(중국 밍타이그룹 합작) 역임
- 대림대학교경영정보계열 교수역임

(현) 장안대학교 유통물류학부 프랜차이즈경영과 교수
중소기업청 시장경영진흥원 상인대학교수
용인수지구 주민참여 예산위원회 위원장

▌논문 및 저서

- 글로벌 환경변화에 따른 내부 마케팅 실증사례연구(2010)
- 한국시장 해외브랜드의류의 유통경로 파워와 반응에 관한 연구(2011)
- 해외의류브랜드의 국내 유통경로와 소비자 구매결정에 관한 연구(2012)

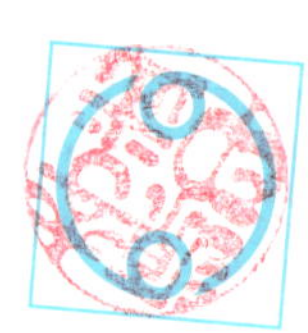

국제무역실무론

초 판 1쇄 인쇄 —— 2013년 2월 20일
초 판 1쇄 발행 —— 2013년 2월 25일
지은이 —— 이 무 원 · 박 수 홍
펴낸이 —— 전 두 표
펴낸곳 —— 도서출판 **두남**
서울시 강동구 성내로6길 34-16 두남빌딩
신 고 : 제25100-1988-9호
TEL : 02) 478-2065, 2066, 2067, 2311
FAX : 02) 478-2068
E-mail : dunam1@unitel.co.kr
http://www.dunam.co.kr

정가 25,000원

ISBN 978-89-6414-395-7 93320